小絵馬順礼

幻之巻

矢野貫一

Shibunkaku Works

幻之巻　もくじ

イラスト　小平隆雄

小絵馬順礼

幻之巻

58 今宮神社・玄武神社・八聖院

今宮神社

今宮神社は京都市北区紫野今宮町に鎮座する。大徳寺の北西の地である。社殿は南面し、北大路通を隔てて船岡山に対する。

正面に楼門を構え、本社、摂社相並び、本殿、幣殿、廻廊、拝所など具わって壮麗の観を呈する。境内広く、多くの末社を擁し、諸殿舎整い、洛北の一名区たるに恥じない。

祭るところは、本社に大己貴命《おおなむち》、事代主命、奇稲田姫命《くしなだひめ》、摂社は疫社《えやみ》と称し、素盞嗚命《すさのお》である。

このような鎮座地、祭神からすれば、疫癘及びそれを鎮める御霊会《ごりょうえ》とのかかわりを考えねばならない。『日本紀略』によれば、一条天皇正暦五年（九九四）、今年正月より十二月まで天下疫癘最も盛んにして、鎮西より起り七道に遍満した。四月から七月の間に京師の死者人口の過半に及び、五位以上の者は六十七人死んだ。

疾疫を消すために、大赦、大祓、奉幣、読経などが頻に行われたけれども効験が現れない。妖言が横行した。三条南油小路西にある小井の水を飲めば疫を免れると狂夫が言いふらし、都の男女挙って水を汲んだ。また公卿以下庶民に至るまで、門戸を閉じて往還を断つ。疫神が横行するとの妖言に惑わされたのであろう。

そこで六月二十七日、疫神のために御霊会を修した。木工寮修理職が神輿二基を造り、北野船岡の上に安置し、僧に仁王経の講説を行わしめ、伶人を招いて音楽を奏し、男女幣帛を持ち来り、その数幾千万人とも知らず。礼了って、難波の海に送る。これ朝議に非ず、巷説より起るとある。

長保三年（一〇〇一）、前年の冬から、またしても疫癘鎮西より起り、京師に蔓延した。七月までに道路の死骸数を知らず、斂葬した者は幾万人とも知れない。

五月九日、紫野において疫神を祭り、御霊会と号《なづ》けた。あらかじめ神殿三宇、瑞垣《みずがき》等を木工寮修理職が造り、御輿を内匠寮が造った。京中の上下多くこの社に集い、これを今宮と号けた。

これが今宮の創祀ということになる。旧い社に対して、新しく祀った社の意で、現在の今宮本社がこれに当る。そして以前から在ったと思われる旧い社は、現存の攝社疫神社であると考えられている。そもそも船岡から紫野にかけての一帯は、夙に葬送地であり、また御霊会の営まれる地でもあった。そして今宮の創祀によって、紫野御霊会が恒例化したようである。『日本紀略』には、その後、寛弘二年（一〇〇五）、三年、五年、長和五年（一〇一六）、寛仁四年（一〇二〇）、治安元年（一〇二一）、長元三年（一〇三〇）の五月九日に紫野御霊会の記事が見える。記録のない年には行われなかったと断定することもできまい。

　疫癘や自然災害などは怨みを呑んで死んだ人の御霊のなせるわざと考えられた。御霊会とは、御霊を鎮め、さらには素盞嗚命や大己貴命などの強い力を頼んで御霊を圧伏せんとする切実な願意に発したものにちがいない。そのために供物、装飾、歌舞音楽などが有効な手段と考えられた。これがやがて風流《ふりゅう》を競い、人々の娯楽遊興の相を帯びるようになる。祇園御霊会、今いう祇園祭がまさにそれである。

　紫野御霊会も例に洩れない。『百錬抄』近衛天皇仁平四年（一一五四）四月に「近日京中児女備㆓風流㆒調㆓鼓笛㆒参㆓紫野社㆒、世号㆓之夜須礼㆒、有㆑勅禁止」とある。禁止されたのは風流《ふりゅう》、即ち趣向を凝らした出し物、飾り物、歌舞音楽などであって、御霊会そのものが禁ぜられたのではあるまい。風流が華美に趨りすぎるのが禁止の理由かと察せられるが、また政情不穏の時期でもあり、民衆の主導によって事が運ばれ、群集することを警戒したのかも知れない。ここに夜須礼《やすらい》の称が見えることに注意されたい。

　はしなくも保元の乱、平治の乱起こり、世の乱れが続いて紫野御霊会も忘れられてしまったらしい。少くとも公が干与することはなくなったのであろう。それから百年を経て、後深草天皇正元元年（一二五九）五月九日「紫野今宮祭也」とあり、院の庁より馬に騎る馬長《ばちょう》を献ぜられた。「此事中絶年尚《ひさし》、今年被㆓興行㆒、依㆓疫疾御祈㆒也」とある。また二十二社に奉幣使を立てたり、仁王経の七ヶ日読経を修したり、苦しい時の神頼みで、今宮も思い出されたのであろうか。

その後、神社にも祭礼にも消長あって、近世にいたりほぼ今日の形に定着する。名所記や年中行事記の類を見ると、御霊会は二つの祭事に別れる。三月十日に安楽花《やすらいはな》、今いうやすらい祭を五月十五日に今宮祭を行う。前者は太陽暦に変って四月十日となり、近年は四月の第二日曜日となっている。後者は今、五月五日の神幸祭、十五日に近い日曜日の還幸祭を中心に行われる。祭日も神様より人間様の都合が優先する当節である。神幸、還幸には御旅所が重要な拠点となるはずなのに、新大宮通北大路下ルの今宮神社御旅所は、広い敷地の大半が駐車場に変り、いとも情けない景観を呈している。

やすらい祭は、太秦《うずまさ》の牛祭、鞍馬の火祭とともに京の三奇祭とされ、無形民俗文化財に指定されている。

「やすらい」とか「やすらいはな」とか呼ばれるのは、この祭礼の唱歌に由来する。寂蓮法師筆と伝える軸に「やすらきたるやすしや（破損にて不明）てや　やすらいはなや　はなやさきたるややすらいはなや　急　やとみくさのはなや　やすらいはなや　やとみをせはなまへ　やすらいはなや　やとみをせはみくらの山にやすらいはなや　やあまかまてなまへ　やすらいはなや」、以下判じ物のような文句が続く。そして一句ごとに「やすらいはなや」と囃詞が入る。

坂内真頼の『山城四季物語』（延宝二年（一六七四）序）に「由

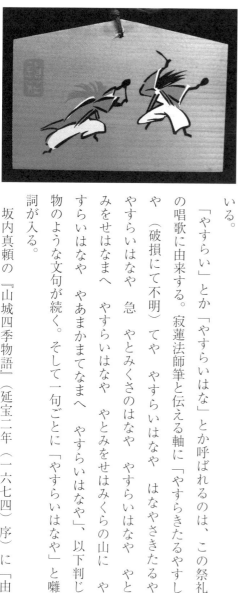

来さだかならず。或説に、むかし高雄の神護寺の法花会には、かならず障の事有ければ、賀茂今宮に祈念して悪気をなだめんとて　おどりをなしけるよりはじまりけるとかや。さる故に高雄の法花会は、やすらかにはてよとはやせしを、いつのころよりかやすらひ花よ、あすなひ花よなんどはやすは誤なりとかや。されど此事実《まこと》ならば、高雄よりつとむべきを、当所よりなす事最不審《いといぶかし》。又一説に、春陽のころは、かならず疫神分散して人をなやますなり。当社は疫《えやみ》の神《しん》なれば、此おどりを以て神をいさめて、やまひをはらふ儀なりとかや」と記す。

今日は概ね又一説の方が採られている。疫病がはやり出すのはたいてい晩春、初夏の候である。落花とともに、疫神が飛散する。それを防ぐために、花よ休《やすら》え、散らずに枝にとどまれと呼びかける詞が「やすらいはなや」だと解釈される。つまり神祇官が行った鎮花祭と同趣のもので、民間の花鎮めの行事なのである。

さて当日は、氏子地域の町内の人々が、それぞれの町の摠堂《そうどう》に集り、練り衆を仕立てて、町々を練りながら今宮神社に向う。行列は、先立、鉾、御幣持ち、監督の督殿《こうどの》、羯鼓《かんこ》、羯鼓廻し、大鬼、花傘、音頭取り、囃子方と、それぞれの衣装を整えて続く。今宮に到着して、御幣を捧げ、祈願の後、やすらい踊が始る。これが一番の見ものである。

羯鼓《かんこ》、神子《かんこ》とも小鬼ともいう少年二人が、赤毛の赤熊《しゃぐま》、烏帽子を被り、胸につけた羯鼓《かっこ》を打つ。次いで四人の若者が勤める大鬼が音頭取りの唱え詞、囃子に乗って、鉦や太鼓を打ちながら勢よく躍り跳ね廻る。大鬼は白衣、白袴に緋の大袖をはおり、足半草履《あしなかぞうり》をはく。赤の赤熊を着けた二人が太鼓を持ち、黒の赤熊を着けた二人が鉦を持つ。勇壮活潑、本人は大変だろうが、見物衆の眼にはおもしろい。

もう一つの見ものというか、人気ものは花傘である。風流傘ともいう。径六尺ばかりの傘に緋の帽《も》額《こう》をかけ、上に桜、椿、山吹、柳、若松を飾る。この傘の中に厄を納め取るのであるが、老若男女の見物衆が競って花傘の下にはいる。すると厄を免れると信ぜられているからである。

五月の今宮祭。当社は広大な氏子地域をもっている。近世の『京都御役所向大概覚書』によれば、東は西堀河通、但一条以北小川《こがわ》通、西は七本松通、南は二条城北側、北は鷹峯、千束《せんぞく》に至る。現勢も殆どこれと変らない。すなわち西陣を中心として南北に長い区域である。そこで、お出での神幸祭には北半を巡行し、お還りの還幸祭には南半を巡行することになっている。

巡行には三基の神輿とともに鉾が加る。鉾は邪気を攘う力を有し、御霊会の象徴といってよい。長い竿の頭に三尺ばかりの剣先をつけ、飾り物を着けたものである。西陣に十二の鉾町があり、それぞれに名づけられた鉾を持っている。ただし近年は十二本が出揃うことがないという。

今宮に参ったら食べてみたいのはあぶり餅である。東参道に二軒の餅屋が向い合って、客を呼んでいる。一軒は元祖正本家いち和、また廿五代血統一文字屋と称し、もう一軒は本家根元かざりやと号している。

拇指の先ほどにちぎった餅を竹串に刺して炭火に焙り、調味した味噌を塗ったものである。黒く焦げており、いまどき胃癌を気に病む人には向かぬかもしれない。味噌の乙な味が喜ばれるのであるが、その調法は企業秘密だといって明かさない。細く割った竹串はそそけたままであるけれども、口中にとげの立つことはないといわれている。

いつぞや、創業何年になりますかと質問したら、千年ぐらいになりまっしゃろ、一条天皇の時代ですさかいとの答えが返ってきた。おそれ入りました。その当時に疫除けに供えたのが始りだとか。

玄武神社

北区紫野雲林院町、猪熊《いのくま》通北大路下ル東側といっても分りにくかろう。新大宮通の一筋東の道がそれで、今宮神社御旅所の裏口と向きあって玄武神社がある。

祭神は文徳天皇第一皇子の惟喬《これたか》親王。古い名所記に玄武神社の名は見えない。『雍州府志』に惟喬宮を挙げ、一説に惟喬に非ず、三十番神なりと記す。『山州名跡志』に惟喬社、『山城名跡巡行志』に惟喬祠を挙げ、ともに今宮旅所の東に在りとしているから、今の玄武神社の位置に合致する。

明治四十四年刊の『愛宕郡志』に玄武神社として見え、「社伝に惟喬親王の遺物なる剣を紀名虎の祭れるなりと云ふ」と記す。だが名虎は親王の母方の祖父であり、話がおかしい。当社の略記には、陽成天皇の元慶年間（八七七—八八四）に、親王の母方の末裔で雲林院村に住する星野市正《いちのかみ》紀茂光が親王の御霊を慰めんと、親王が愛していた名虎の剣を御霊代《みたましろ》として奉祀したとある。しかし親王の薨じたのは寛平九年（八九七）であって、これも時代が合わない。伝承というものは、こういうものだと合点しておくしかあるまい。

惟喬親王を祀る宮は処々にある。概して山間の地が多い。それは親王を木《き》地《じ》屋の祖神と崇めることにかかわりがありそうに思われる。当祖でも轆轤《ろくろ》始祖としている。

もう一つ、その悲運の生涯から、親王を御霊神として祀り、小野御霊と称することも思い合わせねばなるまい。

やすらい祭は今宮神社の専属ではない。上賀茂神社、西賀茂の川上大神宮、そしてここ玄武神社でも地元の保存会によってやすらい祭が行われる。しかも当社がその本家であるように伝える。

それにはそれなりの根拠がある。元和三年（一六一七）二月廿六日付で上野村から雲林院村に宛てた古文書を当社に蔵する。昨年雲林院村に火災があり、鎮花祭の神事を勤めることが出来ぬため、五ヶ年を限って、上野村において懈怠なく相勤めますとして、預かる祭具の品目を記し、期限が過ぎたら、神事、祭具ともきっと返上致しますという一札である。しかるに五年たっても、雲林院村で神事を執り行うにいたらず、祭具も返却されない。祭事が中断したままの雲林院村では、明治十五年に

祭具を新調して、やすらい祭を復活したという。

御霊社の性格をもった当社が玄武神社と号するのは何故か。王城の北方を守護するの意だと言う。四方を護る四神と称する神がある。東は青龍、西は白虎、南は朱雀、北は玄武と、それぞれに動物を宛てる。玄武は亀に蛇が巻きついた姿で表される。近年その石像を社殿に据えている。またその名に因んで玄武石鹼が石燈籠を献じているのも面白い。

なお護王神社（6）は商売熱心で、毎年のように新作の小絵馬を出している。今年の正月に求めた四方守護の絵馬を参考までにお目にかける。

八聖院

真言宗山階派の八聖院と尋ねても、知る人はおそらくあるまい。私自身も何十年、近くを歩きながらついぞ気がつかなかった。

所在は北区小山下内河原町、といってもむずかしい。北大路橋を西に渡り、北大路通の北側を西へ行く。橋から数えて五筋目を北に入る。この五筋目が特に細い行き当たりの道だから、よほど注意しないと通り過ぎてしまう。

寺といっても、普通の民家で、道に面した壁面を開放しただけのものである。前に南無薬師如来、南無大師遍照金剛の幟を建て、奥に仏像を安置し、荘厳のしつらえを施している。ささやかな寺ながら、弘法大師と不動明王との小絵馬を備えているところが、嬉しいではないか。

聞けば、左京区下鴨松原町の中通が本通に交わるあたりに在り、昭和三十八年に現地に遷ったよしである。なお宗教法人の登記は昭和二十九年になされている。

『愛宕郡志』の下鴨村に、「本村は古来の神地にして寺院なし両部神道の時神宮寺ありしは維新後廃せられたり」とある。それでも、いつの頃からか寺が下鴨に移って来て、今は「寺院なし」と言うことができない。八聖院もどこからか下鴨に越して来て、現在地に再転したのであろう。そのへんの探索は宿題としておきたい。

59 知井《ちい》八幡神社

美山町北のかや葺の里を見守るように、小高い山裾に八幡神社が鎮っている。旧知井村の総社である。因に明治二十二年四月一日、北、南、中、河内谷《かわうちだに》、下《しも》、知見《ちみ》、江和《えわ》、田歌《たうた》（とうた）、芦生《あしゅう》、白石《しらいし》、佐々里《ささり》の十一ヶ村が集って知井村が発足し、昭和三十年四月一日、五ヶ村が合併して美山町となった。知井は美山町の東半分を占め、由良川の源流をなす地域である。

八幡神社は、鳥居、中門、拝殿、本殿、玉垣、宝庫、神輿庫、社務所など具わり、神域は森々として老樹に覆われ、寂寞境をなしている。

こう言えば、山村のどこにもありがちな鎮守様のようである。いかにもそうに違いないが、本殿を拝み、仰いでとくと御覧じろ。三間社流造、銅板葺の屋根の正面は唐破風の上にさらに千鳥破風を設ける。簷《のき》下、楣間の彫物の装飾が雕鐫《ちょうせん》精巧を極める。年を経て華麗さこそないが、そんじょそこらに見られる細工ではない。京都府指定文化財となっているのも宜なるかな。

惜しいかな、かや葺の里に右往左往する衆がここに歩を運ぶことはまずない。社務所はいつも閉じたままで、由緒を尋ねるすべもない。社前に建てる札の「知井八幡神社の由緒」を写し取っておこう。

「当神社は、中世知井之庄九ヶ村の惣（総）社で、延久三年（一〇七一年）に創建された。永禄十年（一五六七年）に山抜けによる大洪水で流失したため、社殿移築の協議がまとまり、元亀元年（一五七〇年）に現在地に移転、再建された。伝承によると、和銅六年（七一三年）妖怪が出没、人々を恐怖におとしいれた。天皇の命を受けた占師は、丹波の奥山に棲む八つ頭の大鹿の仕業と判じた。天皇は直ちに甲賀三郎兼家に命じて大鹿退治に当たらせる。首尾よく退治に成功した兼家は神恩に感謝して、その地に建てた社が、知井八幡神社の起源とされている。なお、大鹿退治に従った家来たちの中には、この地にとどまり村を拓き、氏子として八幡宮の守り手になっていったという。現在の本殿は、明和四年（一七六七年）に再建されたもので、特に神社彫刻では丹波地方を代表する神社として広く知られている。また、この地は小浜と京都を結ぶ若狭街道の道筋にあったため、往来の人たちでにぎわい、旅の安全を守る神社として賑わった歴史がある」。

しからば当社創建の地はどこか。南村上宮山とされる。南村は、かや葺の里の北村と由良川を隔てて南に位置する静かな聚落である。さらに伝承によれば、それより三百五十年も昔に甲賀三郎が創祀したことになる。その地はどこか判らない。

大鹿退治の伝説は、筋を替え、時を替え、主を替えて、美山の諸所に語り継がれている。八つ頭の大鹿は、八股の角ある鹿ともいう。伝説であるから、歴史的事実を確定するようなわけには行かない。

変化する一つ一つがその時その地の伝承のまことと思えばよい。

例えば、大鹿退治の舞台は、佐々里からさらに山深く分け入った奥八丁山だともいう。任を果した甲賀三郎は、佐々里村に出て、八幡宮で休憩した。三郎は諏訪大明神の生れ変りであるから、ここに諏訪大明神と牛頭《ごづ》天王とを合祀したと伝える。しかし、佐々里八幡宮が知井八幡神社の前身であるという証跡はない。おそらく知井八幡神社と佐々里八幡宮と別々に伝えられた話であろう。

因に八丁山というのは、知井村と京北町の上弓削村、山国村と境を接する地で、中世以来山論が絶えなかった。明治になって紛争が落着し、山林管理の人たちが住みつくようになった。それが昭和八年の大雪で下山してしまい、いつの頃から廃村八丁と呼ばれるようになった。

物好きな友人と二人でその地を尋ねたことがある。もう四十五年も前になろうか。足腰に自信があった頃である。沢を渡り、藪を分け、坂を上り下りして、廃道を探し探し、やっと辿り着いた。立ち腐れた家屋や倉が薄暗い樹林の間に残り、妖気漂う光景であった。今にして思えば、化け鹿が現れても不思議でない異界であった。

今は野生の鳥獣保護が唱えられる。昔はどうして鹿や猪退治の話が生れたのであろうか。動物園や奈良公園などで鹿に親しんでいる人々には考えられぬことかも知れぬが、鹿も猪も熊も、そのほか野生の鳥獣は概ね、農山村に暮す人々には作物を荒す天敵であった。況や知井村など、山間の狭い土地を拓いて命の糧を得ている人々には、鳥獣を駆逐することは死活の問題であった。したがって、鹿退治の伝説が生まれ、語り継がれることには、自然の理が存したと見なければならぬ。

ついでに言えば、知井はもと知伊、智伊と書かれた。本来の名は「ち」であり、それに伊、後には井の字を添えて、漢字二字の地名としたものと思われる。もとは一音の紀の国に伊を添えて紀伊の国としたのと同じ方法であろう。それでは「ち」とはいかなる意味か。「茅《ち》」「道《ち》」などの語源説があり、また退治した大鹿の「血」だとする説も流布しているよしである。地名起源説というのはあまりあてにならぬが、大鹿退治伝説と知井との深いかかわりがこのようなところにも見られることが面白い。

美山町は近年観光客誘致に力を入れ、それなりに効果を上げている。観光の目玉はなんといってもかや葺の里である。

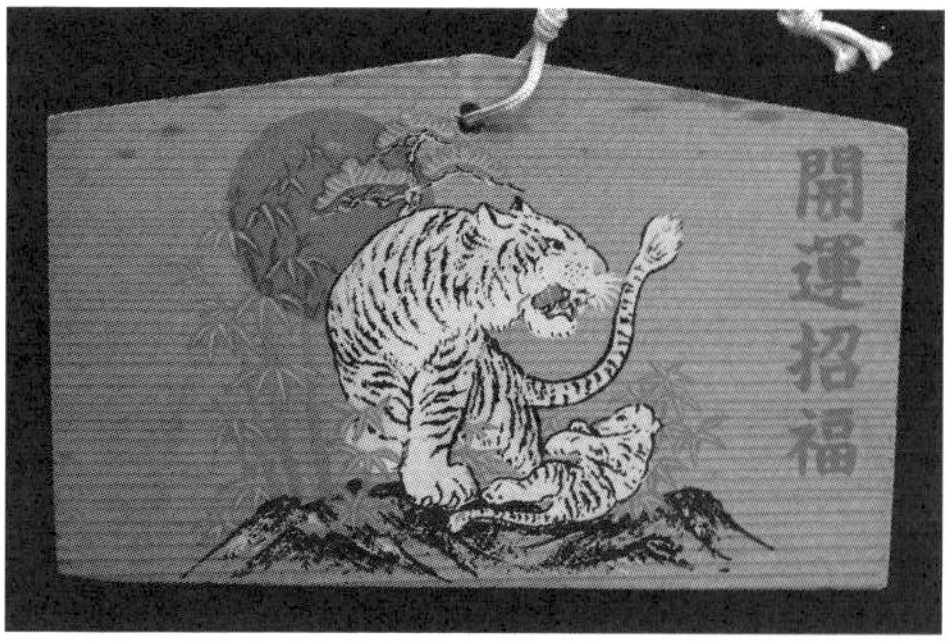

かや葺の家屋は美山の随処に見られる。しかし、トタンの覆いをかけ、年々減って行く傾向にある。三十数戸のかや葺屋根を維持しているのは、北の聚落を措いてほかにはない。日本の原風景という宣伝はともかく、たしかに偉観である。

「かや」に茅、萱などの漢字を宛てるが、これは植物名ではない。「かや」とは屋根や壁に用いる草の謂である。今日一般にかや葺には薄《すすき》を用いる。藁葺は十年しか持たぬが、かや葺は一代持つと聞いたことがある。一代とは三十年である。美山の観光案内には四十年持つと書いている。ただし三十年、四十年というのは、竈や囲爐裏に薪を燃していた時代のことである。煙が屋根裏に浸み込んで、薄が燻され、腐蝕を防ぐのである。今日のように電気やガスに頼る生活ではかや葺の持ちも半分ぐらいだという。

かや葺家屋の構造にはいくつかの様式がある。切妻《きりづま》造、寄棟《よせむね》造、入母屋《いりもや》造、方形造が主な型である。白川郷の合掌造というのは切妻である。美山のは入母屋造で、棟の上に千木《ちぎ》を五つ置き、その上に馬乗りという横木を渡すのが特徴である。但し家屋の大小により、千木が七つ、三つというのもある。かやを押えるとともに装飾の効果を兼ね、立派に見える。相当の努力を払っているらしい。また防火のための設備や訓練にも怠りないようである。観光客の誘致に力を入れるのはもっとものことながら、近ごろ頓に観光施設のふえたことが気にかかる。これがやがて「重要伝統的建造物保存地区」の趣を損ずることになりはせぬか。ただの観光遊興の地に堕してしまってはかや葺の里もおしまいである。観光資源に眼をつけて、儲け主義の企業が入り込むことは、最も警戒すべきであろう。侵入する企業は、地域共同体の破壊者だと考えなければならない。

住民の転出、転入は、いつでもどこでも見られることである。昨今は美山でもそれが激しいようである。住民が交替する中で、いかに伝統を保持するか、むずかしい問題にちがいない。例えば奇祭として知られる田歌の神楽。七月十四日、田歌の八坂神社を中心に行われる。

八坂神社と地元の人に尋ねても通じにくい。祇園さんで通っているらしい。それは道路から下に降り、由良川の崖の上にある。八坂神社とも祇園社とも、どこにも書かれていない。本殿は小さい祠のような造りで、それに比して拝殿が大きく、拝殿と鳥居との間が広く平坦にとられている。そこが神楽の場《にわ》となるからである。

寛永十七年（一六四〇）に始まるといい、無形民俗文化財に登録されているこの神楽、山村の過疎が進行している現在、新来の住民の参加が要められる。しかし祭の日の助っ人というだけでは、伝統保存はできない。神事や法会などは村の生活と一体のものだからである。

新来の民をいかにして村落共同体に融け込ませるか。村の行事に参加する義務を負わせるためには、共有の山林への入会《いりあい》の権利を認めなければならぬ。田歌では新旧住民の融合がうまく行っているよしである。田歌のみならず、旧知井村、美山町全体に新旧共存への努力が見られるのは同慶の至りである。

話変るが、江和の聚落から離れて、由良川に臨んで、丸太造のペンションがある。名づけてボリジという。ボリジとは何ぞやと訊いたらハーブの名だとか。

ここに泊まっていたら、一夕何やら男どもが集って来た。実は町会議員を主とする民主党の連中であった。飲み食いするうちに、だんだん声が高くなる。聞くともなく聞けば、町村合併に反対する集りであった。山を越えれば小浜や、いっそ小浜市と合併したらどうや。冗談とも本気ともつかぬ声も挙る。

美山町としていろいろ自立の努力を重ねているのだから、合併を嫌うのは当然のことと思う。そもそも行政の効率ばかりを追求し、国家権力によって推進される合併には、私は同意できぬから、ひそかにエールを送っていたのだが、結局自民党を主とする合併賛成派に町議会は押し切られてしまった。平成八年一月一日、園部、八木、日吉、美山、四町の合併が成立した。そして南丹市というおもしろくもおかしくもない名がつけられた。

それにしても、合併反対の面々が、なにゆえボリジを選んで会合の場所としたのか。推察するに、町の中心部から遠く、しかも江和の聚落から離れた一軒家であること、さらに経営者が大阪から移って来た人で、地元住民でないこと、これが選定の理由であろう。

聞くところによれば、美山では、大勢に反対したり、批判したりの言動をとることは非常に困難だという。すなわち村社会の意識が強く、因襲を断ち切れないということであろう。夏は鮎、秋は松茸、食うてよし、観てよしの一日では窺い得ない一面が美山にはある。

60 大原野神社

『源氏物語』行幸《みゆき》の巻に、「そのしはすに大原野の行幸とて、よにのこる人なくみさわぐを、六条院よりも御かたがたひきいでつゝ見たまふ。卯の時に出でたまうて、朱雀より五条のおほちをにしざまにをれたまふ。かつらがはのもとまで物見車ひまなし」とある。冷泉帝即位より八年、「行幸といへどかならずかうしもあらぬを」と、その懿徳《いとく》を讃称する演出を試みたのである。このくだりは、『吏《り》部王記《ほうおうき》』に記すところの延長六年（九二八）十二月五日、醍醐天皇の大原野行幸に準拠したものと考えられる。

行列は朱雀大路を南行し、五条大路を西に折れて桂川を渡った。朱雀大路は今の千本通に当るが、五条大路は今の五条通ではない。二筋北の松原通がそれに当る。現五条通は平安京の六条坊門小路であった。

五条大路にかぎり、どうしてそんなめんどうなことになったたか。豊臣秀吉が天正十七年（一五八九）方広寺大仏殿を造った。その参道に橋がほしい。しかし、鴨川氾濫時の防災の上からも、京都防衛の上からも、やたらに橋を架けることは好ましくない。そこで既存の五条橋を移すことにした。だが、五条橋は清水寺の参道に当り、寺の管理下にある。妥協策として、清水寺と大仏殿との中ほどにある六条坊門小路に移設したのであろう。

はじめ、橋は大仏橋、通は大仏橋通と呼ばれていた。だが、いつか橋は昔の名で五条橋と呼び、通を五条橋通と呼ぶようになった。元の五条大路を五条松原通と呼んだ。それが簡略化されて、五条通、松原通となったのである。

現在の五条通は市中を横断する幹線道路であり、山陰道、国道九号線となって、桂川の手前あたりから大きく南に彎曲し、大原野の北を過ぎ、老ノ坂から丹波に通じている。車輌の往き交いが繁く、年中渋滞する道路である。

大原野は、昔は乙訓《おとくに》郡、今は京都市西京区に属する。時代によって広くも狭くも呼ばれ、地域を限定しがたいが、概ね標高六百四十一メートルの小塩山から東へ向って傾斜し、小畑川と善峯川とに狭まれた扇状の地と思えばよい。大原野といえば、竹藪が波打っている印象があったが、十数年かけて造成した洛西《らくさい》ニュータウンが昭和六十年に完成して、道路が四通し、周辺にもいろいろの建築、施設が集って来て、様相が一変してしまった。

さて、大原野は長岡京の西北に当り、遊猟の地であった。桓武天皇は、ことに鷹を放って遊猟することを好んだらしい。延暦三年（七八四）十一月十一日遷都後も、河内国の交野《かたの》に遊猟することが多かった。十一年二月十八日「遊猟于大原野」と『類聚国史』に見えるのを初めてとして、以後大原野に出かけることが多くなった。十三年十月二十二日平安遷都後も渝ることなく、天皇一代の間に、大原野遊猟は二十三回に及んでいる。それ以後は、嵯峨天皇五回、淳和天皇一回を数えるのみで、大原野は忘れられてゆく傾向が見える。

大原野の中心をなすのは大原野神社である。長岡遷都の時、奈良の春日神社を勧請して祀ったとされる。それについて、「此神社は后宮のまゐらせ給はんため春日の本社とほきによて都ちかき所にうつし奉らる」と『公事根源《くじこんげん》』に云う。すなわち桓武天皇の皇后乙牟漏《おとむろ》は藤原式家の良継の女であるから、藤原氏の氏神を都近くに祀ったということである。だから後世この社を春日社と呼び習している。なお嘉祥三年（八五〇）左大臣藤原冬嗣が奏請して、王城鎮護のため春日明神を勧請し社殿を造営したよしを、諸書が記している。これは卜部《うらべ》兼右の『神祇正宗』に見える説で、信憑性が疑わしい。

清和天皇の皇太后藤原順子が大原野神社に奉幣し、藤原氏の六位以下の者が牛車に従ったことが、『三代実録』貞観三年（八六一）二月二十五日の条に見える。また永観元年（九八三）円融天皇の行幸があり、以来行幸、行啓の沙汰がしばしばあった。

また『文徳実録』仁寿元年（八五一）二月十二日の条に、大原野祭を梅宮祭に准じて行うことが定められ、式外の社であるが、『延喜式』にその規定が載せられている。

『三代実録』に、貞観八年十二月二十五日、詔して藤原朝臣須恵子を春日ならびに大原野の神斎となすとある。須恵子は誤りだったらしく、十年閏十二月二十一日に、可多子と訂正されるが。とにかく、伊勢の斎宮、賀茂の斎院に倣ったのであろうか、斎女を任じて春日、大原野両社の祭に奉仕させることにしたのである。

これらのことどもは、藤原氏が皇室の外威として勢威を誇るようになり、その氏神の社を押し上げて行ったのである。藤原氏擅横の一端がここに顕れたと見ることもできよう。したがって、藤原氏の勢力が衰えれば、大原野神社もまたさびれざるをえない。

しかし、中世には足利代々の将軍の崇敬を得て、社領が安堵された。戦国時代にはしばしば押領に遭ったが、近世、幕府からも、社地社領が安堵されて、面目を保つことができた。明治維新に際しては官幣中社に列せられている。

「今の社殿は慶安年中後水尾帝の勅により建築せられ、其の後も修理して今日に至れり」と、昭和三年京都市編『京都名勝誌』にある。本殿は奈良の春日大社を模した春日造、檜皮葺の社殿が四棟連っている。祭る所は武甕槌命《たけみかづち》、斎主命《いわいぬし》、天児屋根命《あめのこやね》、比売神《ひめ》の四座である。拝殿の前には広い龍尾壇がある。

神域広大にして、花に佳し、紅葉に佳し。「一般に域内樹木よく鬱茂し、幽静の気漲ぎる神仙境なり」と『京都名勝誌』に言うは、いささか過褒の気味もあるが、とにかく尋ねて我が眼で確めるがよかろう。

境内に鯉沢池がある。奈良の猿沢池を模したという。池の傍にせがいの清水というのがある。神楽歌に「大原やせがゐの清水ひさごもて鶏《とり》は鳴くとも遊ぶ瀬を汲め遊ぶ瀬を汲め」と歌う。また『古今和歌六帖』第二に「大原やせが井の水を手にくみてとりは鳴くとも遊びてゆかん」とあり、これは大伴家持の作となっている。『伊勢物語』には「大原やせかひの水をむすびつゝあくやと問ひし人はいづらは」という歌もある。

「せがゐ」「せかひ」の語源、語義については諸説あって、さだかでないままに、清和井、瀬和井、

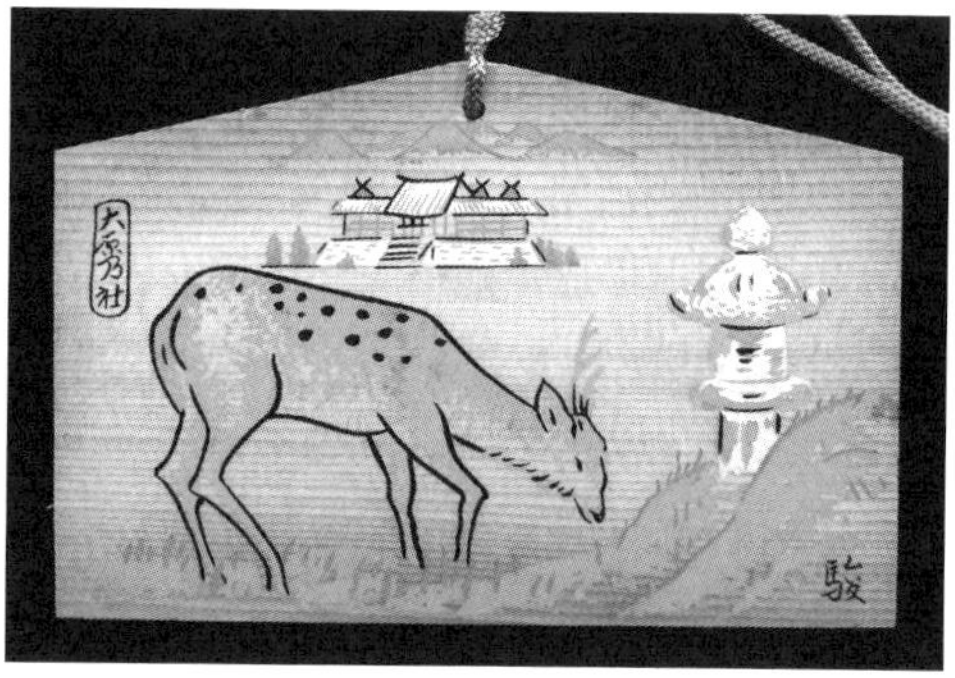

世和井などの漢字を宛て、井の名と考えられるようになった。そして歌枕となり、古歌に「大原や」とあるところから、大原野に存在すると想定されたのである。大原野神社の境内ならば打ってつけである。

ところが、それが一すじ縄ではゆかない。正徳元年（一七一一）板『山州名跡志』巻三十を見ると、「瀬和井　或説在二春日社地一云云　今亡《ナシ》　在二勝持寺境内一」と記し、勝持寺の項に「瀬和井清水　堂西流是也」と記す。しかるに安永九年（一七八〇）板『都名所図会』巻四の図を検すると、大原野春日社の境内に「せかいの清水」があり、勝持寺花の寺にも「せかゐの井」が画かれている。歌枕であるところから、遺跡が作られたり、廃れたり、また復活したりしたのであろうか。

それはそれとして、もっと厄介千万なことがある。愛宕《おたぎ》郡、今は左京区の大原に世和井《せがい》の水があった。『山州名跡志』に「在二律河ノ橋ノ東右方ニ一」とし、『都名所図会』は「律川の橋をわたりて右のかた石垣のもとにある池をいふ」としながら、図には呂川の橋の左の方に画いている。

なお両書ともに、朧の清水が大原野勝持寺にあり、また愛宕郡大原の草生《くさお》にもあるとしている。因に草生のは、寂光院へ行く道のほとりに現存する。

小塩山また然り。在平業平の「大原や小塩の山もけふこそは神代のことも思ひいづらめ」(『古今集』巻十七)や『源氏物語』行幸の「雪ふかき小塩の山にたつ雉のふるき跡をもけふは尋ねよ」などは、乙訓郡大原野の山にちがいない。だが、乙訓郡とも愛宕郡とも判別しがたい小塩山が歌に詠まれ、『源平盛衰記』の「大原や小塩山の麓なる寂光院へぞ御幸なる」に至っては紛れもなく愛宕郡である。

つまり愛宕郡大原にも小塩山と称する山があったのである。天和二年(一六八二)の黒川道祐の『北肉魚山行記《きたじしぎょざん》』に「凡ソ大原ノ内川ヨリ東ヲ大原山ト云、川ノ西ヲ小塩山ト云フ」と書いている。川は高野川である。『山州名跡志』には「又此所草生ノ西山南北ヲ小塩山ト摠名スルナリ」と云う。

平安の中期ごろになると、都人は洛西乙訓郡には漸く疎遠となり、洛北愛宕郡の大原が親しいものとなった。そして洛西大原の歌枕を洛北大原に比定して詠むようになったのであろう。そのうちに、現地に赴いて詠むわけではないから、洛西とも洛北とも判然としない歌が現れることになったのではあるまいか。世和井の水とか朧の清水とかは、後世の好事《こうず》の人が定めたのであろうから、どちらが先ともきめがたい。

ついでに言えば、大原野の小塩山は、今は花の寺の背後の山ということになっているけれども、昔はどの峰を指していったのかはっきりしない。大原野の西に連なる峰々を総じて小塩の山と呼んだとも考えられる。

『続日本後紀』承和七年（八四〇）五月八日、淳和上皇崩じ、十三日、乙訓郡物集村《もずめ》にて火葬し御骨を粉に砕いて、大原野西山の嶺の上に散じ奉るとある。今はやりの散骨の先蹤である。陵墓を築かず、散骨したのであるから、どの嶺とも定め難い。現小塩山の西の嶺に大原野西嶺上陵《にしみねのえのみささぎ》を治定しているが、いかなる根拠によるものなのであろうか。

61 金戒《こんかい》光明寺

紫雲山金戒光明寺、浄土宗鎮西派、知恩院、清浄華院《しょうじょうけいん》、百万遍知恩寺とともに四箇本山とする。左京区黒谷町の、僅かな民家を除けば、町内すべて寺域である。こういえばものものしいが、京の人は、黒谷、黒谷さんと親しげに呼ぶ。ただし近世までは新黒谷といった。

そのわけはいかに。比叡山延暦寺は三塔十六谷より成り、その一つに西塔黒谷がある。黒谷青龍寺の叡空の下で修行を積んだ法然が承安五年（一一七五）三月下山し、洛東栗原の岡にあった師の白河禅房を譲られ、専修念仏の道場とした。故に比叡山の黒谷に対して、ここは新黒谷ということになる。いつか新を省いて黒谷と呼ぶようになったのであるが、その例は中世、近世にも見られる。

専修念仏の要諦は、当寺に蔵する「一枚起請文《きしょうもん》」に尽きる。「たゝ往生極楽のためには南無阿弥陀仏と申て疑なく往生するそと思とりて申外には別の子さい候はす」と言う。建暦二年（一二一二）正月二十三日、すなわち入寂の二日前に、弟子源智の請いによって書き与えたものである。

智者の観念、識者の学問によってする念仏を否定する。いわんや、奇瑞霊異によって念仏の境に入るなど、法然の想いも及ばぬことにちがいない。しかるに、末代愚痴のともがらは、宗祖に霊妙不可思議がないと気がすまぬ。ありがたくない。

寺域の東北部に西雲院と号する塔頭がある。通称紫雲石。境内の小堂に紫雲石なる大石を据える。

『都名所図会』に曰く「元祖大師一宗開発の時此石より紫雲たなひき異香薫しけるとなり〈紫雲山の号は此謂《いはれ》による也〉」と。当寺の説明では、法然がこの「大石に腰をお掛けになり西に沈む夕日を見ながら日想観をされ、この地を念仏弘通の有縁の地としたらどうかと祈念されたところ、たちまち紫雲光明を発したなびき、清らかな香りが辺り一面漂った」とある。白茶色の何のへんてつもない石であるが、上面が平なので、腰かけるには工合がよかろう。

それはさて措き、総門より参入する。左手の石段を登ると、巨大な三門が覆いかぶさるように迫る。重層入母屋造で、上層に釈迦三尊、十六羅漢を安置する。正面に掲げるのは後小松天皇の勅額で、「浄土真宗最初門」と読まれる。これは西本願寺などの浄土真宗という宗派の名ではない。わが国最初の真の浄土念仏の道場ということである。

ただし、勅額は昔からあったものではない。三門は万延元年（一八六〇）の落慶であり、『京都坊目誌』に「明治二十八年宸筆の額を掲く」とある。道理で安永九年（一七八〇）の『都名所図会』に三門が描かれておらぬわけである。

さらに石階を登った広場の正面が御影堂である。昭和九年に回禄、昭和十九年に再建された。当寺はしばしば火難に遭っている。『応仁記』に「中山ノ観音、岡崎ノ文殊、両岡崎、新黒谷、善法寺、鹿谷、禅林寺」と、兵燹に罹った名所を挙げる。すなわち応仁元年（一四六七）九月十八日、東岩倉の合戦に、南禅寺をはじめ、岡崎および付近一帯が灰燼に帰したのであろう。その後も何度か火災があり、鎌倉室町時代の遺構というべきものは残っていない。

阿弥陀堂が現存最古の建築とされる。慶長十年（一六〇五）、豊臣秀頼が大仏殿の余材をもって再建したと伝える。ところが近年の修復の際に天文六年（一五三七）の鬼瓦が見つかったという。平成十九年一月六日の「京都新聞」夕刊に載せる写真によれば、瓦の側面に「天文六年八月廿六日」と刻まれた文字が見える。

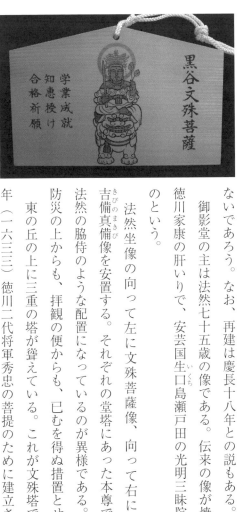

　さすれば、阿弥陀堂再建を天文六年にまで溯らせてよいか。今時の古屋の解体といえば、重機でぶっ潰すことになっている。しかし、昔は、私の知る昔でも、瓦や木材や建具を丁寧に外して再使用に供するのが解体工事であった。それを思えば、鬼瓦の銘をもって再建の年代を決めることは当を得ないであろう。なお、再建は慶長十八年との説もある。

　御影堂の主は法然七十五歳の像である。伝来の像が焼失したため、徳川家康の肝いりで、安芸国生口《いくち》島瀬戸田の光明三昧院から遷したものという。

　法然坐像の向って左に文殊菩薩像、向って右に千手観音像、吉備真備《きびのまきび》像を安置する。それぞれの堂塔にあった本尊であるが、恰も法然の脇侍のような配置になっているのが異様である。しかしながら、防災の上からも、拝観の便からも、已むを得ぬ措置とせねばなるまい。

　東の丘の上に三重の塔が聳えている。これが文殊塔である。寛永十年（一六三三）徳川二代将軍秀忠の菩提のために建立された。二層の

軒下に「日本三文殊随一」の額を掲げる。日本三文殊とは、丹後国現宮津市切戸《きれど》の文殊、大和国現桜井市安倍の文殊と当黒谷の文殊との謂いである。

　文殊菩薩の騎る獅子に綱をつけ、唐の武人風の男が、これを牽き止めている姿が珍しい。この像はもと黒谷の西、福ノ川にあった宝《ほう》幢寺《どうじ》の本尊とされる。宝幢寺が廃寺となり、黒谷に遷されたと伝える。

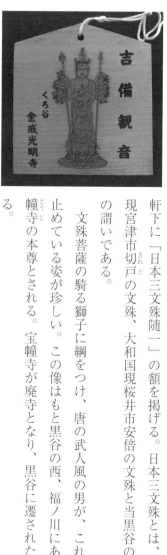

　千手観世音菩薩像は観音堂の本尊であり、その傍に吉備大臣坐像があった。これも福ノ川あたりにあった吉田寺《きちでんじ》に安置されていたもので、廃寺となって黒谷に遷ったのである。

　この像について、『山州名跡志』に不可思議な縁起を記している。「抑本尊ハ　元正帝《ノ》御宇養老丁巳年、吉備公唐土《モロコシ》ニアツテ霊木ヲ感得セリ。以謂《オモヘラク》帰朝セバ観音像を可レ造、志念成辨セバ直ニ吾日本ニ至レト、彼《ノ》木ヲ海水ニ投ズ。然シテ人皇四十三代聖武帝ノ天平五年癸酉ニ公帰朝セリ。遂於《ニ》二難波浦一彼《ノ》霊木ヲ得タリ。仍テ行基菩薩ト心ヲ合テ、千手ノ像ヲ造レリ。今ノ本尊是也。帝叡聞シ玉ヒテ、奇ナリトシ、詔《ミコトノリ》シテ、堂ヲ営テ安置シ、庄園ヲ寄玉ヘリ」。吉備真備というのがえたいの知れぬ人物である。留学生として入唐、経史衆芸に通じ、兵略にも長じ、一旦左降されたが、遣唐副使となり、右大臣にまで昇った。その行跡は面妖な伝説に包まれている。

『応仁記』に「中山ノ観音」というのは、この観音のことである。また文殊を中山文殊とも呼ぶ。『山州名跡志』に「中山　云二黒谷光明寺ノ北門外一、今ノ真如堂ノ地及黒谷山ノ惣名也。謂イフ心ハ東ニ如意山、西ニ神楽丘アッテ其ノ中間ニ在ル故ナリ」という。東山三十六峰の一に数える説もあるが、今日では忘れられた名である。

　御影堂に並ぶ大方丈の前に鎧掛けの松というのがある。立派な枝ぶりであるが、二代目のよし。また方丈の裏に鎧池というのがあり、涸れずの池とされる。伝えるところでは、熊谷次郎直実が、平敦盛を討って無常を感じ、この池水に鎧を洗い、松に掛けて乾したという。

　直実は法然の弟子となり、剃髪して蓮生と号した。塔頭の蓮池院はその住坊といい、一に熊谷堂とも称する。堂前に瓢箪形の蓮池があり、中央に反橋を架け極楽橋と名づける。その東、一段高い所に勢至堂が建てられ、これを法然の廟所とする。法然の本地は勢至菩薩なのだそうである。そういえば、三門を潜ったところに「せいしまるさま」の銅像があった。法然幼小の姿である。なお勢至堂の前に建つ二基の五輪塔は熊谷と敦盛とであり、『都名所図会』にも描かれている。

　極楽橋を渡って極楽浄土へ往くのかと思ったら、文殊塔に参る石段であった。段を上ってすぐ左手に異相の石仏がおわす。大きい笠を被って、いるのかと、よくよく見れば螺髪ではないか。五劫思惟《ごこうしゆい》阿弥陀仏という。劫とは時間の単位で、いろいろ説があるが、百年に一度天女が舞い下りて、方四十里の石の面を羽衣で撫でる。そして石が摩滅してしまうのが一劫である。阿弥陀如来となる前の法蔵菩薩が、いかに衆生を済度せんか、五劫の間も思惟なされた。その間に髪が伸びて、かかる姿になられたのである。

文殊堂参道の両側から北にかけて、丘陵一面が墓の原である。黒谷墓地という。あたりは古くから葬送の地であった。

浅井長政とお市との三女江《ごう》、徳川秀忠の許に輿入れした崇源院の瘞髪《えいはつ》塔が建つ。そのほか山崎闇斎から水谷長三郎まで、古今の著名人の墓が数えきれぬほどある。通路に標示のあるものはよいが、さもないと、尋ねるのに一苦労も二苦労もせねばならぬ。主は誰とも知れぬが、大小新古さまざまの形の墓石を眺めて廻るのも一興かもしれぬ。

墓地の東北方、西雲院の近くに会津墓地がある。文久二年（一八六二）京都守護職が設けられ、会津藩主松平容保《かたもり》が千名の家臣を具して入京した。一箇聯隊にも相当する大部隊をどこに収容するか。結局金戒光明寺に本陣を置くことに決まる。ここを選んだ理由は。境内が現在の倍近く、四万五千坪あり、塔頭宿坊が多い。大方丈および宿坊二十五ケ寺を守護職のために明け渡したという。一山全体が丘陵にあって、要塞の体をなしており、西南に眺望が展けて、西方から来る敵勢を監視するに便であった。市井の繁華に隔っているが、事あれば市中に駆けつけるのに遠くない。そうした利点に目をつけたのであろう。

王政復古に至るまで数年と期間は短いものの、幕末動乱の中に落命した士卒は多い。それらの人々の慰霊のために、約三百坪の土地を買収して会津墓地とした。葬るところ二百三十七霊、墓標で埋め尽くされている。さらに鳥羽伏見の戦いの戦死者百十五霊を合祀して、慰霊碑を建てている。墓地に桜の散りかかる頃は、ことに悲愴の感が疼く。

そういえば、黒谷は古来桜の名所であった。謡曲「西行桜」に、京の花の名所尽しがあり、「上なる黒谷、下河原、むかし遍昭僧正の浮世を厭ひし花頂山、鷲の御山の花の色」と謡う。ほかにも、花見の記録や詠草が少なくない。

黒谷は花に佳し、紅葉に亦佳し。もう一つ、多くの人は気づかぬようだが、塔頭の門内を窺うに苔が美しい。丘陵地で水の廻りが良いせいであろうか。ただ恨むらくは、数多い塔頭が一般に公開していない。

三十数年昔になるが、西翁院という塔頭に頼み込んで見せてもらったことがある。ここの茶席を反《ほう》古庵《ごあん》と称し、寛政十一年（一七九九）刊の『都林泉名勝図会』に描かれている。貞享二年（一六八五）あるいは三年頃、茶人藤村庸軒《ようけん》が造ったものである。

茶席は書院に付け出した三畳台目の侘びた造りであり、南面に切った窓から淀のあたりまで見渡すことができる。淀見の席と呼ばれるゆえんである。書院西側の縁に沿う敷石の露地が雅趣に富み、眺望もよい。南庭から下り上りする露地は、刈込みの籬によって眺望を遮り、また趣を異にする。茶席北側には、三尊の石組を中心として枯山水の小庭を造っている。展望は茫洋たるにまかせず、檜や榎の喬木によってしっかりと引き締めているところが心憎いではないか。

62 熊野神社

伊勢へ七たび熊野へ三たび愛宕様へは月参り、とは言うものの、紀州熊野への道は嶮しく遠い。私は、熊野詣を三度したが、それは汽車やバスに運ばれてのこと。そうした交通手段のない時代には、参詣が即ち難行苦行であって、そうたやすく叶うことではなかった。後白河法皇が三十四度、後鳥羽上皇が三十度熊野御幸をしたそうだが、院政時代の権力者なればこそできたことであろう。

熊野信仰が盛になれば、近くに権現様を勧請して参拝したい。京都に三熊野というのがある。左京区聖護院の熊野神社、左京区鹿《しし》ヶ谷の熊野若王子《にゃくおうじ》神社（41）、東山区今《いま》熊野の新熊野神社がそれである。

熊野神社は東大路通と丸太町通とが交叉する北西角に鎮座する。町名は聖護院山王町であるが、界隈をくまのと呼び、その方がむしろ通りがよい。

当社は、嵯峨天皇の弘仁二年（八一一）に紀州熊野大神を勧請したとされる。いかにも『山城名勝志』に「修験道記云、弘仁年中役行者第十世日円和尚ノ勧請」とある。しかしながら、そのような古い時代に当社の存在を確認できる史料は見当らない。

寛治四年（一〇九〇）正月、白河法皇の熊野御幸があり、園城寺の増誉が先達を勤めた。この功により、増誉は熊野三山撿校《けんぎょう》に補せられる。これを契機として、天台宗寺門派が修験者集団を支配するようになり、本山派修験が形成されてゆく。その総本山と称する聖護院（38）は、増誉の白河の御房に始る。熊野権現の勧請も、おそらくその頃であろうと思われる。

中御門右大臣藤原宗忠の『中右記』康和五年（一一〇三）三月十一日の条に「今日僧正増誉於二白川辺一祭二熊野新御霊一云々」と見える。この記事が当社の創祀を示すものと考えてよかろう。

創建当初の様子はしるよしもないが、後世にはずいぶん誇大に伝えられた。近世の『山州名跡志』や『拾遺都名所図会』に記すところが、どれほど実を伝えるものかはわからない。後者を引けば次の如くである。

「当宮は　後白河上皇の勅願にして熊野新宮を勧請し給ふ。初は封境広くして、宮殿には金沙を鏤《ちりば》め楼門廻廊祓舎経堂巍々たり。最初建立の時は熊野より土砂を運ばしめて宮殿の地を築き、樹木花草に至るまで熊野よりこゝにうつし植玉ふ也。故《かるがゆへ》に新《いま》熊野新宮と称す。共に応仁の兵火に焦土となりぬ。今ある所は本社、富士浅間《せんげん》社、稲荷社、役行者堂あり」。

神社の地を含めて広く聖護院の森と呼んだ。聖護院の南の一帯である。貝原益軒の『京城勝覧』に「森の内に熊野《ゆや》権現の社あり。夏は京より納涼《すゞみ》のために遊人多し」と書いている。当時の地図にも聖護院の森の記入があるが、幕末の地図を見ると、その地は彦根や越前など、諸藩の屋敷に変わっている。藩邸が立ち退いた跡は、民有地となり、また道路に蚕食されて今日見るような状態に至った。

神社の境内も、大正元年に市電丸太町線の開通、昭和元年に東大路通の拡幅によって、さらに削られた。狭隘の地に、本殿、拝殿、末社、社務所などが身を縮めている。本殿は、天保六年（一八三

五）に下鴨神社の旧本殿を移築したものという。

祀るところは、伊弉冉尊、伊弉諾尊、天照大神、速玉男命《はやたまのお》、事解男命《ことさかのお》の五柱である。もとは本地垂迹による神仏習合の神であり、それゆえに熊野信仰が弘布したのであるが、明治の神仏分離により今のような形になったのである。

小絵馬に烏を描くのは、これが、熊野の神の使だからである。多数の烏と宝珠とを描いた一枚は熊野の牛王《ごおう》に擬したものである。熊野の牛王というのは、熊野三社から出した護符で、七十五羽の烏を配して「熊野山宝印」の文字に作ったものである。熊野の神は妄語を誡めるところから、昔はこの裏に起請文や誓文を書き、偽りなきことの証《あかし》とした。

また熊野では梛《なぎ》を神木とする。暖地に生育する木で、葉脈が竹の葉に似るところから竹柏ともいう。力を入れて引張っても、容易に葉が裂けたりちぎれたりしない。それで力しばとも弁慶の力しばとも異名がある。新熊野神社に多く植えられており、旅行安全の御利益があるという。行者がこの葉を口に啣えて山路を歩くとも、飛行機で海外に行く人が枝を貰い受けに来るとも聞いた。こちらには梛が少なく、樹も小さい。境内の東南の隅に一株ある。神社の外の歩道に廻った方が見易い。

東大路通に面して椋《むく》の巨木が聳えている。樹齢三百年とかで、「区民の誇りの木」と書いた木札が貼ってある。驚いたことに、その太い根が、隣の八ツ橋を商う西尾老舗の店の土間に延びている。神木ゆえに、こうして大切に扱っているのだとか。この樹こそ聖護院の森の生き残りにちがいない。

63 眞正極楽寺真如堂・宗忠神社

眞正極楽寺真如堂

天台宗《てんだいしゅう》鈴声山《れいしょうざん》眞正極楽寺《しんしょう》真如堂、山号は所在地の神楽岡《かぐらおか》に因み、寺号はこれぞまさしく極楽の霊地というのであろう。真如堂は本堂の名であるが、世間にはこれが一山の名として通っている。

当寺の来歴については確な史料が得られず、諸書の語るところは概ね大永四年（一五二四）成立の『真如堂縁起』（『続群書類従』所収）から出たものである。私としても、縁起を辿りながら述べるしか思案がつかぬ。「抑本尊は慈覚大師の真作なり」（慈覚大師は天台山門派の祖円仁）。天長年中、江州志賀郡苗鹿《のうか》の明神に柏《かや》の木の柱を貫った。その切り口から夜な夜な光明を発するので、割ってみた。すると、一片には彌陀の坐像が、いま一片には立像が、木目に鮮やかに現れている。大師は、霊木によって坐像一体を造立した。立像の方は、念うところあってそのままにしておいた。

承和五年（八三八）、大師は遣唐使に随って入唐求法を果し、承和十四年（八四七）帰朝した。その船中、五台山で伝授された引声《いんじょう》の阿彌陀経の一句を忘れてしまった。焼香礼拝するに、虚空より小身の阿彌陀仏船の帆に来って、成就如是、功徳荘厳と唱えた（この句は成就如是功徳荘厳《せいしゅうじょしこうとくそうげん》と漢音で読むのだという）。大師随喜して、我が朝に来りて衆生を済度し給えと、仏を袈裟に裹みとる。

大師帰って、一刀三礼して彌陀立像を彫刻し、船中の化仏を胎内に納めた。これが真如堂の本尊である。しかるに眉間の白毫《びゃくごう》が他の仏とは変っている。そのわけは、大師が仏像に白毫の玉を入れる前に、当山円頓行者四種三昧の本尊とならせ給えと言うと、仏は三度かぶりを振った。「御本願を満ぜんとおぼさば、聚洛に下給て一切衆生を引攝し給べき中にも罪ふかき女人等を救ひたまふべし」と言うと、仏は三度うなづいた。大師ありがたしとも言わんかたなく、これは生き身の仏であるから刀を立てることはできぬと、玉を入れなかったということである。如来を直ちに聚洛に下すべきところを、大師執心して叡山の常行堂に安置したということである。

永観二年（九八四）の春、戒算上人の夢に、老僧現れて、「我は常行堂より来れり。聚洛に出て一切群類を利益し、殊に女人を済度せんと思へり。急ぎ下山せしむべし」と告げた。衆議を催したが、仏の下山に賛成せぬ者が多かったので、とりあえず雲母坂《きららざか》の地蔵堂に遷すことにした。

その夜また老僧の告げがあり、神楽岡の辺に一夜に千本の檜が生える所がある、「是即仏法有縁之地、衆生済度之処、末法相応真正極楽の霊地也」と言う。戒算急ぎ弟子を下して確めさせるに、女院の白河の離宮の境内に檜が生い出ていた。（女院とは一条天皇の母后、東三条院詮子）。同夜、女院の夢にも老僧来って、常行堂よりこの宮中に下るべしとの告げがある。女院が山上に遣した使と、戒算の下した僧とが、叡山の西坂に行き合うて互いに不思議のことを語る。かかる次第で、阿彌陀如来は、女院の離宮に遷座し、「五障三従の女身をもとと済度し給ふ事しかなり」。

一条天皇の御宇正暦三年（九九二）秋、本堂創建の宣旨あり、五年八月十一日直身の如来を鈴声山真如堂に遷し奉る。この間も蓮華童子が現れて、当山護法の奇瑞があった。戒算上人、当寺に居住すること数十年、天喜元年（一〇五三）正月二十七日、聖衆の来迎を拝して往生を遂げた。行年九十一歳。

治承から元暦にかけての源平争乱の世に、堂舎も朽ち、本尊も雨露に冒されるに至った。この時、笠置の解脱上人貞慶の勧進によって修復成る。

その後、法然などの活動により、漸く念仏の道場となっていった様子が察せられる。さらに降って、応仁の大乱により、応仁二年（一四六八）八月三日、本尊を叡山黒谷の青龍寺に移す。西国諸軍勢乱入し、諸堂坊舎は陣屋に取られ、真如堂は荒野と化した。黒谷の本尊は下山すべしとのお告げがあって、坂本の穴太《あのう》に宝光寺を建立し、文明二年（一四七〇）に移し申す。

天下静謐に帰し、文明九年（一四七七）三月二十六日、洛陽一条町に遷し奉る。（上京区一条通新町西入元真如堂町がその地）。慈照院殿足利義政が当寺に帰依して、東山の旧地に帰るべく沙汰あり、文明十七年（一四八五）三月二日に本堂の立柱が行われた。本尊の遷座は明応二年（一四九三）八月七日のことである。その後も勧進、造作が続けられ、落慶供養が行われたのは永正十八年、改元あって大永元年（一五二一）八月二十九日であった。

縁起はこれをもって畢るが、真如堂はさらに二転三転する。だが諸書の記すところ齟齬して定らない。『京都坊目誌』も混乱している。おそらく確実な史料がないということであろう。

当寺が発行する冊子『真如堂』によれば、永禄十年（一五六七）足利義昭の命により真如堂を兄の十三代将軍義輝の菩提所とし、室町勘解由《かでの》小路（下立売通）の旧館跡に移転しようとした。しかしその地に十五代将軍義昭の二条の御所を構えることになったため、真如堂は昔の旧地である元真堂町の一条北側に移った。これが永禄十二年（一五六九）のことという。

天正十五年（一五八七）、豊臣秀吉の聚楽第建設に伴い、京極今出川に移転したという。しかしながら聚楽第は堀川を越えて西の方に位置し、真如堂がじゃまになるとは考えられない。おそらく秀吉の都市整理計画により、京極すなわち寺町通や寺之内通に市内の寺院を移転させた、その事業の間に真如堂も移ったのであろう。現在、上京区寺町通今出川下ル西側に真如堂前町、その西に真如堂突抜町の名があり、古地図に寺町通今出川下ル東側に寺の存在を確めることができる。寛文五年（一六六五）板『京雀』に、京極通今出川下ル町の「しんによだう門前町　この寺はひえいざんの真如堂にて本尊は慈覚大師の御作として不断念仏の道場也　内裏ゑんしやうの時やけうせて三重の塔までくづれ絶えたり」とあり、貞享二年（一六八五）板『京羽二重』にも「鈴声山極楽寺真如堂　京極今出川下ル町」とある。

しかるにいつか地図の上から真如堂が消えてしまい、宝暦十二年（一七六二）板『京町鑑』のごとく「元真如堂前町　此町に古真如堂ありしなり後今の東山に移す」ということになる。

つまり寛文元年（一六六一）の焼亡後再建されたのだが、元禄五年（一六九二）十二月一日、真如堂および付近一帯が火災に罹ってしまった。真如堂は翌年神楽岡に還った。ともに焼けた迎称寺《ごうしょうじ》、大興寺芝薬師、極楽寺、東北院も真如堂のそばに引越した。これが現在のいわゆる四軒寺である。

実をいえば、真如堂開創の地は現在の地ではない。現真如堂の東北にあり元真如堂と称する。真如堂門前の道を北へ、突当って右に折れ、迎称寺の角を曲ってすぐまた右に折れ、細い下り坂を行くと、日吉神社の前に出る。その鳥居の手前右手、うばめがしの生籬の間に狭い入口があるのを見落さぬよう。それが元真如堂で、念仏堂ともいった。今は曹洞宗の尼寺となり、換骨堂と号する。この寺と日吉神社の地とを併せて東三条院詮子の山荘の跡だとされている。

さて真如堂へ引返そう。総門は朱塗で赤門と称する。ここには閾《しきい》がない。神楽岡の八百万の神が夜ごとに参拝されるのに、躓《つまづ》かぬようにとの計らいだとか。お蔭で、自動車も障りなく参入できる。真如堂は紅葉の名所である。満目の紅葉を背負って立つ赤門が頼もしい。

参道をまっすぐに進めば本堂である。二十四年をかけて完成したという。単層入母屋本瓦葺欅造の大建築である。本尊は慈覚大師作と伝える阿彌陀如来立像。信濃の善光寺の阿彌陀如来、嵯峨の清涼寺の釈迦如来とともに日本三如来というそうである。但し『書言字考節用集』には、真如堂ではなく、京の因幡堂の薬師如来を数えている。

右の脇士は伝教大師作と称する千手観音、左は安倍晴明の念持仏と伝える不動明王である。晴明が不慮の死により閻魔王宮に行った時、不動明王が飛来して蘇生を頼んだ。閻魔王は晴明に秘印を与え、これは汝一人のためにあらず、これを娑婆に持ち帰り、諸人を導くべしと言って、蘇生させたとか。今はその秘印を五角形の小絵馬に作り、諸人に頒っている。

本堂に次いで眼につくのは三重塔である。参道の中ほど南側に建っている。京都の町中とちがって、東西南北といっても馴れぬ人には判りにくかろう。総門も本堂も西に向いているのだから、参道の南側は本堂に向かって右側ということになる。塔はきらきらしさがなく、新緑の中でも紅葉の中でも蒼然として落着きを見せている。だがさほど古いものでなく文化十四年（一八一七）の再建という。道理で安永九年（一七八〇）の『都名所図会』に描かれていないわけである。

塔のかたわらに鎌倉地蔵がある。堂内に安置しているので、風化を免れ、端正な容姿を覗くことができる。

天竺より唐土に渡り、さらに本朝に来った九尾の狐が、玉藻の前という美女に化して鳥羽の院の寵を受けた。院を悩ませ王法を傾けんとしたが、阿倍泰成の占いにより正体を見破られ、下野国の那須野に遁れて射殺された。謡曲「殺生石」によれば、狐の執念が殺生石と化し、なお祟りをなす。その由来を聞いた源翁が、成仏せしめんと仏事をなすに、「不思議やな此石二つに割れ、光の内をよく見れば、野干の形はありながら、さても不思議なる仁体なり」。己が来歴を語って、「此後《のち》悪事をいたす事、あるべからずと御僧に、約束固き石となつて、約束固き石となつて、鬼神の姿は失せにけり」ということになる。

当寺の説明では、下野国示現寺の玄翁和尚が枕で叩くと石が割れた。その一片で地蔵像を刻み、鎌倉に堂を建ててこれを祀った。江戸時代初め、地蔵がこれを信仰していた甲良備後守宗広の夢枕に立ち、我を衆生済度の霊場たる真如堂に移せと告げたということになっている。祈れば無実の罪を晴らす効があるという。

三重の塔の背後に県井《あがたい》観音の堂がある。順徳天皇の承久年中に、御所の県井から黄金の如意輪観音が出現した。天皇は一条東洞院に伝法寺を建てて祀らせた。それがどのような変転を経たのか明らかでないが、元禄六年（一六九三）に当寺に移されたという。厨子に納められているので、覗いても拝むことができない。

三重塔の向かい、参道の左側に茶所がある。仏間に安置する彌陀三尊は黒如来と呼ばれるとおり、いかにも黒い。これは元禄七年、善光寺如来の出開帳が行われた時の分身像であるという。出開帳は資金集めのための一種の興行である。

茶所の傍に蕉門に重きをなした去来の句碑が建てられている。「涼しさの野山に満つる念仏かな」、京の俳人鈴鹿野風呂《のぶろ》の筆である。この句は、善光寺の出開帳のおりの吟だとされる。

赤門を入って右手に行くと塔頭が並ぶ。その一つ覚円院は去来の寺と称している。去来は宝永元年（一七〇四）九月十日聖護院の自宅に没し、十一日真如堂本堂前にて葬儀が行われた。当院がその菩提寺なのであろう。

『都名所図会』の真如堂図の右端に「去来墓」と記入している。しかし、墓は所在不明となり、一度発見されたが、また不明となったらしい。寺域南側の墓地の中央道路を進むと、井戸屋形の前を過ぎて突当る。そこを右へ曲ると向井氏一族の墓所があり、説明板が立ててある。勿論去来の墓はない。小さい五輪塔をそれに見立てたのか、向井去来翁の塔婆が立てられている。

寺域の北側に塔頭、坊舎が並ぶ。その中ほどに新長谷寺がある。藤原山蔭中納言が長谷寺の観音を信仰し、それに模して造った観音像の一体を、洛東吉田の自邸に安置して新長谷寺と号したという。それが吉田神社の神宮寺になっていたが、明治の神仏分離により真如堂に移したのである。

本堂右手の奥に、「小林君之碑」というのがひっそりと建っている。大正四年飛行術を学ぶために渡仏し、義勇兵として航空隊に入り大戦に従軍、七年独軍機と戦って戦死した小林祝之助《おばやししゅくのすけ》の顕彰碑である。日本航空史の外伝に挙げたい人物ではないか。

本堂左手の池畔に「京都映画誕生の碑」が新しく建てられた。牧野省三が「本能寺合戦」の撮影を真如堂で行った。そんな縁でここを建碑の地に選んだのである。二〇〇八年十月一日建立。今昔を問わず、いろいろなものが真如堂に持ち込まれるところが面白い。阿彌陀如来の仏縁無量のゆえであろうか。

当寺の法要で最も盛大なのは十夜《じゅうや》である。一般にお十夜という。浄土宗の寺々で十月五日夜から十五日朝まで行われるが、真如堂から起ったことという。当寺では十月六日から十六日の間に行われた。此の世で十日十夜善を修すれば仏国土で千年善を行ったことに勝ると、大無量寿経にあるよしで、室町幕府の政所執事伊勢貞国が永享の頃、真如堂に通夜したことに始ると伝える。

今は十一月五日から十五日まで行われる。毎夜、鉦《かね》講員が径一尺の鉦を敲いて阿彌仏を念ずる。本尊を開帳し、参詣の衆には中風除けの小豆粥がふるまわれる。十五日の結願法要には、貫主以下、僧衆、講中、稚児のお練りが行われる。

宗忠神社

左京区吉田下大路町というよりも、真如堂の真向いといった方が分かりやすかろう。石階を登ると、先ず拝殿が眼に入る。その大きさに驚かされる。その背後、左に宗忠神を祀る本殿、右に天照大神を祀る神明宮が鎮座し、拝殿の左に忠春《ただはる》社がある。

ここは京都でも珍しい黒住教の神社である。黒住教とは何か。私どもの子供時分には、いかがわしい新興宗教のように聞かされていた。今や立教二百年、もう新興宗教でもあるまい。詳しくは『黒住教のあらまし』という冊子を社務所で貰い、一読すればよいのだが。

教祖黒住宗忠は、安永九年（一七八〇）十一月二十六日冬至の日、備前岡山の今村宮の社家に生まれた。人はいかにすれば神になることができるかと考えつめ、二十歳にして悟りを得た。心に悪いと思うことを決して行わぬようにすれば神になることができる。悪いこととは法律や道徳上のこととは限らない。信心せぬこと、慢心すること、他人の悪を習うこと、なまけること、言行一致せぬこと、これらはすべて悪いことである。神人合一の境を得んと勉める宗忠は、村人からも氏子からも敬われ慕われた。三十三歳の時、両親を続けて喪い、毎日泣き続け、とうとう労咳《ろうがい》、つまり肺病に罹ってしまった。病状は悪化する一方で、もはや臨終も近いという時、入浴して身を潔め、お日様

を拝んだ。すると病が忽ち消えてしまった。

文化十一年（一八一四）十一月十一日、冬至の朝に日の出を拝んだ。すると、昇る太陽の塊が宗忠に向かって飛んで来た。それをごくりと呑みこんでしまった。この神秘体験が天命直授《じきじゅ》であり、この日をもって立教の日とする。

したがって、黒住教では、日の出を拝むことを御日拝《ごにっぱい》といって一番大切な祈りとする。なるほど、宗忠神社が東を向いて建てられているのもその理由であろう。黒住教の本部や大元《おおもと》宗忠神社は岡山にある。

教祖は嘉永三年（一八五〇）に昇天。高弟赤木忠春が京都に出て奔走し、文久二年（一八六二）に宗忠神社を創建した。神人合一の教えは幕末の人士に共鳴するところがあったのであろう。宮家、公家などの信仰を得、慶応元年（一八六五）には孝明天皇の勅願所となった。現存の社殿は明治四十五年の築造という。

64　安井金比羅宮

京都市東山区東大路通八坂通上ル下弁天町といってもわかりにくかろう。四条通と松原通との中程で、東大路通の西側に鳥居が見える。四角柱の珍鳥居である。大正元年九月八百年祭紀念の建立。そこが安井金比羅宮の入口になる。境域は建仁寺の東にあたる。北は祇園新地甲部の裏町で、神社界隈は猥雑の相を呈する。

安井はあたりの地名のようになっているが、ここが本来の安井ではない。右京区の天神川の東、丸太町通の南、御池通の北の一帯が昔の安井村である。明治の中頃に太秦《うずまさ》村の大字となり、今は太秦安井何々町と称する。

右京の安井に、後白河天皇の第一皇女殷富門院亮子内親王の御所があり、安井御所と呼ばれた。所在地は確かでないが、今の太秦安井北御所町のあたりかと思われる。『百錬抄』正治二年（一二〇〇）十月十七日に「殷富門院安井御所御堂供養。上皇幷宣陽門院御幸」とある。これが蓮華光院の始まりである。

話かわるが、治承四年（一一八〇）高倉宮以仁《もちひと》王が源頼政にかつぎ出されて平氏討伐の兵を挙げ敗死する。その時、七歳になる若宮が六波羅に引き渡され、首を打たれるところを、平宗盛が命乞いをして、仁和寺の長者の弟子としたことが『平家物語』に見え、「後には東寺の一の長者、安井の宮の僧正道尊と申ししは此宮の御事也」という。この道尊を蓮華光院に迎えて開基としたとされ、その後、土御門天皇の皇子道円法親王が入寺して真言宗の門跡寺院となり、安井門跡と称せられた。

　世を経て寺は衰頽したが、近世に入って性演が再興し、次いで道恕が元禄八年（一六九五）東山に移した。そして同時に讃岐の金毘羅大権現を勧請したということになっている。祭神は、崇徳天皇、大物主神、源頼政。大物主神は金毘羅の祭神である。「源頼政の霊を祭ること詳ならず」と『京都坊目誌』にいうが、おそらく高倉宮との縁であろう。とにかく安井の金毘羅さんとして諸人の参詣絶えることがなかったという。安井の藤が名高く、藤寺とも呼んで、花時には見物の客が絶えなかった。また門前を新更科と称し、月見の名所でもあった。

　こうした繁栄も長くは続かず、『京都坊目誌』によれば、「維新以来寺運大に凋弊し維持立たず、明治六年四月、嵯峨大覚寺に寺号を移転し、同九年四月敷地及建物を譲り、組内共立の小学校と為す」に至り、寺は消滅し、金毘羅宮のみが残って安井神社と号したのである。

　安井門跡蓮華光院の沿革を辿ればこういうことになるのだが、近世における寺の実体は複雑を極め、とうてい一筋縄ではいかない。近世には蓮華光院と書いたものが寧ろ少なくて、観勝寺の名が多く見え、真性院とか光明院とかの名も出てくる。『山城名勝志』に従えば、これらの寺は南禅寺に近い東岩倉にあり、いつの頃か現東山安井の地に移ったものらしい。そうして蓮華光院の移転とともに諸寺院一括して安井門跡と呼ばれるようになったのであろう。だが、あまたの名所記を読めば読むほど諸説錯綜して昏迷は深まるばかりである。

安井門跡が元禄八年（一六九五）に引越して来たという通説も怪しい。元禄四年九月林吉永板『京大絵図』を検するに、建仁寺の東に「安井門跡知行七　石」と記入がある。ただ「知行七　石」が気にかかる。後年の地図では「三百石」となるが、移転当初は知行の石高も微々たるものであったのか。明治六年に大覚寺に吸収されたというのも疑わしい。なるほど慶応四年（一八六八）の地図に安井門跡が載っているのもあるけれども、慶応元年五月改正再刻の『校正山城国全図』には、安井門跡が消え、「安井金ひら」だけが残っている。こうした地図は現状の記載を命とするものであり、新設消滅などの変化があれば、直にそれに応ずる速報を心がけるのでなければならない。そういう意味で、地図の登載の有無は信頼してよいものと思う。

考証はほどほどにして神社を拝むことにしよう。北にも南にも参道があるが、東大路通に面するのが表参道である。両側が駐車場になっており、清浄の趣というものはない。そこを抜けても、あまり広くもない境内に、いろいろのものが設けられて、ごちゃごちゃしている。庶人雑鬧というところがまたありがたいのかも知れぬ。

まず異様なものが目に飛び込む。白い紙片に覆われた半球形のトーチカのような石、これが縁切り縁結びの石だという。真中に孔があいていて、表裏の標示があり、表から裏へ潜り抜けると縁切り、裏から表へ潜り抜けると縁結びになる。石の上部に亀裂があり、そこから霊気が射し込むのだとか。丸に金の社紋に御幣を立てた紙札を百円以上納めて求め、願意を書いて貼りつける。それが何層にも重って石を覆っているのであった。老若男女の参詣が多い中にも、とりわけ妙齢の女人が目立つと思ったら、この石が目当てであるらしい。

本殿は『都名所図会』に画くのと変らず、唐破風の向拝をつけて、大きからぬが堂々たる造り。屋根は近年改修したらしい。社前の両側に絵馬掛があり、社紋のついた小絵馬が沢山掛かっている。丸金だから金運を願うのかと思ったら、その方は案外少ない。縁結びの願意もあるが、それにもまして多いのは悪縁切りである。しかも、それがしかれがしと実名を出して事情を具体的に書いたものが多いのに驚く。大方は男女の縁であるが、隣近所、交友、さらには病気との縁を切りたいというのも見られる。柔弱な自分と縁を切りたいといういじらしい若者もいる。

本殿の北に「久志塚」がある。櫛塚である。昭和三十六年九月四日、櫛に因んで美容師連中が風俗研究家吉川観方に諮って建てたという。以来九月四日に櫛祭を行ったが、のち九月十五日敬老の日に変り、今は九月第四月曜日に変っている。塚に並んで観方の銅像が建てられている。

本殿と向いあって絵馬館がある。絵馬堂を改装して昭和五十一年に開館した。五百円が吝しいのか、絵馬に関心がないのか、入館者は殆どないと見えて、受付係のお婆さんがずっとつききりで案内してくれた。なかなかの物識りである。

扁額式の大絵馬の数々、絵馬堂に奉納されていたもので、金毘羅さんへの信心の篤さを窺わせる。年代の判るものでは、明和四年（一七六七）江村春甫筆の牛若丸弁慶の図を最古として近世後期のものが多い。

大絵馬の本流は馬の図であり、ここには意馬心猿を繋ぎ止める図柄が多い。また和漢の武者絵が多く、とりわけ牛若丸が好まれるようである。中で珍奇とすべきは、五十四歳の女が明治二十二年に奉納した男断ち祈願の大絵馬であろう。寄って来る男が多すぎて困り果てたのだろうか、今後男さんを絶ちます、口で言うだけでは足らぬから髪を切って納めますとあり、なんと殊勝なことと思ったら、最後に「但し三ケ年間之事」と但し書があって笑わせる。

小絵馬は近来の観光用、装飾用のものとは違って、切実な願いを込めたものが多い。子授け、安産、病気平癒。松の木を逆さに描いて逆睫毛《さかまつげ》が治りますようなどと、判じ物もある。邪心、酒、博奕、男、女などを断ちたいのは、それぞれの文字や絵に錠をかけている。こうした小絵馬は、今は寺社で売っているが、昔は絵馬屋で買い求めたのだと、お婆さんは言う。

中でも傑作は、雨中に蓑笠を着た男が舟を浮べて藻を刈っている図で、一芳と署名がある。降るほどもうかる一方としゃれたのである。これは当社の絵馬で、金壱千円也で売っている。ほかに芸能人や力士、画家などが奉納したものも多数展示している。なお宮司が好事家《こうずか》らしく、内外のもろもろの物品を集めて並べ、また別にガラスの部屋というのを設け、海外作家の作品を飾っている。圧巻はアメリカの作家デイル・チフーリの「海の神」で、硝子張りの床下に深海に見立てた造形を据えている。

絵馬館の前に藤棚がある。名に高い安井の藤の末裔である。これについての曰くがまたものものしい。『山州名跡志』の記すところによれば、観勝寺の草創は平安遷都以前にして、春日明神垂跡《すいじゃく》の霊地である。故に大職冠鎌足がこの地の景を愛し、紫藤を植えて、家門藤氏の永久に栄えることを祈った。その苗が今に残って、都下貴賤の目を喜ばせるのである。

崇徳天皇がこの花を愛で、しばしば行幸があった。ある時、白衣の童子が現れて藤の来由を奏し、これに叡感あって、殿舎を造り、后妃阿波内侍を住ませた。その後、保元の乱起って、崇徳上皇は讃岐に流された。彼の地で自らの相好を鏡に写して束帯の姿を画き、さらに随身二人の姿を画いて皇后に送った。その三幅の画像は今も当寺に存する。

上皇は長寛二年（一一六四）八月二十六日讃岐に崩じたが、亀山天皇の御宇、御霊が此の地に来って、夜な夜な光を放った。世人怪しんで騒動となったので、大円法師が参籠して持念した。一夕深更に崇徳院尊体を現じ、此の所の来縁を示した。大円これを上奏し、勅あって文永年中に仏閣寺院を修造し、光明院と号した。大円は住職となって観勝寺と号したと。なお、現在仏殿の南に崇徳院の宮があり、例の画像を蔵するという。

どこまで信じてよい話か知らぬが、崇徳天皇の像を安置するがゆえにこのような縁起が生じたのか、かような伝承あるがゆえに崇徳天皇を祀ったのか、いずれとも判じがたい。金毘羅大権現を勧請したのも、「崇徳帝金比羅同一躰にして」と『都名所図会』にいうような信仰に出たのであろうか。

平安時代に最も恐れられた御霊は崇道《すどう》天皇、すなわち廃太子早良《さわら》親王であった。平安末よりは崇徳上皇の御霊がこれに代った。日本国の大魔縁とならんと怒り、愛宕山の天狗集団の棟梁になったなどと、『保元物語』や『太平記』が書いているのだから、人々が戦慄するのも無理はない。上皇の御霊の祭祠が京の処々に造られた。

金比羅宮の北参道を出て北に突き当る道路がある。御霊前通と名づけている。その道路の西側に崇徳天皇御廟がある。近世の地図には「崇徳帝陵」と記入する。「御霊《ごりやう》」と「御陵《ごりよう》」と、同じように発音するところから誤ったのであろう。御廟といっても堂があるわけでなく、土盛りの上に「崇徳天皇御廟所」と刻んだ石を建て、まわりに樹が茂っているだけである。昔はこのあたりを崇徳の馬場と呼んだらしい。或は金比羅宮の祭祀とかかわりがあるのかも知れない。

なお昭和五十六年刊、竹村俊則著『昭和京都名所図会　2』に、御廟の西背後、祇園歌舞練場の東裏に阿波内侍の小五輪塔が建てられているという。あちらこちら廻って見たけれども、尋ね当てることができなかった。再挙を期したい。

65　粟嶋堂宗徳寺・アサヒビール株式会社

粟嶋堂宗徳寺

京都市下京区岩上《いわがみ》通塩小路西北角、三軒替地《さんげんかえち》町といっても分りにくかろう。岩上通というのが切れ切れになっているので。塩小路通堀川西入といった方が分りやすいと思うが、厄介なことに堀川通が七条通から下で二筋になっている。

堀川と堀川通とが、西本願寺が出張っているためにその前で東に押し曲げられている。大戦最末期、堀川通が強制疎開となり、戦後その跡を五十メートルに拡幅して堀川通を幹線道路とした。西本願寺前で東に歪んだまま醒ケ井通を併せてまっすぐ南へ延した。その広い道路の八条通までを堀川通と呼ぶようになった。八条から南は油小路通と名が変る。

ところが、広い堀川通の西に元の堀川通と堀川とが残ることになった。堀川通が二筋になった次第である。堀川に架かる木津屋橋は月見橋とも呼ばれ、昔は月見の名所であった。橋の下流に芹根水《せりねのみず》という湧き水があり名水とされた。安永九年（一七八〇）板『都名所図会』に「近年書家烏石葛辰《うせきかつしん》清水に井筒を入て傍には芹根水の銘みずから八分字に書して石面に彫刻す」と記す。八分字《はふじ》とは漢字の書体、隷書の一種である。大正三年、堀川改修の際に濁水が混入し、井筒も失われた。私の知るところでは、「芹根水」の花崗岩の碑だけが護岸の石積に接して残っていた。流石《さすが》にはりのある立派な字であった。

日本列島が道路造りに大童になった。それが列島振興の至上の策であるかのごとく幻想して、景観も史跡も農地も山林も潰して顧みなかった。京都も例に漏れない。昭和末期、平安京の証跡であるはずの堀川を、二条城の前までを残し、それより下を暗渠にしてしまった。幹線の堀川通から外れた部分まで埋めてしまった。月見橋も芹根水も姿を消してしまった。

芹根水の碑は引揚げられて、道路傍の安寧小学校の裏塀沿いに保存されている。これと並んでもう一つ自然石の碑が建っている。「文房四神之碑」と刻み、「宝暦三年癸酉歳季秋之月」の銘がある。『都名所図会』に「烏石葛辰碑の銘を建る篆字は岡八駒の筆なり」という。文房四神とは、東青龍を硯、南朱雀を筆、西白虎を紙、北玄武を墨と、文房の用具を四方の神に準えた謂である。ここから百五十メートルほど東にある道祖神社境内の書聖天満宮に建てられていたのであるが、社殿改築に伴い、平成六年七月ここに移したという。芹根水の碑にしても、文房四神之碑にしても、建つべきところに建っていてこそ意味があるのに、こんな路傍の石となっては傷ましいかぎりである。

三軒替地町の宗徳寺へ急ごう。私の記憶ではむつかしげなる境内のさまであったが、いつの間にかすっきりと整備されている。西山浄土宗の寺であるが、近世の名所記にはあまり取り上げられない。宝暦十二年（一七六二）板の『京町鑑』の三哲通（塩小路通の一名）伊勢松町（三軒替地町の北）の項に「此南は畠也、此町西側に宗徳寺と云浄土宗有、此内に粟島大明神有、是世にいふ七条の粟島とて名高し」とある。『都名所図会』にも簡単な紹介があり、幕末の『花洛羽津根』は「紀州加田の粟島を移して勧請す、いつの比と言こと不知」とすげない。

寺の歴史はよく判らない。『京都坊目誌』は、「応永二十八年僧南慶開基す。蓋し其創始の地を詳にせず。或は云ふ、西洞院七条の南にありしと。慶長七年僧繁空之を中興し、現在の地に移すと。又一説に旧時宗にして僧行阿開基すと」という。いずれにしても、宗徳寺よりも粟島明神の方が知られていたらしい。

京都市が建てた駒札には、寺伝によれば、応永年間（一三九四―一四二八）南慶和尚が紀州の淡島《あわしま》明神を勧請して上洛する際、この辺りで神体が重くなったので、これは神意だとして、ここに祀ったのが起りであるとされていると記す。なお、明治の神仏分離により粟嶋堂と称するようになった。

紀州加太《かだ》の淡島明神は、正式には少彦名命であるが、俗に女神とされ、女人守護の神と信ぜられた。女の病や安産に御利益があるとして婦人の信仰を集めている。近世には、淡路殿と称する願人《がんにん》が諸方を勧進して廻った。

京の粟島明神にも女性《にょしょう》の参詣祈願が多かったことであろう。境内に蕪村の句碑がある。「粟嶋へはたしまゐりや春の雨」。跣参《はだしまい》りの主人公は女性と見たいが、蕪村が娘の病気平癒を祈ったおりの句だといっている。碑の裏には「大正九年七月下旬建之」とある。

昭和五十年頃だったかと思うが、女の黒髪を切って奉納したものが幾束か掛けられていて、いささかおぞましさを覚えたものであった。今は髪を切る女性もおらぬらしく、そんなのは見られない。

古い和洋の人形を納めた堂が二棟建っている。正面は硝子張りになっている。古人形がぎっしりと

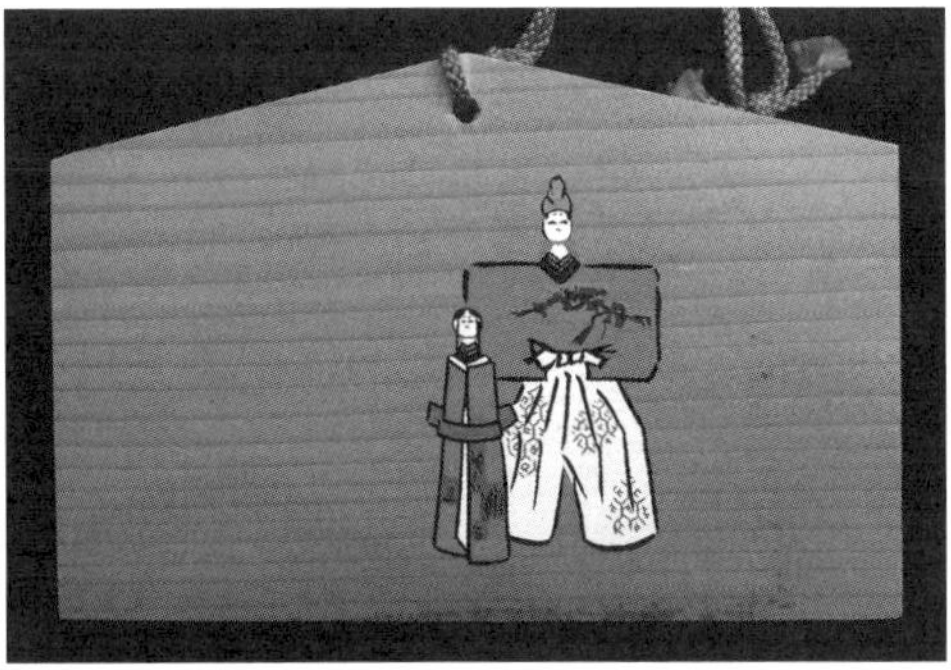

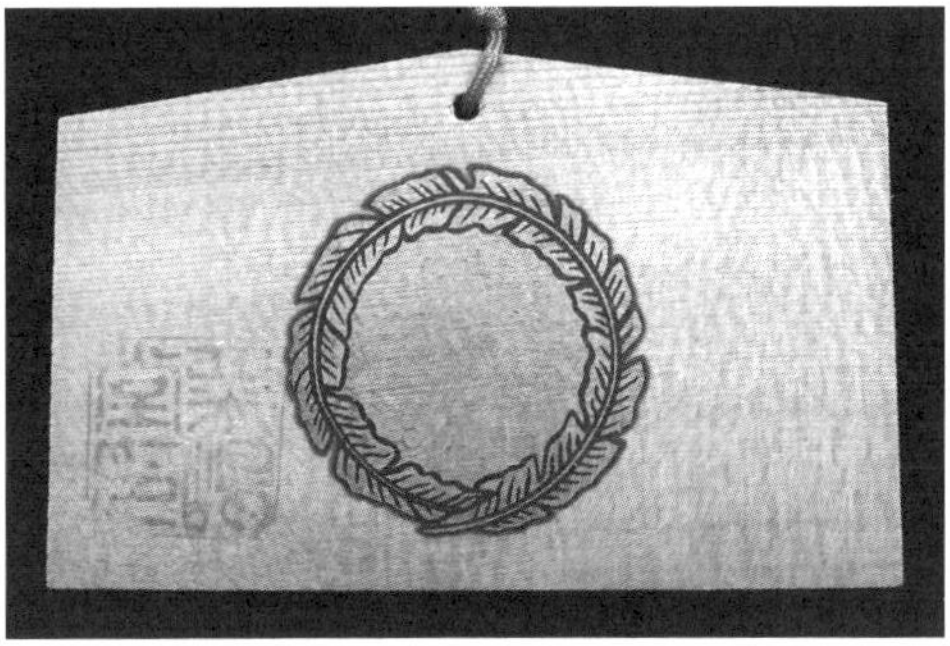

何段にも並ぶ光景は、これまた異様なものである。かわいいというより、不気味さが先に立つ。いつから始めたのか人形供養の看板を大きく掲げ、「一体三千円より」と貼紙をしている。紀州の加太神社では、淡島雛と称する紙雛をお守りとして授ける。これにあやかったのであろうか。小絵馬も図柄もそれに因んだものと思われる。

もう一枚の小絵馬に芭蕉の葉の丸を描くのは、これが粟嶋堂の紋である。近年境内の縁に芭蕉を植え並べている。何故芭蕉なのか、尋ねることができなかったが、仏典にその葉の風に破れ易いのを人の命のはかなさに喩えるからであろうか。

あるいは、金春禅竹作の謡曲「芭蕉」に由来するのか。この曲は唐土の故事に拠ったものである。楚の国の小水という所に独り山居して、日夜朝暮読経する僧がある。そこへ里の女が来って、庵室に入り聴聞せんことを乞う。その女、「誠は我は非情の精、芭蕉の女と現れたり」と告げ、秋の山風に吹かれつつ舞う。「面影うつろふ露の間に、山おろしの松の風、吹き払ひ吹き払ひ、花も千草もちりぢりに、花も千草もちりぢりになれば、芭蕉は破れて残りけり」。草木国土悉皆成仏、まして女人とて仏果を得であるべきやといいたいのであろう。それにしても風に破れてなお残る芭蕉の姿は、女の業を象徴するように思われる。

アサヒビール株式会社

絵馬というものは、祈願報謝をこめて、信者が神仏に奉納するものである。小絵馬を納めるのも意は同じである。しかるに、社寺で小絵馬を売り、参拝者がこれを買うという商品取引の関係になると、小絵馬も変った性質を帯びてくる。すなわち、記念品、装飾品、あるいは呪祝品として持ち帰ることもありうる。社寺の方でもその目的に合せて小絵馬を制作することになる。

　こうなれば、社寺神仏を介しない小絵馬もあってよかろうということになる。京都銀行が配ったハンカチ絵馬がその一例である。

　いつの頃からか、アサヒビール株式会社が、新年の祝儀物として小絵馬を作っている。大黒さま、時に弁天さんを加え、当歳の十二支の禽獣を配した図柄である。小判が撒かれて頗る景気がよい。

　これは酒の小売店や大口消費の飲食店に届けられるもので、一般消費者には渡らない。私が入手したのは、近所の酒屋からである。酒はめったに買わないけれども、よろず屋を兼ねているので、煙草を買い、またコピー機をしばしば利用する。よく小絵馬のコピーをするので、私の蒐集癖を察し、おかみさんがくれるのである。神様よりありがたいおかみさん。

66 田中神社・緑寿庵清水《しみず》

田中神社

田中神社は左京区田中西樋ノ口町、御蔭《みかげ》通東大路東入北側に鎮座する。もと田中村の鎮守であった。境内は奥行が深い。明治二十五年から大正六年まで毎年京都を巡遊した秋元興朝の『旧都巡遊記稿』に「妙説庵の東隣にして社境は大樹蔚蓊たり」とあり、明治四十四年の『愛宕郡志』に「樹木多し」とある。今もそのとおり、ことに樟の喬木が多く、深い蔭をつくっている。因に妙説庵というのは曹洞宗の寺で、ささやかながら健在である。

本殿の前に唐破風の向拝を設け、透し塀を繞らし、拝殿を具える。大きくはないが、整った構えである。主祭神は大国主命で、稲田姫大神、事代主大神、倉稲魂《うがのみたま》大神、猿田彦大神を配祀する。

本社の横にある末社は、玉柳《たまやなぎ》稲荷神社。明治十二年、叡山電車茶山《ちゃやま》駅の近くにあった談合《だんご》の森から遷したという。

田中という地名は処々にあり、したがって田中神社とか田中明神とか号する社もあちらこちらにある。ここ田中村の田中神社は、近世以来の名所記にあまり採り上げられない。貞享三年（一六八六）板の『雍州府志』に「田中ノ明神　在リ㆓田中ニ㆒　伝ヘ言フ下賀茂之末社也」とあるのが稀少な例といってよかろう。下鴨神社の末社であったのなら、下鴨神社式年遷宮のおりに、旧殿を譲り承けて本殿や拝殿としたとされるのも頷かれる。
『日本三代実録』貞観五年（八六三）五月廿二日に「是日、勅遷二山城国広幡神、田中神於愛宕郡伊佐弥里一、以三旧社近二於汙穢一也」とある。広幡《ひろはた》は現上京区寺町通丸太町の北あたりの地で、『蜻蛉日記』の作者藤原倫寧《ともやす》女がこの中川のほとりに移り住んだ。田中神は左京区の田中神社とりたいところだが、さてどうであろうか。『愛宕郡志』は当社だと決めている。ところで、平凡社刊日本歴史地名大系『京都市の地名』は「これによれば、もと「伊佐弥里」（現左京区岩倉花園町）にあった祭神をこの地に移建し、創祀したことになる」と云う。そんな勝手な読み方はあるまい。『三代実録』に記すところは、広幡神、田中神を伊佐弥里に遷した、その理由は旧社が汚穢に近いからである、すなわち広幡、田中の社地附近がきたないから伊佐弥里に遷したというのである。誰が執筆したのか知らぬが、我田引水の見本のようなものである。宝暦四年（一七五四）成立の『山城名跡巡行志』に「花園村名在二長谷村南東一旧名伊佐禰《イサネ》ノ里」とある。花園村というのは現左京区岩倉花園町である。さらに「広幡神祠　在二同村民居ノ間一　今称二妙見社一」、「田中神祠　在二同所ノ北妙見山ノ下一　今称二神明一」として『三代実録』の記事を引いている。「伊佐弥里」を「伊佐禰里」としているのが気になる。「弥（彌）」ならばミあるいはヤと読まねばなるまい。

　ともかくも謂うところの神祠は岩倉花園町に現存する。道路傍の鳥居を潜り小高い山に登った上に妙見宮がある。箱形の小さい神殿は新に造ったばかりと見え、周囲は近所の子供の遊び場になっている。また、妙見宮の石段の右傍に祠が建っており、これが神明社である。『山城名跡巡行志』に記するところと多少立地状況が異なるけれども、いつの頃か宅地を避けて移建したのであろう。ここは高野川の支流である花園川を溯った山麓であり、広幡や田中とちがい、まさしく清浄の地である。

現在の田中神社がいつ創建されたのか明かでないが、近年当社が注目されるのは田中構《たなかがまえ》の関係からである。構というのは、武士、貴族、寺院、あるいは郷民などが築いた防禦のための砦である。城廓のようなたいそうなものでなく、堀や杭列などで防備を固めたらしく、中世には洛中洛外の処々に設けられたと見られる。

ここ田中郷では田中神社を中心に郷民たちが構を構築した。『親長卿記』の文明六年（一四七四）八月一日の条に、田中郷の輩が敵に焼かれたことが見える。ここで敵というのは、応仁文明の乱の西軍だとされる。降って天文五年（一五三六）七月の法華の乱にも、法華衆徒の焼討に遭っている。

こうした構の存在は、里の百姓たちの自衛のためだけのものであったとは考えにくい。田中、一乗寺にかけて渡辺氏を称する土豪が力を有ち、指導的な役割を担っていたと思われる。そうして武家や宗門の闘諍にしばしば合力したのであろう。そのために田中構を築き、また焼かれたことと推測される。

天正元年（一五七三）七月、将軍足利義昭が織田信長に叛いた時、「爰に渡辺宮内少輔と云者室町殿へ御味方申、一乗寺に要害を拵て居たりしが、是等を踏散し、可レ被レ刎レ首にてありし処、甲をぬぎ降参申しゝかば、被レ助二一命一けり」と『信長記』にある。この渡辺の子孫が一条寺堀ノ内町に住み続け、渡辺館と呼んだ屋敷が現存する。一乗寺のは北渡辺と称するよしで、田中の渡辺氏がどうなったかは判らない。

今の田中神社に兵乱の名残はない。観光客が訪れることもなく、京都の住人でも、地元の人々以外には殆ど知られていない。境内はいつもひっそりとしている。印度孔雀と白孔雀とが一羽ずつ飼われていて、時に尾羽を拡げて歓迎してくれる。

北側の裏参道入口近くに石碑が建てられている。「徳富蘇峰先生勉学之処」とある。碑文によれば、蘇峰が同志社に在学中、明治十一年から十三年までここの水車の楼上に同志と下宿し自炊生活をしていた。大正八年夏に入洛した余も亦ここに居を卜し、十七年間住んだが、叡山電車の軌道敷設により区画整理がなされて旧態を留めない云々として、「昭和十一年初秋　金近正道誌　林栄三郎書」と刻む。

市民しんぶん左京区版「左京ボイス」平成十八年十二月十五日第一三三号にこの碑を紹介し、「なお、当時の下宿は北に約50ｍの場所にあったようです（当時は、叡山電車の線路の辺りに川が流れていました）」という。今は川の痕跡もない。北参道の鳥居のすぐ先は元田中駅である。

緑寿庵清水

天文十二年（一五四三）種子島に漂着したポルトガル船によって鉄砲が齎された。洋式の鉄砲伝来が歴史上の大事件として取上げられる。しかし、南蛮船はこの前後にもしばしば漂着あるいは渡来しており、鉄砲以外にもさまざまの物産が伝えられたと考えてよかろう。

金平糖がいつ伝来したかは明かでないが、永禄十二年（一五六九）、ポルトガルの耶蘇会士ルイス・フロイスが織田信長に贈ったのが文献に見られる最初である。金平糖、金米糖、金餅糖、渾平糖など、さまざまの漢字が宛てられるが、語源はポルトガル語の confeito で、砂糖菓子の意である。

最初の金平糖がどのようなものであったか判らないが、西鶴の『日本永代蔵』や『和漢三才図会』にその製造工程を書いている。予備知識なしに読んでもさっぱり解らないけれども、要するに製法も出来上りも今日と変らないようである。手間がかかり、材料費も高くつくので、高級菓子とされ、誰でも口にできるものではなかったらしい。

私どもの子供の時分には、別に珍しいものでなく、いがのある形は面白いが、砂糖の塊にすぎず、駄菓子だと思っていた。ただ乾麵麭《めんぽう》の袋の中に入っているのを探すのが、ちょっとした楽しみであった。当時の戦記を読むと、乾麵麭の中の金平糖が、兵隊たちに喜ばれたことを書いたものがある。

それはそれとして、日本でただ一軒の金平糖専門店と誇る店が京都にあり、静かな人気を呼んでいる。いつ訪れても客足の絶えたことがない。弘化四年（一八四七）創業の緑寿庵清水という店で、百万遍に近く、左京区吉田泉殿町、鞠小路通今出川下ルに在る。究極の金平糖とか季節限定の金平糖とか特撰金平糖とか称して何十種類もあり、一粒いくらといわねばならぬほどの品である。

西鶴や『和漢三才図会』は、核に胡麻を使うと書いているが、後には芥子粒を使うようになった。当店では、糯米を砕いたイラ粉を核とし、これに糖蜜をかけて、釜で熱したり冷したりの作業を繰返し、いがが成長するまでに十四日、ものによっては二十日もかかるという。天然素材を加えると砂糖が結晶しないというのが常識であるが、当店ではそれを覆して、さまざまの素材を加えて、五十種類を超える色彩と風味とをもつ金平糖を作り出した。一子相伝の技といい、今は五代目ががんばっているよし。

　容れ物にも種々の工夫を凝らしている。容器によっては何万円というのもあるが、私の目を惹いたのは、小絵馬型の紙箱で、苺とバニラと紅白二種が入っている。祈願成就と称する。まんなかの赤いのが気になる。叶い枡《ます》と読めるが、鍵が何を意味するのか。叶います曲《かね》ではちとおかしい。曲げて叶えますと読むか。尋ねてみたらこれは家紋で、どう読むということはないとの返事であった。

67 梨木《なしのき》神社・護浄院

梨木神社

梨木神社は上京区寺町通広小路上ル西側、染殿町に鎮座する。広小路とは、河原町通の府立病院前から御苑の清和院御門に至る短い通である。つまり清和院御門前に一の鳥居があり、そこから北へ、鰻の寝床のように細長い地が神社の境内となる。

京都御苑の東側に沿うて、梨木通という細い道が今出川通から清和院御門前まで通っている。寺町通と梨木通とに挟まれた染殿町を、もとは梨木町と称した。宝暦十二年（一七六二）板の『京町鑑』に「寺町より西へ一筋目　梨木町通」、「石薬師より広小路迄凡三丁程を　梨木町　此町西側公家衆又は地下役人衆也」とある。梨木町通の西は二階町通といった。

近世の『内裏之図』を見ると、梨木町通と二階町通との間に「転法輪」と記入する。これが三条家の本家である。二階町側を表門とし、梨木通は裏に当る。梨木神社は三条家の旧邸の地に建立したと俗にいうけれども、厳密にいえば、神社の西、御苑内が三条家の旧地である。なお、明治十二年に梨木町と小さい町々とを併せて染殿町と命名した。

　梨木神社は、明治十七年久邇宮朝彦親王が発議して、翌年竣工鎮座した。祭神は三条実萬《さねつむ》。別格官幣社に列し、勅使が参向した。後に三条家の庶流にあたる姉小路公知《あねがこうじきんとも》を合祀する。大正四年に実萬の子実美《さねとみ》を合祀した。

　三条の家格は摂家に次ぐ精華家。実萬は享和二年（一八〇二）に生れた。安政四年（一八五七）内大臣となり、日米修好通商条約の勅許に反対し、一橋慶喜を将軍継嗣とすることに奔走して関白九条尚忠と対立し、大老井伊直弼との間にも疎隔を生じた。内大臣を辞した後も朝政に参与し、佐幕派に対し強硬な姿勢をとり続けたため、安政の大獄の累が家臣に及び、六年遂に一乗寺村に退いて落飾謹慎、同年十月六日逝去した。享年五十八。文久二年（一八六二）贈右大臣、明治二年忠成の諡号を賜り、明治三十二年正一位の贈位があった。

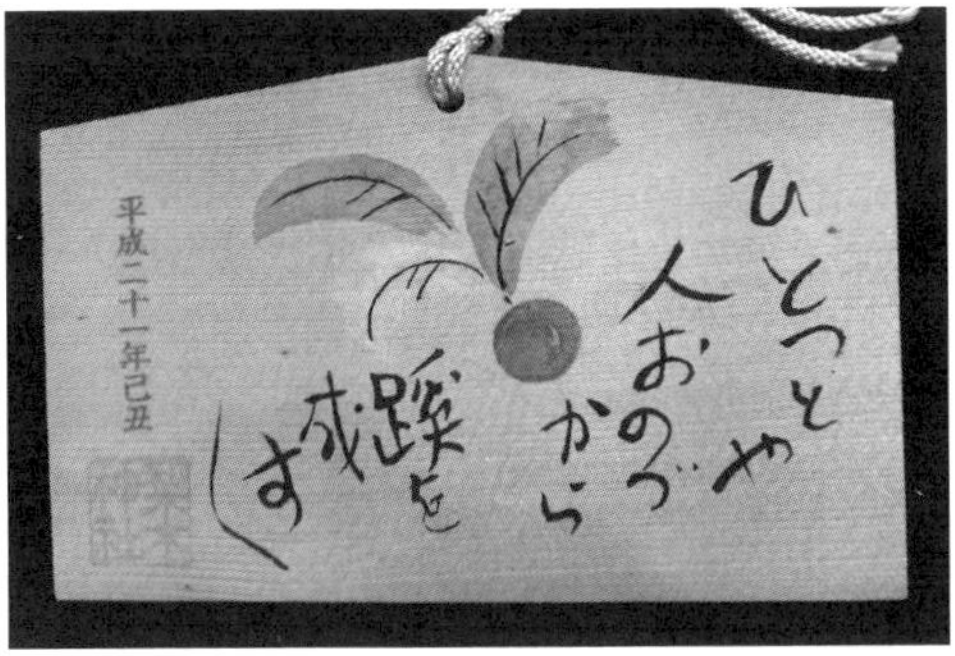

　姉小路公知は天保十年（一八三九）の生れ。三条実美と親しく、尊攘派の少壮公家として注目された。安政四年右近衛権少将となる。さしずめ当時の青年将校といえばよかろうか。文久三年（一八六三）、五月十日攘夷実行の期限が来ても、幕府の腰はいっこうに定らない。朝議連日沸騰し、二十日は議論深更に及んだ。実美にわずかに後れて公知が退出する。内裏北の朔平門を出て艮《うしとら》の猿ヶ辻にかかったとこ

ろで、三人の刺客が襲った。豪気な公知は扇子をもって防ぎ、供の吉村右京も防戦に努めた。が、それも甲斐なく、公知は三所の深手を負い、邸に辿りついて絶命した。姉小路邸は三条邸の南隣である。これを猿ヶ辻事件という。

三条実美は天保八年（一八三七）の生れ。第四子であるが、家督を嗣ぐことになり、父の後を承けて、堂上尊攘派の中心と目せられるのは当然であろう。文久二年（一八六二）十一月、江戸城の将軍家茂《いえもち》に攘夷催促の勅書を授けた。その勅使が実美であり、副使が公知であった。翌年将軍上洛、攘夷決行で盛り上ったのに、佐幕派の画策により八月十八日朝議一変した。この政変で国賊となった実美らは防州に落ちて行く。いわゆる七卿の都落ちである。

慶応三年（一八六七）十二月王政復古の大号令降る。官位復旧の沙汰により、京都に帰った実美は、精華の家たるをもって新政府の要職に就き、明治二年右大臣、四年太政大臣に任じた。六年征韓論の争議で窮地に陥り、急病になって右大臣岩倉具視に代行を頼むなどのこともあり、決断力に欠けるところがあったようである。明治二十四年二月十八日薨じ、国葬が行われた。

実萬は梨木町に因んで梨堂とも号していたが、いまは当社に梨の木は見当らない。いつか境内に萩を植え並べ、九月に萩まつりが催される。近ごろは萩の宮と称している。

手洗水舎の井戸を染井と呼ぶ。名水とされ、今も水を汲んで持ち帰る人が絶えない。この井戸の名、また染殿町の名は藤原良房の第、染殿に由来する。庭園の桜がことにみごとであった。良房の女明子《あきらけいこ》は文徳天皇の皇后となり、この第を御所として染殿の后と呼ばれた。その子惟仁《これひと》親王が天安二年（八五八）即位して清和天皇となるや、祖父良房は人臣にして初めて摂政に任じた。清和天皇は貞観十八年（八七六）、染殿で陽成天皇に譲位してここを御所とし、清和院と呼ばれた。

染殿と清和院との位置については、いささか疑問がある。おそらく最初の染殿は、東京極大路の西、一条大路の南、土御門大路の北の南北二町の地を占めていたであろう。後に正親町《おおぎまち》小路以南一町が清和院となって、正親町小路以北一町を染殿と呼ぶようになったかと思われる。いずれにせよ、梨木神社の境内は、染殿、清和院の旧址に入ることになる。

源氏物語千年紀にあたり、ゆかりの地の説明板が処々に設けられた。梨木神社には「中川の家候補地」の説明板が建てられている。すなわち花散里の邸や空蟬の住む紀伊守の邸をこのあたりに想定するのである。

せっかくの説明板ながら、ここに建てるのは当を得ない、というよりも誤りとしなければならない。現寺町通はほぼ平安京の東京極大路の跡と考えてよい。したがって、寺町通以西は平安京の内である。しかも梨木神社境域は染殿、清和院の地であった。『源氏物語』は作り物語であり、設定は自由であるとはいえ、古来の名跡に花散里や紀伊守の家を想定することはないであろう。また中川の家というのは、平安京の外、すなわち寺町通より東と見るべきである。

「平安京東端の、東京極大路に沿って流れていた京極川の二条以北を中川と呼んでいた」と説明板にあるのが実は怪しい。このことは、『源氏物語』の古注釈書『紫明抄』や『河海抄』にも取挙げられており、それを承けて、近世の名所記類には、寺町通の東側に並ぶ寺院の前を流れる溝川を京極川、すなわち、中川とするのが大方の見解であった。私も昔そのように書いたこともあるが、近世の中川ならばそれでよいけれども、平安時代の中川は違った。

考証は煩雑を極めるので、ここには略して結論だけを記す。東京極大路に沿うて設けられた溝渠は、『延喜式』左右京職の規格にしたがえば幅四尺である。これを京極川と称したかどうかは知らぬが、『蜻蛉日記』や『源氏物語』などにいう中川は、さような大路の側溝とは考えがたい。鴨川を大川というのに対して、中川は恐らく川の大きさの程度による名であろう。私案によれば、東京極大路と鴨川との中間をかなりの水量をもって流れる川であった。東京極大路、現寺町通から東へ、少くとも一町以上すなわち百二十メートル以上距ったところを流れていたと見なければならない。おおよそ今の河原町通のあたりがその流路であったと推定される。中川の家というのは、多分そのほとりを想定したものと考えるべきであろう。

神社の一の鳥居の内に上田秋成の歌碑が建てられている。「ふみよめは絵を巻きみれはかにかくに昔の人のしのはるゝかな」。ここより南、寺町通荒神口上ル東側にあった羽倉信美の家で、秋成は世を卒った。

二の鳥居の内にも一基の歌碑がある。「千年の昔の園もかくやありし木の下かげに乱れさく萩　秀樹」。秀樹とは湯川博士である。「昭和四十七年萩祭建之」と裏面に刻む。萩祭が建てたのではなく、萩祭に建てたというのであろう。湯川秀樹は幼時染殿町に住み、当社の北、寺町通石薬師下ルの京極小学校に通った。そうした縁で歌碑を建てたのであろう。

護浄院

護浄院はどこと尋ねても、すぐに答えは返って来ないであろう。清荒神《きよしこうじん》の名で通っている。所在は上京区荒神口通西入荒神町南側である。寺の西側の細い道は新烏丸通であるが、その名も知る人は多くあるまい。

荒神口通は平安京の近衛大路の延長である。しかし「西は寺町より東は鴨川原までの間を荒神口といふ」と『京町鑑』にあるように、このあたりでは荒神がもっぱら幅をきかせている。鴨川の河原は、古くは近衛河原とも法成寺河原とも呼んだが、近世には荒神河原となった。今そこに架る橋は荒神橋である。橋を東に渡った先には近衛通の名がつけられているが。

これは荒神様信仰の普遍を語るものであるが、そればかりではない。荒神口が往来の要衝であったことにも由ると見なければならない。洛中から洛外へ、さらに七道諸国に行く道の出入口にあたるところを口といった。京の七口というが、その数え方は必ずしも一定せず、実際にはもっと多くの口があった。

荒神口は七口に数えられたり、数えられなかったりするが、古くは今道の下口と呼び、重要な出入口の一つであったことは確かである。『京羽二重』に「是より吉田黒谷白川鹿谷道也」とある、鴨川に橋を架けていたようであるが、馬車や牛車の通行に耐えるものではない。それで川の中に車道《くるまみち》というのを設けて、車はそこを通った。現在荒神橋西詰の南側に河原に下りる細い道が残っている。車道のなごりである。

清荒神は、天台宗、常施無畏寺《じょうせむいじ》、また常施寺ともいう。由緒書によれば、宝亀三年（七七二）光仁天皇の皇子開成が攝津国勝尾山、現箕面《みのお》市粟生間谷《あおまたに》の勝尾寺で修行中に、荒神尊が八面八臂の鬼神となって出現した。この姿を彫刻して清《きよし》の地に祀り、光仁天皇は、鎮護国家の霊場として田地百畝を寄せた。これ清荒神の創めであるという。

降って後小松天皇が、勝尾山は勅使代参にも遠すぎるとして、明徳元年（一三九〇）乗厳律師に命じて、荒神尊を京に遷さしめた。その地は、現下京区醒ヶ井通仏光寺下ル荒神町であった。但し『雍州府志』のように、現宝塚市の清澄寺の清荒神を勧請したとする説もある。

後陽成天皇より「皇居守護のため東南の地に遷座せよ」との命を受けたのは豊臣秀吉であったが、現在地に遷ったのは秀吉死後の慶長五年（一六〇〇）という。朝廷との関りが深くなり、元禄二年（一六八九）東山天皇から護浄院の名を賜った。天明八年（一七八八）正月の大火に類焼し、寛政年中に再建されたのが、現在の堂宇である。

堂内に乗厳律師作と伝える如来荒神を初め、何体もの仏神像を安置する。皇室、公家が東京に遷るに際して、当寺に託せられた像も多いらしく、その中の福禄寿像は、近ごろ七福神めぐりの流行で、人気を集めているようである。

本来は荒神を竈の神として信仰するところから参詣が多いのであろう。三宝荒神のお札を頂き、台所に棚を作って納める。南向きは大吉、東または西向きは吉、北向きは凶とされる。毎朝初水を供え、荒神尊の真言を唱える。「唵《あん》欠《けん》婆《ば》耶《や》欠《けん》婆《ば》耶《や》娑《そ》婆《わ》訶《か》」と七遍または二十一遍唱えよという。

68　宝塔寺・引接寺《いんじょうじ》その後

宝塔寺

『源氏物語』藤裏葉の巻に「三月廿日おほい殿大宮の御き日にてこくらくしにまうてたまへり」とある。藤袴の巻で薨じた大宮の三回忌の法要を、息子の内大臣が極楽寺で営んだのである。私的な葬儀、法会などに、何寺と名を明かにすることは、『源氏物語』では、極めて珍しい例としなければならぬ。ほかには、夕顔の巻で、源氏が夕顔の四十九日の法要を「比叡の法華堂にて」行ったとあるぐらいであろう。

極楽寺は昭宣公藤原基経の創建にかかり、藤原氏の氏寺の一つとされた。これにより、内大臣家は、基経の家系ということになろう。当時の読者ならば、さようなことは諒解したにちがいないと思われる。

極楽寺建立については、『大鏡』に語る逸話が知られている。仁明天皇の頃であったか、芹川の行幸《みゆき》の道で、帝は特製の琴の爪を落してしまった。大人ではなく、殿上童であった基経に「もとめて参れ」と命ぜられた。基経は馬を返したものの、どこを目当てに探せばよいか皆目わからない。「これ求め出でたらむ所には、一伽藍を建てむ」と念じて、爪を見つけることができた。

極楽寺の作事がいつ始められたか明かでないが、基経一代では完成を見るに至らなかった。寛平三年（八九一）基経が薨じ、後は息子の時平、仲平、忠平が造営を続けた。

『菅家文草』巻九に「為二左大臣一請レ欲下以二極楽寺一為中定額寺上状」という昌泰二年（八九九）の奏状がある。父昭宣公が極楽寺未完成のうちに死んだ。臣時平が父の志を継いで八年、伏して願わくは、これを官寺に准ずる定額寺《じょうがくじ》に列して、宿心を遂げさせ給えと、醍醐天皇に奏請したものである。だが、時平は延喜九年（九〇九）に死んで宿願を達せず、延長二年（九二四）に至って定額僧が置かれることになった。すなわち兄の志を仲平、忠平が承け継いだのである。

ところで、『大鏡』の話には続きがある。御堂を建てるために出向く基経の車に、まだ幼い貞信公忠平が同乗していた。「父《てて》こそ。ここここそよき堂所なんめれ。ここに建てさせたまへかし」と言う。父がのぞいて見ると、いかにもそのとおり、「げにいとよき所なめり。汝《まし》が堂を建てよ。われはしかじかの事のありしかば、そこに建てむずるぞ」と言った。そのようなことがあって、後年忠平の建てたのが法性寺である。

法性寺の地は鴨川東岸の九条河原。現在、東福寺の西、本町通にその名を継いだ小さい浄土宗の寺が残っている。因に、法性寺は『山州名跡志』『拾遺都名所図会』など近世の名所記に「ほつしやうじ」と振仮名があり、今日もその読み方が通用している。しかし『源氏物語』では「ほふさうし」と書かれており、ホウショウジといっていたらしい。

忠平が法性寺の作事を起した年月は明かでないが、その日記『貞信公記』に、延長二年（九二四）二月十日法性寺に参って鐘を聴いたとあり、以後造営、仏像安置のことが見えるから、作業始はそれより前ということになろう。承平四年（九三四）には定額寺となった。

忠平は天暦三年（九四九）八月十四日に薨じ、「法性寺外艮地」に葬ったと『日本紀略』にある。それから後も子々孫々、造営、葬送、法要を行い、わけても忠平の曾孫道長は信仰が篤く、力を入れた。すなわち法性寺は、摂関家の氏寺として最も重きをなすに至ったのである。

時平、仲平の子孫は栄えず、忠平の子孫がもっぱら摂政、関白、太政大臣の地位を独占した。そうなると、『源氏物語』の内大臣家も忠平の流でなければならない。内大臣の父は左大臣として信望篤く、後に摂政太政大臣となる。内大臣も大政大臣に昇っている。それなら、大宮の法要は、極楽寺でなく、法性寺で営んでよいのではないか。しかしながら、あまり時代の現実に即きすぎると、昔物語として話が生臭くなっていけない。ここはやはり時勢にとり遺された観のある極楽寺の方がふさわしいと、作者は判断したのであろう。

法性寺の名が物語に現れるのは二度。東屋の巻で薫が浮舟を伴って宇治へ行く途、浮舟の巻で匂宮が宇治へ行く途、いずれも法性寺の前を通ったことになっている。そこに参詣したり法要を営んだりすることはない。

極楽寺はどうなったか。『日本紀略』によれば、天延四年（九七六）六月十八日申刻、大地震発生、「其響如レ雷」。大内裏の諸司、左右両京の舎屋多数破壊顚倒した。八省院、豊楽院、東寺、西寺、極楽寺、清水寺、円覚寺などが顚倒、未曽有の激震であった。清水寺では緇素の圧死する者五十、異本には且千《しゃせん》とも五千ともある。以後連日のように余震があり、その都度被害を生ずる。七月十三日、貞元と改元したが即効なく、九月二十三日まで余震が断続する。

極楽寺はその後修復されたのであろう。いつの頃か判らないが、慶滋保胤《よししげのやすたね》が「冬日於二極楽寺禅房一、同賦二落葉声如レ雨一」（本朝文粋）という詩序を書いている。「極楽寺者、東山勝地也。寺之西北、有二一仙洞一。蓋象外之境、壺中之天地」。高堂に大悲観世音を安置し、禅房に伝法阿闍梨が住する。山中に布を曝したように滝がかかり、細いけれども、その声は一二里まで聞える。流れに紅葉を浮べ、黄菊の影を映す。橋を架け権《まるきばし》を渡す。奇巌怪石あり、霊樹異草あり。景物を尽し、人力にあらず、鬼の業かと思われる。雨の音かと思えば、落葉が飛ぶのであった。禅房に招ぜられて、温い酒を酌む。酒は禁戒なれども、吾らには許される。

こうした文章はどこまで実を写したものか判じがたい。今極楽寺の址を尋ねても、滝も流れも奇巌怪石もなく、その痕跡すら見当らない。

しからば、極楽寺の旧址はどこか。伏見区に深草極楽寺町の名が残っている。その東に接して深草宝塔寺山町があり、その大部分を宝塔寺が占める。すなわちこの一帯が極楽寺の旧地であろう。なお宝塔寺の北に石峰寺《せきほうじ》があり、さらに北は伏見稲荷大社の鎮座する稲荷山である。因に極楽寺町を極楽寺山町と記した地図もあるが、これは誤り。深草極楽寺山町というのは稲荷山の東南に続く山林地で、人口稀少の町である。

鎌倉時代末、真言律宗の極楽寺が日蓮宗に改宗し、やがて宝塔寺と名を易えた。そのいきさつについて、近世の名所記の記すところ繁簡さまざまであるが、要旨は概ね一致している。

『山城名勝志』に引く縁起に従えば次の如くである。日蓮の弟子日朗のもとに入門した日像は、帝都に宗風を興さんとする師の素願を果すべく、永仁二年（一二九四）に入洛した。十字街頭に立って題目を高唱し、貴賤を勧誘し緇素を折伏した。これがために諸宗の悪むところとなり、三黜《さんちつ》すなわち洛中追放三度の法難に遭った。延慶三年（一三一〇）都を避けて西海に往かんとして、向日《むこう》の神祠を過ぎた時、老翁が来って、話がしたいからとて神祠に留められる。その地を鶏冠井《かいで》といい、遠近から信伏する者が集って来る。深草極楽寺の僧良桂律師が通りかかり、法論を挑む。法論三昼夜に及び、遂に良桂心服して日像の弟子となり、極楽寺の徒百余人もこれに随った。但しすぐには寺号を易えず、日像をここに葬ってから鶴林院と号し、のち日堯が宝塔寺と改めたという。

この縁起は、今日宝塔寺で発行する「しおり」に説くところとほぼ同じである。日像が妙顕寺で入寂したのは興国三年（一三四二）十一月十三日。遺言によって極楽寺で荼毘に附し、ここを本廟所とした。さらに日像の捧持していた日蓮、日朗の真骨を奉安し、身延山に亜ぐ日蓮宗の第二の祖山、西身延、巽の霊山《りょうぜん》と呼ばれるようになったという。

「しおり」はさらに、応仁の大乱、天文の法乱で堂宇を焼かれ、衰頽著しかったが、天正十八年（一五九〇）妙顕寺日堯の弟子日銀が当山八祖を嗣ぎ、辛苦経営ののち堂塔伽藍を定め、中興の業を成した。日像真筆の御題目寿塔を奉祀したのに因んで、宝塔寺と改めたとする。

因に妙顕寺というのは、現在上京区寺之内通小川東入にある日蓮宗の本山である。日像が、元亨元年（一三二一）ごろ後醍醐天皇により安居院《あぐい》に地を与えられて一寺を開き、建武元年（一三三四）勅願所となすとの綸旨を賜った。これが妙顕寺の始りであり、京都開教の不屈の努力が実ったのである。その後、四条櫛笥《くしげ》、堀川押小路、西洞院二条と、京の中心部に進出を果し、豊臣秀吉の命によって現在地に転じた。しかしその間にも山門の迫害に遭って破却され、妙本寺と改号したこともあった。また公武に取入り、不受不施の教義を捨てたため、同門同宗の離反を招くことにもなった。それでも、焼ける度に再建を果し、法華諸山の先達としての地位を保って来たのである。なお、『雍州府志』『山城名勝志』などは、宝塔寺は妙顕寺の末寺としている。

いざ深草山《じんそうざん》宝塔寺に参ろう。標高百一メートルの七面山の西面を寺域とし、その景観、堂塔の配置は安永九年（一七八〇）板の『都名所図会』に画くところと殆ど変らない。よくぞ二百数十年も維持してきたことと感心する。建物の主なものは室町期、江戸期の建立で昭和、平成の間に修理改修を施している。

西麓の総門より参入する。古色を帯びた四脚門は室町中期創建、重要文化財。これより仁王門を経て本堂まで緩い石段が一直線に通り左右に塔頭が並ぶ。左側に大雲寺、直勝寺、日像荼毘処の塔があって、慈雲院。右側に円妙院、霊光寺、自得院。いずれも手入れが行届き、荒れたところがない。仁王門は宝永八年（一七一一）創建、朱塗の堂々たる造りである。

その上が本堂、入母屋造、本瓦葺、正面七間の前に三間の向拝を付け、本格的な建築である。慶長十三年（一六〇八）創建、重要文化財。内に十界曼荼羅、釈尊立像、日蓮、日像の像を安置する。

本堂の右手に多宝塔が建つ。下層の屋根が行基葺という珍しい葺き方で、室町初期の建立、重要文化財。

本堂左手には客殿、方丈がある。本堂と客殿との間に長廊下を渡し、真中に太鼓楼を設ける。これも元禄五年（一六九二）に出来たもの。その下を潜って七面山の登り坂となる。

本堂背後に昭宣塚と称するささやかな堂がある。中に小さい五輪塔が一基据えられている。「藤原基経昭宣公霊」と書いた塔婆が傍に立てられ、ここが唯一極楽寺を偲ぶよすがといってよかろう。『都名所図会』に「昭宣公の墳《つか》は瑞光寺の門前にあり、大塚にして巡《めぐり》十間余也、上に小社あり、三十番神を祭る」として、元政草創の瑞光寺元政庵の前にそれを画いている。今は、その影も形もない。いつの頃か宝塔寺内に移したのであろうか。その先に三十番神堂。日蓮が横川《よかわ》の定光院で勉学中に示現した神とか。そうした縁によるのか、合格祈願の小絵馬が上げられている。

さらに登ったところに千仏堂が建つ。鬼子母善神とその眷属を祀るため、小絵馬には子育安産祈願が書かれている。

千仏堂の南に日蓮の銅像が睨みをきかせており、日像の本廟がある。廟前の経一丸さまの銅像は日像の幼きころの姿である。

千仏堂からさらに石階を登り、二つの鳥居を潜る。両側は孟宗竹の深い林である。山頂に辿りつくと見晴しがよい。ここに七面大明神を祀る七面宮が鎮座する。神社とも寺ともつかぬ造りで、格子を嵌めた正面中央の一間を拝所としている。

総門を入ってから僧俗だれにも会わなかったが、ここの茶所にはじめて人の姿があり、ほっとする。

小絵馬を求める。

七面大明神の本地は吉祥天女である。身延山で日蓮が法華経を説く場に垂跡し、法華経守護、七難即滅七福即生の誓いを告げて、西方の七面山に飛び去ったという。寛文六年（一六六六）、その吉祥天を当山に勧請した。青木東庵が尊像を彫刻し、元政と謀って奉安したという。岩座に坐し、鍵と宝珠とを持つ像で、日本最初の七面尊像として崇められるよしである。

七面宮背後の一段高い処に熊鷹大明神を祀り、その傍に都々逸大明神の祠を建てている。なお塔頭大雲寺の門内に深草七面山御旅所と称して小さい神祠を設けている。

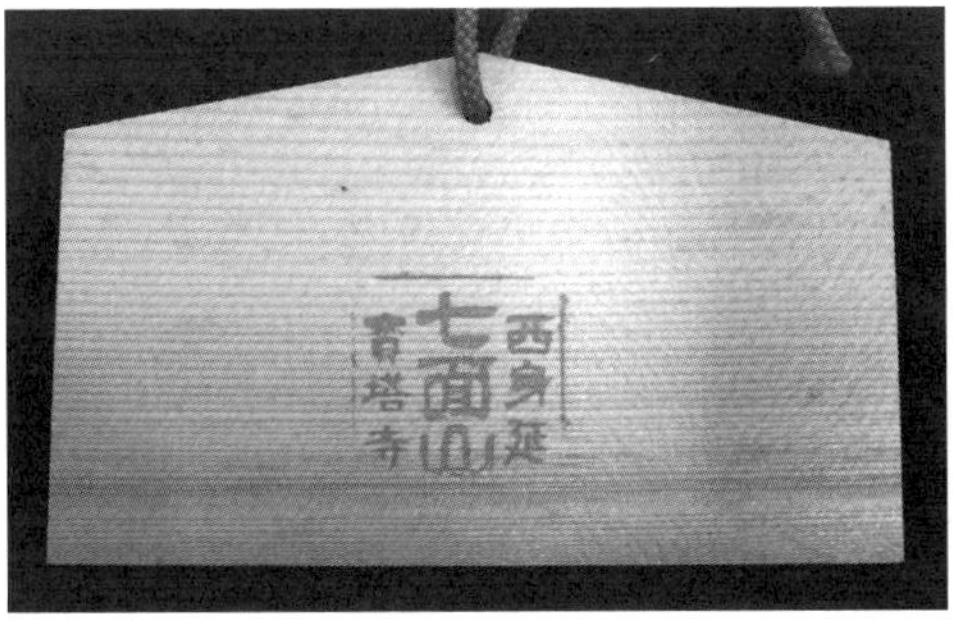

総門の前に一劃を囲って、狭いながらも「源氏物語　藤裏葉の苑」と称している。藤棚を作ったのはもっとものこと。ほかに桜と鴨脚樹《いちょう》とを植える。「極楽寺開創壱千百年記念」と刻んだ台石の上に、男女二体の石像が対面している。男は立ち、烏帽子直衣の装束らしいが、裾《きょ》を長く引いているのはいかがなものか。女は坐り、袿袴《うちぎばかま》の姿であろう。極楽寺参りの帰途、夕霧は内大臣に言葉をかけられ、翌月藤花の宴に招かれ、雲居雁との結婚を許される。これは新婚夫婦の姿であろう。像は人形のように小ぶりなのがほほえましい。また、極楽寺の伽藍石というものを据えている。

藤裏葉の苑といっても、それだけのことである。おそらく足を停めて見る人も多くあるまい。それでも、『源氏物語』に思いを致すささやかな営みが嬉しいではないか。

引接寺その後

初詣は土地の氏神の下鴨神社ときめているが、年々参拝者がふえ、ことに今年は社前の広い庭に蜒々長蛇の列。これでは一時間待っても埒があくまい。末社を拝んで退散する。さて、どこに参ろうか。引接寺（千本閻魔堂）（31）なら人も多くあるまい。久しぶりに閻魔様にお目にかかる、亦楽しからずや。

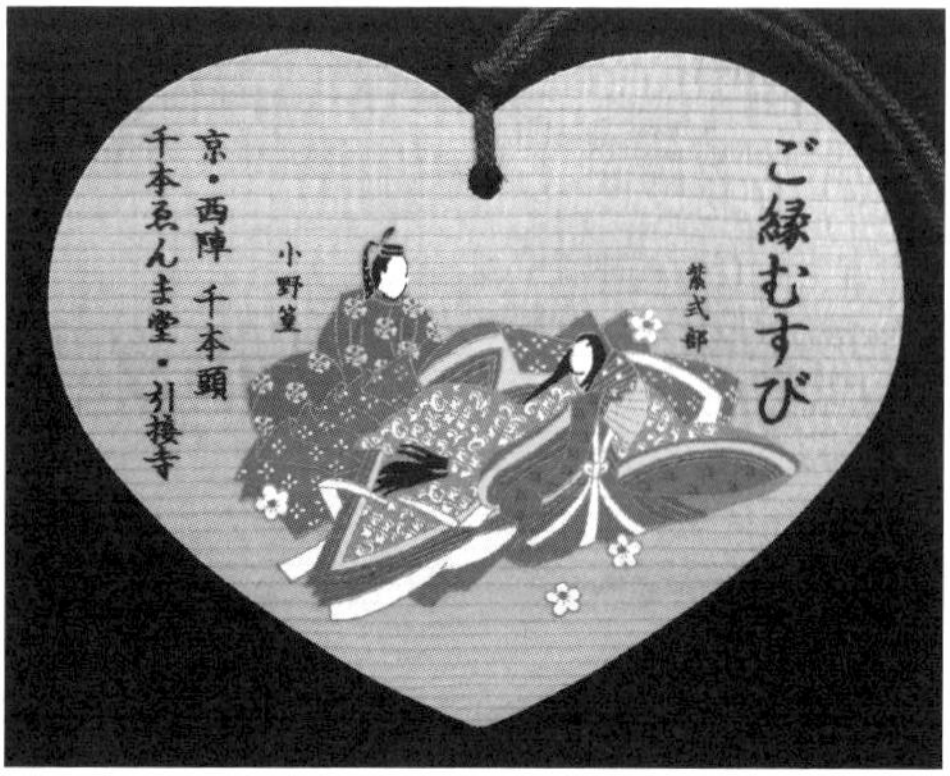

しかしながら、かわいいもの好きの当節の人々には、閻魔大王の面相ではなじみにくかろう。信者や観光客を誘引するのに、寺ではあの手この手を考えねばならない。幼児守護、水子供養を先年始めたが、さらに新しい手を工夫している。

紫式部の供養塔と伝える石塔があるのに因んだのであろう。紫式部を前面に押し出している。なるほどこれはうまい工夫にちがいない。紫式部と閻魔大王の親友で当寺の開創者とされる小野篁との姿をハート型の小絵馬に描き、縁結びの御利益を授けるという。これなら若い男女の気を引くこと請合かも知れぬ。

ほかにもあれこれ新しい品が並んでいる。おみくじも、そこらにある紙札でなく、小さい扇の形に作っている。私は、おみくじに縁のない人間だが、つい釣られて一つ買った。住持の尼僧に、いろいろ工夫をしはりますなあと言えば、はあ、いろいろしませんとねえとの返事。ほんまに御苦労様。

紫式部供養塔の方に廻ってみる。阪神淡路大震災のおりに、塔が基盤からずれていて危いと思ったが、今は修復されており、まず安心。塔の周りを木の柵で囲ってある。

塔の傍に紫式部のブロンズ像が現れた。源氏物語千年紀の記念とか。その顔を童顔に作るのは今様なのであろう。顔つきから察するに童観音の作者の手になるのであろうか。どこか俤が似ている。

像はすっくと立った姿で、両手に巻物を持って展げるのだが、その前半分が大きく翻っている。まことに威勢が良い。だが、かような巻物の扱いは普通にはしないものである。

学生時代に、実習で巻子本《かんすぼん》の扱い方を教えられた。巻子は全部展げてはいけない。読むところだけを披き、読み終った前の方は右手で巻いてゆくのだと。師の教えは今も守っている。

像の作者の意図は忖《はか》りがたいが、あるいは『仮名手本忠臣蔵』七段目の舞台が念頭にあったのではなかろうか。祇園一力茶屋で、大星由良之助が御台様から届いた秘密の長文《ながぶみ》を吊燈籠の明りで立ち読みする。読むにしたがって、先の方を長く垂す。縁の下に潜む斧九太夫が「繰り卸す文月影に、透し読むとは」つゆ知らず。二階でも、おかるが鏡に写して読んでいる。おかるの釵《かんざし》が落ちたのに、由良之助はっと文を後に隠す。九太夫は文の端をちぎって縁の下へ。由良之助とおかる、「それからじゃらつき出して、身請の相談」。おかると兄寺岡平右衛門との愁嘆場があって、つまりは、床下のけはいを察した由良之助、畳の隙に錆び刀を突込む。「下には九太夫肩先縫はれて七転八倒」。平右衛門に引摺り出され、「加茂川でナ、水雑炊を喰《くら》はせい」ということになる。

巻紙の手紙は、読むはしから畳んでゆくもので、由良之助のように長々と垂すようなことはしない。だが、ここは縁の下の九太夫に盗み読みさせんがための演出であった。もしも像の作者が、それを紫式部に応用したのなら、芝居の見過ぎであろう。

なお、紫式部が手にする巻子には何が書かれているのか。それが、『源氏物語』のつもりなら、とんだお門違いである。物語などは冊子《そうし》に作るもので、巻子に仕立てたりしない。とにもかくにも奇妙な紫式部像である。

紫式部に並べて夷大黒の石像を建てている。福運金運を呼ぼうというのであろう。多角経営、御成功を祈る。

69　河合《かわい》神社・御蔭《みかげ》神社・賀茂波爾《かもはに》神社

河合神社

糺《ただす》ノ森の南西部の一廓に、下鴨神社、むつかしくいえば賀茂御祖神社（19）の第一摂社である河合神社が鎮座する。当社の南で賀茂川と高野川とが合流するから河合である。「ただす」というのは只洲であるとされ、河合社と書いて「ただすのやしろ」ともとは読んでいた。和歌では、「ただす」に罪や偽りを糺す意を掛けて詠むことが多く、いつか糺の宮、糺の森、糺河原などと考えられるようになった。『源氏物語』須磨の巻で、光源氏が都から退去するにあたり、賀茂の下の御社を拝み、「うき世をば今ぞわかるゝとゞまらむ名をばたゞすの神にまかせて」と詠んだのもそれである。昭和二十五年に糺ノ森の西南に接して京都家庭裁判所が竣工したのは、偶然の符号であろうか。

　由緒書に「鎮座の年代は不詳ながら、神武天皇の御代からあまり遠くない時代と伝わり」などと云っている。文献に見える初めは『文徳実録』で、天安二年（八五八）八月十九日「在㆓山城国㆒従五位下鴨川合神預㆓名神㆒」とある。いかにも延喜式神名帳に「鴨川合坐小社宅神社」を名神大社とする。鴨川合坐小社宅神社《かものかはあひにますをこそやけのかみのやしろ》とは、川合社の社家の邸宅に祀る神社ということである。なにゆえこうした祭祀が名神大社に列せられるのか不審な気もする。上賀茂の社司が下賀茂社に参詣するにあたり、先ずこの社を拝んで後に本社を拝むのを恆例とすると、『雍州府志』その他に書いている。小社宅神といいながら、外から窺測しがたい権威があるらしい。

総じて賀茂の上社、下社ともに秘密主義をとっていて、詳細を知りがたいことが多い。河合社の祭神についても、「所レ祭神秘説」と『山州名跡志』に記す。

それでも祭神に言及したものが、全くないでもない。寛文五年（一六六五）序の『扶桑京華志』に「一ニ曰玉依日売、非ニ神武帝ノ母后ニ一、一曰大己貴命祀ル焉」とある。文政十一年（一八二八）の『洛陽十二社霊験記』にはさらに立ち入って、「或書に云河合社者玉依姫也、与ニ上社片岡一同体也云云。年中行事秘抄に云、河合神は是御祖下賀茂神別雷上賀茂神両神の苗裔なり、此神霊験顕然にして貴賤帰依して大神に幣帛を奉る時は先此神に奉るなり云云」、「此分社伝深秘なりとて上下両社の神体は明白に謂れざる事なれば強て評しがたし」と書いている。

玉依姫《たまよりひめ》といえば、下鴨本社の主祭神で、上賀茂の別雷《わけいかづち》の神の母神である。『扶桑京華志』のいうとおり、神武天皇の生母の玉依姫とは同名異神である。そもそも玉依姫とは神霊が憑《よ》りつく巫女のことであり、それを固有名詞とする女人は何人もある。『洛陽十二社霊験記』では、御祖神たる玉依姫とは別神ということになる。わけのわからぬところが深秘なる所以であろうか。

ところが、いつどこでどうなったか知らぬが、当社で今日出している由緒書には「祭神　玉依姫命（神武天皇の御母神）」とする。記紀の神話によれば、彦火火出見尊と結婚した海神の女《むすめ》豊玉姫は、八尋の鰐になって分娩する姿を夫が覗き見たことを怒り、海に帰ってしまった。そして妹の玉依姫を送って、嬰児を養育させた。その子というのが鸕鷀草葺不合尊《うがやぶきあえず》であり、叔母にあたる玉依姫を妃とし

て四人の男児を産んだ。その第四子が神日本磐余彦《かむやまといわれひこ》尊、すなわち神武天皇である。

当社で何をもって、神武天皇の母神である玉依姫を祭神と言い出したのか判らない。『大日本年中行事大全』に「一説云、上賀茂祭神瓊々杵尊、下賀茂祭神神武天皇といふ」と記すから、それもありえぬことでもない。ともかくその婦徳を称え、「玉の如くに美しいそのお姿からは美麗の神としても信仰されております」と言う。「日本第一美麗神」と宣伝し、手鏡形の小絵馬の奉納を奨め、「かりん美人水」と名づけた化粧水を売る。このように商売気を出したのは近年のことに属する。かつては参拝者の姿は稀だったのに、近ごろはいつも数人の参拝者を見かける。美人宣伝が功を奏したのであろうか。

境内の配置は、近年の施設を別にすれば、安永九年（一七八〇）板『都名所図会』に画くところと殆ど変っていない。境内東辺の経所《きょうじょ》がなくなっているぐらいの違いである。これは普賢菩薩を安置していたというから、神仏分離の際に廃せられたのであろう。

昔も今も一風変わっているのは鳥居の配置である。社殿は南向きであるが、鳥居は門前の両側に東向きと西向きとに建っている。

本殿に並んで西側に貴布禰《きぶね》神社を祀る。これは高龗《たかおかみ》神で、雨を司る。その西に任部《とうべ》社という小さい社がある。賀茂建角身命の化身である八咫烏《やたがらす》を祀る。『百錬抄』安元元年（一一七五）十月二十六日に「強盗乱二入河合社一、々内廊壁射二立矢一。小烏明神前血落」とある。その小烏明神がここなる小祠であるらしい。昭和六年に三本脚の八咫烏を日本サッカー協会の徽章としたとか。しかるに元禄十七年（一七〇四）板『宝永花洛細見図』はこの社に「山王」と記している。それなら猿の神様ということになる。また任部は「専女《たうめ》」の転じたものという。専女は老嫗のことであり、さらに老いた狐をいう。烏か猿か、あるいは狐か、得体の知れぬところが河合社らしいところであろう。

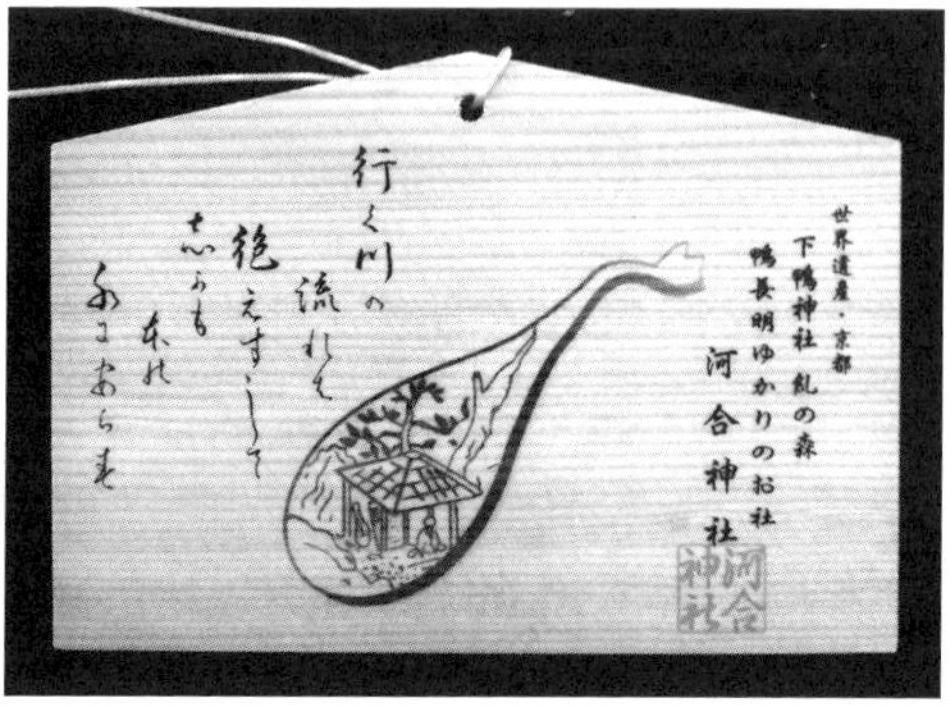

拝殿の西にある六社、門の前に北面する三井社《みついしゃ》、別名三塚《みつか》社なども古昔の絵と変らない。変ったのは、社頭に鴨長明の方丈の庵を設けたことであろう。これは『方丈記』の記述に準じて再現したものである。建暦二年（一二一二）『方丈記』が書かれてから八百年を記念して、長明の売り出しに努めている。琵琶の小絵馬もその一つである。

因に、長明の父長継は当社の禰宜から下鴨本社の正禰宜　惣官に昇ったが、若くして他界してしまった。「みなしご」（無名抄）と自ら嘆く長明に、河合社の禰宜となる機会が運って来、後鳥羽院の推挙もあったにもかかわらず、総官鴨祐兼の反対に遭って頓挫してしまった。そうした紛訌が長明遁世の原因であるから、今こうして河合社に迎えられたことを、果して悦んでいるかどうか。

御蔭神社

五月十五日、賀茂の葵祭。晴雨のほどが気にかかる季節であるが、晴天に恵まれれば、行粧の沿道は、物見の客が堵をなす。近年とみに観衆が多くなったように思う。

ところで、祭は十五日一日だけの行事ではない。前儀後儀合せて、半月以上も続くのである。その中でも、五月十二日の御蔭祭《みかげまつり》は、重大な神事であり、その行粧も一見に値する。旧暦時代には、御蔭祭は四月中の午の日、葵祭は四月中の酉の日に行われた。

御蔭祭というのは、葵祭に先立って、摂社の御蔭神社から神のあらみたまを迎える御生《みあれ》の神事である。その起りはと問えば、人皇《にんのう》二代綏靖天皇の御代と言う。われわれの歴史の観念を超えた話である。

まず御蔭神社に参ろう。鎮座地は左京区上高野東山、といっても、初めての人には判るまい。叡山電車の八瀬行の三宅八幡駅が第一の目標。くれぐれも鞍馬行の八幡前駅とまちがえぬよう注意ありたし。三宅八幡駅から八瀬駅に向う線路に沿うて南側の道を東へ行く。線路の北側には高野川が流れている。線路や川は見えずとも、道の屈曲を気にせず進むと、梅谷川という細い川の橋を渡る。さらに進むと、この道行き止りとあって、舗装道路が桂谷川の手前でU字に曲る。その川に架した小さい橋を渡り、山道に入る。これが標高約二百メートルの御蔭山である。すこし往くと、御蔭神社の方向を指す標示がある。それに順って右に入ると、朱い鳥居が見える。傍に由緒を記した案内板が立つ。とにもかくにも、常は人気のない山林の中である。

社殿は南向きといっても、ここでは東西南北が容易に判じがたいであろう。檜皮葺入母屋造の拝殿があり、朱の柵で囲った奥に檜皮葺流造の神殿が二宇並ぶ。「所レ祭神二坐伝神秘也」と『山州名跡志』にあるが、向って右、東殿は玉依姫命、向って左、西殿は賀茂建角身命を祀るとされている。古くは現高野川よりも北にあったらしいが、氾濫や山崩れにより、天保六年（一八三五）現在地に遷ったという。

玉依姫が丹塗の矢に感じて別雷神を産んだとされる地が、実はここ御蔭山であるといい、御生山《みあれやま》とも称する。すなわち賀茂御祖神社の発祥の地ということになる。すると、不審なことに、御祖神社の主な摂社が式内社となっているのに、御蔭神社の名は神名帳に見えない。『愛宕郡志』に式内の「小野神社二坐」が御蔭神社の旧号かと疑うけれども、明かでない。

私《ひそか》に按ずるに、御蔭山にて別雷神誕生の伝えはあったにしても、そこに神殿を建立することはなかった、さらにその地が御祖社の神領と確定していなかったのではなかろうか。『延喜式』が完成した延長五年（九二七）まではもとより、それ以降も御蔭神社は存在しなかったと思われるふしがある。

藤原実資《さねすけ》の日記『小右記《おうき》』によれば、寛仁二年（一〇一八）十月廿五日、宮中にて賀茂臨時祭の試楽があり、続いて評定が行われた。議題の一つは、賀茂の上社、下社の社領の件である。栗栖野《くるすの》郷、小野郷について、上下の社司から申し立てがあった。下の社司の解文に、旧記を尋ねるに皇御神初めて天降り給うは小野郷大原御蔭山なりとあり、栗栖野は下社の山たるべく、桂葵を採る山がある由先年官符を給わったから、この二郷は下社が領すべきであるという。それでは御蔭山に神が降り坐す記文を提出せよというと、康保二年（九六五）に禰宜の宅が焼亡したおりに焼け失せてしまったという。

上下社司の言い分や初めの上下社の封戸などを勘案した結果、下の社司の申文は根拠がなく、また旧記も提出しないけれども、栗栖野郷は下社の葵を採る山があるから下社の分とする。小野郷は上社の分とすべきであると裁定したといった記事である。

ここで小野郷というのは、現在の左京区修学院、上高野、八瀬、大原、松ヶ崎に亙る地域と考えられる。御蔭山も勿論含まれる。栗栖野郷は、現在の北区上賀茂、西賀茂、左京区岩倉一帯の地と考えられる。

『小右記』のこの記事をもって、御蔭山に神事が行われていた証と見る事典もあるが、むしろ事情は反対であろう。御蔭山に神祠や神事の実体があるならば、小野郷を実効支配している有力な根拠となるにちがいない。それがない悲しさで、焼失した旧記などのことを持ち出して、「古人所伝不然、無記文如何」などと斥けられる結果となったのである。

御蔭山からの神迎えが史料に認められるのは南北朝以降のことらしく、室町時代には確実なこととなる。それも戦乱などによって久しく中絶しており、元禄七年（一六九四）四月十五日に再興された。『諸国図会年中行事大成』に、四月中の午の日、賀茂御蔭祭「恒例の祭式、巍々として神人列を正し、神馬に錦蓋《きんかい》を覆ひ、音楽を奏し、東の方比叡山の西の麓御蔭の社より迎奉る。御蔭社に祭る所の神二座、神伝秘にして、此地は下鴨の神影向《やうがう》の所也」と記すが、秘密のことが多く、詳細は知りがたい。

今日の祭の次第は、午前九時勧盃《けんぱい》に始って、十時行粧進発、御蔭橋を渡り、高野川東岸の川端通を北進、十一時御蔭神社に参着、正午に御生《みあれ》の神事が行われる。すなわち祭神の荒魂《あらみたま》を櫃に移し、神職が捧げて山を降る。この間は秘儀であって、見物を許さない。神霊の櫃は錦蓋で覆い神馬の背に載せて進発する。錦蓋には鈴を結んだ紐がついている。昔は誰でも紐を引き、鈴の音によって眼に見えぬ神を感得したという。ところが、近代になって神社が権威を持ちはじめると、民衆との触れ合いがなくなってしまった。まして昭和三十八年から一般道路の行粧が自動車を使うようになると、全く見るだけの祭に変ってしまう。

帰路は川端通の一筋東の大原道を通り、午後一時賀茂波爾《はに》神社で路次祭を行う。御蔭橋を渡り、下鴨本通を北行、下鴨中通を南行し、河合神社を経て、三時半切芝《きりしば》に参着、切芝の神事を執行する。切芝というのは、本社表参道の中ほどに東側に出張った場所があり、糺の森の臍といわれている。ここで東遊《あずまあそび》の舞楽が行われる。一般の衆も観覧できるが、神霊を負う神馬に覧てもらうのが目的である。神馬幄から馬が顔だけを出している。五時、神霊が本宮にお入りになって本宮の儀が行われる。

『源氏物語』藤裏葉の巻に、「対の上みあれにまうで給ふとて、れいの御方々いざなひきこえ給へど」とある。どこに詣でるのか、諸家の注釈、曖昧なのもあり、御蔭神社と断ずるのもある。もし行く先が御蔭神社だとすれば、今日のように坦々たる川端通、大原道を往復するのではない。高野川がしばしば氾濫するから、東の山寄りの道を上り下りして通ることになろう。御方々は同行を辞退したけれども、それでも二十台ばかりの車が連なるのだから、さぞや難儀なことであろうと思いやられる。

しかしながら、『小右記』の記事から察せられるとおり、当時は御蔭山に神社は存在しなかった。『河海抄』に、垂跡石の上で神事を行うもので、「御生所は神館にありと云々。祭時御旅所也」とし、

『花鳥余情』に「神館はただすと御おやとのあひだおきみちといふ所にありといへり」というように、現下鴨神社の糺ノ森に御生所があり、それに紫の上一行が参拝したと見るべきであろう。

さらに紫の上は「まつりの日のあかつきにまうでたまひて、かへさにはもの御覧ずべき御さじきにおはします」。いわゆる葵祭の当日、下社か上社か、それとも両社かはっきりしないが、祭事が始まるより早く、暁に参詣をする。祭といえば、近衛使の行粧を一条大路の桟敷で見物するのが人々の常であるのに、みあれの日と祭の日と、わざわざ参拝したのは、紫の上の発意と思われるが、何故であろうか。

藤裏葉の巻は以前の巻々のおさらいであり、締括りであり、以後の巻々に展開する準備という位置にある。内大臣が氏寺の極楽寺で法要を営み、藤原氏の象徴というべき藤の花の宴を催す。すなわち基経の流れであることを闡明し、やがて太政大臣に陞るべく予期したのである。

内大臣家と頡頏するつもりではあるまいが、明石の姫君の入内を前にして、六条院側でも何らかの手を打ってしかるべきであろう。摂関の賀茂詣では恆例となっていたが、ここは紫の上の判断によって、賀茂詣でを実行した。

そのことに如何なる意味があるのか。『諸国図会年中行事大成』や『大日本年中行事大全』に、上賀茂の祭神瓊々杵尊、下賀茂の祭神神武天皇とするような伝承はどこまで遡ることができるかは明かにしない。『小右記』の記事にも「皇大神」とあり、後世にも御祖皇大神とか賀茂皇大神宮とかの称がしばしば見られる。これは御祖神社を皇室の祖神とする意識の表れであろう。

紫の上の賀茂詣でにも、そのような意識が働いているとすれば、自身も、また明石の姫君も皇室の血につながると顕示することになろう。そしてこれは、明石の姫君が女御となり、さらに中宮となり、源氏が准太上天皇となることの預言と受けとってよいのではないか。

御蔭神社に話を戻すと、常は神職も番人もいない。無人の境である。したがって、小絵馬やお守やおみくじの類は一切ない。賽銭箱は拝殿の前に置いてある。下鴨本社も、祭事のない時は、子供たちが略してシモジンと呼び、遊び場にしていたものであるが、今は参拝、観光の客が絶えない。世界文化遺産を看板にして、商売にも余念がなく、小絵馬も歳々新しいものを作っている。

賀茂波爾神社

賀茂波爾神社は左京区高野上竹屋町に鎮座する。大原道の東側、第二疏水分線の北にあり、俗に赤の宮という。式内の小社、下鴨神社の第四摂社で、御蔭祭の路次祭が行われる。

祭神は波爾安日子《ひこ》神、波爾安日女《ひめ》神。末社に稲荷社がある。東山に近く、水の豊なところといい、波爾井御神水が流れ出ている。しかしながら当節は維持経営が困しいのであろう。境内の半分を駐車場としているのが痛ましい。

赤の宮の称は稲荷社の色から来たともいい、また埴《はに》、すなわち高野川流域に産する赤土で祭器を作る人々が奉祀した神だからともいう。因みに高野川を古くは埴川と呼んだ。

鳥居の傍に「開墾来歴記」とした顕彰碑が建っている。『愛宕郡志』によれば「寛文年中武野又

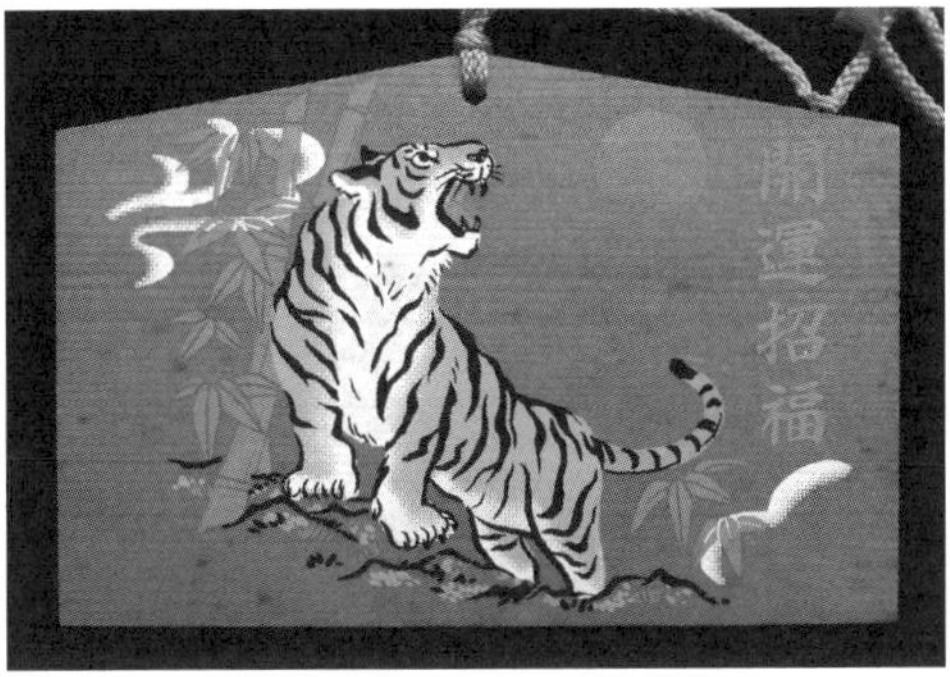

兵衛なる者此地の荒蕪道路粗悪なるを慨し開修の志あり会々後水尾法皇修学院の離宮御幸の事あらんとするや武野之を聞き官允を得て同志と開修に従事し其効を奏す官其荒蕪地を賜ひしか更に開拓して耕作に従事し遂に其部落を為すに至れり」という。つまり高野川の氾濫を修めて、高野河原新田を拓いたのである。その地を通る大原道を新田街道とも呼ぶ。

なお碑文は樹の繁みに隠れて読みにくいが、奇特の仁は「大阪商人豊後屋又兵衛」とある。碑は明治三十二年五月の建立。

70　酬恩庵《しゅうおんあん》・錦天満宮その後

酬恩庵

京田辺市では、近ごろ要所要所に一休さんの像を建て、とんちはしというのを設け、一休寺までの道をとんちロードとしているとか。これも当節はやりの町おこしの策略なのであろう。

町並みを一見昔風に整備し、ゆるキャラとかいう畸形の縫いぐるみや人形を作って、幼稚な所作をなし奇声を発する。そんなことが昨今津々浦々に蔓延して止まるところを知らない。こういう現象は擬似復古を伝統文化の保存と勘ちがいし、幼児期の延長をもってかわいいと喜ぶ安直志向に由来すると見てよかろう。要するに思考停止、一様化の社会現象である。彦根などはその方面の先進地であるが、それによって城下町の落着きが失われてしまった。

田辺には何度も行ったが、もう何十年も前のことなので、現況は知らない。田辺の町と隔った薪《たきぎ》の里の鄙びが今も残っているかどうか。

薪村といえば、西南方の甘南備山《かんなびやま》に続く山林が大半を占め、石清水八幡宮領の荘園として、神事に用いる薪を納めることを役とし、近世には一休が教えたという薪筵《たきぎむしろ》を特産品とした閑靖な山村を想像させる。

しかしながら近隣との利害関係は偸安《とうあん》を許さない。薪庄の西北に隣して大住庄がある。両者の間に水論《みずろん》、すなわち用水をめぐる紛争が起った。薪は石清水八幡領、大住は南都興福寺領、子供の喧嘩に親が出ることになり、遂に六波羅、幕府、朝廷までも巻き込む騒動に発展した。

その事件は藤原定家の『明月記』など多くの史料に記録されているが、『百錬抄』を見るに、文暦二年（九月に嘉禎と改元、一二三五）六月三日、大住庄と薪庄との水相論につき実検使を遣わそうとしたところ、南都の悪徒らが八幡領を焼き払うとの風聞あり、防禦のために多数の武士を向わせた。それより早く「衆徒焼㆓払八幡領薪園㆒畢。在家六十余家也。其上殺㆓害神人㆒了。官兵又生㆓捕大住庄官等㆒云々」。南都はいよいよ腹を立てる。八幡の神人も神輿を舁ぎ出し、入洛して訴訟に及ぼうとする。

八幡社の方は神領の寄進で落着したが、十二月廿一日「南都衆徒蜂起」、八幡の使が大住庄に向ったとき闘乱となり、春日の神人が殺害されたというのである。廿五日「春日社御神木依㆑渡㆓御宇治㆒武士等引㆑橋堅護㆑之」、御神木を宇治の北門に棄てて退散してしまったと『百錬抄』に記す。翌二年神木は奈良に還ったものの、「今夜、春日神木帰坐了」となるのは十一月二日である。また元年夏には、山門の衆徒が日吉の神輿を擁して入洛、流血の事件を惹起した。

神輿や神木の威を藉りて強訴《ごうそ》し、それを放置されると、神罰を懼れねばならない。朝廷や社寺の行事が停止される。つまり政が滞るのであるから、強訴の言い分を聴いてやらねばならぬということになる。そこが神人、衆徒どものつけ目であった。もっとも、この際は幕府も厳しい態度で臨んだようである。

それから五十年ほどたった正応年間（一二八八―九三）、大応国師南浦紹明《なんぽじょうみょう》が薪の里に来って霊瑞山妙勝寺を創建したという。紹明の弟子に大徳寺開山大灯国師宗峰妙超があり、その弟子に妙心寺開山関山慧玄《えげん》がある。この三人の一流を応灯関といい、五山派の反対勢力となった。一休もそれに繋がる一人である。

妙勝寺は元弘の乱（一三三一）で焼亡荒廃した。それから百年ほど経て、一休宗純が来って復興を志し、康正二年（一四五六）落慶を見た。併せて自らの退隠所として一庵を設け、法祖紹明の恩に酬いるとて酬恩庵と名づけたという。但しここに止住したわけではない。

かつて応仁の乱を避けて住んだ東山の虎丘庵《くきゅうあん》をここに移していたが、文明七年（一四七五）その傍に寿塔を建て、慈楊と号《なづ》けた。寿塔とは生前に造っておく自分の墓である。文明十三年十一月二十一日入寂、八十八歳、坐したままで瞑目したという。

薪村は世外の境というのではない。金春禅竹《こんぱる》が来って、一休のために能を演じたといい、総門前に金春の芝の碑がある。連歌師の宗長は、かつて一休に参禅したことがあり、後年先師の跡を慕って酬恩庵に逗留した。その後も六角義賢、佐川田喜六など、文事芸道に心を寄せる者が訪れ、薪は文化村の概があった。

とにかく一休は棺を覆っても名声嘖嘖《さくさく》たるものがあり、酬恩庵は、近世の名所記にしばしば「一休の寺」と呼ばれており、今日は一休寺の俗称がもっぱら通用している。

しからば一休宗純とはいかなる人か。応永元年（一三九四）に生れる。後小松天皇の落胤といわれ、酬恩庵の廟は宗純王墓として宮内庁が管理している。

六歳にして仏門に入り、何人も師を易えて、かねて私淑する華叟宗曇《けそうそうどん》に就き、二十五歳の時に一休の道号を与えられた。したがって小僧時代を一休さんと呼ぶのは俗称である。

二十七歳にして、鴉の声を聞いて大悟したというが、それからの行状が一筋縄ではいかない。大徳寺の内訌を憤り、食を絶って自殺を図り、後花園天皇に諫められて思いとどまったという。禅を俗化する法兄養叟宗頤《ほうひんようそうそうい》に浴びせる罵詈讒謗《ばりざんぼう》を列ねた『自戒集』を著した。目しいの美女森《しん》侍者を寵愛して、一子を設けたともいう。ほかにも女犯《にょぼん》の噂があり、『狂雲集』に憚ることなく愛慾を告白している。

妙勝寺、その他廃寺の復旧を遂げ、応仁の乱で荒廃した大徳寺の再建に力を竭した。しかしながら、文明六年（一四七四）二月、大徳寺四十八世住持となるが、入寺法語を作り、同時に退院《ついえん》の偈《げ》を作って、実際には住山することがなかった。一処不住が性《さが》らしい。
こうした破戒、自由放埒、

瘋狂の気味さえある行状を何と見るか。権威や陋習に対する反抗、人間性の解放として、礼讃する向きもある。一面だけを取上げて見れば、そうしたことも言えようが、統一的人格として把握すること甚だ困難である。そうかといって、分裂症と割りきってしまうこともできない。

近世に入り、寛文年中に『一休咄』『一休関東咄』『一休諸国物語』といった咄本が出版される。一休のあることないことをおもしろおかしく書いたものである。こうした咄の再話をわれわれも子供の時分に読み、頓智の一休さんの像が作られたといってよかろう。

慶長十九年（一六一四）大坂冬の陣に際し、薪村に陣取った加賀三代藩主前田利常が一休の寺の荒廃ぶりを見て修復に乗り出した。慶安三年（一六五〇）から五箇年をかけて寺観を整えた。今日観る酬恩庵は前田利常の功に成るものである。

堂舎の配置は『都名所図会』に画くところと殆ど変らない。惣門を入って坂を登り、右に折れると中門、玄関がある。方丈は単層入母屋造、一休筆の扁額を掲げる。祠堂に一休の坐像を安置する。「存生の時自このみて作らしむ鬚髪は生身《しやうじん》を植る也」と『都名所図会』にいうけれども、今はすっかり脱けている。方丈の東南北にそれぞれ趣の異なる庭を造っている。東および北の庭は遠景を借景とした趣向である。私が訪れた時にも、高い建物などができて目路を遮ることを心配していたが、今はどうなっていることやら。南庭南に虎丘庵と宗純王廟とがある。

中門を出て右へ進むと本堂がある。永正三年（一五〇六）の建立と伝える単層入母屋の大きからぬ造りである釈迦三尊を安置する。その奥に昭堂すなわち開山堂があり、大応国師の等像を安置する。

建物の大方は国また府の重要文化財に指定されている。園は名勝とされる。

錦天満宮その後

夜の八時を過ぎても、新京極通の賑いは熄まない。どの店も煌々と電燈をつけ、人々が右往左往する。そんな中で、蛸薬師堂永福寺（33）をはじめ寺々は、早々と門を鎖し、明りを消している。染殿地蔵院（34）は提灯をつけ、参拝できるようになっているけれども、守りの人はいない。寺が早じまいをするのに、錦天満宮（34）は、明りをつけ楽を奏し、門を開放している。神子《みこ》の姿も見える。そうなれば、誘われて参拝する人も絶えない。

商売熱心というのか、小絵馬にも一工夫あるところが面白い。無病息災、家内安全など、御利益を彫ったゴム印を十箇備えている。絵馬掛を見ると、十箇全部を捺したものはないが、三つ四つと慾ばって捺したものもある。小絵馬の図柄は十二支であるが、牛だけは天神様のお使いだから毎年変らない。絵がにぎやかではでなところも人気の秘訣かも知れない。

横文字で書かれた絵馬が目につく。ほかの寺社でも時に見かけることもあるが、当社ではことに多い。英語のが多く、ドイツ語のも、フランス語のもある。アラビア文字のが一枚混じるのは意外。大方は恋に絡む願のようであるが、当社では恋愛、結婚に関するご利益を掲げていない。しかしそんなことはどうでもよいのであろう。敲けよ、さらば開かれんということもある。

中国語で書いたものも少なくない。簡体字を使わず、本字で書いているところをみると、台湾から

の客であろう。几帳面に書いている。台湾では、老若男女を問わず信心深い。外国からの客で、一番お賽銭をはずむのは台湾人だと聞いたこともある。

絵馬掛の前に、お守りを結びつける鉢植えの樹が並んでいる。中に珍しい樹があった。常緑の山法師である。山法師やはなみずきの類は落葉樹なのに、どうしたことか。上京区上御霊前に一株植えた家が二軒あり、花期が落葉樹より遅く、七月頃というのは知っているが。本草書や植物図鑑などを検べても、そのようなのは出てこない。外来種であろうか。

71 走田《はせだ》神社・出雲大社京都分院

走田《はせだ》神社

走田神社は亀岡市余部《あまるべ》町走田に鎮座する。神社の北から西、南にかけて田圃が展け、一等の肥沃の地とされる。東に保津川の支流曽我谷川が流れ、それから引いた灌漑用水路を不鳴《ならず》川また音無川という。水利の便を得たことも豊穣を扶けているにちがいない。走田の名は、神社の木馬が夜毎に草を食《は》みに出て、その馳《は》せた蹄跡が不鳴川になったことによると伝える。神社の伝えでは、早稲田が転じて走田になったともいう。いずれにしても、農耕に深くかかわる地名であろう。

神社の境内を老樹が鬱蒼と覆う。梛《なぎ》の巨木があるのも珍しい。正月三日に久しぶりに参拝したが、苔の緑が鮮かで、樹蔭と湿度との妙を納得させる。もっとも神職の手入れの労があってのことであるが。ともかく、亀岡市街の混雑に隣しながら、別天地に来た感を催す。というよりも、園田に帰った懐かしさを覚える。

当社は和銅四年（七一一）の創祀と伝え、『延喜式』に丹波国桑田郡「走田《はしりた》神社」とある小社に比定される。しかしながら、『桑田郡志』は、史料等なく沿革を明かにせずと記しており、以後の諸書もみなこれに倣っている。余部町および近隣の氏神として崇められ、明治六年郷社に列した。

祭神は彦波瀲武鸕鷀草不合尊《ひこなぎさたけうかやふきあえず》、その父母の彦火火出見尊《ひこほほでみ》、豊玉姫命。いつの頃の勧請か不明。出雲

系の神々の勢力圏である丹波に、天孫系の日向の神を祀るのはいかなる縁か。それに言及するものを見ない。祠官の若林氏の祖は近江国若林城主であったと『桑田郡志』にいうが、あるいは他郷から転入した神であろうか。

　石垣を築いた上に本殿を建て、二重の垣で囲んでいる。京都府神職会昭和十一年刊の『京都府神社略記』に、元禄より宝永にかけて本殿、舞殿の建造が行われたとある。一間社流造の現本殿の檜皮葺の屋根を、平成六年に銅板に葺き替えた際に、明治十二年の棟札が見つかったよし、『新修亀岡市史』資料編第四巻にいう。すなわち何度か修築を重ねているということである。

　境内南部に大きからぬ池があり、垂乳《みたらし》の池と呼ぶ。泉が湧いて清水を湛え、絶えず流れ出している。池中の祠に祀るのは豊玉姫命の妹、玉依姫命である。火火出見尊が産屋を覗いたことから夫婦喧嘩になり、豊玉姫が海に帰ってしまった後、姉に代って鸕鶿葺不合尊を養育した。それにつけ、この池水で粥を作り、母乳の代りにしたという。母乳の乏しい母親が、池の水で粥を作って用いると乳の出がよくなるとの信仰があるよし。

本殿石垣の前の石燈籠の台座が亀になっているのが珍である。亀は龍宮の使であるからして、火火出見尊が海神の宮に往来した故事に因んだのであろうか。

鳥居の傍に据える狛犬の造りの見事なのに驚く。一頭は足許に仔犬を置き、一頭は右前足で毬を抑える。その毬の内を刳り抜き、中の球が転がるという頗る手のこんだ細工を施す。古色蒼然としているが大正四年の造立である。社殿といい、狛犬といい、腕利きの職人が近在にいたことを証するものである。

社務所が萱葺で、白壁とべんがらとが調和する。鄙びた品格を保って、これまた好もしい。

出雲大社京都分院

亀岡市下矢田《しもやだ》町《ちょう》中山に平成五年、出雲大社京都分院が造営された。町名だけ聞いても解りにくい。平和台公園の南に中山池があり、その南東畔に続く地で、すぐ脇を京都縦貫自動車道が通っている。もと京都市下京区大宮通五条上ルにあったのをここに遷したのである。出雲大社教の分院であり、丹波一の宮の出雲大神宮（28）とは直接の関係がない。

大社造の本殿も拝殿も鉄筋コンクリート造で、神さびた趣はないが、大社風の大注連縄を懸ける。社頭に大きな袋を肩にかけた大国様の像がにこやかに参拝客を送り迎えている。

拝殿で拝むと、自然に出雲の本社の方に向くようになるそうである。縁結びはもとより、厄除け、

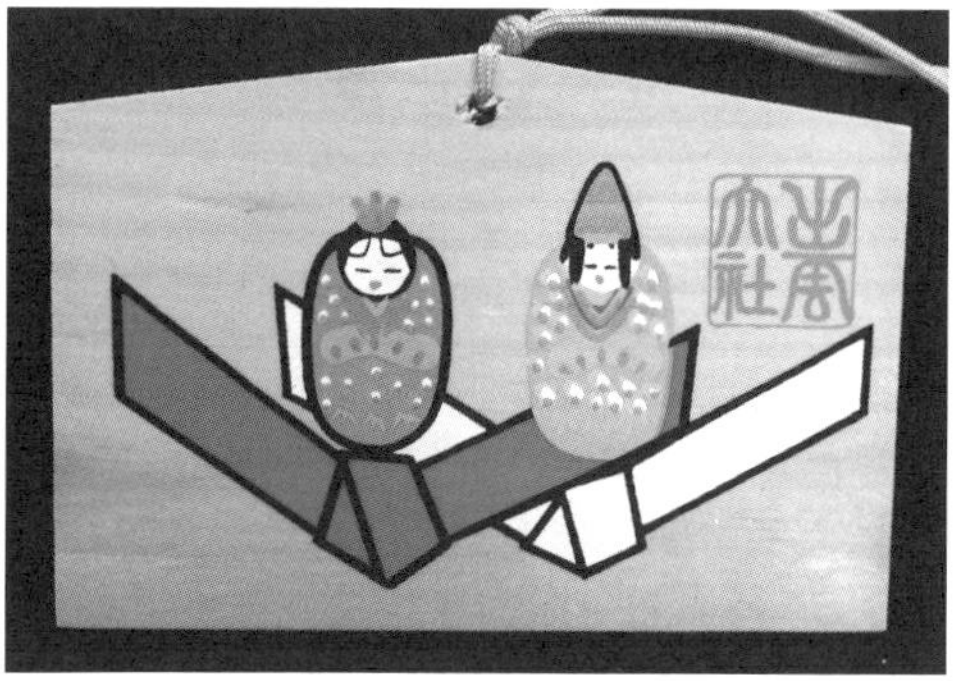

余念がない。俗気の漂うところが、これもまた面白い。

交通安全、学業成就、社業繁栄、安産と、御利益をたくさん並べる。男雛、女雛の小絵馬は、男女の縁だけでなく、人々がしあわせになるための多くの縁を結んで下さるといい、本人だけでなく、知合の方々にもお頒ち下さいと、郵送用の封筒に入れてある。初宮詣、七五三の祈禱も受け付けます、地鎮祭、上棟祭、神葬祭などにも出張致しますと、商売に

72 松尾《まつのお》大社・月読《つきよみ》神社・櫟谷《いちいだに》宗像神社

松尾大社

『古事記』に誌す神々の系譜によれば、速須佐之男《はやすさのお》命の子、大年《おおとし》神と天知迦流美豆比売《あめちかるみずひめ》との間に生れた神の一柱に大山咋《おおやまくい》神、亦の名山末之大主《やますえのおおぬし》神がある。「此の神は近淡海《ちかつあふみ》国の日枝山《ひえのやま》に坐《ま》し、亦葛野《かづの》の松尾《まつのを》に坐して、鳴鏑《なりかぶら》を用《も》つ神ぞ」という。すなわち、大山咋神が松尾の祭神ということになる。

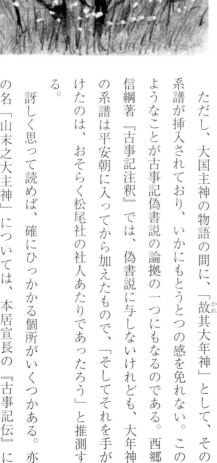

ただし、大国主神の物語の間に、「故《かれ》其大年神」として、その系譜が挿入されており、いかにもとうとつの感を免れない。このようなことが古事記偽書説の論拠の一つにもなるのである。西郷信綱著『古事記注釈』では、偽書説に与しないけれども、大年神の系譜は平安朝に入ってから加えたもので、「そしてそれを手がけたのは、おそらく松尾社の社人あたりであったろう」と推測する。

訝しく思って読めば、確にひっかかる個所がいくつかある。亦の名「山末之大主神」については、本居宣長の『古事記伝』に「山に末《スエ》と云は、麓を山本と云に対《ムカ》ひて、上方《カミノカタ》のことなり」と解するとおり、山の上に在って支配する神と見てよかろう。その山が、一つは近江の日枝山、すなわち比叡山であるのに対して、いま一つがどうして山城国葛野郡の松尾山なのか。

比叡山は平安京の艮《うしとら》に在り、王城鎮護の山であった。それに対するなら、京の乾《いぬい》に聳える愛宕山が高さからいっても、姿からいっても申し分ないはずである。松尾山は二百二十メートル余、特に擢でた山容も見られない。それを権威づけんがために、比叡山と対等に置こうとしたのではないか。『山州名跡志』に「神代系図伝」を引いて、邃古の世丹波の国は湖であり、その水は赤であった。故に丹波と呼ぶ。大山咋神が湖を決して、丹波の水が涸れて土となった。それで鋤を神体とする。此の神は松尾の大神であるという。

これは松尾の神を祀る渡来人の秦氏《はた》が、葛野川《かどのがわ》、今いう桂川流域の治水開拓の功を語る伝説と見てよかろうが、一つ気になることがある。比叡山が琵琶湖を眼下に置くならば、こちらは丹波の国が淼々たる湖でなければならなかった。そうした対抗意識を感ぜざるを得ない。

『古事記』本文の「用鳴鏑神者也」の「用」の字の解釈に問題はあるが、それはそれとして鳴鏑なる矢に注意したい。「秦氏本系帳」にこんな記事がある。秦氏の娘が葛野川で衣裳を濯っていると、一本の矢が流れて来た。娘はその矢を持ち還り、戸上に刺しておいた。すると娘は、夫なくして孕み、男児を生んだ。その矢は松尾大明神であると。

この伝承は、「山城国風土記逸文」に語る賀茂別雷神社（52）の祭神誕生の話と酷似する。処女を孕ませたのは、賀茂では丹塗《にぬり》の矢、松尾では鳴鏑であるが、その矢はともに神の化身であった。これは神話の類型というよりも、鴨の氏人は秦氏の婿なりと「秦氏本系帳」に云うように、賀茂社と松尾社との親縁を示すものであり、皇室の守護として賀茂社と肩を並べようとの意図を看て取るべきであろう。

『山城名勝志』に「社家説云」として、現社殿の乾の方分土山《わけつちやま》に「往昔降臨鎮座之岩」有りという。『都名所図会』には「別雷山《わけいかつちやま》は社のうしろの山なり当社の明神の降臨の地なり松尾山ともいふ」とある。おそらく分土山は別雷山の転じた名で、これも賀茂別雷神社との接点であろう。松尾山の大杉谷の頂上が日崎の岑であり、そこに巨大な巌石がある。これは古代の磐座《いわくら》、すなわち神の降臨地と見られている。山末之大主神という別名のある所以であろう。

日崎の岑から神霊を勧請して、山下に神殿を営んだのは文武天皇の大宝元年（七〇一）のこととされる。『江家次第』の頭注に「大宝元年秦都理《とり》始立㆓神殿㆒、天平二年預㆓大社㆒者、貞観始祭㆑之」とあるのが、文献に見える神殿創建の最初の記事であろう。

『延喜式』の神名帳には「松尾神社二座」を名神大社とする。一座は大山咋神に違いないが、いま一座は誰を祀るのか。それが秘事とされた。『山州名跡志』に「南ノ間マノ一坐垂跡神秘也云云　但氏成記ニ曰ク別雷苗裔ノ神也　二十二社註式曰ク市杵嶋姫《イチキシマヒメ》也云云」とある。とにかく今は市杵島姫命ということに落着いている。

市杵島姫命は宗像《むなかた》三神の一柱である。天安河《あめのやすのかわ》で天照大神と速須佐之男命とが、「誓約《うけひ》」をして子を生んだ。そして生れた八柱の神のうち、五柱の男神は天照大神の子、三柱の女神すなわち宗像三神は速須佐之男命の子ということに決った。それならば、市杵島姫命は、大山咋神の伯母にあたることになる。

そうした縁故もあろうが、市杵島姫命を勧請したには、もっと現実的な要請があったのではなかろうか。山の神が男神であるのに対して、水の神は女神である。宗像三神は航海の守護神として古来信仰されている。秦氏が葛野に勢力を張るには、葛野川の治水が避けて通られぬ課題となる。丹波から流れ出る保津川が嵐山附近で大堰《おおい》川、大井川と名を変え、更に下流で桂川と呼ばれる。大堰川の名は、秦氏が大きな堰を築いたとの伝えによるものであるが、灌漑、水運、さらに防河の功と相俟って秦氏の繁栄があったはずである。市杵島姫命の祭祀はこのことと関聯して考えねばなるまい。

延暦三年（七八四）十一月十一日乙訓《おとくに》郡の長岡京に遷都。『続日本紀《しょくにほんぎ》』を覧るに、十二月十八日「山背《やましろ》国葛野郡《ノ》人外正八位下秦忌寸《いみき》足長築《キテ》二宮城《ヲ》一授《ケラル》二従五位上《ヲ》一」、翌年正月の除目には「外従五位下秦忌寸長足《ヲ》為《ス》二豊前介《ト》一」とある。「足長」「長足」は同一人物であろう。これはおそらく氷山の一角で、遷都に際しての秦氏の尽力は並々ならぬものであったと想像される。

また三年十一月二十日「叙《ス》二賀茂上下二社《ヲ》従二位《ニ》一」「叙《ス》二松尾乙訓二神《ヲ》従五位下《ニ》一。以《テ》二遷都《ヲ》一也」、二十八日「遣《シテ》レ使《ヲ》修二理《セシム》賀茂上下二社及松尾乙訓社《ヲ》一」とある。位階に隔りはあるものの、松尾社が賀茂社と同時に叙位、修理の沙汰に与っている。その背景には秦氏の力があったと見るべきであろう。なお乙訓社を現存のどの神社に比定するかは論議のあるところで、遽に断定できない。乙訓の神は賀茂別雷神の父にあたる火雷神《ほのいかづちのかみ》である。

松尾社の神階は段々に陞進して、『三代実録』貞観八年（八六六）十一月廿日「進二山城国従一位勲二等松尾神階一加二正一位一」とあり、後さらに勲一等に叙せられたらしい。すなわち最高位を極めたのである。

『日本紀略』一条天皇の寛弘元年（一〇〇四）十月十四日「天皇行幸松尾社一」と見え、源兼澄が「ちはやぶる松のを山の影《かげ》みればけふぞ千年《ちとせ》のはじめなりける」（後拾遺和歌集）と詠んでいる。これを先例としてしばしば松尾行幸があった。また式内の名神大社となり、官幣奉献の二十二社の一でもあった。明治には官幣大社に列せられた。松尾神社を松尾大社と改めたのは昭和二十五年である。

こうして、秦氏の私社から、官社としての高い社格を保つに至ったのである。神職としては秦氏の末裔が奉仕したが、その勢力は消長を免れない。

本殿をはじめ中門、回廊、拝殿、楼門など、主な建造物の形状、位置は、安永九年（一七八〇）の『都名所図会』に画くところと変っていない。もっとも大日堂、十禅師社、舎利殿などは明治になって廃せられ、また新規の建築も加っているが。

本殿は応永四年（一三九七）の建造で、天文十一年（一五四二）に大修理を施したという。松尾造と称する様式で、建坪三十五坪余、桁行三間、梁間四間、両流造で檜皮葺。屋根の曲線と柱の直線と、また檜皮、木材と白壁との諧調が優美の極みというべく、重要文化財に指定されている。

街道に面する一の鳥居を潜ろうとすると、傍に巨大な御神酒徳利が二本立っているのにまず驚かされる。参道を進むとお酒の資料館がある。社頭の神輿庫には、側面隙間もなく菰冠の酒樽を積んでいる。全国の酒造家が献じたものである。近頃は招福樽うらないといって、酒樽を的に矢を射る装置が設けられた。何はともあれ、松尾は酒の神様である。小絵馬に酒に因む絵柄が多いのも頷かれよう。

松尾の神を酒、さらに広く醸造の神として信仰するのは中世以降のこととされる。『雍州府志』に

「当社ノ神徳ヲ為シ㆓弓矢ノ神ト㆒為シ㆓社稷ノ神ト㆒為シ㆓寿命ノ神ト㆒為ス㆓酒徳ノ神ト㆒醸スル㆑酒ヲ者専ラ尊崇シテ為ス㆓酒福神ト㆒又以テ㆑亀ヲ為㆓使者ト㆒」

とある。

社務所の裏に御手洗川が流れ、そのほとりに亀の井と称する霊泉がある。この水を汲んで醸造の水に加えれば、酒が腐敗しないと信ぜられ、造酒屋にありがたがられたという。また川の上流には霊亀の瀧がかかり、四時涸れることがないとされている。

しかしながら、酒の徳だけでは維持経営が苦しいのであろう。近来参拝客誘引にいろいろと智慧を絞っている。松風苑と号けて三つの庭を作った。磐座風の上古の庭、平安風の曲水の庭、鎌倉風の蓬莱の庭がそれで、重森三玲《みれい》の作庭、昭和五十年に完成した。その時分は採石が困難になっていたせいか、すべて四国吉野川の青石を用いており、石の好みにうるさい客には不満があろう。また重森流のモダーンアートの主張になじまぬ人々もあろうかと思う。

楼門内の一ノ井川の両岸に山吹を栽え、これも新しい名所になっている。近ごろはあじさい苑というのを造ったらしい。何千株何万株と種々の紫陽花《あじさい》を咲かせて客を寄せるのが、今や社寺の流行のようになっている。そもそも紫陽花というものは、庭の片隅に和種の一株がひっそりと咲くところがゆかしい。近来、紫陽花にかぎらず、広大な土地を占めて一面に同じ花を咲かせるのがはやりである。

それに釣られて出かけ、欣ぶ人が多いのだから、経営としてはそれで成功なのであろうけれども、私には愚者の楽園のように思われる。一色の花のために、もろもろの草木が駆逐されたはずである。

当社では、幸運の双鯉、幸運の撫で亀、重軽石など、いろいろに社前に据えて賽銭箱を備えている。神社側の苦心は諒解するものの、社頭の清浄感を損うようで、素直に喜ぶことはできない。

京の初夏の祭といえば賀茂の葵祭が夙に名高く、物見の人が津々浦々から入洛し、行列の沿道に堵列する。それはそれでめでたいことであるが、もうひとつ忘れてならないのは松尾祭である。賀茂上下二社と松尾社との因縁は前述のとおりであるが、祭式においても両社かかわりが深い。

松尾祭は貞観年中に始ったとされ、官祭として四月上の申の日に行われ、山城の国司が郡司以下を率いて参候した。それより千百年余、幾変転を閲して今日に至っている。

祭の日にも変更があるが、昭和三年十一月一日京都市役所刊『京都名勝誌』によって大概を記しておこう。「例年四月中の卯日又は下の卯日を以て神幸祭式行はる。当日宮司以下の神職一同潔斎して開扉供饌の式あり。次で四足門外にある六基の神輿並に唐櫃を神殿の階下に集め御霊代を遷し奉り拝殿を舁ぎ廻ること三回、これより順次出門して七条通桂橋の上流凡そ二町許の所に船を艤し、神輿を乗せ、桂川を渡御せらる」。東岸において三方に別れ、それぞれ三箇所の御旅所に着いて祭事を行う。因に松尾七社すなわち大宮、四大神、衣手、三宮、宗像、櫟谷《いちいだに》、月読というのがあって、それぞれに神輿を有するのであるが、月読社だけは神輿が流失したとかで唐櫃《からと》をもって替える。五月上の酉の日または中の酉の日に還幸祭があり、また桂川を渡って還御する。「本祭古来葵祭と称へ、神殿を始め各所に葵を装飾し、又供奉の者皆葵を飾ること凡て賀茂祭に似たり」。「当社旧葛野郡一百八箇村の産土神なりしかば、祭礼の如きも最も盛にして、雑沓を極む」と。

今年は四月二十日以後の第一日曜日を神幸祭とし、それより二十一日目の日を還幸祭とする。桂川を船で渡御することは、事情あって中断する時期があったが、今年は船渡御が実現したよしで、まことにめでたい。なお、七月第三日曜日に行われる御田植祭も一見したき祭礼である。

松尾は、地名としても神社名としても古来「まつのを」である。今も社人や氏子は「まつのお」と呼んでいる。にもかかわらず、近来「まつお」の呼称が広がっているようで、平凡社刊『京都市の地名』や『角川日本地名大辞典』京都府などは地名、社名におかまいなく「まつお」に統一している。行政上の地名は「まつお」になっているらしいが、神社は別ではないか。淡交社刊『京都大事典』は流石に地名と社名とを呼び別けている。

時代とともに遷り変るのは世のならいとはいえ、千年の古都などと称して伝統を誇る京都の実状は、案外伝統に無神経なのである。社前の橋が「まつおはし」であり、阪急電鉄の駅名にHankyu Matsuotaisha Station、京都バスの停留所にMatsuotaisha-maeとあって「まつお」拡張に加勢している。市バスの停留所にはローマ字表示はないが、京都市交通局は伝統的地名破壊の魁である。市バスの車内放送で、七条を「ななじょう」と呼び、恬として恥じるところがない。

久しぶりに松尾大社に参詣して驚いたことがある。本殿の背後に樹木が一本もなく、巨大な巌が露出している。こんなはずはなかった。私の記憶が曖昧なのかと、写真や絵を引出して見たが、本殿の裏の山腹は樹に覆われている。

昨年（平成二十五年）九月の颱風で嵐山が大洪水となり、一昨年（平成二十四年）十月にも颱風の被害があった。当社でも裏山の樹が倒れ、本殿の屋根が損傷したので、今年樹木の伐採をしたら、思いがけず巨大な岩肌が露れたそうである。

当社は磐座信仰を起源とするものであるが、山下に社殿を造営するにあたっても、わざわざ巨巌の下を選定したのであろうか。古代の信仰の姿が偲ばれるようで興味深い。

月読神社

松尾大社二の鳥居の手前で左折し、南へ進むこと四百メートル、山を背に赤い鳥居が見える。これが月読神社である。所は西京区松室山添町。境内広からず狭からず、社殿大きからず小さからず、観光客もここまでは脚を伸さないので、閑静の境を保っている。

祭神は月読尊。記紀神話によれば、伊弉諾尊が、亡き伊弉冊尊に会いたさに黄泉国《よみのくに》に往き、命からがら逃げ帰るはめになった。黄泉の穢れを滌がんと禊ぎをして、次々と子を生む。最後に左眼を洗うと天照大神が生れ、右眼を洗うと月読尊が生れ、鼻を洗うと素戔嗚尊が生れた。『古事記』では、天照大神は高天の原を、月読尊は夜の食国《おすくに》を、素戔嗚尊は海原を治《し》らせということになるが、『日本書紀』では、月読尊は滄海原《あおうなばら》を、素戔嗚尊は天下《あめのした》を治せと変る。陰陽の思想では、日、男は陽、月、女は陰となるが日本神話では日は女神、月は男神であった。とにかく月読尊は天文暦数、卜占、航海の神として信仰される。
『日本書紀』顕宗天皇三年（四八七）二月、阿閉臣《あへのおみ》事代が任那《みまな》に使すべく出発したところ、月の神が人に憑いて、民地《かきところ》すなわち豪族の私有地を我に献れ、献らば福慶あるべしとお告げがあった。事代、都に還ってこれを奏上し、山背国葛野郡の歌荒樔田《うたあらすだ》を奉献した。要するに月の神の社を造ったのであろう。壱伎県主《いきのあがたぬし》の先祖押見宿禰《おしみのすくね》が祠に奉仕したと。

当社の鳥居の傍に「押見宿禰霊社遺跡」の石碑を建てている。しかしながら創祀の地は、桂川の右岸とも左岸ともいい、確なことは判らない。『文徳実録』斉衡三年（八五六）三月十五日に「移二山城国葛野郡月読社一、置二松尾之南山一。社近二河浜一、為二水所一レ囓。故移レ之」とある。その移転先がおそらく現在地なのであろう。

当社は貞観元年（八五九）正月正二位に叙せられ（三代実録）、さらに延喜六年（九〇六）正一位勲一等に陞ったという。また延喜式内の名神大社に列している。だが次第に秦氏の勢力に呑み込まれ、松尾大社の境外摂社となってしまった。

『雍州府志』には疱瘡、安産の霊験ありと説く。今は月延石《つきのべいし》というのが最も信仰を集めているように見受けられる。神功皇后の故事に因むよしである。長径八糎前後の楕円形の白い石を千円で求め、表に安産祈願とか子授け祈願、裏に氏名、年月日などを書く。夫婦連名が多いようである。これで腹を撫でて、石垣で囲った岩の上に載せればよいらしい。よくこれだけの石を用意したものと感心する。

境内末社に、天鳥舟命を祀る御船社がある。松尾の神幸祭の前日、道中安全を祈願して御舟社祭が行われる。

櫟谷宗像神社

嵐山の渡月橋南詰から川沿いに大悲閣に行く道がある。その道に入るとすぐに神社の石段があり、岩田山のモンキーパークの入口を兼ねている。

観光地の一角を占め参詣人は少くないが、境内は狭く、社殿も小さい。櫟谷神社と宗像神社とが相殿に祀られ、松尾七社の内であり、松尾大社の境外摂社となっている。松尾大社の宝船の小絵馬やしゃもじを置いているが、やはり当社独自の縁結びの小絵馬の方に人気が傾くように見える。若者の祈願が多いのであろう。

『続日本後紀』仁明天皇嘉祥元年（八四八）十一月、「山城国无位櫟谷神」に従五位下を授け奉るとあるのが文献に見える初めであろう。『三代実録』貞観十二年（八七〇）十一月十七日、新鋳の銭を賀茂上下社、松尾社などに奉納した。「又近二於葛野鋳銭所一宗像、櫟谷、清水、堰、小社五神、奉二鋳銭所新鋳銭一」とある。鋳銭所の所在は嵯峨天龍寺角倉《すみのくら》町ともいうが、確かではない。

櫟谷神社は式内の小社である。九条家本には社名の傍に「松尾末社」と記す。だが、その祭神を明かにしたものが見当たらない。時代が降って、昭和七年六月嵯峨自治会刊、堀永休編『嵯峨誌』に「祭神市杵島姫命にして、創立年月未詳なり」とある。また昭和五十八年十一月駸々堂出版株式会社刊、竹村俊則著『昭和京都名所図会　4洛西』には「櫟谷大神（奥津島姫命）と宗像大神（市杵島姫命）の二神を祀る」とする。

櫟谷と宗像ともとは別々の社であったと思われるが、いつか同居することになったらしい。『百錬抄』仁治二年（一二四一）八月七日に「今夜丑刻、櫟谷宗形両社焼亡、御躰同焼失了。是松尾末社也」とある。

神様といえども有為転変は免れがたい。松尾七社もそれぞれに栄枯消長を経て来た。

松尾橋の下流に上野《かみの》橋が架っている。その右京区側、すなわち北の橋詰から川沿いの道を川下の方へ進むと、やがて左手の方に一叢の森が見える。それが松尾大社の末社三ノ宮社、衣手社である。所在は右京区西京極東衣手町。

広からぬ境内を、樟や欅の老樹が覆う。これを歌枕の衣手の森とするが、本来の所在については異説もある。

もと郡《こおり》村の鎮守の三宮神社に、明治八年衣手神社が引越して来たという。衣手神社の旧地は桂川の右岸で、松尾大社より北とも南ともいって定説はない。したがって衣手の森の旧跡も定まらないことになる。

73 藤森神社《ふじのもり》

藤森神社は京都市伏見区深草鳥居崎町に鎮座する。深草の一帯は、第十六師団の置かれたところで、今も師団街道、第一軍道などの名が残り、旧時の遺構や遺跡が随所に見られる。かって陸軍一色に様変りした町にあって、当社は古来の神域を保って来た。尚武の神とされるゆえに、将兵の崇敬を得たのであろう。『都名所図会』に画くところと、現状は大きく変っていない。

老樹鬱蒼たる境内、これが藤の森で、秋里籬島の寛政五年（一七九三）刊『都花月名所』に「当社の森に藤蔓多し」とある。古く歌に詠まれ、謡曲「融《とおる》」に「今こそ秋よ名にしおふ、春は花見し藤の森」と謡うのは、おそらくこのあたりであろう。今は藤の花は申し訳ばかりで、紫陽花苑を造っている。

藤森は藤杜とも書く。いつか地名となり、神社の東隣、京都教育大学の広い敷地を深草藤森町と称している。近くに藤森小学校もある。

本殿は入母屋造、檜皮葺、正面に唐破風と千鳥破風との向拝《ごはい》をつけ、厳めしい構えである。正徳二年（一七一二）中御門天皇より賢所、すなわち内侍所を賜ったものという。拝殿も御所より賜ったもので、割拝殿といって、中央が通路になっている。本殿背後に摂社末社が並ぶ。その中の大将軍社と八幡宮社とは一間社流造、永享十年（一四三八）足利義教の造営にかかると伝える。

さて祭神となると、困惑せざるをえない。当社の「藤森神社縁起略記」によれば十二柱を祀る。本殿中座に、素盞嗚尊、別雷命、日本武尊、応神天皇、仁徳天皇、神功皇后、武内宿禰。東座に天武天皇、舎人《とねり》親王。西座に早良《さわら》親王、伊豫親王、井上内《いかみの》親王。三座それぞれの主たる祭神は、素盞嗚尊、舎人親王、早良親王とする。『山城名勝志』などは、神武天皇、他戸《おさべ》親王を加える。なお摂社の大将軍社は磐長《いわなが》姫命、八幡宮社は応神天皇を祀る。

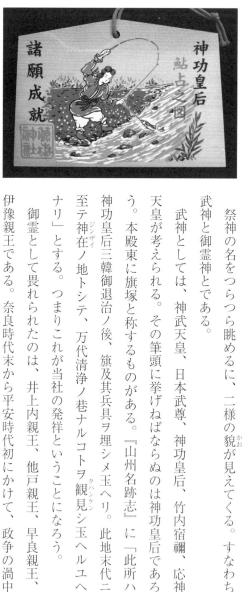

こうも賑かに神々が集う理由の一つは、別の地に祀られていた社が藤森に引越して来たせいである。しかし、どの神がいつ、どこから遷ったかとなると、諸説紛々として遽に判じ難い。

祭神の名をつらつら眺めるに、二様の貌《かお》が見えてくる。すなわち、武神と御霊神とである。

武神としては、神武天皇、日本武尊、神功皇后、竹内宿禰、応神天皇が考えられる。その筆頭に挙げねばならぬのは神功皇后であろう。本殿東に旗塚と称するものがある。『山州名跡志』に「此所ハ神功皇后三韓御退治ノ後、旗及其兵具ヲ埋シメ玉ヘリ。此地末代ニ至テ神在《ジンザイ》ノ地トシテ、万代清浄ノ巷ナルコトヲ観見《クハンケン》シ玉ヘルユヘナリ」とする。つまりこれが当社の発祥ということになろう。

御霊として畏れられたのは、井上内親王、他戸親王、早良親王、伊豫親王である。奈良時代末から平安時代初にかけて、政争の渦中に巻き込まれて斃れた人が少なくない。その冤魂が御霊となって祟りをなすと信ぜられた。

井上内親王は聖武天皇の女、光仁天皇の后である。宝亀三年（七七二）三月、巫蠱《ふこ》すなわちまじないによって人を呪ったとして廃せられた。五月その子の他戸親王が、謀反大逆人の子が皇太子であるのは宜しくないとて、廃せられ、庶人とされた。その後も内親王の巫蠱は止まず、翌年十月、母子ともに幽閉され、六年四月二十七日、母子ともに死んだ。暗殺と見るむきもある。

早良親王は光仁天皇の皇子、山部親王の同母弟。山部親王すなわち桓武天皇即位と同時に皇太子となった。延暦四年（七八五）九月二十三日、長岡京遷都に功あり、天皇の信任厚い中納言藤原種継が射殺され、犯人の一味が捕えられた。この事件に関する記事は、『続日本紀』で故意に削除された形跡があり、略史であるはずの『日本紀略』の方が詳しい。犯人どもは早良太子を天皇にしようと謀ったものであるとして、太子を乙訓寺に拘禁した。それより太子は飲食を断ち、淡路に移送される途中で息絶えたが、屍を淡路に運んで葬ったという。

こうなれば、早良親王も御霊に加るのは当然であろう。乙牟漏《おとむろ》皇后が崩じ、皇太子の安殿《あて》親王は病弱である。それにつけて淡路の墓に詫びを入れ、延暦十九年七月には早良親王に崇道《すどう》天皇の諡号《しごう》を贈り、井上内親王の皇后の称を復した。因に崇道天皇は平安初期には最も畏れられた御霊であった。

伊豫親王は桓武天皇の第三皇子、母は藤原吉子。平城天皇の大同二年（八〇七）叛逆の首謀者とされて、母とともに幽閉され、飲食を断たれた。十一月十二日「親王母子仰レ薬而死。時人哀レ之」と『日本紀略』にある。

こう次々と御霊神が増殖しては、天下万民の迷惑も甚しい。御霊を圧え込むために舁ぎ出したのが、牛頭《ごづ》天王と習合した八岐の大蛇退治の素盞嗚尊であり、祇園御霊会の起源となったのである。

早良親王について、近世の名所記は奇妙な伝説を記している。『都名所図会』を引けば、光仁天皇天応元年（七八一）「異国の蒙古日本へ攻来《きた》るよし聞へければ天皇第二の皇子早良親王を大将軍として退治あるべきよし宣旨を賜る。親王当社に祈誓して五月五日出陣し玉ふ。神威いちじるく忽暴風大に吹来り蒙古の軍船浪にたゞよひて悉亡びうせけり」とあって、後世の元寇と混同したような話である。

奈良末期に蒙古が攻めて来たのでは時代錯誤も甚しいと考えたか、当社の縁起略紀では宝亀十一年（七八〇）の陸奥の伊治公呰麻呂《いじのきみあざまろ》の叛乱としている。

征討将軍となった早良親王は「直ちに軍勢を催して当社に詣で、戦勝を祈願して出陣しようとされた。これを伝え聞いた反乱軍は忽ち畏怖し、乱は戦わずして平定されたという」とある。『続日本紀』によれば、この時、征東大使に任ぜられたのは藤原継縄《つぐただ》であり、後に藤原小黒麻呂が代っている。実際には、呰麻呂ますます猛威を奮い、征討軍は進むこと能わず、何度も朝廷の督励を受けている。

とにかく早良親王は「英武なお方であられた」と言いたいのであろう。豊臣秀吉が桃山城を築き、城下が武家の町となり、明治には師団の町となった。御霊神よりも武神を表に立てたい当社の気持は納得できる。

五月五日、端午の日に藤森祭が行われる。神幸祭に、三基の神輿渡御に武者行列が供奉する。「是蒙古征伐早良親王帰陣の粧也」と『日次紀事』にいう。また当日の呼びものは、駆馬神事である。戦闘中を駈けるので、さまざまの曲乗りの技を見せる。

この祭が菖蒲の節句の発祥であり、菖蒲は尚武に通ずるとし、さらに勝負に通じ勝ち運を呼ぶという。馬の神様で、競馬の関係者が信仰し、十一月の駪駪《しんしん》祭に馬主、騎手、ファンらが集うよしである。

近年は舎人親王を学芸の祖として押し立てている。親王は『日本書紀』の撰述を主宰したことで有名であり、学問の神様と敬われるのに不思議はあるまい。戦後、第十六師団の跡地が次々と学校に替って、学生の町の概があるゆえ、斯道奨励のため結構なことといわねばならぬ。

それはそれとして、何ゆえ舎人親王が祀られたのか。当社では、「文武両道に優れたお方であられた」といっているが、それが祭祀の理由とは受取りにくい。

親王は天武天皇の皇子。『日本書紀』が完成した養老四年（七二〇）、右大臣藤原不比等が薨じた後、知太政官事として朝政に与ることになり、天平七年（七三五）十一月十四日薨じ、太政大臣を贈られた。享年六十。因に、九月三十日に弟の新田部《にいたべ》親王が薨じている。この年疫癘猖獗して大赦が行われており、兄弟の死因は疫病かと疑われる。

それより時世を経て天平宝字三年（七五九）六月、淳仁天皇が諸司の主典《さかん》以上を喚び集めて、長々とした詔を下した。その中で、舎人親王を崇道盡敬《すどうじんきょう》皇帝《おうたい》と称《たた》えまつると言っている。すなわちわが父に天皇の諡号を贈ったのである。こう観れば、舎人親王は生前においても死後においても、冤恨を遺すようなことは全くないといわねばならぬ。

ところが、その第七子の大炊《おおい》王がいけない。藤原仲麻呂らの策謀によって皇太子となり、天平宝字二年（七五八）孝謙天皇の禅を受けて皇位についたものの、皇太后と仲麻呂改め恵美押勝《えみのおしかつ》との板挟みになり、翻弄されるばかりであった。

八年九月、仲麻呂乱を起して失敗、逃走を図ったが捕えられ斬られた。その煽りを食って、天皇は位を逐われ、淡路に徙《うつ》されることになった。その翌年、天平神護元年（七六五）十月二十二日、淡路公幽憤に勝《た》えず、垣を踰《こ》えて逃げたが、つかまってしまった。「公還テ明日薨二於院中一」と『続日本紀』にある。自殺か他殺か、自然死とは思い難い死にざまである。これが淳仁天皇であるが、当時は廃帝《はいたい》と呼ばれ、歴代には数えられなかった。尊号が贈られたのは明治になってからである。

この事件に先立ち、八月一日、従三位和気王が謀反に連坐して誅せられた。王は舎人親王の孫で、御原王の子である。とかく勝てば官軍となるが、反乱とか陰謀とかいうものは、どちら側が導火線をしかけたか、判然としないのが歴史の常である。だからこそ敗死した方が怨霊となって祟るのである。子や孫の怨みによって、与り知らぬ舎人親王が御霊になるものかどうか。或は諡号が崇道盡敬天皇であり、早良親王の崇道天皇から類推または混同されて御霊に数えられたものか。そのへんの事情は判らないけれども、『山州名跡志』は、舎人親王、早良親王、伊豫親王の三所の御霊を当社の祭神としている。なお、舎人親王の訓み方は「イエヒトナリ」という。舎人《とねり》とは、天皇や皇族に近侍する下級の役人であり、それを皇子の名とするのは、いかにも不審である。

境内には、蒙古将兵の首や戦利品を埋めたと伝える蒙古塚、石川五右衛門が運んで来たという手水鉢の台石、力試しのかえし石など、奇妙なものがある。

御神水は不二の水と称し、地下百メートルから湧き出る名水で、わざわざ汲みに来る人も多い。ただし、水質検査の結果、飲用に適さないと判定されたと、数年前に耳にしたことがある。今はどうなのか知らぬが。

74 日向《ひむかい》大神宮・粟田神社・満足稲荷神社

日向大神宮

日向大神宮とは畏れおおい社号であるが、日向神社の方が通りがよかろう。そのほかさまざまの名で呼ばれる。『京華要誌』（明治二十八年刊）には日岡神明宮とし、「朝日宮また日向社とも称す」とある。因に日岡《ひのおか》はこのあたりの旧村名、今は大字名となっている。近世には粟田口神明、日山《ひやま》神明宮などとも呼ばれた。

粟田口といえば東海道の京の出入口であり、往還の旅人が参詣し、また桜と紅葉との名所とされていた。昔の賑いのほどは知らぬが、今は忘れられたようにひそやかで、観光団体が来るような所ではない。

所在地は山科区日ノ岡一切経谷町、大日山の西南麓に位置し、その北は南禅寺である。こういっても、あたりの地理に通じた人でなければ尋ねあてにくかろう。

三条大橋を起点とする旧東海道、すなわち三条通を東へ進むと、蹴上《けあげ》で道が南へ大きく彎曲し、日ノ岡峠の登り坂にかかる。右手に蹴上浄水場の入口を見て、頭を廻らせれば左手に石鳥居が眼に入る。その両脇に「式内　日向大神宮」と「青龍山安養寺」との大きな石の標柱が建っている。すなわち目指す神社と西山浄土宗安養寺との参道入口である。

ただしこの参道は自動車を乗り入れることができない。車を利用する場合は、もうすこし進むと信号があり、東山ドライブウェイの入口になっている。ここに入ってすぐ鋭角に左折する。それから道が曲折分岐するので、勘を働かせねばならぬ。勘は苦手という人は、あらかじめ詳しい地図を調べるか、通行人に訊くかした方がよい。近ごろはやりのカーナビに頼るもよかろう。

山に囲まれて広かならぬ境域は、天明七年（一七八七）の『拾遺都名所図会』に画くところと大きくは変っていない。当社は京の伊勢とも呼ばれ、伊勢参りに代えて参拝する人もあるよし。また伊勢神宮遥拝所も設けられている。

石階を登ると、なるほど伊勢神宮に来たような雰囲気を感じさせる。社殿は外宮と内宮とに分れ、小ぶりながら伊勢神宮に擬して神明造、檜皮葺で千木、鰹木を置いている。内宮は天照大御神、宗像三神、外宮は天津彦火瓊々杵《あまつひこほににぎ》尊、天之御中主《あめのみなかぬし》神を祭神とする。

ほかに別宮、末社が何所も祀られている。御井《みい》神社は朝日泉と称する霊泉である。元旦に若水祭が執り行われ、この水を汲んで内外の本宮に供える。正月三ヶ日、若水を頂きに来る人も多いとか。

内宮の横手の坂を登ると影向《ようごう》岩というのがある。元禄二年（一六八九）板『京羽二重織留』に降臨地として挙げ、「清和天皇の御宇天照太神宮始て影向の地なり、しかれ共中絶年ひさし、近世山下《さんげ》に伊勢の国の人野呂《のろ》左衛門宗光《むねみつ》と云人あり、有時神託をかうむりて此所に内外宮を勧請す」と記す。ということならば、この岩を当社の根元とせねばなるまいが、そう一筋縄にはゆかない。

さらに登ると天の岩戸がある。屋根を掛けた大岩に入口があり、鍵の手に曲って出口に抜ける。天

照大神がお隠れあそばすようなものものしい岩屋ではない。内に天手《あめのた》力男《ちからお》命を祀る戸隠神社がある。節分祭には天の岩戸潜りで賑うよし。

さて由緒であるが、まず当社発行の「日向大神宮略記」を見よう。

「当神宮は、第二十三代顕宗天皇の御代に筑紫日向の高千穂の峯の神蹟を移して創建されたと伝えられています。天智天皇は、圭田《けいでん》を御寄進され、鎮座の山を日御山《ひのみやま》と名づけ給い、清和天皇は、日向宮の勅願を賜い、醍醐天皇は、延喜の制で官幣社に列し給いました」。応仁の兵火に社殿並びに古記録は焼失したが、松坂村の松井藤左衛門が仮宮を造り、それより禁中、幕府の庇護を得て再興したとある。

しかしながら名所記の類を見れば見るほど、事は紛糾する。『拾遺都名所図会』は「鎮坐の義年歴久遠にして詳ならず」としながら、「社記に曰神功皇后三韓退治の祈として御禊あり」と、顕宗天皇より二百八十年余も遡る。その後、天智天皇、天武天皇の行幸祈願あり、降って建武の頃社司が新田義貞に加担して北国に下ったまま帰らず、当社衰微したところを野呂新左衛門宗光が再営し、それより野呂氏が社司を勤めるようになったという。

寛文七年（一六六七）板『京童跡追』には、「此神明山は、そのかみえびすの宮ありて、えびす谷といふ。しかるに慶長十九甲寅の年（一六一四）九月朔日霊夢によりて、伊勢太神宮をうつし奉る也」として、烏によるお告げを記し、その比の神職は左衛門尉宗光であったという。いかにも日ノ岡夷谷町の町名が残り、当社の末社に恵美須神社もある。とにかく諸説錯綜して、由緒詳ならずというしかないようである。

参道入口の標柱に「式内」とあったが、これはどうか。『延喜式』神名帳を見るに、山城国宇治郡に「日向神社」を小社として載せる。当社略記に、延喜の制で官幣社に列したとするのも、これに拠ったのであろう。しかしそれは疑しい。『山城名勝志』は、仏国寺の南の木幡《こはた》峠に続く松林を日向山という、此の所かとしている。仏国寺なら紀伊郡、今の伏見区で、これも疑問である。ほかにも異説があって、つまり確なことは不明とせざるを得ない。

粟田神社

三条大橋から三条通を東へ進む。東大路通を過《よぎ》り、白川橋を渡ると一帯は粟田口である。東海道、東山道、北陸道の出入口で、京七口の中でも、ここが京の表門といってよかろう。『源氏物語』関屋の巻で、常陸介空蟬の一行が京に帰ろうとするのに石山に詣でる光源氏とすれ違う。「とのは粟田山越え給ひぬ」と報せがあるから、やはりこの道を通ったのであろう。

神宮道との交叉点を越えた先、三条通の南側に粟田神社の参道がある。初めは緩く、中ほどから急勾配の登り坂となる。自動車の乗り入れ可能で、社頭からの見晴しがよい。それもそのはず、ここは華頂山二百十メートルの山腹なのである。

参道を通る時、一の鳥居に「粟田神社」、二の鳥居に「感神院新宮」の額が掛っているのに注意し

てほしい。感神院は祇園の八坂神社（9）の旧称である。もともと当社は神仏混淆で、粟田口天王、粟田天王社、八大王子宮などと呼ばれていた。天王とは素戔嗚尊と習合した牛頭《ごず》天王であり、祇園感神院の若宮とされていたのである。明治二年、神仏分離して今の社号に改めた。

本殿に祀る神々には、なお神仏混淆時代のなごりが見られる。主座に祀るのは建速素戔嗚尊、大己貴命、左座は八大王子命と称する八神、右座は奇稲田媛《くしいなだひめ》命、神大市比売命、佐須良比売命、右座外殿に合祀する十社の中に大聖歓喜天がある。

当社の由緒として参道入口に掲げるところでは、愛宕《おたぎ》郡粟田郷を本貫とした粟田氏のいにしえから説き、「その氏神として上古より祠ありしが人皇五十六代清和天皇貞観十八年（八七六）悪疫流行のため奉行藤原興世に勅して都の東白雲の泡立つ郷の霊地に一社を建つこれ当社の社伝による創祀である又伝う往古八坂神社を感神院と称するに対し当社を感神院新宮と称し祇園会無き年は当社の祭礼として祇園会の代りとなす記録あり依りて当社の祭礼は祇園会の始めの形なりと云う」とある。

貞観十八年には、『三代実録』に天候不順で飢饉の記録はあるが、悪疫流行の記事は見当らない。出羽守藤原興世《おきよ》という人はいるが、当社建立の記事もない。『山城名勝志』に文献を引きながらも

「按当社者明応年中卜部《うらべ》兼倶卿勧請乎」としている。あるいは明応（一四九二―一五〇一）より三百八十年も古く、永久年中（一一一三―一一八）天台座主東陽坊忠尋の勧請ともいうが、いずれも後世の資料に拠るものである。近世の名所記の多くは、古い由緒に触れない。しばしば珍説を紹介する『山州名跡志』さえ「社記不レ詳」としている。

当社の年中最大の賑いは粟田祭である。『日次紀事』によれば、十月十四日「下粟田口天王祭夜宮」。十五日「下粟田口天王祭」には、神輿一基が巡幸し、鉾十七本が前駆となる。鉾を捧げる者は狭い板橋を渡るのに多くは顚倒し、或は鉾を落し、或は水に溺れ、見物衆は大いに笑うと。『都名所図会』には、鉾十五本あって、「白川の細き橋をわたる曲持《きょくもち》して見物の興を催すを祭礼の例式とする也」とある。

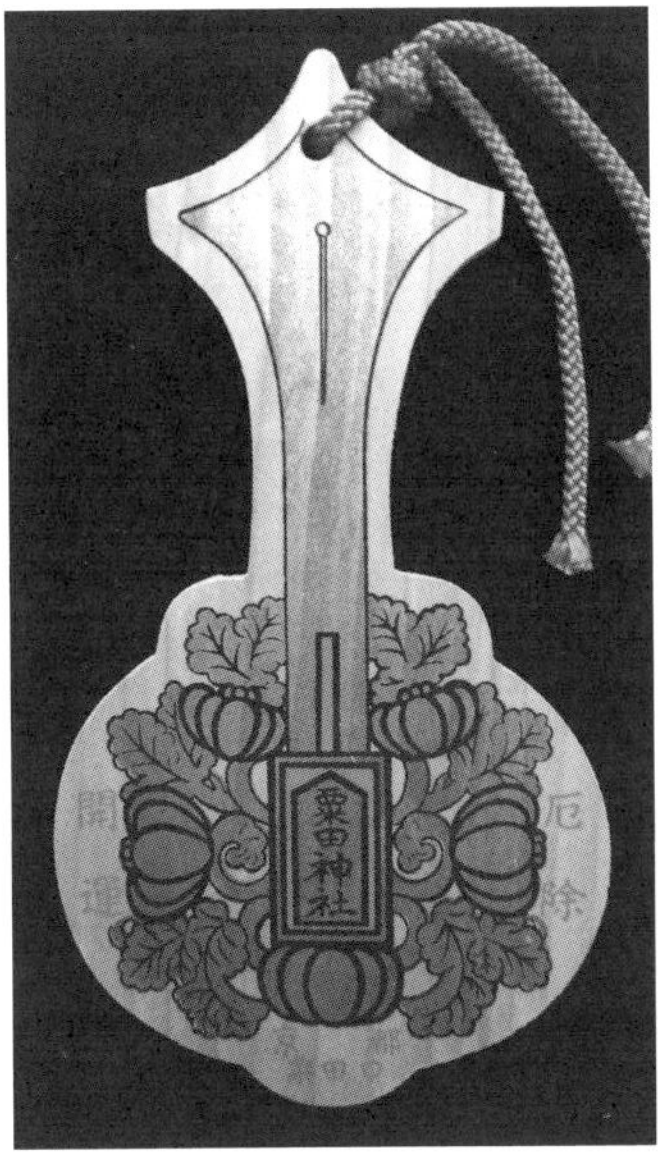

今日は十月の体育の日を神幸祭とする。五六基の剣鉾が出、剣差し呼ぶ人が持つのであるが、長さ七八メートル、重さ四十キログラムもあり、剣の先が撓い、鈴が揺れて鳴るようにするのが容易でなく、練習を積まねばならない。鉾先の剣が悪霊退散の威力をもつので、これが祇園御霊会の本来の形であるかも知れぬ。

神幸祭の前夜には、夜渡り神事が行われ、これをれいけん祭と呼ぶ。粟田大燈呂《だいとうろ》が風流を添える。久しく絶えていたのに、平成二十年から復活し、人気を呼んでいる。

本殿の周囲に摂社末社が並んでいる。よそから持ち込まれたものも少なくないらしい。中で眼を惹くのは出世恵美須神社である。蹴上の夷谷に祀られており、牛若丸が奥州に下るにあたり、源家再興を祈ったところから、出世恵美須とも門出恵美須とも呼ばれた。それが山崩れで土砂とともに流出し、止った所が現三条神宮道の夷町附近であった。後に青蓮院内の金蔵寺に遷され、明治に当社の摂社になったという。

ほかに北向稲荷神社といって、北を正面とするのも珍しい。太郎兵衛神社、吉兵衛神社というのも、由来を尋ねてみたい名である。

二の鳥居の内側が駐車場となり、その一隅に鍛冶神社が鎮座する。社頭に明治天皇御製の歌碑があり、太刀と題して「真心をこめて錬ひしたちこそは乱れぬくにのまもりなりけれ」と刻む。昭和十三年八月七日建立、書は嘗て旅順港口閉塞作戦を首唱し指揮した明治神宮々司海軍大将有馬良橘。これより刀鍛冶の神社と知れる。竹村俊則『昭和京都名所図会　2』によれば、もと当社の東の良恩寺にあったのを、明治維新に移したよしである。なお良恩寺境外に鍛冶の池が残ると『京都坊目誌』にはいう。今それらしいものは見られない。

粟田神社、良恩寺は粟田口鍛冶町であるが、このあたりから知恩院にかけて、刀鍛冶の伝説地が点在する。但しこれらは、平安中期の三条小鍛冶宗近と平安末期から鎌倉時代にかけて名工を輩出した粟田口氏とを混同しているきらいがある。

粟田神社参道入口の向い、三条通北側に合槌《あいづち》稲荷大明神参道というのがあり、朱の鳥居が何本も建ててある。そこより参入し、露路を曲り曲った奥に合槌稲荷社が鎮座する。数十年前はみすぼらしい祠であったが、近年奇特の人が現れたとみえ、石鳥居、石垣をしつらえ、祠も立派に造ってある。傍に二ノ富弁財天という末社まで出来ている。

合槌とは能の「小鍛冶」に由るのであろう。三条小鍛冶宗近の宅に勅使来り、一条天皇に不思議の御告げあって、御剣《みつるぎ》を打てとの勅諚を伝える。宗近畏まって、「さやうの御剣を仕るべきには、われに劣らぬもの相槌を仕りてこそ、御剣も成就候ふべけれ、これはとかくの御返事《おんへんじ》を、申しかねたるばかりなり」。しかし辞退は許されず、宗近「進退ここに谷《きわ》まりて、御剣の刃《やいば》の乱る、心なり」。氏神の稲荷明神に祈誓するに、不思議の童子現れる。宗近が勅諚を蒙ったこと承知しており、漢家本朝の剣の威徳を述べ、剣打つべき壇を飾り、我を待たば、「通力の身を変じて、必ずその時節にまゐり会ひて御力を、つけ申すべし待ち給へと」、稲荷山に姿を消す。宗近謹上再拝して待つほどに童男来り、「鉄《かね》取り出し、教への槌をはつたと打てば、ちやうと打つ。ちやう〳〵と打ち重ねたる槌の音、天地に響きて、おびたゝしや」。打ち上げた御剣の「表に小鍛冶宗近と打つ。神体時の弟子なれば、小狐と裏にあざやかに」銘を打つ。天下第一の神剣小狐丸を勅使に捧げ、「これまでなりと言い捨てゝ、又群雲に飛び乗り又群雲に、飛びのりて東山稲荷の峯にぞ帰りける」。

良恩寺の東の仏光寺本廟にも「三条小鍛冶宗近之古跡碑」を建てているが、宗近がこのあたりに住んだという確証はない。大和から移住した刀工国家が粟田口氏を名のり、その子孫の粟田口藤四郎吉光が特に名高かった。「小鍛冶」に三条の小鍛冶といい、東山稲荷の峯というところから、三条粟田口の刀工と混線が起ったのではなかろうか。

満足稲荷神社

学生時代には、本を購うことを第一、飯を食うことを第二と考えていたから、第三以下には金が廻りかねた。電車賃を吝んで、大学から五条坂の下宿までしばしば歩いて帰ったものである。東大路通を真直に歩くとして四粁余の距離になろうか。その途中、東大路通仁王門下ル東側の満足稲荷の前を通るのだが、何やら世俗的な名やなと思ったものである。別段神頼みする気もないから素通りするばかりであったが。

『京都坊目誌』に「初め伏見桃山城内に祀る。文禄征韓の役に、豊臣秀吉満足する所あるを以て命名すと云ふ」とある。それで納得。元禄六年（一六九三）徳川綱吉の命によって此の地に移し、法皇寺の鎮守としたという。

法皇寺というのも綱吉が命じて移転させた禅寺で、その後荒廃して、明治十二年南禅寺に移転した。現在満足稲荷の西、三条通東大路西入の北裏に法皇寺町の名を留めている。もとより法皇寺のかけらもなく、日蓮本宗本山要法寺がその地を占める。

残った満足稲荷神社も、大正二年、市電軌道敷設のため東大路通を拡幅するにあたり、境内地を削られ狭くなった。本殿、拝殿、末社、社務所などが、いかにも窮屈そうに建っている。それでも本殿は小さいながら唐破風、千鳥破風の向拝をつけ、装飾を施し、荘厳を保っている。

狭い境内を一層狭く感じさせるのは、樹齢四百年と称する神木の黐《もち》の木である。幹が何本にも岐れて枝を張り、遠くから望見してもそれと分る巨木である。

神木の下に岩神さんと称する石が据えてある。何のへんてつもない岩石であるが、「岩神さんをさすり頭をなでると頭がよくなり痛いところ悪いところをさすると治ると言い伝えられています」と効能書がついている。「言い伝えられています」が慎ましくほほえましい。

75 鷺森《さぎのもり》神社・曼殊院《まんしゅいん》

鷺森神社

鷺森神社は左京区修学院宮ノ脇町に鎮座する。鬱蒼たる巨樹が社殿を包み、いかにも鷺が塒を覓めそうな森である。

天台座主の慈円が「ひえの山は冬こそいとどさびしけれ雪のいろなるさぎのもりより」（拾玉集第二）と詠んでいる。雪の色といったのは、白鷺の集《すだ》く森が念頭にあったのであろう。昔の森はもっと大きかったにちがいない。

比叡山に登る雲母坂《きららざか》の出入口を扼する位置にあるため、ここ西坂本が時には戦場となる。『太平記』によれば、建武三年（一三三六）正月、「去程ニ官軍宵ヨリ西坂ヲオリ下テ八瀬、薮里、鷺森、降《サガリ》松《マツ》ニ陣ヲ取ル」、新田、北畠、楠木の諸将一手になって、二十九日卯の刻二条河原に押寄せ、足利将軍は丹波篠村《しのむら》を通って逃げ、九州に走ることになる。

神社の創建は貞観年間（八五九―八七七）というが、往古のことは明かでない。由緒記によれば、もと赤山明神の近くに祀られており、応仁の兵燹に罹って現修学院離宮の地の山林に遷った。離宮造営にあたり、霊元天皇の思召しにより鷺森に社地を賜って、元禄二年（一六八九）六月に遷座したという。それならば、慈円や建武の昔には、鷺森に神社はなかったことになる。

祭神は素戔嗚尊、神号を鬚咫天王《すだてんのう》と称する。『愛宕郡志』には、「旧と須陀と書きしを霊元法王改めて鬚咫の字用ひしめ給へり」と記す。

それにしても、どうしてこんなむつかしい字を宛てたのか。『古事記』に、須佐之男命が海原を治めよとの命令に順わず、「八拳須心《やつかひげむね》の前《さき》に至るまで啼き伊佐知伎《いさちき》」とある。鬚が伸びて胸のさきに届くまで涙を流して泣き続けたということらしい。咫は長さの単位で、八咫《やた》の鏡や八咫烏から類推して、鬚が長いことと考えたのであろうか。秋元興朝の『旧都巡遊記稿』には、「本社を鬚咫と称するは社前に五葉松ありて葉形の鬚髯に似る故ならむ」とする。とにかくはっきりしたことは解らない。

近世の名所記などには、祭神を鬚咫天王とし、あるいは牛頭《ごず》天王としている。素戔嗚尊は牛頭天王の垂迹であるから同じことになるが、神仏分離によって祭神を素戔嗚尊と定め、鷺森神社と号したのであろう。それまでには鷺森神社と呼ぶことなく、『雍州府志』は修学寺天王としている。修学寺村の天王社ということである。

近世でも、近代に入っても、名所記のたぐいには無視され、あるいは軽く扱われがちな神社であるが、修学院《しゅがくいん》、山端《やまばな》地区の氏神として崇敬されている。さほど大きくはないが、社殿は唐破風の向拝を構え、立派なものである。

『拾遺都名所図会』に「例祭は三月五日也競馬《けいば》ある」と簡単に記すが、文化三年（一八〇六）刊の『諸国図会　年中行事大成』に七里祭《なさとまつり》として紹介するのがおもしろい。現在の一乗寺、修学院、上高野、山端地区の七つの里の祭礼で、各村一基ずつの神輿を有する。「祭式古へ旅所の地なりとて圃《はたけ》の中に竹を立、注縄《しめ》を引て旅所とし、神輿渡御は其神慮にまかせ田圃の中を構はず作物を踏荒し、横行に渡御あるなり」。先ず一乗寺、舞楽寺の二基が社を出、藪里の神輿が道を替えて旅所に渡御する。「両祭とも竹の先に色紙を切付てこれを踊鉾と称へ、児童《こどもら》等先に立、さんやれ〳〵と諷ひ太鼓鉦に合しおどり囃す。神輿を舁ものも同じくこれを諷ふ」。「各祭鉾を出す。旅所に於て神供の事あり」。「修学寺村。祭神鬚咫《しゅだ》天王　神輿一基竹の頭に扇三本を付て前駆す。又競馬あり。騎者色紙の装束を着す。祭礼前ニ同じ。小原村、祭神姫宮明神。山端村、祭神　修学寺村に同じ」。「高野村、祭神早良親王」、これは今の崇道神社（24）で、「布鉾とて竹を十文字に組みこれに晒布を六流にかけて先に渡す、次に祭鉾二本、御供櫃は婦女子是を戴き旅所に至り神供を献ず。神人黒袍を着し騎馬にて供奉す。競馬あり」と、最もものものしい。

今日では五月五日を神幸祭とする。鷺森神社の由緒に記すところでは、「装束に行装を整え、赤山禅院に参詣し、修学院御旅所からは宮中から御下賜になった御神輿に供奉して氏子区域を巡幸しますが特にこの祭列には鉦や太鼓の囃につれて菅笠に紅だすきをかけた着物姿、手には扇をもった小学3年生の男児による「サンヨレ」という掛声と所作で練り歩く姿が珍しく可憐で情緒豊かであります」とのよしである。

当社の小絵馬が逸品である。宮司の手描きで、社号に因む白鷺の図と十二支の動物の図とがある。白鷺は頭に飾り羽が伸びているところから察すれば、小鷺の夏羽である。因みに鶴や雁鴨は頸をまっすぐに伸して飛ぶが、鷺の仲間は頸をS字形にして飛ぶ。その観察不行届きが難である。

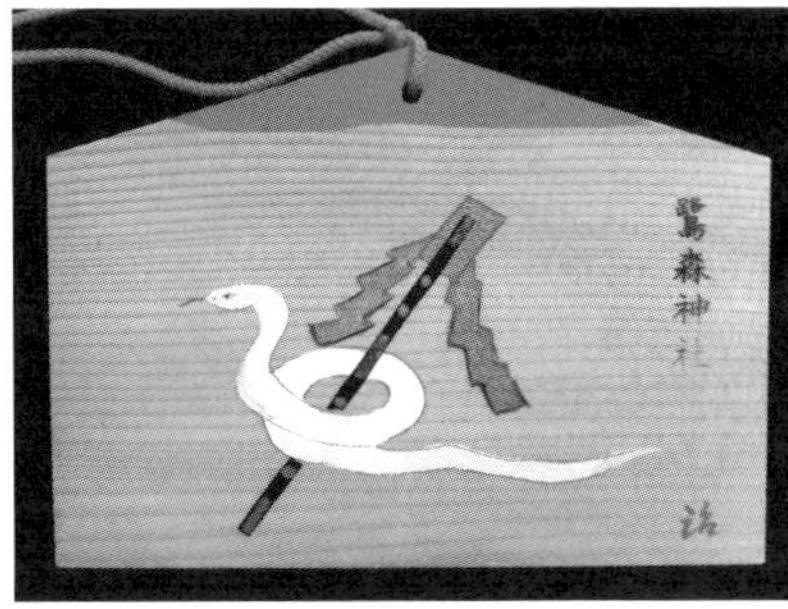

何年も昔になるが、もう止めようかと思う、しんどいと宮司が言っていたのを思い出す。なるほど「治」と署名が入っている。今の小絵馬は昔のを引継いでいるものの、手描きの風合が感じられない。署名も入れていない。印刷に切替えたのであろう。

絵馬掛を見ていたら、おもしろいのがあった。神社の小絵馬に絵具で艦船や舵輪の絵を描き、「航海安全、四海皆凪、幸運ヲ祈ル」などと書き添えている。川崎汽船の関係者の祈願であろう。かかる奇特の仁には御利益貳《うたが》いなし。

曼殊院

鷺森神社から東に進めば一乗寺竹ノ内町、竹内門跡と称する曼殊院がある。東に四百四十三メートルの音羽山を負い、北は音羽川を隔てて林丘寺、修学院離宮となる。今や観光名所として訪れる人が絶えない。

当院の沿革について、明治二十八年京都市参事会刊行の『京華要誌』に記すところによれば、「天台宗にして延暦年間伝教大師の開創なり原は比叡山にあり其後慈覚安恵等八世相伝して是算国師〈菅原氏なり〉に至り天慶年間寺基を西塔の北谷に移し東尾坊と号せり国師は顕密の碩徳にして北野の別当たり其後忠尋大僧正に至り天仁中改めて曼珠院《ママ》と称す文明中二品慈運大僧正〈伏見貞常親王御子なり〉准三宮覚恕法親王〈後奈良帝皇子〉等住持したまひしより永く親王の法室となれり明暦二年二品良尚法親王〈八条宮智仁親王の御子〉閑寂修禅の地をトし奏請して此地に梵宮を構へ以て皇祚の無窮を祈りたまひしより今に至れり」とある。

院主が北野天満宮の別当を兼ねたのは、天慶年間(九三八—九四七)是算の代とも、天仁年間(一一〇八—一一一〇)忠尋の代ともされ、説の分れるところである。ともかく天満宮とは緊密な関係にあり、明治の神仏分離まで続いた。別当職を執るために、永久年間(一一一三—一一一八)に洛の西北の北山に別院を設けたが、足利義満が金閣寺の前身たる北山殿を造営するにあたり、禁裏の近くに移ったという。

現在地に曼殊院を移した良尚法親王の父八条宮智仁《としひと》親王は桂離宮を創始した人である。したがって現存する建築や室内の意匠の末端まで、寺院の荘厳よりも瀟洒を旨とする数奇の心が看られる。

ただし明治五年に本堂たる宸殿が取壊され、大書院を本堂に宛てるべく一部に改造が加えられた。小書院は創建以来の建築であるという。天明七年(一七八七)板『拾遺都名所図会』に画くところと現状がやや異なるのはそのためである。

「林泉は小堀遠州の作る所にして」と『京華要誌』にいうが、明暦二年(一六五六)より早く、正保四年(一六四七)に遠州は死んでいる。現在は枯山水の庭であるが、『拾遺都名所図会』には池泉

らしきものが画かれている。とにかく建物も庭園も後の手が入っていると見なければなるまい。軽々に桂離宮と比較したり、遠州好みといったりせぬ方がよかろう。

門前に池があり、中島に天満宮と弁財天社とが祀られている。両社の小絵馬も作られている。ところが、『拾遺都名所図会』には、池が画かれず、曼殊院背後の山上に天満宮がある。入口に鳥居、手水舎があり、坂を登った上に拝殿、本社があり、一景観をなしている。「天満宮　当院後山にあり祭神菅公　洛陽の菅大臣は此御門主兼帯也　当山絶景にして奇観の地也」と記す。『雍州府志』に一乗寺村に「天満宮」在りとするのはこれであろうか。神仏分離に際して廃せられたのか、確なことは判らない。

『愛宕郡志』に「本院は宝物古文書珍本甚多かりしか明治変革の際散亡せしもの挙けて数ふへからす然れと今日に現存する者猶多し」という。すなわち内外の典籍、書画、宸翰、詠草、その他の古文書など、蔵するところ厖大で、資料の宝庫をなしている。

76 赤山禅院《せきざんぜんいん》・大黒山北寺《だいこくさんきたでら》

赤山禅院

左京区修学院開根坊町《かいこんぼうちょう》といっても分りにくかろう。白川通を北行、北山通との交叉点を過ぎて音羽川北岸沿いの道へ右折する。これが修学院離宮道である。道はやがて音羽川から離れ、直進すれば離宮に達する。その手前で鷺森神社の御旅所を右に見たら左前方に注意。辻の角に「左赤山道」と刻んだ石の道標と地蔵一体とが並ぶ。そこを曲り、道なりに進めば赤山大明神の大きい石鳥居が右側に現れる。鳥居を潜り坂道を登れば、「天台宗修験道総本山管領所」「赤山禅院」と大書した門がある。門の傍に「我国尚歯会発祥之地」なる碑が建てられているのに注意しよう。南は修学院離宮に連り、北に百九十六メートルの赤山を負い、囂塵《ごうじん》を離れた幽邃の境である。

だが、石段を上がると、あまりの賑々しさに二度びっくりするであろう。山裾のさして広からぬ境内に、所狭いばかりに堂宇が建てられている。安永九年（一七八〇）の『都名所図会』に画くところと、主要部分は変らぬが、いろいろなものが設けられて境内が立てこんでい

る。

境域の現況を一わたり観ておこう。拝殿、本殿が中央に位置し南面することは、昔も今も変らない。祀るところは赤山大明神。これは陰陽道でいう泰山府君《たいさんぶくん》で、太山府君とも書く。中国山東省の泰山は死者の赴くところであり、その長官たる泰山府君は、人間の寿命や現世の運命を支配する神と信ぜられた。日本にも夙に移入されて信仰が広まったが、ここでは皇城表鬼門の守護神であることを強調している。本殿の入口に巨きい数珠を掛け、それを潜って参入する。

数珠潜りは拝殿前の右手にも設けられている。ここより参入して先ず目につくのは不動堂である。雲母《きらら》不動明王と号する。『山城名勝志』や『拾遺都名所図会』に雲母坂の下にあるとする不動堂の本尊を迎えたものらしい。

不動堂の前に護摩壇を設け、それと並んで石の柵がある。柵の内は何ともえたいが知れぬが、『都名所図会』に香水《こうずい》と記すものの残骸であろう。

不動堂の北に御瀧籠堂が建つ。駒瀧不動尊を祀り、堂の背後に瀧がある。瀧といっても、二つの石樋から細い水が落ちるにすぎないが、ここは行場なのである。

さて、ここに不可解なことがある。御瀧籠堂の前から奥の福禄寿殿の前にかけてかなり大きい池が造られ、寛老池と呼んでいる。ところが、安永九年（一七八〇）の『都名所図会』には池を画いていない。降って寛政十一年（一七九九）板の『都林泉名勝図会』には「社頭の林泉玲瓏とし特に近《こと》きとし官家より修補ありて神殿壮麗となる」とあり、現状にほぼ近い池泉が画かれている。これは一体ど

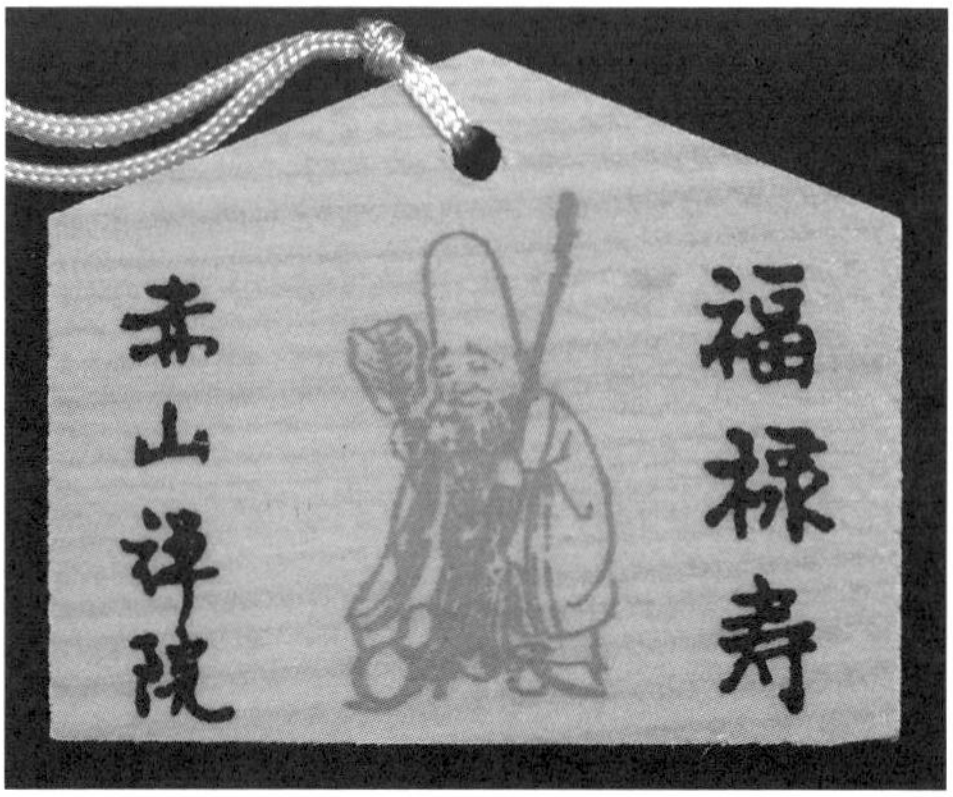

ういうことであろうか。信憑性が高いとされる『都名所図会』が案外あてにならぬということか。或は安永九年から寛政十一年までの二十年足らずの間に池泉が新しく造られたということか。「近きとし官家より修補ありて」というのは社殿だけでなく池泉にも及ぶと解釈してよいのか。この池に筆を及す名所記は稀であるが、『旧都巡遊記稿』には「東部は山に拠り造れる庭にて崖下に池を穿ち其東の高所に金神社あり」と書いている。拝殿の「左は雲母坂にありたる不動堂なり」ともある。

池の奥に福禄壽殿がある。いつの建立か明かにしないが、近来七福神巡りが流行しており、参拝する人も多いのであろう。ここのおみくじが愉しい。福禄壽像の木の人形で、手描きであるから一体ずつ表情がちがって見える。尻に孔をあけ、鬮の札が挿し込まれている。私が択んだのは大吉と出た。

福禄壽殿から池の東の山林に登ると金神社、歓喜天社、相生社がある。いずれも小さい社である。相生社の絵馬掛に鴛鴦《おしどり》の小絵馬が掛っている。鴛鴦にあやかって良縁を願うもので、裏に男女の姓名、生年月日を書くようになっている。見たところでは女の上げたのが多く、「運命の人現れますように」とか「イメージしている方に近い人」などと書いている。どうぞ御利益あれかし。

本殿、拝殿の西側は、手前に庫裏があり、廊下続きに地蔵尊を祀る本地堂がある。赤山明神の本地は地蔵尊なりとしている。本地堂の北に十六羅漢、三十三観音の集団を据える。いずれも野曝しの石仏で、寂びた風趣が心を惹く。その北に弁財天堂がある。境内の奥、谷を隔てて建つ小さい祠は稲荷社である。

整備された境内を一巡して、頭を悩すのはここが寺院か神社かということである。神仏習合といってしまえばそれまでであるが。禅院と称するからには寺にちがいないが、近代の名所記に赤山神社と書かれ、今もそう呼ばれている。入口に立派な鳥居もある。

明治四十四年刊の『愛宕郡志』に「維新以来大に衰頽せしか旧来延暦寺の塔頭として其関係最も深きにより其寺の願により京都府より明治十八年滋賀県に引継き延暦寺の直轄となれり」とある。案ずるに、維新の神仏分離により赤山神社となったものの、経営に窮し、親許の延暦寺の懐に帰ったのであろう。『京都府宗教法人名簿』には天台宗の寺として登録されている。

さて、赤山明神の縁起はいかに。諸書多くは『元亨釈書』の釈円仁の項を援く。円仁は延暦寺三世の座主、諡号慈覚大師である。

『元亨釈書』もよいが、降って林羅山の『本朝神社考』の赤山明神の方が要を得ておもしろかろう。「慈覚大師唐に在りて清涼山の引声念仏習ふ時、神形を現じて覚と約すらく、日本に来らんと。覚帰朝海波悪し。将に羅刹国に漂はんとす。赤山明神蓑笠を着け弓矢を持つて覚を護す。或は不動の形を現し、或は毘沙門の姿となる。故に其舟難無し。相伝へて曰ふ、此れ本地地蔵菩薩なりと。覚は円仁なり。其の後祠を西坂本に建つ。此の神山王と相約す。山王は東麓を守り、我は西麓を守らんと」

（昭和十七年刊改造文庫、宮地直一校註の書下し文に拠る）。

承和五年（八三八）円仁入唐し、山東半島北岸登州の赤山法華院に寓し、翌年赤山の神祠に詣で、「正法は遭ひ難く真師は益々難し。山神願はくは冥助を加へ給へ、我本土に帰つて禅宇を建て弘く心印を伝ふべし」と誓いを立てた。その夜、夢に一商人来り、彼より三千世界を量る秤を購う。覚めて「是れ赤山の神援なり」と悟る。

貞観六年（八六四）円仁入寂。「遺言して曰く、我唐に在りし時二の誓を立つ。禅院を創ると文殊楼を造るとなり。文殊楼已に成れり。禅院未だ営せず。是れ我が患ひなり。且つ禅院は赤山明神の為めに誓ふ所なり。我法を求めて礙り無く、国に帰りて難あらざるは、皆神の賜なり。我誓ひて未だ果さず。甚だ神に慙づ。諸法友及び徒弟等願はくは我に替つて之を造れ。諸友徒顧命に依つて禅院並びに神祠を叡山の西麓に建つ」と。創建は仁和四年（八八八）弟子の安慧によって果された。

皇城表鬼門鎮護はさて措き、民間にもさまざまの赤山信仰が流布したようである。『都名所図会』に「転宅の節当社の神札をうけて家に張れは鬼門金神の崇なしとそ」とある。

『旧都巡遊記稿』に「世俗当社を商売の神又は懸寄の神と称して崇敬し福を祈るもの甚だ多し」とある。懸寄《かけよせ》とは掛売の代金を集めること。当社では毎月五日を五日講の縁日とする。この日に参詣して集金に廻ると、よく集るとされる。特に申の日の五日に詣でると吉運に恵まれるそうである。しかしそんな日はめったに運って来ない。平成二十七年は九月五日が甲申《きのえさる》に当る。さぞ参詣者が押寄せることであろう。因に、京都では五十日《ごとうび》といって、毎月五日と十日とを集金日とする風習が遺ってい

る。なるほど、この日は自動車が渋滞するように思われる。

宝船の絵を頒けている。一枚五百円也。正月二日あるいは節分の夜に、この絵を枕の下に敷いて寝ると、吉い夢を見て福徳を授かるとか。ただし、手順がある。絵に願主の名、心願を認めて枕の下に入れ、「おん、だきしゃたら、にりそだにえい、そわか」と真言を七へん唱えて就寝する。心願成就したならば、添付の封筒に絵を入れて返送する。阿闍梨様御護摩供のおりに焚き上げて浄めてくれるそうである。

小絵馬もいろいろある。鴛鴦絵馬とともに、赤山明神を梵字で表した絵馬が珍しい。信心の徒はもとより、物見の徒にもひと時を愉しませてくれるところがありがたい。

門の傍に尚歯会発祥之地の碑があった。その故を問えば、歯を大切にせよというにあらず、歯は齢の意味でいわば敬老会である。

唐の会昌五年（八四五）三月二十一日、白楽天が六人の古老を自宅に招いた。七十四歳の自分を加え七叟で、酒を酌み詩を賦して娯しんだ。これをもって尚歯会の最初とする。

白楽天を慕う南淵年名《みなぶちのとしな》が、貞観十九年（八七七）三月十八日、大江音人、藤原冬緒、菅原是善、文室有真、菅原秋緒、大中臣是直を小野山荘に招き、七叟尚歯会の宴を設けた。これが本朝尚歯会の発祥であった。菅原是善の作った「暮春南亜相山庄尚歯会詩」が『本朝文粋』巻九に収められている。風雅にはちがいないが、是善の息子の道真は、杖に縋って酔いを扶ける父の供をして、「毎《ごとに》レ看二吾老一誰勝《たへむ》レ涙此会当《まさに》三為悩二少年一」（菅家文草・巻二）と歎じている。

尚歯会を催した年名の胸には退隠の念いがあったのであろうか。『三代実録』によれば、四月八日「大納言正三位南淵朝臣年名上表致仕言」、すなわち辞職を願い出て、その日に薨じた。『日本紀略』には「年七十」とある。『扶桑略記』では四月九日に死んだことになっている。

年名の小野山荘の跡が現在の赤山禅院の地にあたるとするのは、諸家ほぼ一致した見解である。ただ『山州名跡志』だけが、赤山の「社初メハ自《リ》レ此《コレ》東一町余ニ在リ。社参ノ行程遠キ故ニ今ノ地ニ移ス」という。その根拠を明かにしないが、事実とすれば、ここから先は勾配の急な坂を登らねばならぬ。尚歯会に耆老の人々を送り迎えするとなれば、道真の歎きももっとものことと察せられよう。

大黒山北寺

高野川沿いに若狭街道を北行、大原三千院の下を過ぎ、古知谷を過ぎれば小出石である。今はコデイシと呼んでいるが、もとはコデシであった。黒川道祐の『日次紀事』八月十五日に「大原小弟子《コデシ》八幡祭《リ》」と書いている。街道に面して寺の門があり、門前は新田《しんでん》のバス停留所となっている。

この街道は昔からよく往復しているが、こんな所に寺があるとは気がつかなかった。号して大黒山北寺。『京都府宗教法人名簿』を見ると、単立寺院で大黒本宗大黒山北寺、設立登記昭和三十九年七

月二十日となっている。しかし寺の建物が出来たのは昭和五十年代らしい。

七百坪という境内は閑散として、水かけ水児尊神と称する鬼子母神がぽつんと立っているのもうら淋しい。

奥まって大黒堂がある。さして大きくはないが、四国産の欅材、檜材を用い、入母屋造、銅板葺。

内陣は金色燦然というか、きらきらとしている。本尊大黒天は公開を憚るよし。脇士に稲荷大明神、七面大明神を安置し、三体合せて諸願成就、良縁、子宝、金運の御利益を授けるという。なお、一刀彫りのリンガを祀り、京のリンガ寺と称している。リンガとはサンスクリットで陽根をいい、シバ神の表象とされる。子宝に恵まれぬ人が拝むとよいというが、堂内を見渡すと、何となく妖しい雰囲気が漂っている。住職はまじめくさって、奇妙なことは一切口にしないが。

当寺の小絵馬が珍無類である。大黒様が二股大根を肩に担ぎ、股の間から首を出してござる。「広がりていよ〳〵栄ゆる大根かな」と一句を添えるところ、開運の願意にちがいない。しかしリンガさまを拝んだあとには、これも陰陽合体の象徴のように見える。それとも、私の思いすごしであろうか。

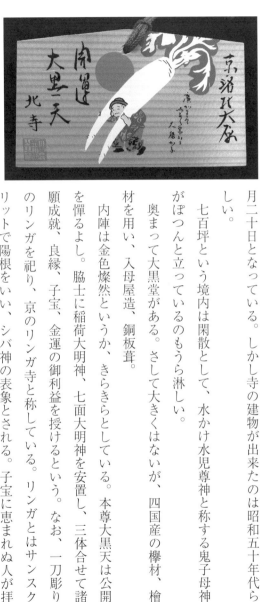

77　篠村《しのむら》八幡宮・湯の花温泉

篠村八幡宮

山陰道は都の遷るにしたがって道筋が変り、時々の経路については諸説あり、確実には定めがたい。いずれにしても、山城と丹波との境に蟠る四百七十米の大枝山《おおえやま》を越えなければならない。したがって山越えの道には、『都名所図会』に「峠の西壱町はかりに山城丹波国界の立石《たていし》あり此所民家多し峠の里といふ丹波国の産物を荷ひ運び売かふ市場あり」と記すような賑いがあった。しかるに、国道九号線が開通して老ノ坂トンネルを抜けるようになり、峠の道は頓に廃れてしまった。峠道だけでなく、旧山陰道がさびれてしまった。新老ノ坂トンネルを潜る京都縦貫自動車道が今年七月に全線開通の予定という。旧道の衰退にさらに拍車をかけるであろう。

老ノ坂トンネルの京都側の入口の手前左側に細い坂道が岐れている。それを登ると数軒の家がある。峠の聚落のなごりである。そこを過ぎると、「従是東山城国」と刻んだ標石が目につく。しかし峠を越える道は廃道になっている。

国境の石の先に巨きい塚があり、首塚大明神と呼ぶ。元禄十五年（一七〇二）自序の『山州名跡志』に「酒呑童子首塚　在二峠西半町許路傍南一　諺曰源頼光酒呑童子退治ノ時首ヲ此所ニ埋ムト」とあり、安永九年（一七八〇）序の『都名所図会』にも記事があるから旧いものにちがいない。

伝えるところでは、丹波と丹後とに跨る大江山の鬼退治をした源頼光の一行が、酒呑童子の首をここまで運んできた。すると、子安地蔵が、ここから先は王城の地だから、不浄の首を持ち込むことはならぬとおっしゃる。坂田金時が承知せず、どうしても持ってゆくと言いはり、首を持ち上げようとする。ところが首が重くなって彼の怪力をもってしても持ち上らぬ。致し方なく、首をここに埋めたという。

大枝山は大江山とも書き、鬼どもの栖《すみか》はここだと説をなすむきもある。由来、説話伝説というものは、ひと所に定着することなく漂泊するものであるから、大江山が何箇所あってもかまわない。けれども、ここが酒呑童子の本拠では、話としておもしろくない。

元禄、安永の様子は知るよしもないが、今は老杉亭々として昼なお暗く、いかにも鬼気逼るを感じさせる。塚の上に祠と鳥居とが建てられている。五十年も昔に見た時には朽ちかけていたが、今訪うてみると、祠は改築され、鳥居は石に替り、石段を設け、伝説を誌す石碑も出来ている。首塚に因んで首から上の病に霊験があるといわれるが、御利益を願うだけでなく、伝説地を守ろうと志す奇特の仁がいくたりかあるようで頼もしい。

老ノ坂トンネルを出たところが旧王子村、篠《しの》村である。今は亀岡市に編入されて、小字の名になっている。九号線沿いには今様の店舗が猛々しく並んでいるが、それから外れるとひっそりして、山陰道の要地たりし昔日の俤はない。交通の便利を喜ぶ一方には、忘れられ廃れる地域があることを心に留めておきたい。三月十四日の北陸新幹線開業に大騒ぎをしているが、その反面を忘れてはなるまい。

いざ、旧山陰道に面する篠村八幡宮に参ろう。三千坪を超えるという広い境域にしてはこぢんまりとした本殿である。それが篠村の今に似つかわしい。祀る所は誉田別命《ほむだわけのみこと》すなわち応神天皇、父母の仲哀天皇、神功皇后。延久三年（一〇七一）、河内国の現羽曳野《はびきの》市に鎮座する誉田八幡宮を勧請したと伝える。

しかしながら、創建の時期について確なことは判らない。『二十二社註式』には、「人皇七十一代後三条院延久三年辛亥依二勅定一奉二勧請一、曩祖兼延奉二行之一」というが、当時に遡る記録のないのが心もとない。

丹波国新八幡宮修営の為、篠村之庄を寄附するとした延久四年五月十三日付の源頼義の寄進状が現存するという。これをもって当社では、「八幡神に対する尊崇を惜しまなかった源頼義が、自分の荘園であった篠村庄の原初の神社に自分が国守を勤める河内から誉田八幡宮の御分霊を勧請したものであろう」と解している。いかにも鬼に金棒といいたい古文書であるけれども、これはにせ証文だろうとして歴史家は取りあわない。

ここが源氏の荘園であったというのもいささか怪しい。『東鑑《あづまかがみ》』文治二年（一一八六）三月二十六日に「以二紀伊権守有経一為二御使一。被レ充二-申丹波国篠村庄於松尾延朗上人一。本是三位中将重衡卿所領也。後為二義経之勧賞地一也。而豫州奉レ寄二-附上人一云々」。つまり篠村庄は、奈良を焼いたことで悪名高い平重衡《しげひら》の所領であったが、平家滅亡後、豫州すなわち源義経がその功によって領有することになった。義経はその地を松尾《まつのお》の延朗上人に寄附したというのである。続けて云う、延朗は固く辞退したけれども、たっての勧めなので、これを受けるかわりに、民戸を富ましめるために年貢を止め、百姓に勧めて弥陀の宝号を唱えさせ、その数によって請取を与えた。義経逐電の後、所領の返上を申し出たが、それに及ばずとの使者に有経が立ったということになる。この上人は、多田源氏満仲《みつなか》の八代の苗裔、対馬太郎義信の男、弓馬の家に生れながら仏門に入り、「凡顕密兼備、内外相応之碩徳也」という。この話は『元亨釈書』の延朗の伝にも取上げられている。なお、延朗は松尾明神とかかわり深く、松尾に最福寺を建立した。

こうなると、篠村庄はもと平家の荘園であったが、平家滅亡により源氏に渡ったのか、それとも源氏から平家に渡りさらに源氏に返ったのか、そのへんのいきさつが判然としない。後に一条能保の室が源頼朝の妹であるところから、彼女が伝領することになった。

鎌倉時代の篠村のことは明かでないが、降って元弘の乱に際して足利高氏が倒幕の旗を挙げた地として有名になった。今日社前に「足利高氏旗あげの地」の石碑が建てられている。

『太平記』によれば、元弘三年（一三三三）幕府軍として京に向った足利高氏の軍が、戦場で酒盛りをし、戦線を離脱して、大枝山を越え篠村に陣を取り、ここで先祖累代の旗を挙げる。つまり幕府に対して叛旗を翻したのである。すると丹波各地の武士どもが馳せ参じて、五千騎の勢が二万三千余騎にふくれ上った。

五月七日寅の刻出立するに、「篠村ノ宿ノ南ニ当テ陰森タル故柳疎槐ノ下ニ社壇有ト覚テ、焼荒《タキスサミ》タル燎《ニハビ》ノ影ノ風《ホノカ》ナルニ宜禰《キネ》ガ袖振鈴ノ音幽ニ聞ヘテ神サビタリ。何ナル社トハ知ネドモ、戦場ニ赴ク首途ナレバトテ馬ヨリ下テ甲ヲ脱テ、叢祠《ホコラ》ノ前ニ跪キ、今日ノ合戦無二事故一朝敵ヲ退治スル擁護《ヨウゴ》ノ力ヲ加ヘ給ヘト祈誓ヲ凝シテゾ坐ケル」。この社は如何なる神ぞと巫《かんなぎ》に問えば、「是ハ中比八幡ヲ遷シ進《マイ》ラセテヨリ以来《コノカタ》篠村ノ新八幡ト申候也」と答える。さては当家の尊崇する霊神だとて、祈願の文を認めて読み上げる。

その祈願文は麗々しく飾り立てた文辞で、元弘三年（一三三三）五月七日の日付になっている。因に当社に宝物として蔵するのはいかにも祈願文らしい文章で、日付は元弘三年四月二十九日とある。「足利殿自筆ヲ執テ判ヲ居《スヘ》給ヒ上差《ウハザシ》ノ鏑一筋副《ソエ》テ宝殿ニ被レ納ケレバ」、舎弟直義《ただよし》以下相順う人々「我モ我モト上矢一ヅ、献リケル間、其箭《ヤ》社壇ニ充満テ塚ノ如クニ積挙タリ」。その矢を納めた矢塚というのが、本殿の西に設けられている。

『太平記』はさらに云う、大枝の峠を越える時、山鳩一番《つがい》来って白旗の上を飛びまわる。これぞ八幡大菩薩擁護したまう験ぞ、鳩の飛び行く方へ進めと下知する。鳩は大内裏跡の神祇官の前の樗《おうち》の木に留った。進み行くほどに敵兵が降参し、ついに五万余騎に達した。この勢をもって六波羅探題の大軍を打破るのである。

『太平記』には、楊の木に旗を揚げたとは書いていないけれども、当社では旗立て楊と称するものを伝え、これに二引両の白旗を立てたといっている。問題の楊は境内の東北端を出た道路脇にある。

枝垂柳ではなく、枝が上に伸びる楊で、かなりの大木になっている。楊の寿命はあまり長くないそうであるが、生命力が強く挿木によって根づき成長する。何代目かを経て、現存のは昭和初年に挿したものとのよしである。

高氏は、後醍醐天皇の諱《いみな》尊治の一字を戴いて尊氏と改めたのに、天皇に叛き、建武三年（一三三六）官軍に敗れて西国に走る時、再び篠村に立ち寄っている。

足利将軍家とゆかりの深いゆえか、近世に入り亀山城主は何度か交替したが、いずれも当社に維持修営の手を伸べている。そのため当社は氏子をもたず、亀山藩廃止の後は苦労する事になった。因に亀岡は久しく亀山と称していたが、明治二年伊勢の亀山との混同を避けるため、今の名に改めたのである。

当社は今でこそ高氏旗揚げの地を看板にしているけれども、それを表に出せない時代があったにちがいない。南朝北朝の正閏《せいじゅん》論は、北畠親房の『神皇正統記』に始り、江戸時代以降盛んに論ぜられたが、昭和に入ると、南朝を正統と決め、楠木正成らを忠臣として崇め、一方では足利尊氏らを乱臣賊子として擯斥するのが一般の風潮となった。その間を当社はどうして過したか、尋ねたいものである。

本殿と並んで乾疫《いぬいやく》神社が鎮座し、建速須佐之男神、大己貴神、少彦名神を祭神とする。御霊を鎮めるための神である。『雍州府志』に「凡疫神五畿内置㆓十処《ニ》㆒其内山城一州有㆓六箇所《ニ》㆒」として、山城と近江、丹波、摂津、河内、大和、伊賀との境に在りという。「其一《ハ》在㆘山城《ト》与㆓丹波㆒之境㆖」と記すのが、この乾疫神社に当ると考えられている。そうとすれば、八幡宮より遥に早い鎮座と見なけれ

ばならない。

ほかに末社として手水舎の傍に祓戸社《はらえど》、本殿の東に稲荷神社、祖霊社がある。また乾疫神社の脇に小宮四社が並ぶのは明治以降に移って来たものらしい。

西面する表参道の大鳥居の前の道路を異人街道と呼ぶ。まことに異な名である。実は明治三十年に京都鉄道が開通し、保津川の舟運が大打撃を受けた。それで物資を運ぶ舟筏が保津川下りの観光船に転身し、王子から篠を通って山本浜に至る道路が出来た。外国人観光客が人力車で往来するので、異人街道の名がついたよしである。

今は山陰本線亀岡駅の近くが乗船場となり、またトロッコ列車の亀岡駅から乗船場行のバスや馬車が出ている。もう異人街道に異人さんを見ることはない。

湯の花温泉

亀岡市稗田野《ひえだの》町芦ノ山に湯の花温泉がある。稗田野といっても稗田野神社（25）を中心とする町並から離れた山間部が芦ノ山である。ここに温泉が湧き、戦国武将が傷を癒したなどと書いた本もあるが、それは怪しい。湯の花温泉の名を聞くようになったのは昭和三、四十年代であったと思う。京の奥座敷という宣伝も耳にした。

『新修亀岡市史』本文編第三巻によって確めてみよう。昭和三十年十一月ごろ、稗田野町柿花《かきばな》、茶屋の付近九箇所で、湧き出る水により土や岩が赤くなっているのを発見した。検査をしてみると、ラドンを含有し、温泉に適合することが判明した。三十一年十月二十日ボーリングを開始し、三十三年に農家が営む温泉旅館が三軒できた。三十五年に至って京の奥座敷湯の花温泉と宣伝に乗り出し、道路や宅地の造成にとりかかった。

昭和四十五年三月十四日、大阪府吹田《すいた》市千里に於て日本万国博覧会開幕。これを機に客がふえ、旅館九軒、ジャングル温泉一軒ができた。こうなると、湯の供給が心配されたが、新しい泉源を発掘し、その問題は解決したという。

私が初めて出かけたのは五十年代だったと思うが、山間に拓いた道路沿いに温泉旅館が並ぶだけで、土産物屋、飲食店、遊戯場といった施設はなにもない。そのかわり鶯の谷渡りや杜鵑の声を聞くこともあった。

今年（平成二十七年）三月、久しぶりに行ってみたが、温泉街の情況はさして変っていない。ただし旅館には盛衰があるように見受けられた。

茶屋のあたりの渓山閣に一泊。ここは改築して面目を一新していた。浴場も食事も不満はなかったが、売店にはがっかりした。湯の花独自のものはなく、京都や丹波の物産を並べるだけである。

御守用のミニ絵馬を見つけた。これも金閣寺や舞妓を描いたものである。湯の花温泉を押し出す創意工夫がほしいではないか。

78　吉田神社

如意ヶ嶽を主峰とする東山連峰の西麓に白川が谷を刻み、その西岸がなだらかな丘陵をなしている。すなわち神楽岡《かぐらがおか》であり、さらに南東に新黒谷金戒光明寺（61）が占める栗原岡が続いている。二つの岡の中間を中山という。栗原岡も中山も、今や忘れられた名である。神楽岡は、神楽岡町、神楽岡通の名を今に残している。

寛文四年（一六六四）板の『洛陽名所集』によれば、「むかし神楽岡は、高野山と一の山なりけるを、雷の霹開《へきかい》してより、ふたつにわかれぬ。さてぞ吉田の地主《ぢしゅ》、神楽岡明神は裂雷《わけいかづち》神とぞ」、「日神《ひのかみ》の天岩戸におはせし時、諸神神楽をすゝめ給ひて、その処山となりしと也。故《かるがゆへ》にこのところを神楽岡といふとぞ。卜部家説につたへき」ということである。たわいもない地名起源説ではあるけれども、吉田神社の祭祀に関聯して言い出されたふしがなくもない。摂社に神楽岡社というのがあるが、これは『延喜式』の四時祭に記す「霹靂神祭三座〈坐二山城国愛宕郡神楽岡西北一〉」とあるのに比定される。おそらく吉田神社の創建以前から祀られていた地主神であろう。

天岩戸に籠った天照大御神を連れ出すために、八百万神が神集《かむつど》うて合議をした。それぞれに手分けをした中で、天児屋《あめのこやね》命は太祝詞言《ふとのりとごと》を唱える役を受け持った。すなわち天児屋命を主祭神とし、八百万神を祭る吉田神社にとって、ここは八百万の神が集うた神楽岡でなければならなかったのである。古くは「康楽岡」「賀楽岡」とも書かれ、必ずしも神楽岡と決ったものではなかった。

山の名としては、神楽岡よりも吉田山の方が人々の口になじんでいる。沢村胡夷《こい》作詞になる第三高等学校の逍遥歌に「月こそかかれ吉田山」と歌うのは人口に膾炙するところである。因に「紅もゆる丘の花」と刻んだ歌碑が、昭和三十三年五月三日山上に建てられた。

吉田山の標高については、諸書記すところまちまちである。三高歌碑の近くにある三等三角点には一〇五・一二メートルと記している。しかしながらここより北の方に向って緩い上り勾配になっている。その先に山頂休憩広場が設けられ、四阿が建つ。ここが最高点らしい。小林地図専門店発行昭和五十一年七月改訂の「左京区精図」には岡の北端近くに一二三・〇メートルと記入している。これがその高さであろう。

吉田山の名は吉田神社に由来すると書いたものが多いが、さていかがなものか。神楽岡を含む広い地域が、夙に吉田野と呼ばれ、それが吉田村となり、今日左京区の大字吉田となっている。この区域に山といっては神楽岡しかなく、吉田村唯一の山だから吉田山とも呼ばれたのかも知れぬ。神社が先か山が先か、遽かに決めかねる。

真偽のほどは確かではないが、吉田神社はもともと吉田山にあったのではないとする説もある。『山城名勝志』に「社家説云、当社元坐㆓吉田山西㆒、文明中遷㆓神楽岡麓㆒、旧趾今有㆓二株松㆒、若宮殿跡在㆓石像彌勒堂東南㆒」と記す。二株松とは二本松のことで、旧第三高等学校、現京都大学総合人間学部の校地が吉田二本松町である。つまり山の斜面ではなく、初めは平地に社殿を造営したのかも知れぬ。

吉田山は神社の境内であると同時に公園ともなっている。近世には都人の恰好の行楽地であったらしい。『都名所図会』には、「当所は一面の岡山にして嶮からず、弥生の頃は山躑躅《やまつゝじ》咲乱れて都の貴賤童など引具し、わりごさゝえをひらき遅日倦ずして興に乗ず、又長月のすへ木《こ》の葉の錦する折からも、此地に来つて秋の日の短を惜む輩《ともから》おほかめり」という。また寛政十一年（一七九九）板の『都林泉名勝図会』には吉田山遊宴の図を載せる。そここに筵を敷いて飲食、歌舞音曲に興ずる連中がいる。小屋掛をして酒食を調え供する者、店先に腰を下す男女がいる。徘徊する者もあり、天秤棒に振分けて食材などを運ぶ者あり、巷塵を去るとは言い難い、まことに賑々しい光景を画いている。又『京都坊目誌』によれば、秋には茸狩りに来る人が多かったよしである。

さて吉田神社の創始はいかに。当社が出す「吉田神社とその歴史」には、「平安奠都から、およそ六十五年、清和天皇の貞観元年（西暦八五九年）四月に中納言藤原山蔭《やまかげ》卿がこの清浄の地を選んで藤原氏の氏神である大和の春日の神をここに勧請したのであった」という。

なお、山蔭は大和の長谷寺の観音像を模刻し、邸宅を仏閣に改めて安置したとも伝える。それが新長谷寺であり、吉田神社の神宮寺として今の表参道の石段の左手にあったが、神仏分離で眞正極楽寺真如堂（63）に移された。

およそ寺社の縁起というものは、もったいをつけるための作り話が大方であるから、吉田神社創建の史実は明かでない。それはそれとして、奈良の春日神を勧請したものならば、藤原氏の氏神として崇敬を受けることは当然のなりゆきであろう。一条兼良《かねら》の『公事根源《くじこんげん》』に「奈良の京の時は春日社、長岡の京の時は大原野、いまの平安城の時は吉田社也。みな帝都ちかき所をしめて、御門をまもり奉らせたまふにや。是は御堂の関白の法成寺と吉田社とをあがめ給ひし事は、興福寺と春日社とにおもひよせられけるとぞうけたまはる」とある。

藤原山蔭は仁和四年（八八八）二月四日に薨じたが、それから百年たって一条天皇の寛和二年（九八六）十二月十七日「以㆓吉田社㆒准㆓大原野㆒行㆓二季祭㆒、四月中申日、十一月中酉日」との詔があったと『日本紀略』にある。すなわちその祭が官祭となり、事に当って官より幣帛を奉るべき社格が定められたのである。

早速『日本紀略』に永延二年（九八八）四月十四日庚子「吉田祭」、十一月十三日丙申「吉田祭」の記事が見える。祭日の干支は改めたらしい。なお永延元年には吉田祭の記事がないけれども、八月廿一日「奉㆑遣㆓伊勢以下十八社幣帛使㆒」とあり、十二月十六日「奉㆓幣十九社㆒」とある。ふえた一社はおそらく吉田社であろう。その後二十二社となり、これが社格を表すものと考えられるようになった。

一条天皇の治世になって吉田神社が俄に頭角を現したことには、それなりのわけがあろう。藤原山蔭の孫時姫が兼家の室となり、道隆、道兼、道長、超子、詮子を生んだ。詮子は円融天皇の後宮に入り懐仁《やすひと》皇子を生み、皇子が一条天皇として即位すると、皇太后となった。そうして幼い天皇の行幸にはいつも同道するありさまであった。また藤原道長は四つちがいの姉に頼るところが少なくなかった。

つまり詮子の影響力が相当に大きかったと見なければなるまい。

寛和二年（九八七）二月十六日「贈二故藤原時姫正一位一」と『日本紀略』にある。かようなことは、皇太后が指示することではないけれども、陰の力が働いていると見たいところである。されば曾祖父の開いた吉田社の格づけについても詮子の意向が働いていたと見るのは、あながち妄《みだ》りな臆測ともいえまい。また、永祚元年（九八九）九月廿六日、摂政兼家が吉田に千本卒都婆を立て講演を行ったと『日本紀略』に記すのも、山蔭とのゆかりがあったのかも知れない。

吉田祭の次第は『江家次第』に詳しい。官祭を執行するとなれば、神殿、着到殿、直会《なおらい》殿などが具っていなければならない。山蔭創建の当時は、私邸を神社にしたかとの説もあるが、その後に兼家や詮子らの力で、社殿が整えられたものと思われる。

天児屋命の後裔と称する卜部氏は代々神祇官に任じた。兼延は一条天皇から兼の字を戴き、以後代々の名に兼を通字とした。また吉田神社の預《あずかり》、すなわち社司になったという。吉田社の格上げによほどの功があったのであろうか。しかしながら吉田社の預になったのは、鎌倉時代の初め、兼延から七代後の兼茂が最初ともいわれ、確なことは明かでない。兼茂から六代後の兼熙《かねひろ》に至って卜部を改め吉田を家名とする。しかも兼熙は至徳三年（一三八六）従三位、明徳二年（一三九一）正三位に昇り、ここに吉田家は上達部に仲間入りすることになったのである。

応仁文明の大乱は京都にとって未曾有の禍難であった。この乱麻の世にあって吉田神道を興したのが兼倶《かねとも》である。神祇大副の家でありながら、神祇伯の白川家を凌ぐ勢を揮った。

吉田家は学問の家でもあった。兼倶は、神道はもとより、儒、仏、道、易にも通じ、不世出の学者と見られていたらしい。神道の根本をなす中臣祓《なかとみのはらえ》や『日本書紀』神代巻を講釈して、自説を広めた。ことに後土御門天皇に進講した功により、従三位から越階《おっかい》して従二位に昇った。文明十二年（一四八〇）、四十六歳のことである。

兼倶のは机上の学問ではない。自ら創唱する唯一神道《ゆいいつしんとう》の実践普汎をもって目的とし、延いては吉田家をして神道の宗家たらしめんとする野心より出たものである。

世に卜部神道とか吉田神道とか称するのは、吉田家でいう唯一宗源神道、元本宗源神道である。これは、早くから流布していた本地垂迹説や南北朝の頃から唱えられた両部習合神道に対し、天児屋命の裔と称する自家相承の神道説である。すなわち、神は宇宙の根源、万物の霊性であり、天地、陰陽を超えた絶対的存在であるとする。したがって神道は万法の根元であり、仏教や儒教はその枝葉花実であると説く。しかも神道は信仰や道徳に終るものでなく、加持祈禱や祓を重く視て、その次第や作法を説いた。

吉田邸にあった大元宮を文明十六年（一四八四）吉田山に遷して斎場所とした。そうして諸社の神職に宗源宣旨、神道裁許状を発給し、吉田神社の絶対優越の地位を固めたのであった。

しかしながら、兼倶の強引な政略策謀に反感を抱く人々も少なくなかった。ことに延徳元年（一四八九）伊勢の皇大神宮の神器が神楽岡に天降ったと密奏するに及んで、三条西実隆や神宮の祠官らの反撥を招き、皇大神宮の権威を取り込もうとする企画は失敗に帰した。また彼の唯一宗源の説についても疑うむきも少なくなかった。時代は降るが林羅山は『本朝神社考』で、兼倶の説を全く否定している。「其の説多く兼良《かねら》公の疏を採つて小異を設く。自ら家醜の外に揚ることを知らず」、「彼の兼倶、神を欺き人を誣ひて、其の祖を矯《いつは》る」（原漢文）と、苛烈に筆誅を加える。

兼倶の跡を嗣いだ子の兼致《かねむね》が四十二歳で早世した。次いで当主となった孫の兼満四十一歳が従三位侍従、神祇権大副、吉田社預の地位に在り、しかも齢不惑に達しながら、大永五年（一五二五）「三月十八日夜吉田館自放火出奔」（公卿補任）という椿事を起した。翌年帰任したものの、その翌々享禄元年（一五二八）十一月三日に死んでしまった。「無実子、一流断絶」と『公卿補任』に注する。

吉田家存亡の危機にあって迎えられたのが年歯十歳ばかりの兼右《かねみぎ》である。彼は兼倶の三男清原宣賢《のぶかた》の次男であり、実父の後見を得て大役を全うした。兼右とその子兼和改め兼見とによって吉田神道は、時の権力者や地方の神社にまで勢力を拡張するに至ったのである。もとより時勢によって消長は免れぬが、今日なお広大な神域を擁し、信仰、見学、散策の人々の足を誘いつづけているのはめでたいと賞すべきであろう。

吉田神社に参るには、東西南北に参道がある。初心の人が迷わぬためには、西からする表参道をとるのがよい。東一条から東へ直進、京都大学の正門を左に、旧第三高等学校、総合人間学部の正門を右に見て、その先の大鳥居を潜れば表参道である。

二の鳥居から石段を登り、上ったところが広場になる。左手に行事所、着到殿が対し、鳥居、瑞垣《みずがき》の内に舞殿《ぶでん》、直会殿がある。その奥に南面して四脚門、廊を構える。参入はここまで。

門内を覗えば、小型の鳥居を建て、春日造の本殿四棟が並ぶ。奈良の春日大社に倣い、すべて朱塗であり、杜の緑を背景に際立つ。もとからこの位置にあったかどうか明かでないけれども、応仁の兵燹に罹り、天文三年（一五三四）に造営したといい、その後改修を重ねている。

当社の略記にしたがえば、祭るところは、第一殿健御賀豆知命《たけみかづち》、第二殿伊波比主命《いはひぬし》、第三殿天之子《あめのこ》八根命《やね》、第四殿比売神《ひめ》である。第二殿は経津主命《ふつぬし》ともいわれ、武甕槌命《たけみかづち》とともに、出雲に赴き国譲りの交渉をした神である。天児屋命は、天岩戸の前で禱言《ねぎごと》を申し、天孫の降臨にお供をした神で、「神道の宗源と我国宰相の始祖であり藤原氏の祖神である」という。比売神は天児屋命の妃神。すなわち春日大社と祭神を同じくし、したがって近世には春日社と呼ばれることが多かった。

広場の右手に龍沢池《たつざわのいけ》がある。奈良の猿沢池を模したそうであるが、さして大きくない。池の傍の鳥居を潜り日降坂《ひふりざか》を行くと、南面して大元宮と号する斎場所がきらびやかな姿を現す。

門と廊とに遮られて具に観察することはできぬが、中央に大元宮本殿があり、天神地祇八百万神を祀る。その背後、東神明社に伊勢の内宮、西神明社に外宮を祀る。両社の間に八神殿の址を存する。これは神祇官に祀られていたのを、天正十八年（一五九〇）ここに遷し、神祇官代としての役を担っていたが、明治五年皇居の神殿に鎮座した。また本殿の東西に小さい社が列っている。これは日本六十八州の神々三千百三十二座を祀るものである。その数は延喜式内の大社小社に相当する。ゆえに大元宮を一度拝めば、全国の神社に詣でたと同じ霊験があるということになる。

本殿は類を見ない珍奇な造りである。身舎《もや》は八角形で屋根を茅葺入母屋とする。千木《ちぎ》は南が内削《うちそぎ》、北が外削、鰹木は南が丸材三本を重ねたものを三箇所に、北が角材二本を並べたものを二箇所に置く。棟の中央に七角の台に宝珠を載せ七本の火焰形の金具を取付けたものを置く。身舎の前に、向拝《ごはい》、後に六角の後房をつけ、これらは檜皮葺とする。身舎の内部を内陣と外陣に分け、これも無類の構造としているよしである。こうしたことが唯一神道の理論を具現しており、理念に終らず形式、実行を重んずるところが吉田流なのであろう。

大元宮は吉田邸内にあったものを、文明十六年（一四八四）に兼倶がここに移したとされ、その時は本社はまだ復興していなかった。現存の大元宮は慶長六年（一六〇一）の再建で、昭和になって修理が加えられ、重要文化財に指定されている。

神楽岡の大半を占める吉田神社境内には、摂社、末社が数多い。八百万の神の集う場《にわ》ゆえ、それももっとも至極である。一巡して主な社を拝むことにしよう。

表参道二の鳥居前に手水舎があり、その後に祖霊社がある。名のごとく大元講社会会員の先祖の霊を祀る。明治十六年四月創建。

二の鳥居を潜り石段を上った北側に今宮社が鎮座する。日降坂の途中、山蔭神社の近くに「今宮社址」と刻んだ小さい石碑が建てられている。ここから文化十三年（一八一六）現在地に移ったという。近世には木瓜社と呼んだが、「こうり」とも「きうり」とも振仮名があって読み方は定まらない。『扶桑京華志』に「神楽岡地主神也、案牛頭天王歟、旧在二瓜生山一」とあり、『山州名跡志』に「所レ祭祇園社中一座云々」とある。「吉田神社略記」には、祭神を大己貴神、大雷神、健速須佐之男命として、末社に加える。吉田村の氏神で、今も秋の神幸祭に剣鉾を先頭に稚児と武者の行列、神輿が町内を巡行する。なお現在の社地に四神石と称するものを据えている。東南隅に青龍石、西南隅に白虎石、西北隅に玄武石、これはいかにも亀の姿に似る。朱雀石のみ内陣にあるそうで、外からは見えない。

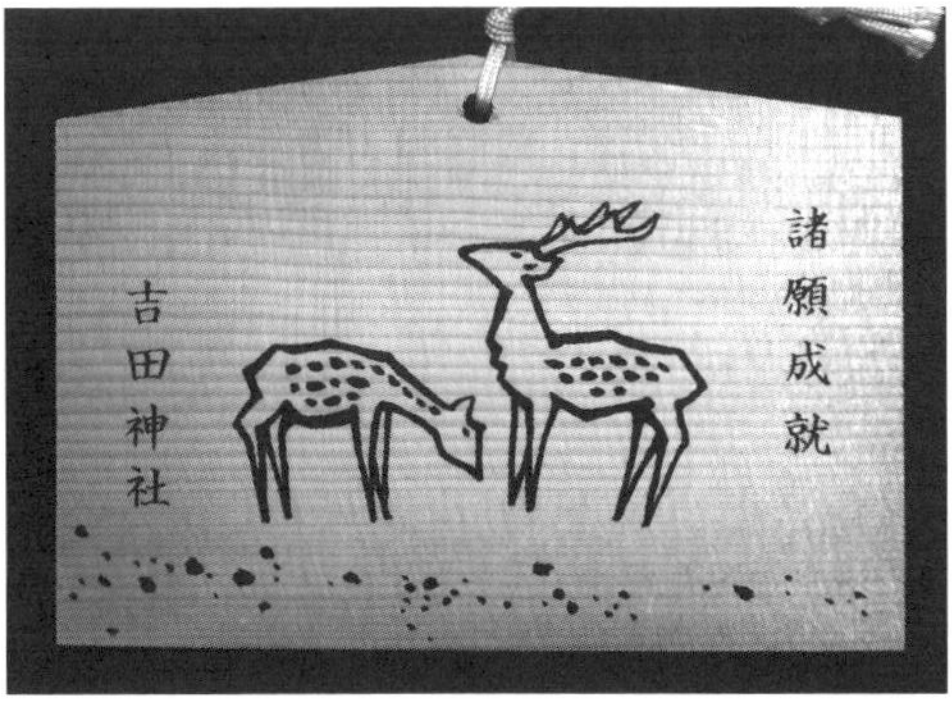

表参道の石段を登ると、本宮の前、着到殿の東に、それぞれ石段を設け、三つの社が鎮座する。北から摂社神楽岡社。大雷《おおいかづち》神、大山《おおやま》祇《つみ》神、高龗《たかおかみ》神を祀る。祭祀の初めは明かにしないが、前にも触れたとおり、吉田神社の創祀より古く、神楽岡の地主神であろう。

次の石段の上は摂社若宮社。天忍雲根《あめのおしくもね》命を祀る。記紀に見えぬ神であるが、当社略記に、天児屋命の子で、天孫のために天二上《あめのふたがみ》に上り水を汲んで奉ったという。もと社殿がなかったが、延元元年（一三三六）吉田兼熙が社殿を建て、慶安元年（一六四八）現在地に造営したよしである。なお、石段の脇に鹿の像が据えてある。春日の神鹿である。かつて檻に鹿を飼い、鹿の小絵馬を作っていたこともあるが、ひとむかし前の話になってしまった。三つ目の石段はちょっと長い。段上に南面して神龍社が建つ。ささやかな祠である。祭るところは吉田兼倶、永正八年（一五一一）二月十九日、七十七歳で世を去った。後奈良天皇から神龍大明神の号を賜った。神立《かみたつ》明神ともいう。『扶桑京華志』には、「其子兼致祟《テ》為二神社一、号《シテ》曰二神龍一《ト》」とある。しかしながら兼致は父に先立ち明応八年（一四九九）に死んでいるので、そういうことはありえない。

日降坂の入口から東に岐れた参道に菓祖神社の鳥居が建つ。少し上ったところに社殿があるが、諸社の中では最も大きく整った構えである。京都菓子業会が昭和三十二年に創建した。祭神は田道間守《たぢまもり》と林浄因《りんじょういん》と。果物と饅頭との元祖である。その後、菓子関係の功労者の霊を相殿に奉斎する。

日降坂に戻ると山蔭神社がある。名のとおり藤原山蔭を主神とし、相殿に恵比須神を祭る。全国の料理関係者の協賛により昭和三十四年に鎮座した。山蔭は庖丁、料理の術に長じていたとされる。

大元宮の前に三社社がある。目立たない社で、三社を一棟に造っている。祭神は多紀理毘売命《たぎりひめ》、狭依毘売命《さよりひめ》、多岐津毘売命《たぎつひめ》、金山毘古命《かなやまひこ》、金山毘売命、菅原神。吉田家邸内に祭られていたのを、弘化元年（一八四四）ここに遷座したという。

大元宮に向って右に上る道は東参道で、頂上広場に到る。三高の歌碑や遊戯施設があり、その東、一段低いところに竹中稲荷社が鎮座する。ここに参るには、神楽岡通を南行し、宗忠神社（63）の脇の道を登る方が捷い。これが東参道の入口となる。

竹中稲荷の参道には、明治から平成に至るまでに寄進された鳥居が並び、傍の瑞垣にも寄進者の名が記されている。竹中稲荷講社の組織があるよしで、篤信の人々がいかに多いか察せられる。古い神社らしいが、近世の名所記に当社に言及したものが見当らない。近代になり『旧都巡遊記稿』に記述があり、「社境広大にして且つ清潔なり最も小児の遊歩場に適す」と書いている。当社略記には、天長年間に既に社殿があったが、降って天保年間には幾万の子女群参し、蝶々舞といって昼夜踊躍した、参道に数千の鳥居が列り雨雪にも傘を要しないと古伝にあり、現社殿は天保十一年（一八四〇）に信徒の浄財で造営されたものという。とにかく由緒は判然とせぬらしい。並んで鎮座する天満宮は、大元宮の南の智福院にあったのを嘉永五年（一八五二）に遷したという。

両社の裏には、何々大神などと彫った石が林立している。なにごとのおわしますかは知らねども、もの畏しい異域に迷い入った感じがする。一角に薬力大明神なる祠が建てられ、その背後に廻ると、業平塚と書いた札が立っている。石の柵で囲んだ中央に数箇の石を寄せてあるだけで、塚といえるものでない。業平の塔と称するものはあちらこちらにあり、大原野小塩の十輪寺のが知られているが、こちらは知る人が少ないのではなかろうか。『山城名勝志』に「暁筆記云」として「しかるに彼中将元慶四年五月九日病を発し同二十八日子剋生年五十六歳北面にして身まかり給へり滋春遺詞にまかせ東山吉田の奥にをくり納て廟をつくる」とあるのを援く。それがこの業平塚の位置に当るかどうか、知るよしもない。

唯一神道は仏を排斥するものではない。神が元で仏が末であるから、吉田山には寺院も少なからず存在した。それが夙に退転し、あるいは明治の神仏分離で移転または廃止となり、今は神道一色に

なっている。往時の寺院については『京都坊目誌』などについて見られたい。

吉田神社が年中で一番熱鬧するのは節分祭の日である。今は方々の宮や寺で節分祭を行っているが、京都では四方参りという風習があった。艮の吉田神社、巽の伏見稲荷大社、乾の北野天満宮、坤の壬生寺（16）に参るのである。わけても鬼門に当る吉田神社に脚を向ける人が多い。

当社では節分の日を中心に前後三日にわたって執行する。前日は、大元宮で疫神祭を行い、夕方から本宮前で追儺式《ついなしき》を行う。追儺とは鬼やらいで、古風の方相氏《ほうそうし》や陰陽師、そして鬼が現れて見物人を喜ばせる。節分の夜には火爐祭を行う。二の鳥居前に八角の爐を据え、参拝者の持って来たお札を積み上げて焼く。また大元宮に厄塚を設けて、これに厄を負わせ、三日目に焼き上げる。とは言っても、私は長年京都に住みながら、表参道から京都大学前にかけて並ぶ露店を覗いただけで、節分祭そのものを見たことがない。人波に揉まれるのが好きでないから。そんなわけで、節分祭の詳しい様子は申しかねる。

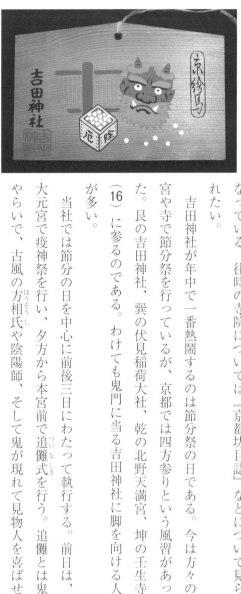

節分の方相氏や鬼の小絵馬があったが、これもひとむかし前の話になってしまった。今は当歳の干支の小絵馬が主流になってしまった。どこへ行っても同じ、独自性を失っては一向におもしろくない。本宮前の絵馬掛を見ると、英独仏など横文字で願いごとを書いたものが多く混っている。京都大学が近いせいかもしれぬ。これも国際化の一現象というべきか。

79 仁和寺

「花は御室か嵐山、人三春の行楽にうつつもあらで迷う時」。旧制第四高等学校、略して四高《しこう》の「南下軍」の一節である。インターハイで、京都の三高や名古屋の八高と対戦すべく南下する選手団が南下軍であるが、実は東西南北どっちを向いて行こうが「南下軍」を歌った。

また運動競技とかかわりのない集りでも「南下軍」が歌われた。歌うとなると、音頭取りが、長い口上を演《の》べ、eins《アインス》, zwei《ツヴァイ》, drei《ドライ》（一、二、三）で始るのであるが、そんな口上をどこで覚えてくるのか、巧みにやってのける三角野郎がいるのに、私はひそかに感心したものである。

私ども最終末期の高校生は、戦後民主主義を謳歌するような雰囲気になかった。因に石坂洋次郎の『青い山脈』が当時人気を博していたが、あそこに登場する高校生は、ちゃらちゃらした姿にわれわれには見えたものである。寧ろ占領軍による押しつけ、締めつけが強化され、日本政府も反動化に進んでおり、これらに対する抵抗闘争がわれわれの途だと思われていた。言い換えれば、高等学校はアメリカナイズを拒む最後の砦でなければならなかった。こんな時に、応援歌だからあたりまえだが、「輝く勲立てんかな」と楽天的な「南下軍」を蛮唱しながら、いささか忸怩たる思いもなくはなかった。

真理、自由、主義、自治、文化、友情など、高校生が宝とするものが、次々に奪い去られんとする軍国主義の到来を予感してか、憂い哭き、憤り慨く寮歌がいくつか作られていた。「北の都」「時の曠野」などが、戦後の私たちの心情にも響くものとして歌い継がれていた。しかし、あれもこれも、昭和二十五年三月末をもって一切うたかたと消えてしまった。

四月大学に入り、遠来の朋にはいまだなじみがたく、高校の旧同級生がとかく屯しがちであった。そんな時、天下の名勝嵐山は観たが、御室は観ておらん、どんな所だろうか、と言い出す者がいる。よし、御室へ行くぞ。衆議一決に時間はかからない。

天皇誕生日に近い頃だったと思う。予備智識に乏しいままに御室仁和寺に乗り込んだ。そして花にも、人にも驚かされた。

観音堂のあたり一帯が桜の園となっているが、何百本あるか、いずれも樹高一丈前後、自分の眼の高さで花を賞することになる。花はすべて八重咲。しかし特に変った品種ではなく、里桜の一種だという。土壌の質の関係で、樹が根元近くで枝岐れするのだと、後年に聞いた。「わたしゃお多福お室の桜、鼻（花）は低くても人が好く」と唄われるそうである。

すさまじいのは花観る人である。桜の根元に敷物を延べて一株を独占する。酒肴を陳ね、唱歌拍手に余念がない。中でも、あたりを圧倒するのは、朝鮮韓国の人々の宴席である。伝来の大太鼓や鉦を打ち鳴らし、歌舞音曲に時を忘れている。

席上はすでに杯盤狼藉。意気込んで出かけたわれわれも、いささか気勢を殺がれたことは否めない。

このような花見風景は、今時どこにも見られなくなったのではなかろうか。あれをするな、これをするなと、物見に規制が多すぎる。飲食を禁ずるところもふえてきた。名古屋の山崎川の花見がつまらなくなってしまったのは、物売りを禁じたがためである。飲まず食わず、桜だけを見てさっさと歩けというのか。

些細なことにも規則や条例を定めて、人民を束縛したがるのは、近年の悪い政治傾向である。その中に、花見条例などを制り出すところが出て来ぬともかぎらない。政治家も役人も、法三章ということを学びなおすべきである。

従来花見はどのように行われたか。欄《おばしま》に倚って枝垂桜に眼を遊ばせる、あるいは花の樹間を逍遥する。そのような花見は美人画の世界のそらごとである。民間の花見はさように優雅なものではなかった。

『拾遺都名所図会』の御室花見の図を見ても、幔幕を張って一本の樹を囲い込み、まず自分たちの空間を確保して、酒食、歌舞音曲、遊戯などを娯しむ。それが一般の花見の実態であった。とにかく根性がけちなのである。一望千里の春景をわがものとする、そのような気概は微塵もない。

花見というものがこうしたものであってみれば、茶店を出したり、土産物を売ったりすることが、村人のいくらかの稼ぎになったであろうことが察せられる。竹村俊則『昭和京都名所図会　4洛西』に、あまり賑いすぎて、享保二十年（一七三五）に花見が禁止された。それで最も困しむのは村人である。それを不愍に思う法親王が、宝暦七年（一七五七）に茶店を出すことを許したと書いている。御室のお寺は立派だが、門前の里人は貧しかったらしい。

さて、仁和寺の開創については惑うことはなにもない。例えば、『京都大事典』に「仁和二年（八八六）光孝天皇が伽藍建立を発願したが同三年に崩御したため次の宇多天皇が翌四年に完成、光孝天皇一周忌と落慶法要を営んだ。寺名は年号による。当初の寺域は東西二里、南北一里。宇多天皇は譲位後の昌泰二年（八九九）東寺の益信《やくしん》を戒師として当寺で出家、延喜四年（九〇四）寺内に御室（僧房）を設けた。地名はこれに由来。宇多天皇の出家以後、台密（天台宗）から東密（真言宗）の寺となった」とある。その他諸書に記すところ大同小異である。

ところが、これらは後世の資料に拠ったもので、創建と同時代の資料は見当らない。したがって通説に疑いを挿む研究者もある。

正史である『三代実録』は光孝天皇の代で終るが、これにはもとより仁和寺に関する記事は見えない。略史である『日本紀略』に至り、宇多天皇の仁和四年（八八八）八月十七日「於㆓新造西山御願寺㆒、先帝周忌御斎会、准㆓国忌之例㆒」とある。西山御願寺とは仁和寺であり、これが史書に見える最初である。新造というからには、寺の工事はいちおう竣《おわ》っていたと考えてよかろう。

宇多天皇は寛平九年（八九七）七月三日、在位十一年にして譲位した。時に三十一歳。昌泰二年（八九九）落飾入道し、金剛覚と号した。醍醐天皇が仁和寺に赴かんとしたが、上皇は使を出して、山家で道が狭く鸞輿が通れないと奏せさせ、行幸は停止された。これはおそらく、自分を思い止まらせようとする天皇の意中を察しての予防策であろう。そうして、十一月二十四日、東大寺で登壇受戒した。もう後には退けない。二十五日、朱雀院太上天皇の尊号を停めることになった。すなわち太上法皇の称が用いられることになる。

延喜四年（九〇四）にはのちに八角堂とも呼ばれる円堂も完成していたらしく、斎会を設け、金剛界三十七尊等を安置した。五年（九〇五）正月三日には仁和寺行幸の記事があるが、おそらく朝覲《ちょうきん》の行幸であろう。法皇も仏道三昧に入ったように見えるが、しかし仁和寺に籠りきったのではない。法皇は自由を得て諸処に出かけており、ことにお気に入りの亭子院《ていじのいん》では風流の宴を催している。

朱雀天皇の代になって、承平元年（九三一）七月五日、法皇病篤く、十九日「宇多院太上法王崩㆓於仁和寺御室㆒春秋六十五」ということになり、九月五日、仁和寺北裏の大内山陵に改葬せられた。『日本紀略』から知り得るのは概ね以上のようなことである。西山御願寺、円堂、御室などの名が見えるが、それらの建立の正確な年月も分らない。光孝天皇の遺志を継いでの創建であるということも明かでない。

なお仁和寺という寺号は時の年号を用いたものである。今は明治牛乳、大正製薬、昭和女子大学など、商品、企業、団体、地名などに年号を使用するのは勝手次第であるが、昔は容易に許されることではなかった。仁和寺の前に延暦寺があり、後に建仁寺、建長寺、寛永寺がある。官寺として創められるか、または強い権力の後押しがあってそれは可能であった。これをもって見ても、仁和寺が宇多天皇の並々ならぬ意志によって建立されたことが想像されるであろう。

『源氏物語』の「若菜上」に、「西山なる御てらつくりはて、うつろはせ給はんほどの御いそぎをせさせ給ふにそへて又この宮の御もぎの事をおぼしいそがせ給ふ」とある。この西山なる御寺を仁和寺に擬するのは、『河海抄』などから現今まで通説となっている。これに異議を挿むことはあるまい。ただ宇多天皇と『源氏物語』の朱雀院とでは、帝王としての性格に径庭があるように思われるけれども、そうしたことはこの場合問題とするに及ばない。

宇多法皇の崩後、別当となった寛朝らによって、仁和寺はますます拡張発展した。降って寛仁二年（一〇一八）、三条天皇の第四皇子師明《もろあきら》親王が入寺し、受戒して性信と号して、宇多法皇に嗣ぐ第二代御室、すなわち門主となる。応徳二年（一〇八五）、白河天皇第三皇子が第三代御室となり覚行と号したが、この人に法親王《ほっしんのう》が宣下された。以後代々法親王を門主とし、仁和寺の門跡寺院としての格式が定り、教権も拡張した。

延暦寺、園城寺《おんじょうじ》、興福寺などは、僧兵を擁して強訴に及び、兵乱に介入した。しかし、仁和寺や醍醐寺は僧兵を置かなかった。このことが却って安全を保ち、発展を約束する結果になったことに注目せねばならない。

その後火災もあったが、仁和寺を決定的に滅したのは応仁の乱であった。応仁二年（一四六八）九月四日、嵯峨で敗れて仁和寺に籠っている西軍に東軍が襲いかかり、堂塔伽藍を余すところなく焼き尽してしまった。

双ヶ丘西麓に仮堂を建て、細々と法燈を守っていたが、もとより再興への努力を怠らなかった。救いの主が現れたのは寛永十一年（一六三四）である。将軍徳川家光が二十一万両を寄進してくれた。これより工事は急速に進捗し、正保三年（一六四六）落慶供養が営まれた。ただし明治二十年に火を発し、金堂、御影堂を除き多くの堂舎を焼いてしまった。今見る仁和寺は大正二年に再興された姿である。

仁和寺を御室御所とも呼んでいるが、今は門跡寺院ではない。伏見宮家出身の第三十代純仁法親王が、慶応三年（一八六七）十二月に還俗《げんぞく》して嘉彰親王と称し、皇族の門跡は断絶した。宮は翌年征夷大将軍に任じ幕軍と戦った。それより軍人の道を歩み、陸軍大将、元帥となった。小松宮彰仁親王の名で知られるが、これは明治十五年十二月に改名したものである。仁和寺にもその後変化があり、今は真言宗御室派の総本山となっている。

仁和寺の名だけは、私どもも早くから知っていた。それは『徒然草』を介してであった。巻中で仁和寺の法師の失敗譚二篇がおもしろかった。これをほかの滑稽譚、奇特譚と同趣に読んでよいものか、いささか迷うところである。お高く止っている宮門跡の幕の裾をちょっと持ち上げて内輪を覗かせた、そんな兼好のいたずら心があるように私には見える。

門跡寺院でなくなっても、仁和寺は相変らずお高く止っているように思われる。寺社詣では、庶人がさまざまの願い事をもって、御利益を期待してするものである。当寺では、御影堂の傍に水掛不動尊があるほかには、俗世の祈願を受けつける所がない。俗信には無頓着なのであろう。小絵馬を授与しないのも、そうした態度の一端だと思う。

昨秋（平成二十七年）お参りした時にも小絵馬はなかった。売店でお多福桜のお守りが目についたので、小絵馬の代りに買って帰った。

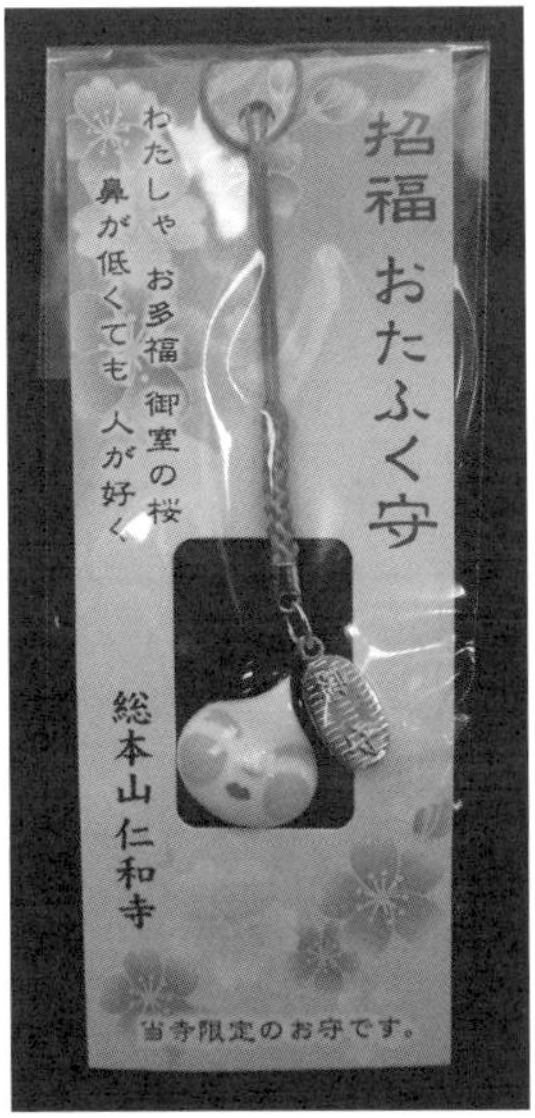

80 吉祥院《きっしょういん》天満宮・若一《にゃくいち》神社

吉祥院天満宮

京都市街の西部を南北に走る西大路通が九条から斜に東南に向い十条に至る。西大路十条の交叉点の手前で西に折れ、天神川に架る御幸橋《みゆきばし》、といっても鉄製の仮橋だが、それを渡ると吉祥院天満宮である。吉祥院はこのあたり一帯の地名となっており、昭和六年に京都市に編入されたが、その名の起りはここ天満宮にある。

当社の略記によれば、延暦十三年（七九四）平安遷都に際し、「道真公の曽祖父古人卿・祖父清公卿がお供して都に入り、帝より領地として賜わったところで、当時は白井の庄と称しその中央部に邸を構えて住み」、菅原一族は土地の住民とともに農業を営み、良好な関係を保ったという。いかにも吉祥院一帯は近年まで農作地であった。

しからば、この地を吉祥院と称する故は如何に。『山州名跡志』によれば、「初菅家ノ祖清公卿延暦二十三年七月ニ、遣唐使トシテ異朝ニ到ルニ、明州ノ湊ニ著ントスルニ、海上風発《ヲコ》ツテ船漂流セントス、伝教大師始最澄タリシ時入唐《ニツトウ》求法ノタメニ同船ニアリ、即起テ吉祥天女ノ法ヲ修シテ其平安ヲ祈ル、法験感ニコタヘテ、忽チ順風ト成ツテ無㆓異義㆒入㆑唐、其後帰朝セリ、遂ニ清公卿ト心ヲ合セテ、吉祥天ノ像ヲ造立ス、清公即此地ヲ点ジテ、堂宇ヲ建立シテ天女ヲ安置シ号㆓吉祥院㆒也」と縁起に云う由である。現在の吉祥天女社すなわち吉祥院の略記にも、同じことを伝え、「大同三年（八〇八）庭上に一堂を建立して安置し、伝教大師にはかって開眼供養が行なわれた」としている。

『日本後紀』を検するに去る七月初に出航した遣唐船四隻の中二隻が風に遭って漂流し行方不明だとの報告が延暦二十三年（八〇四）九月十八日にあった。翌年六月八日、第一船が対馬の下県郡に帰着し、大使藤原葛野麻呂《かどのまろ》が詳細な報告を上奏している。それによれば、去年七月六日肥前国松浦郡田浦より四船が出航し、七日戌の刻第三第四の両船が火信にも応答なく、漂流したと思われる。第一船は八月十日福州に着き、第二船の判官菅原朝臣清公ら廿七人は九月一日明州より長安に向ったとある。第一船に遅れて、六月十七日第二船が肥前国松浦郡（血）鹿島に帰着し、菅原清公が上奏を駅に託している。吉祥天女の加護などを正史に録するはずもないが、ともかく清公の乗った船は風濤の難を免れたことになる。第三船は七月四日肥前国松浦を出てから風によって孤島に漂着し、積荷を降すことも出来ず、数人を残したままいずことも知れず流れ去ってしまった。因に清公を、近世には「きよとも」と読むが、今日は一般に「きよきみ」と読んでいる。

縁起は所詮伝説であって、これを直に史実と重ねてはなるまい。遣唐使として渡海する時に吉祥天女の加護を得たのは、清公の子、道実の父の是善だとする所伝もあるらしいが、これを一説として取上げる地名事典があるのは太だ迷惑といわねばなるまい。是善が遣唐使の一員となった事実はないからである。

吉祥院創立の年月は詳かでないけれども、菅原氏であることは間違いない。当社の略記に大同三年

（八〇八）建立とあるのは当てにならない。『菅家文草』巻十一に「吉祥院法華会願文」を収める。元慶五年（八八一）十月廿一日、父是善の一周忌に新に造った観音像を奉じ、法華会を修したのである。

願文によれば、貞観十四年（八七二）正月十四日道真の母伴氏《ともし》が長逝し、その一周忌には、「時也此院未レ立」がため、彌勒寺講堂で修した。それより道真は俸禄を割き費用を節して金を蓄え、元慶三年（八七九）夏の末に父に届けた。父は善い哉、「余建二一禅院一、当レ講二二部経一」と喜んだとある。

なお『菅家文草』巻七に貞観十七年（八七五）作の「吉祥院鐘銘」を収める。これは三十二字より成る廻文で、前から読んでも後《しり》から読んでも意味が通るように作られている。それにしても、銘を作ったからとて鐘が出来ていたとは限らず、鐘を鑄たからとて堂が竣工していたとも限るまい。やはり吉祥院の完成は元慶三年（八七九）夏以降と見た方がよかろうと思う。

学者の家を背負う道真は、穎才と努力と相俟って三十三歳にして文章博士となる。そしてその私塾である菅家廊下が繁昌する。こうしたことが学界の反感を買い、罵詈讒謗を浴びる。そのためか、讃岐守に任ぜられて京を離れる時期もあったが、その後は宇多天皇の信任厚く、官位累進して権大納言となり、反撥した諸納言が罷業に出るという事件も起った。それでも宇多上皇の信頼は衰えず、昌泰二年（八九九）右大臣に昇った。そして四年正月、止足の分を知らずとして大宰権帥に左遷され、京に帰る冀いもかなわず、翌々延喜三年（九〇三）二月二十五日異郷の鬼となったのである。享年五十九。

出る杭は打たれるのが常としても、道真の栄進は異例であり、それに対する嫉妬迫害もまた常軌を逸していた。後世には左大臣藤原時平がもっぱら悪まれ役を買うことになるが、敵は時平ばかりでなかった。したがって道真に死なれると、その怨霊を恐れねばならぬ人は少なくなかったはずである。道真が雷になったと夙《はや》くから信ぜられていた。

道真の御霊の祟りは覿面に現れた。延喜九年（九〇九）時平が三十九歳の若さで死んでしまった。二十三年には二十一歳の皇太子保明親王が薨じた。『日本紀略』には「挙レ世云、菅帥霊魂宿忿所レ為也」とある。ほかにも醍醐天皇の皇子、時平の縁者、皇族、公卿の死が引続いている。天下に炎旱、洪水、火災、疫癘が頻りに起る。気の弱った天皇を決定的に打ち拉ぐ事件が発生した。延長八年（九三〇）六月二十六日、二箇月も雨が降らぬので、諸卿殿上に会し請雨の相談をしていた。すると俄かに黒雲が現れ雨が降ったまではよいが、清涼殿に雷が落ち、死者重傷者が出た。この日から天皇は病みつき、修法、祈禱も空しく、九日二十二日譲位、二十九日崩御する。春秋四十六。

いずれが菅神の祟りであるか、判じようもないが、とにかく冤魂を鎮めねばならぬ。神託によって北野天満宮を創祀したのは天暦元年（九四七）のこととされる。吉祥院の方は、それより降って治暦二年（一〇六六）三月二十八日ここに天神堂を創り尊廟を移したと『扶桑略記』に見える。しかしながら当社では、承平四年（九三四）朱雀天皇の勅命によって創建としたといい、北野天満宮よりもこちらが古いのだという。明治二十八年刊の『京華要誌』にも「公左遷の後、朱雀帝親ら公の肖像を彫造し、此処に祠宇を建て、之を奉祀せしめたまふ。是れ公の神霊を鎮齋するの嚆矢なり。其後公の夫人即ち吉祥女のこゝに間居せられしより、終に地名となすにいたれりと」とあり、以後の名所誌にこ

れを踏襲するものが少なからず見られる。

　それより幾星霜を閲し、盛衰を免れなかったけれども、洛外の一角に存在を維持して来たのは天満天神の徳とすべきであろう。昭和三年京都市役所刊『京都名勝誌』に「社地大ならざれども、樹木鬱蒼と茂り梅桜楓等柯を交へ、春秋の風光佳にして杖を曳くもの多し」とある。昭和三年当時のことは知らないが、現状を見るに、社地広大とはいえぬまでもかなりの広さを保っている。ただし樹木は少くないとは言わぬが、鬱蒼とは義理にも申しかねる。花や紅葉もあることはあるものの、わざわざ遊覧に出向くほどではない。周辺の開発が進んで住宅、工場、道路で埋め尽されたことが影響しているのかも知れない。

　吉祥院の森を見返りの森と呼んだことが近世の名所記に見える。それは、道真左遷にあたり「都遠くなるままにあはれに心ぼそくおぼされて、君が住む宿のこずゑをゆくゆくもかくるるまでにかへり見しかな」と詠んだと『大鏡』に語るのに由来するのである。

境内の中央は広場になっており、毎月十日のガラクタ市やさまざまな催しが行われる。境内西部を一段高くして天満宮が鎮座する。拝殿、祝詞殿、本殿が具わり、立派な社である。ただ社前に人形だの馬などをごちゃごちゃと据えて、厳粛の感を殺いでいるのが難である。しかしそれも幼童にも親しみ易いようにとの配慮であろう。小絵馬もいろいろ揃え、手描きのもある。総じて勿体ぶらぬところが当社の面目である。

境内北部に吉祥天女社がある。すなわち吉祥院発祥の根元である。吉祥天女を本尊とし、左右に薬師如来、観世音菩薩、清公、是善、伝教大師、孔子の像を安置する。といっても、私は拝んだことはないが。天満宮の傍には末社があり、南に建つ新しい建物は参集殿で、菅家の学堂に因んで文章院と号している。

広場の東北に忠魂碑が建てられ、その南に菅公胞衣塚《えなづか》と称するものがある。囲いの中に杉を二本植え、小石を敷きつめたに過ぎない。初宮詣に、先ず本殿に参り、次にここに来て赤ん坊の鼻をつまんで泣かせ、発声の初めとする俗習があるとか。塚の南に休憩所。弁当を食うも煙草を喫むも勝手というところが嬉しい。そのまた南が舞殿である。

胞衣塚、舞殿の裏がやや森らしい体をなしており、東南の鳥居の傍に菅公誕生之地の石碑が建つ。石の井筒も据えられ、菅公産湯《うぶゆ》の井と称する。産湯の井なるものは、下京区西洞院通仏光寺下ルの菅大臣神社にも、上京区烏丸通下立売下ルの菅原院天満宮神社（44）にもある。道真が本当にどこで生れたのか悩まされるが、それは凡人の悩みというものである。道真の如き神童ともなれば、誕生地を一箇所に限るのは無用の穿鑿なのである。

産湯の井の南、道を隔てて弁財天社が鎮座する。その脇に鑑《かがみ》の井がある。道真が出勤する前、ここに姿を写したと伝える。ただし井戸はなく、石の水鉢を据え、石碑が建てられているだけである。刻して曰く「鑑井之銘　石原之井徹底而清、菅神写影千歳留名、涌出弗渇四時盈盈鑑焉、永嘆厥徳維明宝暦四年甲戌春　烏石葛辰銘幷篆」と。石原はこのあたりの郷の名である。烏石葛辰《うせきかつしん》は江戸時代中期の書家である。

天満宮周辺には菅家ゆかりの遺跡が散在する。天満宮社務所の南に北政所《まんどころ》の墓と称する塚がある。道真の室は、師島田忠臣の女《むすめ》で宣来子《のぶきこ》という。天満宮も含めてこの地を政所町と称するのはこれに由るか。天満宮東南、高畑町の香泉院に是善の墓と伝える塔姿がある。さらに東南に行って、稲葉町に清公の墓と称する塚がある。政所町の西隣里ノ内町浄土宗三善院に安置する十一面観音像を道真の自刻とする。三歳の時大病を患い、母が吉祥天女、観世音に平癒を祈願した。その母の遺志を承けて刻んだという。ただしこの寺は寺号のとおり三善清行《きよゆき》を開基とし、十一面観音像はその念持仏であったとも伝える。清行も文章道の一流の学者であった。右大臣道真の失脚を予見して、辞職を勧めたこともある。

天神川の東、十条通西大路東入北側落合町に六田《むつだ》の杜、一名音ききの杜というのがあった。『山州名跡志』に「此所古へ菅相公虫ノ音ヲ愛シ玉フ所ナリ。寛永ノ此世ノ諷哥ニ、六田ノ夜半ノ虫ノ音ト云ヒシ此所ナリ」とある。天満宮の略記には、菅家に近い福田、奥田、安田、恩田、寺田、岩田の六家が相議って秋の虫を集めてここに放ち、道真の詠詩詠歌に供したという。古蹟の碑が建っていたが、最近あたりの様相が一変してそれも見られなくなった。

六田の杜跡からさらに東に進むと、十条通北側八反田町に硯の水があった。幼少の道真が手習にこの水を汲んだと伝える。近年まで清水が湧いていたそうであるが、今は「菅丞相硯之水」の石碑と石の井筒しか見ることができない。

吉祥院で思い出したことがある。六齋念仏である。毎月の八日、十四日、十五日、二十三日、二十九日、三十日を六斎日といい、殺生禁断で物忌をすべき日とされた。中世よりこの日に道俗が念仏を唱え、町を廻ることが行われた。そうした風俗から発して、洛中洛外に六齋念仏と称して念仏踊が演ぜられた。それも時勢とともに廃れたので、今は保存会を組織して維持を図っている。吉祥院六齋もその一つで、多分に芸能化している。私が観たのは数十年も昔で記憶も朧だが、今も八月二十五日、天満宮の夏季大祭に舞殿で奉納するよし。いつまでも続くことを願うものである。

若一神社

西大路通が八条通と交叉するところで、少しばかり西へ歪んでいる。交叉点の東北に西大路通に面して大きい塚があるためである。塚の上に楠の巨木が繁り、平清盛の御手植と伝え、若一神社の御神木となっている。それゆえに塚を削って道路を真直に通すのを憚ったのにちがいない。塚と神社との間に遠慮がちに歩道が通っている。

若一神社の祭神はその社号からして明かである。すなわち熊野十二所権現の一つ、若一王子で、若王子ともいう。本地は十一面観音である。

当社の由緒記によれば、光仁天皇の代、唐から渡った威光上人が熊野に詣で、迷い苦しむ人々を救わんとて、若一王子の分霊を笈に入れ、当地に来り、森の中の古堂に一夜を明した。そして神意に従って神体を堂に安置した。これが宝亀三年（七七二）のことという。

その後、異変あって、神体が土中に入ってしまった。仁安元年（一一六六）熊野に詣でた平清盛にお告げあり、帰って西八条の邸内を探したところ、夜になり東の築山に光を放つものがある。清盛自ら掘ってみると、地中三尺より若一王子の神体が現れた。社を造り鎮守として祈ったので、翌年二月太政大臣に昇った。故に当社は出世開運の神として尊崇されるのである。

光仁天皇の代のことは知るよしもないが、平清盛が登場すると、聊か異議を挟まざるをえない。この地が清盛の西八条第の跡だと決めていることが解せない。『拾芥抄』の東京図によれば、東は大宮、西は坊城、南は八条、北は八条坊門、現塩小路通を限る東西三町、南北二町、都合六町の地が西八条第であった。壬生以西の二町分は仁安元年（一一六六）に拡張したらしい。現在の梅小路公園とその南の鉄道線路との地がほぼそれに当る。従って西八条第の西端から若一神社まで

は、千百メートル余りも離れる勘定になる。何を根拠にして、当社でかようなことを言い出したのか明かでない。西大路八条だから西八条第だと速断したのであろうか。

もっとも、秋元興朝の『旧都巡遊記稿』（大正七年刊）に、若一神社の「本社は南面し若一王子を祭る、昔平清盛の念誦せし神なりと云」と書いている。そうした伝承が年を経て脹らんだのであろうか。

近年になって清盛を前面に推し出し、そのために参拝客がふえたらしいが、肝腎の若一王子が霞んでしまった。

境内にも楠の大木が立ち、本社、末社が窮屈そうに並ぶ。そこに近ごろ清盛が割り込んで、さなぎだに狭隘な境内がますます窮屈になった。清盛ゆかりの神水と称するものが現れ、傍に祇王の歌碑が建てられた。曰く「もえ出つるもかるゝもおなし野辺の草いつれかあきにあはてはつへき」。

平成二年、地元の有志によって清盛の石像が建てられた。清盛といえば入道の姿がなじみになっているが、これは太政大臣に任じた頃の「衣冠束帯」の姿だという。しかしながら、それは誤解である。束帯と衣冠とは別の服装である。束帯は晴れの儀式に参朝する時に着用する。文官は下襲《したがさね》の裾《きょ》を長く引き、表袴《うえのはかま》を穿き、上に縫腋袍《ほうえきのほう》を着る。垂纓《すいえいの》冠を被り、石帯《せきたい》を締め、前に平緒《ひらお》を垂し、飾り太刀を佩く。笏を右手に持ち、浅沓《あさぐつ》を履く。束帯が正装であるのに対し、衣冠は略装である。下襲を略するから裾を引くことはない。表袴に代り指貫《さしぬき》を穿き、石帯、平緒、太刀を着けず、笏ではなく扇を持つ。清盛像は笏を持ち石帯を締めているが、太刀、平緒がない。裾を引いていないから下襲を着な

いのであろう。せっかく造った像なのに、遺憾ながら衣冠とも束帯とも、どちらともつかぬものになってしまった。

京都の観光地から外れたこの地で、神社維持経営の苦心は察するが、もうすこし勉強をしてもらいたいところである。

西大路の八条、九条あたりは、元来農耕地であった。京の西南部で水の廻りがよいのか、昔は芹を栽培していた。もはや数十年の昔になるが、芹田が何枚か残っていたのを見た記憶がある。現今は高層建築が西大路通の両側を埋め尽し、昔を今になすよしもない。

81　六孫王神社

八条通の北、壬生《みぶ》通の西にかなり広い地を占めて六孫王神社が鎮座する。地名は南区八条町、東寺の北裏に当る。

六孫王とは、清和源氏の祖源経基である。清和天皇の第六皇子貞純親王の子であるところからかく号した。

皇子、皇孫など、皇族が臣籍に降る際に、源、平などの姓を賜わる。『源氏物語』の光源氏もその例である。賜姓源氏には、嵯峨、淳和、仁明、文徳、宇多、醍醐、村上、花山源氏など数々あるが、中でも清和源氏は経基に始り、もっぱら武門の道を歩むことになる。足利、新田、徳川氏なども清和源氏の後裔だと称している。

しからば経基はいかなる人物であったか。平将門の乱を叙した『将門記《しょうもんき》』に平貞盛が「凡将門非二本意敵一、斯源氏之縁坐也」と云っている。つまり将門に叛逆の意志はなかったのに、源氏すなわち源経基の誣告《ぶこく》によって連坐せしめられたというのである。承平八年（九三八）二月、武蔵権守興世《おきよ》王、武蔵介源経基と足立郡司判官代武蔵武芝との間に争いが生じた。将門が仲に入り、双方が和睦した。しかるにどうした手違いか、武芝の後陣の兵が経基の営所を包囲した。「経基未レ錬二兵道一」、つまり兵の道に熟練しておらず、驚愕して、興世王と将門とが共謀し、武芝を唆して自分を誅殺しようとしているのだと疑った。彼らを恨んで、京に遁げ帰り、興世王、将門らが謀叛を起したと官に訴えた。『日本紀略』天慶三年（九四〇）正月九日の条に「以二武蔵介源経基一叙二従五位下一、依レ申二東国凶賊平将門謀反之由一也」とある。将門に濡れ衣を着せることにより、出世の緒《いとぐち》を摑んだのである。

『日本紀略』によれば、天慶三年（九四〇）二月八日、征東大将軍藤原忠文が南殿において節刀を賜わった。征東軍は直に出発したであろうが、その中に経基も加っていたらしい。ところが、二十五日になって、今月十三日平貞盛、藤原秀郷が将門を討ち取ったとの報告があった。続いて興世王も殺されたという。征東軍は途中から引返し、五月十五日に入洛して、忠文は節刀を返上した。

その間にも、山陽、西海、南海の諸国から海賊跳梁の報が頻々として齎される。藤原純友の乱である。『純友追討記』によれば、「左近少将小野好古為二長官一、以二源経基一為二次官一」播磨、讃岐に向った。天慶四年（九四一）伊予警固使橘遠保が純友を誅し、叛乱は鎮ったのであろう。『日本紀略』八月七日に「征討使右近少将小野朝臣好古入京」とあり、十一月「今日以後、天下安寧、海内清平」と記す。

その後、経基は大宰権少弐となり、西南海の賊徒平定に功があった。兵の道に未熟であった彼にも進歩があったのであろうか。

経基は応和元年（九六一）十一月四日に世を去った。或は十日、十一日、二十四日ともいう。嫡男満仲が霊廟を築いて、父を葬り、六宮権現と称したとされる。現六孫王神社の本殿背後に切石を階段状に積んだ墓があり、これを経基の神廟だと伝えている。

神社の現在地が経基の屋敷であったと伝える。それを六の宮と称したという。しかし疑しいふしもある。『拾芥抄』に「六ノ宮　八条北朱雀西」とあり、同じく東京図に八条北朱雀東に「六宮」と記入している。朱雀大路はほぼ現在の千本通に当り、その東なら神社の地に近いが、西だとかなり離れることになる。いずれにしても、経基邸が六の宮であったという確証はない。

六の宮といえば、『今昔物語集』巻第十九に「六宮姫君ノ夫出家語」という哀しい話がある。今は昔、六ノ宮という所に、宮腹の子で兵部大輔という人がいた。世に交わらず、父の宮の邸の東の対に住んでいた。貧しい夫婦の間に、姿も心も美しい姫君があった。やがて父母も身罷り、姫君は限りなく心細く悲しい思いで過していたが、乳母の肝煎りで結婚することになった。姫君はただこの夫を頼みにしていたのに、父が陸奥守となり、夫もついて陸奥に下ってしまった。父の任期が終り京に帰る途中、夫は常陸守に望まれてその聟になった。京の姫とは七八年も音信不通であった。

常陸守の任が果てて京に帰る。夫は旅装束のまま六の宮に急行して見れば、これはいかに。四足門も寝殿も対屋も跡かたなく、池には水が無くて水葱《なぎ》を作っている。崩れ残った政所《まんどころ》に尼が住んでいた。それはひすまし女の母であった。姫君の行方を問えば、人にも聞き自らも尋ねたが判りませんと、泣くばかり。夫は、姫に値《あ》わずしては世に

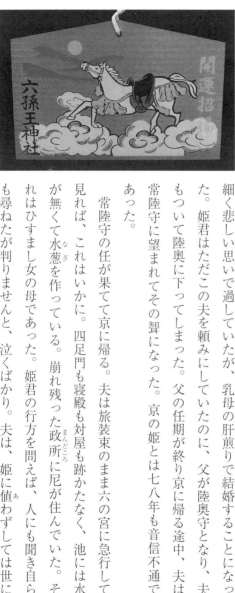

あるべくも思われず、処々方々を探し廻る。日も暮れ、時雨が降り出した。朱雀門の前の西の曲殿に雨宿りをしようと立ち寄ると、内に人のけはいがする。覗いて見ると、年老いた尼と若い女とがいて、目も当てられぬていたらくである。若い女が「たまくらのすきま風もさむかりき身はならはじのものにざりける」と歌を詠んだ。その声は、まさしく姫君である。かき抱けば、姫は顔を見合わせ、そのまま息が絶えてしまった。生き返るかと抱いていたけれども、やがて姫は水のように冷え硬直してしまった。男は「其レヨリ家ニモ行カズシテ、愛宕護《あたご》ノ山ニ行キテ、髻《もとどり》ヲ切リテ法師ニ成リニケリ」。

これは伝承された説話ではないらしい。『万葉集』巻十六に久しく会わぬ夫を恋いる歌（三八一一～一三）がある。恋しさあまって病に臥し、夫が戻ってきた時にすすり泣きつつ歌を詠んで息絶えたという。『今昔物語集』の話は、この歌を基にして作ったのであろう。異本には「六ノ宮ト云フ所ニ」が「五条ワタリニ」となっているのもある。いずれにせよ、経基とは無縁の話にちがいない。因に、大正十一年芥川龍之介が『六の宮の姫君』を発表している。

六孫王経基の邸宅は満仲が継いだのであろうが、それから幾変転があった。建保七年（一二一九）正月二十七日、鎌倉三代将軍実朝が鶴岡八幡宮において暗殺された。その後、未亡人の本覚尼が京に上り、亡夫の菩提を弔うべく一寺を創建した。その地が現六孫王神社の北で、万祥山遍照心院大通寺と号し、俗に尼寺と呼ばれた。そうして、いつか六孫王神社は寺の鎮守社となった。寺、神社ともに清和源氏にゆかりが深いゆえ、足利幕府も手厚く保護したはずであるが、応仁の乱以来京都はどこもかしこもむちゃくちゃになってしまった。

近世になり、徳川幕府の肩入れがあって、寺も神社も面目を一新した。寛政十一年（一七九九）板『都林泉名勝図会』に、年久しく荒廃していたのを「こゝに宝永年中坊中東林院南谷《なんこく》師　将軍家へ願て今の如く厳重に再興に及ぶ」とある。南谷は能筆であり、また作庭にも勝れ、方丈や東林院など塔《たっ》頭《ちゅう》の林泉を造った。『都林泉名勝図会』に方丈、実法院、東林院の庭園を画いている。また『築山庭造伝』に「遍照心院庭摸《うつす》廬山景」として絵図を収めている。

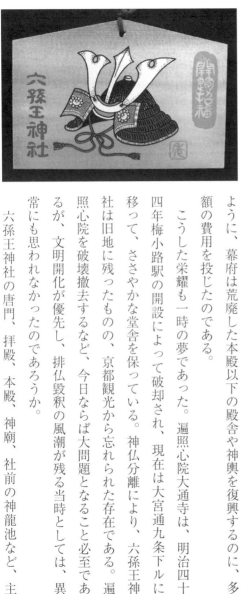

また『都林泉名勝図会』に、「九月十一日六孫宮例祭」として、行列、神輿が本殿に参入する図を画き、その賑々しいさまをうかがわせる。「宝永年中より再営ありしより世に宝永祭といふ」と記すように、幕府は荒廃した本殿以下の殿舎や神輿を復興するのに、多額の費用を投じたのである。

こうした栄耀も一時の夢であった。遍照心院大通寺は、明治四十四年梅小路駅の開設によって破却され、現在は大宮通九条下ルに移って、ささやかな堂舎を保っている。神仏分離により、六孫王神社は旧地に残ったものの、京都観光から忘れられた存在である。遍照心院を破壊撤去するなど、今日ならば大問題となること必至であるが、文明開化が優先し、排仏毀釈の風潮が残る当時としては、異常にも思われなかったのであろうか。

六孫王神社の唐門、拝殿、本殿、神廟、社前の神龍池など、主

だったものは安永九年（一七八〇）板『都名所図会』に画くところと変っていない。しかし今の境内雑然として、森厳な趣は感じられない。

経基が龍になってここに棲んだと伝えられる神龍池は、水も乏しく荒れている。池畔の弁財天社に六孫王誕生水がある。或は満仲の誕生水ともいう。今は井戸の用をなしていない。

因に兵庫県川西市に多田《ただ》神社がある。源満仲はこの地を本拠として勢力を張った。それが多田源氏で満仲を多田満仲《ただのまんぢゅう》とも呼ぶ。『今昔物語集』巻第十九第四に摂津守源満仲が出家する話がある。満仲の子でただ一人僧になった源賢という者が、父の極悪の殺生を悲しみ、源信僧都を尋ねて、父を出家させるように頼んだ。源信の説経を聞いた満仲は、忽ち道心を起して出家すると言う。鷹を放ち、甲冑、弓箭、兵仗を積み上げて焼いた。郎党五十余人も、主とともに出家した。そうして造ったのが多田院である。

多田院は神仏分離で、今は多田神社となっている。満仲を主祭とし、頼光、頼信、頼義、義家を祀っている。

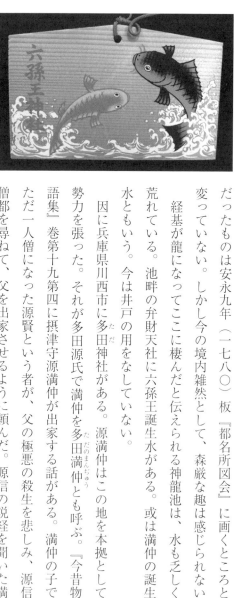

82　行願寺《ぎょうがんじ》・下御霊神社

行願寺

行願寺といっても、京都の人にはぴんとこないであろう。昔も今も革堂《こうどう》の名で通っている。町名は行願寺門前町であるが、京都市の中心部は、上ル、下ル、東入、西入で所在を表すのが習慣で、町名を言われても、他町の者にはわからない。

中京区寺町通の東側、竹屋町通の突当りにつつましやかに薬医門を構え、町並の商店の間であまり目立たない。本堂以下の堂舎もさほど大きからず、境内もあまり広くない。それでも参詣する人は、多いとはいえぬまでも絶えることがない。西国三十三所十九番の札所だからである。

寺の名は、むずかしくいえば天台宗延暦寺派霊麀山《れいゆうざん》革堂行願寺。寺号の由来は追い追い解るであろうが、門前の石標に「一条かうだう」と彫ってあるのが不審に思われるのではあるまいか。一条通からは一粁も離れているのに、何故一条革堂なのか。

上京区の小川《こがわ》通一条上ルに革堂町というのがある。その西が革堂仲之町で、またその西が革堂西町である。すなわちこのあたりが革堂行願寺の故地と考えられる。

ただし平安時代の行願寺がこの地に在ったか否かは明かにしない。行願寺の前身を一条北辺《きたのべ》堂と称した。その名が問題である。

平安京の条坊制では、中御門《なかみかど》大路、現椹木《さわらぎ》町通以北、土御門《つちみかど》大路、現上長者町通以南が一条であり、土御門大路以北、一条大路、現一条通以南を北辺《きたのべ》と呼んだ。『拾芥抄』に「土御門以上為二北辺一、中御門以上為二一条一」というとおりである。土御門の北、西洞院の西にあった左大臣源信《まこと》の家を北辺亭と称することも頷かれよう。

しかるに革堂行願寺が一条大路、今の一条通より北に在ったとすると、北辺ではなく、平安京の外になってしまう。そうなると、一条北辺堂という呼称も不審としなければならぬ。あるいは、これは条坊の一条や北辺による称ではなく、一条大路の北のあたりにあったからそう呼ばれたのかも知れない。とにかく千年以上も昔のことは、判ったようで判らぬことが多い。

『日本紀略』によれば、一条天皇の永祚元年（九八九）八月十三日の夕方大風起り、宮城の門や殿舎が多く顚倒した。左右両京の人家も数えきれぬほど顚倒破壊した。鴨川の堤が何箇所も決潰した。洛外の神社寺院も顚倒するもの多数、その中に「一条北辺堂舎」もある。さらに洪水高潮により、畿内の海浜河辺の民家、人畜、田畠が水没し死亡損害を生じた。「天下大災、古今無レ比」と記す。その月八日に永祚と改元し、彗星天変地震の災異を攘わんとしたのに、全く甲斐ないことであった。

十三日の記事で注意したいことがある。被害の状況を記すのに、大内裏、左京右京、鴨川、洛外、畿内と順序を立てている。一条北辺堂舎は、賀茂上下社、石清水《いわしみず》、祇園天神堂、東西の山寺とともに洛外に加えられる。ということは、土御門大路以北、一条大路以南の北辺ではなくて、一条大路の北のあたり、すなわち洛外にあったことになる。今の革堂町であったかどうかは不明ながら、とにかく洛外で注目される存在であったことが知られる。

大風の災厄から十五年たって、寛弘元年（一〇〇四）十二月十一日、「今日、一条北辺堂供養。皮聖建二立之一」と『日本紀略』に記す。大風で倒壊した一条北辺堂を再建したのであろうが、皮聖《かわひじり》とは何者か。これ以後『日本紀略』にしばしばその記事が見え、また藤原道長の『御堂関白記』、藤原実資《さねすけ》の『小右記《おうき》』、藤原行成の『権記』などにも記される。堂上でも官人でも、また名僧智識でもない風来坊が、かほどに注目を浴びることは異常としなければならない。

『日本紀略』によれば、寛弘二年（一〇〇五）五月三日、修行聖人行円が建立した一条堂の供養をした。「件聖人不レ論二寒熱一、著二鹿皮一。号二之皮聖人一」と。七月二十五日、「皮聖人建立行願寺修二八講一。貴賤多以結縁」。皮聖の名は行円、建立した寺は行願寺だと分る。行円が発願して建てたのだから行願寺と命名したのであろうか。

寛弘五年（一〇〇八）八月十四日、皮聖人が行願寺において今日から十月三日まで四十八講を始めた。これは弥陀の四十八願に擬したもので、法界衆生の逆修《ぎゃくしゅ》のためである。逆修とは生存中に死後の冥福を祈って法事を行うことである。それが明けて十月四日、行願寺において五箇日の釈迦講を始めた。

寛弘七年（一〇一〇）三月二十一日、行願寺において法華経一千部、図絵三千余体の仏像の供養を行う。皮聖人は「首戴二仏像一、身著二皮裘一。元鎮西人也。生年六十余」とある。首《こうべ》に仏像を戴き身に皮を皮裘《かわごろも》を著るとは異形のようであるが、これは行円独特の装いではない。これが山林で劫を経て市井に現れ教化する聖の姿であり、早くには空也《こうや》上人があった。

行願寺の縁起では、行円は若いころ狩りを好んだ。ある日妊った牝鹿を射たところ、死に際に仔鹿が産まれた。これを見て深く悔い、仏門に入って、牝鹿の革を身につけたという。ぼろぼろになった裘を今に伝えている。ただしこれは後世に作られた話であろう。『梁塵秘抄』に「聖の好む物、木の節鹿角《わさづの》鹿の皮」と歌うように、鹿の裘は聖の貫録を示す品であった。『小右記』長保元年（九九九）十一月七日の条に「世云横川皮仙」と記すのは恐らく行円のことで、鎮西すなわち九州から来て、比叡山横川《よかわ》に入り修業を積んだのであろう。それが耳順の齢になって忽然として京に現れた。

後一条天皇の寛仁二年（一〇一八）三月十六日、皮聖人行願寺において六万九千三百余燈を修した。この数は法華経の文字に宛てたものであると『日本紀略』に記す。二十四日夜、万燈会を拝んで帰った者から、「上下成レ市」と報告を受けたよしを『小右記』に書き留めている。

法会ばかりが行円の能ではない。『小右記』長和五年（一〇一六）四月十日の条に、去る七日行円来って云うに、往還の人に粟田山の小石を拾わせ、鉄の槌や鑽《たがね》で大石を砕かせるのに、鑽が二本ほしいと。実資は需めに応じてそれを送った。大津より来た者の話では、往還の人々が作業に従事し、往来の車馬の停滞することが無くなったと。こうした土木工事を勧進指導することも、古来聖の務めとされた。

それにしても、飄然と現れた一介の皮聖が、かくも都下貴賤の視聴を聚め、信仰を獲たのは何故であろうか。一条天皇の治世といえば、清少納言、紫式部、和泉式部、赤染衛門らの才媛が妍を競い、文学史では花の時代である。だが永祚元年（九八九）の大風は必ずしも珍しいことではなく、天災人災は毎年のように発生している。浮かれても居られないのが生活の現実であった。人の力でもっては如何ともし難い事が起れば、神や仏に縋るしかあるまい。そうした大衆心理に皮聖が投じたのか。しかしながら、天下に異変災厄が起るのは何も今に限ったことではない。国史その他の史料を閲すれば、災害との格闘が人間の歴史であることは瞭かであろう。

後冷泉天皇の永承七年（一〇五二）をもって入末法時とする。皮聖の法会に貴賤が群参した頃には、その年が一年一年と迫っていた。一日一日とその年に近づいていた。末世到来を待つ人々の不安焦躁はいかばかりであったか。『源氏物語』の若菜下の巻に、六条院で女楽を催す。娯しかるべき春の夜に、光源氏は「末の世にくだれる人の」とか、「世の末なればにや」とか、今の世を悲観することばを漏す。これは、とりもなおさず作者紫式部の念いであり、また当時一般の悩みでもあったはずである。

そもそも正像末の三時観は、仏教の歴史観、世界観をなすもので、夙に説かれていた。釈迦入滅の後、時代が下るとともにその教えが教えのままに行われなくなるという下降史観である。仏滅後五百年は正法《しょうぼう》で、釈尊の教説がそのまま実行され、その結果としての悟りすなわち証が得られる、教行証が具わった時代である。次の千年は像法《ぞうぼう》で、教行があって証が得られない時代となる。その次に来るのが末法万年で教のみはあっても、行も証もない時代が来る。末法は澆季溷濁《ぎょうきこんだく》の世で、天変地異が頻り人倫廃れ兵乱疫癘も相次ぐであろう。何にもまして恐ろしいのは往生極楽がかなわぬことである。

現世の苦患《くげん》は耐え忍ぶとしても、来世において尽未来際苦しまねばならぬとしたら、死んでも死にきれぬではないか。しかしながら往生が絶対不可というのではない。彌勒の世が来れば必ず救済される。だが彌勒菩薩が菩薩行を了えて出世するには五十六億七千万年かかるという。人類にとっては未来永劫というに等しい時間である。

正法五百年像法一千年の説は、早く最澄の著とされる『末法灯明記』にも見える。そうすると、『日本書紀』で百済から仏教伝来した年とされる欽明天皇十三年、皇紀千二百十二年（BC五五二）が日本において入末法に当ることになる。すなわち日本の仏教は末法時相応の教説でなければならない。

せっかく仏教が伝えられたのに、すでに末法というのでは、日本人にとって救済にならぬ。これでは哀れすぎるではないか。そこで正法五百年でなく、正法一千年とする説がいつか広まり出した。それで仏滅後二千年に先送りした末法時が永承七年に到来することになるのである。

正法五百年か千年か、都合のよい方を採るのも人間の智慧というものであろう。そう言えば、釈迦の入滅時にも諸説がある。周の穆王五十三年（BC九四九）とも、周の匡王四年（BC六〇九）ともいう。『末法灯明記』では、後説を採って今は像法の最末時としている。しかるに、前説がいつか定説のようになって、正法時を千年に延さねばならなくなったのである。親鸞は、『顕浄土真実教行証文類』通称『教行信証』に正法五百年としているが、後年の『正像末和讃』には「釈尊カクレマシマシテ二千余年ニナリタマフ」と正法千年に変っている。とにかく、都合のよい方を択べばよいということであろう。

いずれにせよ、末法時は刻々と迫っている。衆庶はいかに対応すべきか。像法千年の後半は造寺造仏堅固の世である。藤原道長は寛仁四年（一〇二〇）京極御堂を建立し、治安二年（一〇二二）金堂落成を機に法成寺と改号した。『栄花物語』に金堂供養の景況を極楽浄土に喩えている。そして万寿四年（一〇二七）十二月四日、阿彌陀堂無量寿院の本尊の手にかけた糸の端を握って瞑目した。いわゆる糸引き往生である。まだ像法時であるから、おそらく往生は可能だったのであろう。日野資業が日野に法界寺を造ったのが永承六年（一〇五一）。滑込みセーフというところ。藤原頼通が父道長から伝領した宇治の別業を改めて平等院としたのが永承七年（一〇五二）、鳳凰堂の名で知られる阿彌陀堂を建立したのが天喜元年（一〇五三）である。末法時に突入しても希望を棄てぬところ、あっぱれというべきか。

金権の力にものをいわせて造寺造仏ができる階層はそれもよかろう。あるいは見物人を集めて、焼身、入水する行者も出た。往生を見せ物にするに至っては、仏法の堕落と言わざるを得ない。そもそも末法観は、鎮護国家を本旨とする仏教のあり方、教団および僧侶の処し方を如何にすべきかを説いたものであったのに、平安中期に入り、時代の下降思想と相俟って貴族さらに庶民の死生の問題となり、不安焦躁を煽る結果になったのである。

それにしても、金も力もない、さりとて命は惜しい庶民はいかに対処すればよいか。藁しべをも掴みたいところに、難行苦行を経て法力のありそうな皮聖が現れたとあっては、庶民が縋るのは当然であろう。公卿殿上人も放ってはおかない。『小右記』によれば、実資は熱心に寄進や援助をしている。三蹟として名高い藤原行成は行願寺の額を揮毫している。

庶民一人一人の行動は明かでないけれども、皮聖の営む法会には多数の人の参集するのが常であった。六万三千余燈の万燈会には市を成すほどであった。万燈の耀う中におのれの献じた一燈も燃えている。これはまさに浄土に結縁した法悦の境にちがいない。ここには富者、貧者の差別《しゃべつ》はない。

それにしても、皮聖の営む供養、法会にはやたらに大きい数字が記されている。法華経一千部、図絵三千余体の供養などは序の口で、六万九千三百余燈はおろか、『小右記』寛仁二年(一〇一八)閏四月九日には、八万四千部法華経の書写、八万四千堂塔の造立の願を立てたとある。

数を競うことは昔も今も変らぬが、信仰の度を数で計るとしたら、これはやはり末期的な堕落の現象と見なければなるまい。しかしそれで衆生を安心に導くことができるのならば、行円はやはり救世の聖であったに違いない。

その後革堂行願寺も幾変転を閲し、火災にも何度となく罹っている。室町時代に入り、町衆が形成されると、上京では革堂が、下京では六角堂頂法寺(21)がそれぞれ中核となる。町衆は事あればここに会し、変災騒擾あれば早鐘を撞き鳴したという。観音霊場であると同時に住民の団結の場でもあった。

室町時代の末から江戸時代の初めにかけて洛中洛外図が描かれ、屏風や扇面に仕立てられた。天正二年(一五七四)織田信長が上杉謙信に贈ったとされる狩野永徳筆の上杉家本屏風を見ると、小川の西岸に「せいくわんじ」「かうだう」「百万へん」が北から南へ並んでいる。誓願寺（32）、革堂、百万遍知恩寺である。しかし寺が甍を列ねる寺院町というのではない。寺の隣や近所に職人や商人が店を構えている。革堂の南隣に「ふろ」があり、湯女《ゆな》が客の背中を流している。風呂屋の南隣は遊女屋のように見える。すなわち革堂界隈は聖俗混雑の巷であった。

降って天正十八年（一五九〇）豊臣秀吉の都市改造により寺町通に移転したという。元禄四年（一六九一）林吉永板『京大絵図』に寺町通荒神口の東南角に「革堂」と記入がある。『京都坊目誌』によれば、宝永五年（一七〇八）の大火に類焼し、現在地に移った。天明三年（一七八三）に焼失し、同八年正月の大火にまた焼けた。「文化年中本堂其他を再建す。今の建物是也。正門は元治元年（一八六四）七月十九日兵火に罹り、他は無事なるを得たり」と。

現在の本堂については、文化十二年（一八一五）の棟札が見つかったそうである。本尊は十一面千手千眼観世音菩薩で、行円が賀茂の霊木を得て彫ったものと伝え、秘仏とされている。『旧都巡遊記稿』には、本堂の「洪梁上に天人奏楽の図を刻み堂内の格天井も尽く花鳥を彫刻し、之に丹青を施し極めて美麗なるものなり」とある。

境内の北西隅に巨大な五輪石塔が建っている。三メートル半ほどもあろうか。珍しいのは火輪の裏に棰《たるき》を作り出し、水輪を空洞に刳って不動尊を安置していることである。これを加茂大明神と称している。行円が加茂社の霊木の槻の木を得て本尊を彫ったと伝え、それで加茂の明神を勧請したのだという。しかし川勝政太郎氏によれば、この塔は鎌倉時代のもので、それも確実に古いのは火輪だけで

あり、忌明塔であろうという。

ほかに鎮宅霊符神堂、愛染堂、出世弁財天堂などがある。また寿老人堂には、近ごろ都七福神めぐりで参拝する人が多い。いつの間にか七福神の石像も並べられている。

なお幽霊の絵馬というものを蔵する。以前は盆の八月十五日に公開したが、昭和五十二年に行願寺会館が出来て、そこの宝物館に展示されているらしい。その絵馬というのは、縦一メートル半ほどの杉板に縁をつけたもので、若い女の幽霊を描き、粗末な手鏡が嵌めこんである。

幽霊の絵馬の由来について、私が書いたことがあるが、何しろ昭和五十一年、四十年も昔で、住持の尼僧に聴いた話か、誰かが書いたものに拠ったのか、そのへんはとんと記憶に残っていない。

とにかく話はこうである。革堂近くに質屋を営む八左衛門方にふみという子守り女がいた。いつも寺に来て子守りをするうちに、「はなをみていまはのぞみもかうだうのにはのちくさもさかりなりけり」と御詠歌を聞き覚え歌うようになった。法華信者の八左衛門はそれが気に入らず、ふみを折檻し、度が過ぎて殺してしまった。愕いた主人は屍骸を土に埋め、親許へは失踪したと告げた。ふみの両親が泣く泣く革堂の観音様に祈るうちに、娘の亡霊が現れて、事の顛末を語った。両親は奉行所に訴えて、娘の遺骨を探し当てたということである。昭和三十七年刊、竹村俊則著『新撰京都名所図会』第四巻に記すところも概ね同じ話であるが、八左衛門、ふみといった名は出てこない。

絵馬には縁起が記してあるということなので、私としては読んでみなければ気がすまぬ。公開の時期ではないが、尼僧に頼み込んで、明いところに持ち出し、よごれ消えかかった文字をためつすがめつ読んでみた。

「文化十四丑年四月日。過し年国元大水にて私むすめ妙水信女不慮に死し候ひしか、其ほたひ（菩提）の為、西国をめくり、この頃此革堂へ参り、折から御開帳にてまことに有かたく存、なをも娘のほたひをねがひ奉りしか、其夜夢まほろしに正しく娘のこゑにて、我つねつね親の言葉をそむき我まゝいたし、よくふかき事をおもひし故に、天災に舟をうしなひ死して身をくるしみまよふ所に、有かたや観音さまの御たすけによりうかみ申ことの忝さ」、ここまではなんとか判読できた。あとは傷みがひどくて読み下せない。拾い読みしたところでは、御礼のためにわが用いし鏡を仏前に納めてたべといって娘の俤が現れた。それで急ぎ国元にかの鏡をとりに帰り、この御堂に納め、大慈大悲の御恩徳に謝するということらしい。話が全く違うではないか。

しかも現存する絵馬は、娘の両親が奉納したものではなかった。記すところでは、百姓和兵衛なる者が、嘉永五年（一八五二）十一月に再興したものである。和兵衛革堂参詣のみぎり、鏡の縁起を知って感動し、その記録が風霜に絶えんとするを歎き、有志を募ってこの絵馬を作ったという。世の人に「観自在の御利益深き事限りなき有難さをしらしめん事を思てこたひ再興する事しかり」とある。

確ではないが、初めは紙に書かれていたのを、和兵衛が板にし替えたらしい。

どこで話がすり替えられたのか、奇怪千万。幽霊よりも絵馬の由来の方が怪談めくではないか。世にもの書く人は多いのに、絵馬の文字を読む人は一人もなかったのか。

それはそれとして、説話が生成する問題を考えれば面白い。観世音菩薩の大慈大悲を説くのに、主人公が我ままで慾深い娘では格好がつくまい。娘は可憐な子守りに変身し、悪役を質屋に押しつけることになる。質屋は庶民の金融機関としてなくてはならぬ存在であるにもかかわらず、高利貸などといってとかく悪まれる。しかも主が堅法華であるところが、天台その他の宗派から嫌われる。とにかく観音様信者の共感を呼ぶように話がしたてられている。さらにふみだの八左衛門だのと名前がつくと、話がますます現実みを帯びる。いつ誰が作ったのかは知れないが、まことに巧妙な縁起譚といってよかろう。

下御霊神社

寺町通丸太町下ル下御霊前町、革堂の北に下御霊神社が鎮座する。上京区の御霊神社（14）をもと上御霊神社と称したのに対して、下御霊神社という。いずれも御霊神を奉祀した社である。

当社に祀るところは、吉備真備《きびのまきび》、崇道天皇すなわち早良《さわら》親王、伊予親王、その母藤原吉子、藤原広嗣、橘逸勢、文屋宮田麻呂、菅原道真と習合した火雷天神の八所御霊である。桓武天皇の第三皇子で、藤原仲成の陰謀により母とともに罪に陥されて死んだ伊予親王を祀ったのが初めで、後に吉備真備、火雷天神を除く六所を祀り、さらに二所を加えて八所御霊としたという。なお相殿に、当社に対し崇敬篤かった霊元天皇を奉祀する。

最初は出雲路の上御霊社の南あたりにあったらしいが、中世に新町出水《でみず》のあたりに移ったという。現在京都府庁の東に御霊町、両御霊町の名が残る。洛中洛外屏風上杉家本にも、そこと覚しき所に「ごりやう」を描いている。ここも恐らく応仁の兵燹に焼けたのであろう。

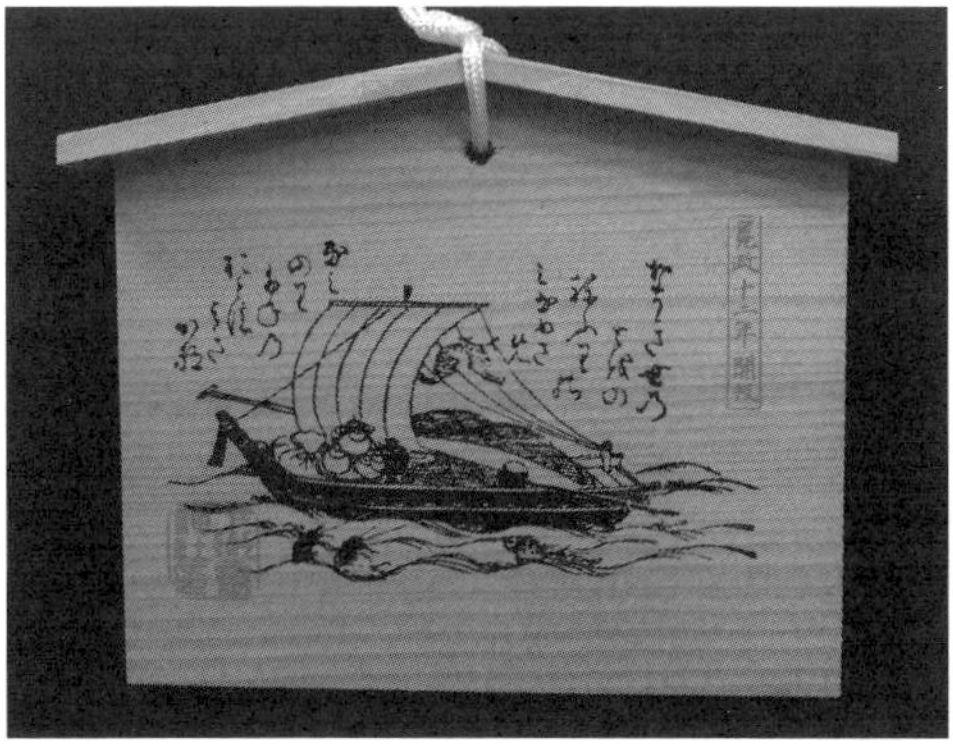

天正十八年（一五九〇）、豊臣秀吉の都市改造により現在地に再転した。そして宝永五年（一七〇八）と天明八年（一七八八）と二度の大火に類焼する。現存の社殿は寛政二年（一七九〇）に内侍所の御殿を下賜されたものという。また表門は仮皇居の建礼門を賜わったものといい、まことに立派な造りである。表の梁に龍、化粧梁に玄武、朱雀、裏の梁に麒麟、鳳凰を彫っているのも見事といいたい。

社務所は社家の古風を伝えて貴重な建築である。奥の東南隅にある神物宝庫は時代物の土蔵で、両扉に菊と慈姑《くわい》とを浮き出しに作っているのも面白い。だが傷みがひどくて宝庫としては使えず、

がらくた置き場になっている。惜しい哉。

境内に末社が多く造られている。中でも猿田彦社の相殿に柿本大神と垂加社とを祀っているのが目を惹く。垂加とは山崎闇斎の号である。僧侶、儒学者、神道家と色々の経歴をもち、最後は垂加神道を唱えて、門弟六千を数えたという。当社の神職出雲路信直が闇斎に就いて学び、その後継者に任じた。境内の西北に「闇斎山崎先生祠堂碑」がある。明治四十二年八月の建立。

下御霊神社を辞して北に歩くと、「横井小楠殉節地」の石標が目につくであろう。小楠は幕末に開明派として活躍し、一旦失脚したが、明治新政府の参与となり、太政官に重きをなした。明治二年正月五日、駕籠で帰宅する途中、このあたりで六人の刺客に襲われた。供の者も小楠も激しく渡り合ったが、岡山近在の郷士津下《つげ》四郎左衛門という若者に討ち取られた。

森鷗外が『津下四郎左衛門』という小説を書いている。四郎左衛門の遺児からの聞き書きという形で、開国は避くべからざることである、「智慧のあるものはそれを知つてゐた。横井平四郎は最も早くそれを知つた一人である。私の父は身を終ふるまでそれを暁《さと》らなかつた一人である」と。悲しいではないか。小楠も悲しいが、津下四郎左衛門はもっと悲しい。小楠に並べて四郎左衛門の石標も建ててやりたい気持に誘われる。

83 石清水《いわしみず》八幡宮・飛行神社

石清水八幡宮

「今こそあれ我もむかしはをとこ山さかゆく時もありこしものを」。『古今和歌集』巻十七雑歌上にみえ、題しらず、読み人しらずの歌である。今でこそ老い衰えているけれども、我も昔は元気旺盛な男で、男山の坂をどんどん登って往った時代もあったものだ。「さかゆく」は「坂往く」と「栄ゆく」との掛詞。

男山の坂を登った頂上、百二十三米に石清水八幡宮が鎮座する。神社の西、百四十二米半の最高点を鳩ヶ峰と称する。

石清水詣をした仁和寺の法師が麓の極楽寺、高良社《こうら》を拝んで帰って来た。念願を果した喜びを人に語り、それにしても参詣者がみな山へ登って行ったが、山上に何があったのだろうかと言った。『徒然草』にある話で、「すこしのことにも、先達《せんだつ》はあらまほしきことなり」と、兼好は寸評を加える。しかし、先達を得て、坂を登ったとしたら、老法師にはさぞやしんどいことであっただろう。

京阪電車の駅前から山上までケーブルカーが開通したのは大正十五年。昭和十九年、金属回収で鋼索が撤去されたが、昭和三十年に復旧した。さらに近年は、山下の橋本から山上まで自動車で登る道もできた。坂ゆく苦労がなくなったのはありがたいけれども、坂の途中の社や旧跡の参拝見学が疎か

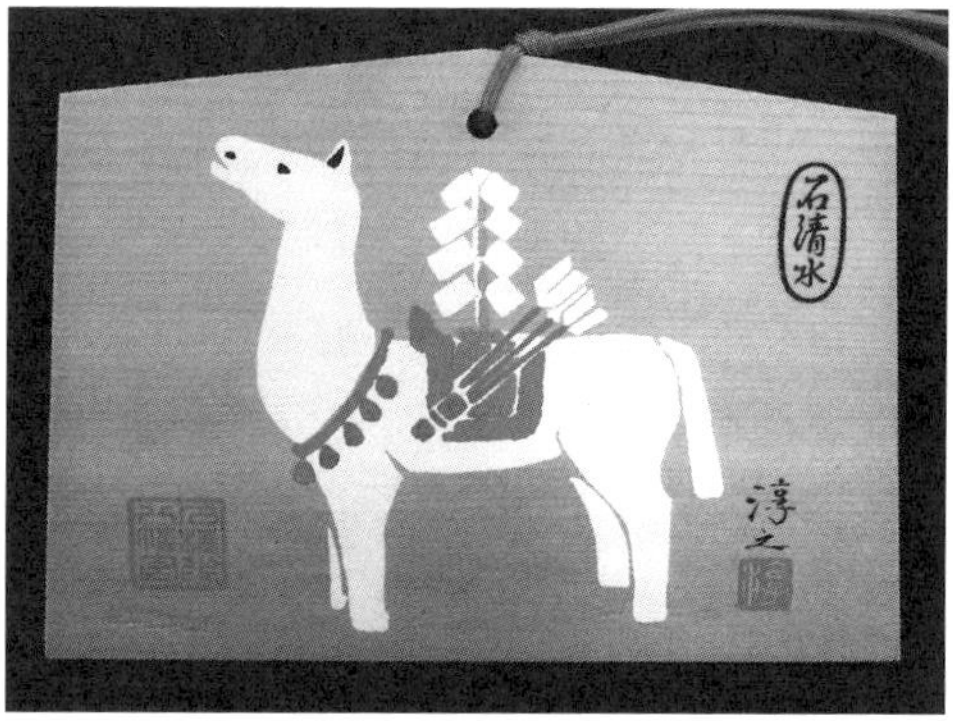

になった。また男山東麓の東高野街道と呼ばれる門前町も寂れてきた。これは文明開化の弊というべきか。

ケーブルカー山上駅の傍に展望台が設けられている。ここから北を観望しよう。眼下に三筋の川が流れる。手前から木津川、宇治川、桂川である。展望台からは見えにくいであろうが、すこし下流の橋本あたりで三川合流して淀川となる。対岸は二百七十米半の天王山を背にした大山崎町である。つまり八幡《やわた》と山崎とが川を挟んで対するこのあたりは狭隘部であり、山城、摂津、河内の三国が境を接する地でもある。私が、阪急電鉄、あるいは京阪電車で京都大阪を往復していた頃、天王山あるいは男山のあたりでしばしば天候が変ったものである。

こうした地理的条件を考えるならば、八幡、山崎が水陸交通の要衝であると容易に察せられよう。したがって戦略上の要害の地でもあり、ここが布陣、合戦の場となったことも史上に知られるとおりである。

例えば、『日本後紀』延暦十五年（七九六）九月一日、遷都以来三年になるが牡山《おとこやま》の烽火《とぶひ》が設置されていない。「非常之備、不レ可二蹔《しばらくも》闕《かく》一。宜下山城河内両国、相共量《はかり》二定《さだめて》便《たやすき》処一置中彼烽燧《とぶひ》上」と勅があった。烽火とか烽燧とかあるのは「とぶひ」で、戦争、騒乱など緊急の場合に、狼煙《のろし》を挙げて急報連絡する設備をいう。

さてこの男山に、いついかにして八幡宮が勧請されたのか。『朝野群載』に収める「石清水八幡宮護国寺略記」によれば、奈良大安寺の僧行教はかねがね八幡大菩薩を拝まんと欲していた。貞観元年（八五九）四月十五日、豊前国宇佐宮に参着した。それより一夏《いちげ》の間、宝前において昼は大乗経を転読し、夜は真言密教を誦し、六時不断に三所の大菩薩に廻向した。かくすること九旬、都に帰らんとするに、七月十五日夜半、大菩薩が行教に仰せられるに、汝の修善に深く感ずるところがあった。都の近くに移って国家を鎮護すべしと。行教歓喜の涙を湛えて昼夜六時不断の読経をした。同月二十日京に上り、八月二十三日山崎の離宮の辺に到着した。二十五日の夜、いよいよ移坐せんとお告げがあり、いずこに宝体を安置し奉るべきやお示し下さいと願うに、移坐するところは石清水男山の峰であると告げられた。その夜中、南方に向って百余遍大菩薩を礼拝するに、巽の方にあたり月か星かの如き光が遍満した。暁に山頂に登り、三昼夜祈り申し、示現された場所の草を結び法要を営んだ。且つ事の次第を録し、公家を通じて奏聞した。九月十九日勅使を遣して実地を点検し、木工寮に宣旨を下されて造営の手配をさせられ、権允《ごんのじょう》橘良基をして三宇の正殿、三宇の礼殿、都合六宇の宝殿を造立せしめ、三所の御体を安置した。その間にも一度ならず霊験が現れた。十一月十八日、左大臣藤原良《よし》相《み》の召しにより参候した。大臣の言われるに、聖人の奏状を奏聞せぬ前に、天皇の夢に男山の峰より紫雲が立ち登り王城を覆い天下に遍満した。また皇后も臣家も同じ夢を見られた。この奏状を奉るや、驚き貴びこの御殿を造らしめられたのであると。そこで石清水の御山に還り、頂礼して宇佐の本宮の例に准じて祭祠祈禱を勤めたのである。末代の為に縁起を録すること件の如し。貞観五年（八六三）正月十一日の日付で、行教が書いたことになっているが、これはおそらく後代が仮託したものであろう。因に藤原良相は右大臣であって、左大臣になっていない。

そもそも宇佐の八幡大菩薩とはいかなる神か。元来はシャーマニズム的な信仰の神であったかと思われるが、奈良時代から中央への進出を図るようになった。称徳天皇の神護景雲三年（七六九）、『続日本紀』によれば、大宰の主神《かんづかさ》習宜の阿曾麻呂という者が、道鏡に媚びて、八幡の神教だと偽り、道鏡が皇位に即《つ》いたならば天下太平とならんと告げ、これを聞いて道鏡はいたく喜んだ。勅命により和気清麻呂が神意を聴くために宇佐に赴いた。神の託宣は、我が国は開闢以来君臣の分が定っている、臣を君とすることは未だかつてない、無道の人は早く掃除すべしということであった。清麻呂帰って神の教えのままに復命すると、道鏡は大いに怒り、清麻呂を大隈に、姉の広虫を備後に配流した。これは博く知られた話である。

その八幡神がいつか仏教と習合して八幡大菩薩となり、遂に行教によって京都の近くに進出を果したのである。都の坤《ひつじさる》、いわゆる裏鬼門を守護する地ということになる。六宇の宝殿を造営したとあるが、これは宇佐宮に倣った建築で、八幡造と称する建築様式である。正殿三宇というのは、祀るのが三所の神だからである。中央が誉田別《ほんだわけ》尊すなわち応神天皇、本地は阿弥陀如来あるいは釈迦如来、東は息長帯比売《おきながたらしひめ》命すなわち神功皇后、本地は観世音菩薩あるいは文殊菩薩、西は比咩《ひめ》大神すなわち多《た》紀理毘売《ぎりひめ》命、市寸島《いちきしま》姫命、多岐津《たぎつ》毘売命、本地は勢至菩薩あるいは普賢菩薩である。

社殿の竣功は翌貞観二年（八六〇）とされるが、勧請の経緯を正史に録することはない。しかしここに注意したいことがある。『三代実録』貞観三年（八六一）五月十五日に「近京名神七社」に祈雨の使を遣した。その告文は七社おおむね同文であるが、その一例として掲げるものに「掛畏《かけまくもかしこ》キ八幡大菩薩ノ広前ニ申賜ヘト申《まをさ》ク」日頃雨降らず農作物が枯れようとしている。「大菩薩ノ矜《あはれみ》賜ムニ依テシ」甘雨を普く降らせて五穀を豊かに実らせたまえと願って「散位従五位下和気朝臣彝範《つねのり》ヲ差使テ」大幣帛《おおみてぐら》を捧げしめる云々とある。近京の八幡大菩薩とは男山に鎮座した八幡宮と見ざるをえない。

貞観二年（八六〇）十一月十六日文武の臣に官爵を賜わる中で、「木工大允和気朝臣彝範」は従五位下に叙せられている。行教の記録では、木工権允橘良基が八幡宮の造営に携ったとあるが、木工大允たる者も無縁ではあるまい。さらに貞観七年（八六五）四月十七日、「石清水八幡大菩薩宮」に楯、矛、鞍を奉納するのに「従五位下行木工権助和気朝臣彝範」を遣している。これよりさき同年二月十四日、天変地災を止めたまえと「豊前国八幡大菩薩」に奉幣する勅使を彝範が勤めている。降って元慶八年（八八四）四月二十五日、「従四位下行山城守和気朝臣彝範」を「大宰宇佐八幡大菩薩宮」に遣し、光孝天皇の践祚を告げさせた。このように度々石清水また豊前の八幡大菩薩に祈願をする使に立つということは、和気清麻呂とのゆかりを考えてよいのではなかろうか。

貞観十一年（八六九）六月以来大宰府から頻に使があり、新羅の海賊船が筑前、豊前などで掠奪を働いていると告げている。十二月十四日伊勢大神宮に、十二月二十九日に「石清水神社」に使を立てて奉幣した。後者の告文に「掛畏キ石清水ノ皇大神ノ広前ニ恐《かしこ》ミ恐ミモ申給ト申ト申《まをさ》ク」として事情を述べ、「掛畏キ大神、国内ノ諸神タチヲ唱導キ給ヒテ」賊を防ぎ給えとある。これは伊勢の皇大神とほぼ同様の文言である。すなわち石清水も伊勢と同じく「皇大神」であり、国内の諸神《もろかみ》を導く神となっている。もはや八幡大菩薩ではなくなったらしい。因みにこの時の使者は従五位下行主殿《とのも》権助大中臣朝臣国雄であった。

石清水の神は皇室の祖神であり、伊勢神宮に次ぐ神として崇められるにいたった。しかるに延喜式の神名帳に挙げられていない。その故は魚味、つまりなまぐさものを供えないからだとされる。石清水は神仏混淆というより、仏寺が主であり神社は従であった。男山に八幡大菩薩を勧請するより前に、石清水寺と称する寺があり、これを護国寺と改称して神宮寺としたという。神宮寺といっても神社に附属するのではなく、別当以下の重要な職は僧侶が占め、神官はそれに従わねばならなかった。したがって魚味を供しないばかりでなく、祭事も仏式で行われたのである。

仏式行事の最たるものは八月十五日に行われる放生会《ほうじょうえ》である。魚鳥を放って供養する法会であるが、宇佐神宮より石清水に伝ったという。確な記事の見えるのは『日本紀略』で、円融天皇の天延二年（九七四）八月十一日、「石清水八幡宮来十五日放生会」につき、宮中の節会《せちえ》に准じて音楽を奏せよ、供奉の馬、騎者を用意せよと、中納言源延光に仰せられた。そして十五日の当日、左近衛中将源正輔が奉幣の使に立った。これより夙く村上天皇の応和元年（九六一）八月十五日、中宮安子が「奉幣、音楽走馬奉㆓石清水宮放生会㆒」という記事もある。

放生会は文明年間に中絶し、延宝七年（一六七九）に再興したというが、明治の神仏分離によって祭の名称も作法も改り、日も九月十五日に変った。大正七年に石清水祭と称し、今は放生も復活している。

だいたいが深夜の祭で、丑三つが過ぎて三基の鳳輦が山上の本殿から山麓の頓宮に向う。神様が動座するのは、人間が寝静まった時刻でなければならない。朝になって放生が行われ、鳳輦の列は夜を待って本殿に還幸する。

円融天皇の天元二年（九七九）三月二十七日、「天皇行㆓幸石清水八幡宮㆒。有㆓男踏歌之遊㆒」と『日本紀略』にあるのが石清水行幸の嚆矢である。以来行幸、御幸は恆例のようになる。

それから千年近くたった文久三年（一八六三）攘夷か開港か輿論が沸騰しているさなか、三月十一日に孝明天皇は将軍家茂を従えて上賀茂社下鴨社に行幸し、さらに四月十一日石清水八幡宮に行幸した。攘夷祈誓のためである。さらに八月十三日攘夷親征祈願のため大和行幸を予定していたが、政変が起って取消しとなった。

不発に終ったものの、攘夷祈願には八幡宮は武神であるから時宜を得ていると考えられたのであろう。八幡を弓矢の神とする信仰は早くから行われたようであるが、清和源氏の頼信、頼義が篤く崇敬し、やがて源家の祖神と考えられるに至った。頼義は鎌倉由比に八幡宮を勧請し、これが後年頼朝によって鶴岡八幡宮に改められた。頼義の子義家は石清水八幡宮で元服し、八幡太郎と呼ばれるのは周知のことであろう。

その後も足利、織田、豊臣、徳川と武をもって天下を治める者はみな石清水八幡宮に保護を加えて来た。現存の本殿および外殿は徳川家光によって寛永十一年（一六三四）に造営されたものである。平成二十八年二月、国宝に指定された。

当社について語れば尽きることがない。栄枯盛衰は世の常といいながら、大打撃を与えたのは明治維新の神仏分離令である。八幡大菩薩の神号を廃し、八幡大神と改め、神前に魚味を供えることになった。事はそれだけに止まらない。元来僧侶が主導しており、山上山下に多くの寺坊が存したが、それらが悉く排除された。仏像、仏具の類も廃棄、売却された。広大な社領は上地せしめられた。かような荒々しい処分は、今日では到底なし得ないことであろうが、時の勢というか、それを強行する権力を政府が有したのである。

明治四年に官幣大社に列し、男山八幡宮と改称した。石清水八幡宮に復したのは大正七年である。地名として呼ぶ時は古くから八幡《やわた》であり、自治体としては、明治二十二年に八幡町《やわたちょう》が成立し、昭和五十二年に八幡市となった。

さて長談義はこれくらいにして参拝をしよう。ケーブルカーに乗れば、山上駅のすぐ先が北総門である。参入すると若宮社以下の摂末社が並び、本殿の裏に出る。八幡造の荘重豪侈を拝んで満足できる人は山上駅に戻るがよかろう。あれこれ穿鑿せねば気のすまぬ人には坂道を登るか降るかしてもらわねばならぬ。

順序として、京阪電車八幡市駅前から東に歩き、一の鳥居を潜るとしよう。鳥居の扁額の「八幡宮」の文字は、平安の三蹟の一人藤原行成の書を寛永の三筆の一人松花堂昭乗が写したものという。八の字が鳩の形になっているのに注意。鳩は八幡宮の神使である。

鳥居から進むと右手に放生池があり、頓宮の裏門になる。頓宮とは御旅所であり、正月十八日の青《あお》山祭《やままつり》や九月十五日の石清水祭の夜に神霊を迎える。表門を出ると右手、すなわち西側に高良《こうら》社がある。『徒然草』の仁和寺の法師が本社だと独り合点した社である。

頓宮から直進すれば二の鳥居が立つ。その手前で右に登る坂が裏参道である。鳥居を潜って行けば七曲りの坂道となる。曲り曲って道が二つに岐れるところに大扉《おおとびら》稲荷社があり、影清《かげきよ》塚の旧跡がある。参拝者がここの水に己の影を映して心身を清めたとか。あるいは悪七兵衛景清がここに隠れて、主君の仇源頼朝の命を狙ったと『都名所図会』に伝える。

右の道が七曲りの続き、左の道が表参道。右へ行こう。松花堂の跡がある。ここに泉坊があって、松花堂昭乗が草庵を営んだという。神仏分離で撤去されたが、明治二十四年に泉坊客殿、茶室、庭園が南方の女郎花《おみなえし》に移され、今は市が管理する公園になっている。

さらに登ると摂社石清水社が鎮座し、石清水井がある。ここに湧き出る泉が石清水の起源であり、八幡宮勧請以前からの聖域であったとされる。

道はやがて裏参道と合し、右へ行けば展望台、左へ行けば伊勢神宮遥拝所があり、また細橋《ささやきばし》がある。これは石を敷いて橋の形に造ったもので、渡らずの橋。石清水の源流が通っていたとか。

ここより段を上れば、水分《みくまり》社を経て本殿の東総門に達する。門の両翼に延びる塀を信長塀と呼ぶ。織田信長が寄進したと伝える。瓦と土とを何重にも積み上げており、火焔にも銃弾にも耐えるという。

大扉稲荷社の前から左へ表参道を往けば三の鳥居に到る。ここから本殿の南総門まで一直線の道となる。右に社務所、左に石翠亭という休憩所がある。道の両側の石燈籠の列は奇観といってよい。廃仏毀釈で撤去した寺坊の燈籠をここに集めたよしで、約四百八十基あるとか。御用とお急ぎでない方は、燈籠に彫った文字を読んで書き取ればおもしろかろう。昔の信仰の様相が窺われることと思う。私は思うだけで実行していないけれども。

参道の左手すなわち西側にいろいろの建物や施設があるが、中で目を惹くのはエジソン記念碑であろう。なんでさようなものがあるのか。エジソンが男山に来たわけではない。彼が白熱電球を発明したのが一八七九年、明治十二年。電球のフィラメントつまり発熱体に何を使うか、あれこれ試した結果、竹を炭化したものが、もっとも長持ちする、それも男山の竹が一番よいと解ったそうである。記念碑は昭和九年に建立され、五十九年に建て直された。

男山の山上山下丁寧に尋ねて廻るとすれば、日帰りは無理である。一泊の覚悟をされたがよかろう。

飛行神社

八幡土井に飛行神社がある。頓宮の東、大谷川を隔てて近いところである。大正四年、二宮忠八《にのみやちゅうはち》が創立したもので、饒速日《にぎはやひ》命を祭神とし、航空殉難者の霊を祀る。かつては鳥居もなかったが、今は鳥居が建っているらしい。

二宮忠八といえば、日本最初の飛行機の発明者として、私どもの子供時代にはその苦心談を読んだものである。忠八は慶応二年（一八六六）愛媛県に生れる。明治二十四年丸亀の歩兵聯隊に入営し看護兵を勤めた。在営中に鳥の飛び方を研究し、ゴム紐の動力による模型飛行機の製作に成功した。それが明治二十四年。しかるに陸軍はこれを採り上げようとせず、有人飛行でライト兄弟に先を越されてしまった。

信仰心の篤かった忠八はこの地に来り、自邸内に神社を建て、航空殉難者の慰霊に力めた。昭和十一年に他界。境内に航空資料館がある。

84　長建寺・寺田屋

長建寺

京阪電車中書島《ちゅうしょじま》駅の前に巨い石柱が建っている。曰く「豊臣秀吉公守本尊　辨財天御像　長建寺是北一丁」。これに従って真直北へ歩く。駅に近いところが南新地、その先の道路の東が東柳町、西が西柳町となる。その名から察せられるようにここは遊廓であった。元禄年中に十三代目伏見奉行建《たけ》部内匠頭政宇《べたくみのかみまさゆき》が、ここより北の阿波橋西方、いわゆる泥町にあった遊里を移したという。水運陸運の要地であるところから、中書島遊廓として大いに賑い、近代にまで続いたけれども、昭和三十三年四月一日売春防止法の罰則規定が施行せられ、営業を廃した。

駅前から百五十メートルほど行くと、長建寺と記した矢印の標示が見える。そこを東へ、すなわち右折すれば、赤黒い塀があり、それが寺の裏である。右折せずに真直行けば蓬萊橋に到る。橋の手前で右折し川沿いに歩く。川の名は宇治川派流といって不粋であるが、三十石船、十石船や対岸の酒倉を眺めながら行くもよし。やがて長建寺の門前に出る。

支那寺風龍宮造の山門を潜る。それで福が来るそうで、「山門迎福」とジュディ・オングが言ったとか。本堂のほか、不動明王、稲荷大明神、飛龍大権現、摩利支尊天などいろいろの神祠があり、境内はごちゃごちゃしている。それだけに福徳も数々あるのにちがいない。

東光山長建寺、真言宗醍醐派に属する。元禄十二年（一六九九）中書島の再開発に際し、深草大亀谷の即成就院の塔頭《たっちゅう》多聞院をここに移した。長建寺と号するのは、その事業に尽力した建部政宇の長寿を願ってのことという。なお本堂の向って右手に、元禄十二年十二月に政宇の奉納した辨天型の石燈籠一基が建てられている。

ところでこの地を中書島と呼ぶのは何故か。伏見城下の時代に脇坂安治《やすはる》の屋敷がここにあったとされる。安治は中務《なかつかさ》大輔であり、その唐名を中書と称したことに由来するという。島というのは、宇治川、宇治川派流、濠川《ほりかわ》と四面水に囲まれた地だからである。伏見城が廃せられるや荒蕪の地と化していた。建部政宇は、そこを整地し、橋を架け、遊里を移したのであった。

大きからぬ本堂の本尊としてきらびやかな厨子に安置するのは八臂《はっぴ》辨財天である。秘仏であり、十二年に一度、巳歳に開帳されるが、今年平成二十八年に特別公開された。私も是非拝みたいと願いながら機を逸してしまった。写真で見るところ、至極端麗厳粛な面もちで、主となる右手に琵琶ならぬ宝剣を握っているのが目につく。『拾遺都名所図会』に「辨財天女は弘法大師の作」とあるが、それはそれとして、時を超えて迫る魂気を感じさせる。

今は無いようであるが、平成の初め頃、手描きの小絵馬を買ったことがある。こちらはいともなまめかしい辨天さんでこれはこれで面白い。脇仏に裸形辨財天があるらしく、そちらを写したかと思われる。作者の名を聞いたが、忘れてしまった。おうちはその絵画きさんによう似てはると住職が言っていた。そんなつまらぬことしか、今は思い出せない。

本尊の前に宇賀神将の像を据える。とぐろを巻いた大蛇のもたげた頭が人間で、顎鬚を蓄え、口をあけて笑う姿になっている。そもそも宇賀神とは辨財天の異称であるが、中世以来福徳を授ける神として信仰された。また稲荷の神である倉稲魂《うがのみたま》と習合することもあった。「毎日新聞」京都版に連載する「京都の仏像」(平成二十八年五月三日)によれば「室町後期の作とされ、木製で高さ約90センチ」、住職の話では「ヘビは吉兆という言い伝えから豊臣秀吉が自らの顔に似せて作らせ、伏見城にまつっていたとの説もある」よしである。因に宇治の三室戸《みむろど》寺の本堂前に蓮の葉に乗った宇賀神像がある。その姿形風丰が長建寺の宇賀神とよく似ている。あるいは長建寺の像を模したのかも知れぬ。

白蛇は辨財天のお使いであるから、近江の竹生島神社をはじめ辨財天社には蛇の置物、お守、絵馬などが見られる。また辯財天とかかわりなくても、蛇に対する信仰、あるいはその裏返しの畏怖が見られる。京都では、蛇をミーサンと呼び、金運、福運の神とする。蛇が縄のように絡んで交尾するのを見たら、げん、すなわち縁起がよいそうであるが、当節では市内で蛇を見ることはむずかしかろう。因にミーサンとは、十二支の巳《み》に「さん」をつけた京都方言である。

ところで、辨財天を本尊とする寺は珍しいというが、昔からこのような祀り方をしていたのか、疑問に思う。天明七年(一七八七)板『拾遺都名所図会』には、項目として「辨財天社」を挙げ、「真言宗にして醍醐三宝院に属し長建寺と号す」と、寺は附属のように誌す。安永九年(一七八〇)板『伏見鑑』には、神社の部に「弁天社　中書嶋　社僧長建寺」を挙げ、寺院之部に「長建寺中書嶋」を挙げる。これよりすれば、辨財天社があって、これが世に知られており、長建寺の僧がお守りをし

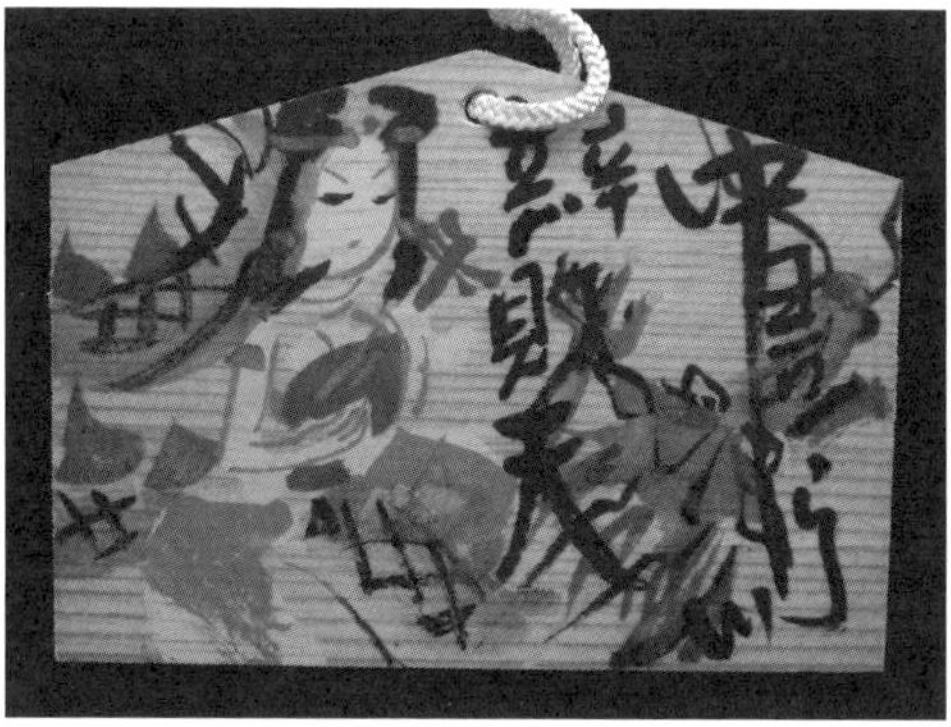

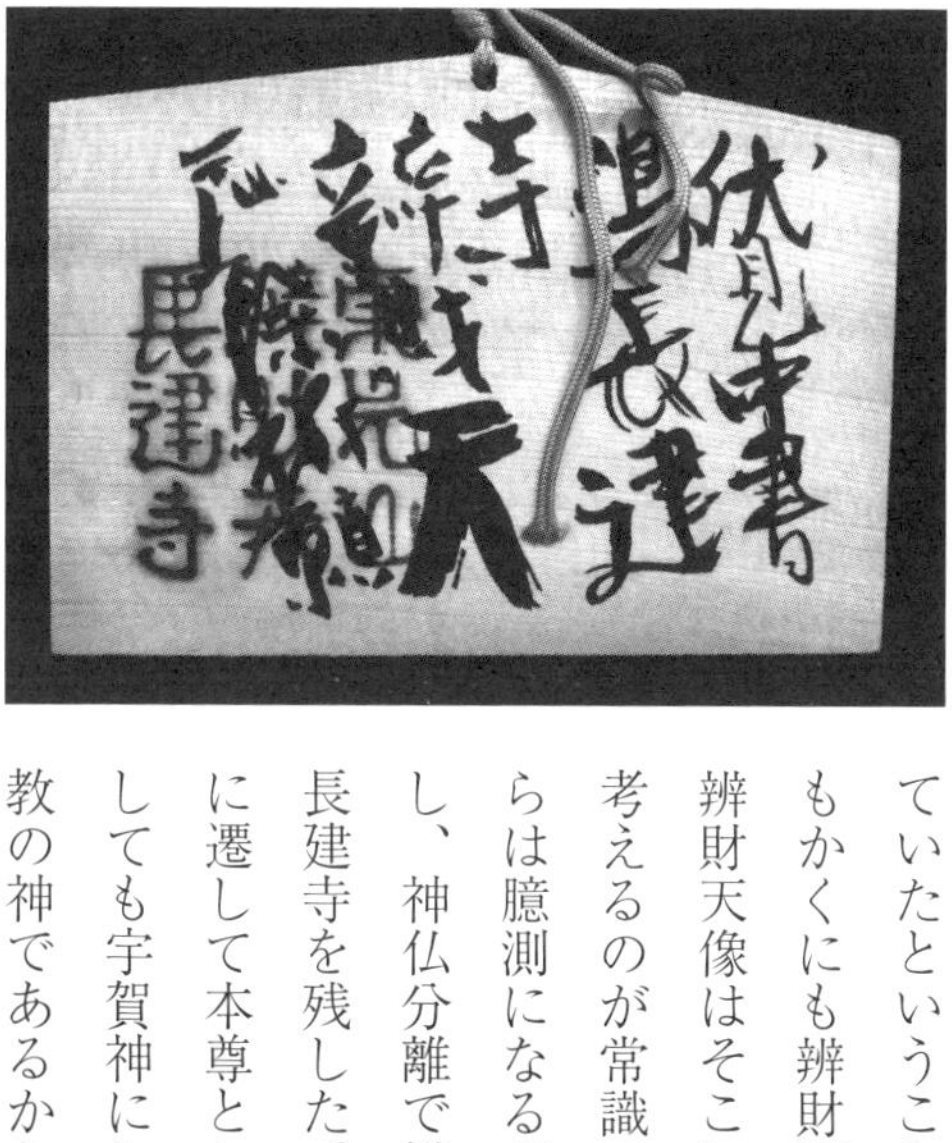

ていたということになろう。とにもかくにも辨財天社がある以上、辨財天像はそこに祀られていると考えるのが常識であろう。それからは臆測になるが、明治維新に際し、神仏分離で辨財天社を廃し、長建寺を残した。そして神像を寺に遷して本尊とした。辨財天女にしても宇賀神にしても、元来は仏教の神であるからさして不都合はあるまい。辨財天は音曲の神であり、廓の女性たちの深く信心するところであったから、中書島の外に遷することはできなかった。確実なことは解らぬけれども、まずまずこれが妥当な推理ではないかと思う。

　また長建寺も中書島の町方としっかり結びついていた。幕末から明治初めに成ったとされる『伏見大概記』に「昼夜時之鐘撞候所、弐ヶ所、御香宮　長建寺」と記す。すなわち、長建寺の梵鐘は、御《ご》香宮《こうのみや》（4）の鐘とともに時鐘の役を果していたのである。そうして鐘撞料として町方から五人扶持を給していた。さらに中書島町中から四人扶持を長建寺に出していた。扶持というのは、一人一日米五合の割で一箇年分の米または金銭を給与することである。したがって長建寺に移転されては、中書島住民の時計が無くなってしまうのである。

寺田屋

蓬莱橋を渡ったところが南浜町、すぐに西へ、すなわち左折すれば寺田屋の提燈が見える。さらに西に進めば京橋に到る。

豊臣秀吉が築いた伏見城は、関ケ原の役に際し、東軍、西軍の攻防により破壊された。それを徳川家康が修築して天下支配の拠点としたが、二条城が完成し、また家康が駿府城に移り、漸く要たる意義が薄れてゆく。元和五年（一六一九）に廃城と決定し、九年三代家光の将軍拝任の式を最後に取壊されてしまった。

城を築くも廃するも政治上軍事上の都合であるが、それに振り廻される住民はたまらない。城が無くなるとともに、城下は火の消えたような様相を呈する。それに活を入れたのは淀川、高瀬川の水運である。京大坂の中継地として、さらに、港湾商業都市として、伏見は殷賑をとり戻す。運上金を納める大型の過書船と運上金を免除される小型の淀上荷船と、さらに小型の伏見船と、熾烈な争いが起るが、それほどまでに舟運が盛んだったということである。また京伏見間の陸上運送も活況を呈する。

旅客専門の三十石船が発着する南浜界隈の賑わいは非常なものであった。伝馬町が設けられ、馬借《ばしゃく》が集った。大名の用達に当る本陣、脇本陣があり、また船宿と称する旅籠《はたご》も六軒あった。その一つが今に残る寺田屋である。

寺田屋は、慶長二年（一五九七）、久世郡《くぜ》、今は城陽市となっている寺田村の百姓伊助が伏見に出て来て船宿を開いたという。

その寺田屋が歴史の舞台となるのは幕末動乱の際である。そして寺田屋をとりしきったのは、女将《おかみ》の登勢《とせ》であった。昭和十三年四月西野伊之助編『伏見叢書』の人物誌に寺田屋とせを取上げる。「とせ女ハ第六代寺田屋伊助ノ妻ニシテ、近州大津大木重太郎ノ二女ナリ。年十八才ニシテ伊助ノ妻トナル。貞淑能ク夫ニ仕へ、姑ニ孝養ヲ尽ス。三十五歳夫ヲ失ヒ、家業一切ヲ処理セリ、資性任侠ニ富ミ、正道ヲ以テ人ノ依頼スル所嘗テ尽サザルハナシ。此ノ故ニ当時京坂ヲ往復スル勤王ノ士ハ殆ト寺田屋ヲ本拠トシ、而シテとせ女ノ庇護ヲ受ケタリ」「明治十九年病没ス。年四十八」と称揚する。墓はこれより北の鷹匠町旧宗玄寺の墓地にある。

「京都新聞」平成二十五年二月二十五日夕刊によれば、登勢の生家が判明したという。大津で弘化四年（一八四七）の宗門人別改帳が見つかった。その写真には「升屋重助六十七才」に三男二女あり、次女は「登勢十八才」とある。升屋は公事宿《くじやど》で、丸屋町、今の大津市中央一丁目にあったよしである。実家が宿屋だから、寺田屋に嫁いでも、旅宿の経営には腕に覚えがあったのであろう。しかしながら、女将が舞台の表に立つことはない。

寺田屋は薩摩藩の定宿になっており、幕末怱々の間に藩士の往来は頻繁であった。つまり寺田屋は大に繁昌したということである。ここで文久二年（一八六二）四月二十三日、寺田屋騒動が突発する。

薩摩藩の過激派がクーデターを企てたのである。すなわち関白九条尚忠、所司代酒井忠義を討ち、青蓮院宮《しょうれんいんのみや》、後の中川宮を大将軍に戴き、島津久光を副将軍として倒幕攘夷を決行しようというのである。

有馬新七ら薩摩の一行に久留米の神官真木和泉らが加り、大坂から船に乗り、夕暮に寺田屋に着いた。準備おさおさ怠りなく、いざ進発という時に、主君久光の使者奈良原喜八郎らが到着した。久光直々に説諭するから首謀者を連れて来い、手向うようなら上意討ちにしてもよいとの命令を承けていた。ところが、有馬らは、青蓮院宮様のお召しを受けているからそちらへ先に参り、その後に久光公のもとに参りましょうと言い張る。畢に談判決裂して上意討ちとなる。遅れていた使者側の大山格之助、後年の鹿児島県令大山綱良らも到着し、寺田屋は修羅場と化する。討つ側も討たれる側も、同藩の親しい仲であった。

坂本龍馬は東奔西走する間にしばしば寺田屋に止宿していた。薩摩藩士の紹介によるものである。慶応二年（一八六六）一月二十三日、薩長会談の周旋に成功した龍馬が寺田屋に泊っていた。そこを伏見奉行所の捕方に襲われた。龍馬は、高杉晋作から貰った拳銃を発射するなどして屋根伝いに遁れ、伏見の薩摩藩邸に匿われたという。

さきに龍馬に助けられて寺田屋に預けられていたお龍がこの時入浴中であったが、忍び寄る危険を察し、裸のまま階段を駆け上り、二階の龍馬に急を告げたという。

お龍はその後龍馬の妻となるが、この時の裸の注進が椿事として伝えられる。しかしながら裸身を珍しがり騒ぐのは近代人の感覚ではないかと思う。当時は、男はもとより、女が裸になることも、さして奇とするに当らなかった。しかるに、人前で裸にならず、水着を着て温泉につかるような西洋の風俗に影響され、日本でも袒裼裸裎《たんせきらてい》を罪とするようになった。裎、裼は肩脱ぎになること、裸、裎は衣服を全部脱ぐことで、中国では昔から無礼なふるまいとされた。だが日本の庶民の感覚では、さして異とすることでなかったはずである。それを禁ずるところからして、裸体の絵画写真が悦ばれ、また裸を曝して金を稼ぐ女性も現れるのである。もっともお龍の場合は喫緊の場合であるから已むを得ないが。

お龍が駆け上った階段の上の柱に刀疵の痕が残っている。乱闘の際にできたものというが、私にはどうしても刀疵とは見えない。柱の角を小刀か何かで削ぎとった痕のように思う。そもそも寺田屋の建物は昔のままではないらしい。その後寺田屋は火災に罹っているとの説を新聞で読んだ記憶がある。その切抜が散佚して、残念ながら今確かめることができない。

　建物の東が空き地になっており、そこに「薩摩九烈士遺蹟表」や昭憲皇太后が龍馬の夢を見て金一封を賜ったという「恩賜紀念之碑」などがある。近年は龍馬の像やお登勢明神の祠や、いろいろのものがふえた。

寺田屋は観光客で賑っているが、概ね龍馬に牽かれて来る人が多いと察せられる。宿の方でも龍馬を前面に押し出している。龍馬が泊ったという梅の間に、龍馬全身像の軸が掛っている。これはお登勢が嫌がる龍馬に奨めて画家に描かせたとか。小絵馬の半身像はこれを模写したものである。

85 京都霊山《りょうぜん》護国神社・霊山観音

京都霊山護国神社

京都霊山護国神社、略して京都神社とも護国神社とも呼ぶ。所在地は東山区清閑寺霊山町、といってもおそらく見当がつくまい。東山三十六峰の一峰に数えられる霊鷲山《りょうじゅせん》、略称霊山の西側斜面一帯が清閑寺霊山町である。

解り易くいえば、神社は高台寺の東南に当る。八坂神社の石段下から東大路通を南へ行くと、右手に安井金比羅宮（64）の鳥居が見え、その向い、左手にも鳥居が建つ。掲額はないが、これが護国神社の一の鳥居である。

鳥居を潜り、上り勾配の広い道を真直に進む。二の鳥居の手前に二年坂への岐れ道があり、さまざまの店が軒を列ねているけれども、今は誘惑を斥けて直進しよう。二の鳥居から坂道は急になる。それでも進め、進め、軈て神社の入口に達するであろう。

さて当社の創始はいかに。明治二十八年の『京華要誌』には霊山招魂場として「嘉安（嘉永ノ誤）以後国事に尽瘁せし人々の霊を祭らん為め明治初年有志者相謀り祠宇を建て例年春秋両度祭事を行ふまた招魂碑其北に屹立す巨大の銅碑にして篆額は有栖川熾仁親王撰文並書は三条実美公なり是より順路を上るに報国殉難志士の墓碣累々として其幾百なるを知らず」とある。いかにもそのとおりであるが、隔靴掻痒のもどかしさを免れない。招魂場成立の経緯をもうすこし詳しく知りたい。

大正四年刊『京都坊目誌』が、こんな時に頼もしい大船となる。すなわち幕末維新の倥偬の間に、国事に奔走し或は戦闘に参加して斃れた人々の慰霊のために、招魂社を建て、墳墓を設けたのを始りとする。ただしこれは統一した事業ではなく、諸藩や有志たちがてんでんに営んだのである。したがって初めは複数の招魂社が存在した。『京都坊目誌』に挙げるところでは、鳥取藩士、福岡藩士、天誅組の諸士を祀る三社がある。また墓域にも諸藩、有志それぞれに墓表を建てたらしい。『京都坊目誌』には、合祀者、埋葬者の名を記すがそれは五百七十余人に上る夥しい数になる。もともとここに霊明社という神道の斎場があったのが元で、次第に墓がふえていったのである。

これらの神社、墳墓の管理に当った養正社が、明治四十年四月五日に「京都霊山殉難志士墳墓全図」を発行している。それは墓域全体の見取図で、墓標を描き、一々その主の名を書き記している。その数約四百。この図の複製を護国神社の社務所で売っている。墳墓全図にしても、『京都坊目誌』の記載にしても、明治大正の人は網羅する労を厭わなかった。それが今となっては貴重な資料となる。当節かような網羅主義ははやらないが、今様の出版物は、資料としては屁のようなものである。

明治九年十月十四日に各招魂社で祭典を行い、やがてこれが官祭となる。十月十四日は慶応三年（一八六七）大政奉還の日である。霊山表忠之碑を建てたのは明治十一年である。

今日に至る沿革については、委曲を尽した書物が見当らないので、当社の由緒記に拠るとしよう。

嘉永六年（一八五三）黒船来航以来、尊王の大義に命を捧げた志士の霊を祀るべく、明治元年五月十日に御沙汰書が下された。これを拝して「京都府及び山口、高知、福岡、熊本、鳥取、久留米の諸藩、沢三位家、徴兵隊は」霊山に祠宇を建設した。これが「我国招魂社の嚆矢であって」、社号を「霊山官祭招魂社」と称した。明治十年以来、十一次にわたって御下賜金を拝領した。

昭和四年、前年の御大礼の大嘗宮附属建物を下賜され、斎殿、拝殿を建立した。昭和十一年、嘉永以降の京都府出身の英霊を悉く合祀しようとの議が興り、社殿の造営、境内の拡張が計画された。十一月に着工し、約三十ケ月を費して、社域を千五百余坪に拡げ、三間社流造の本殿、五間三面入母屋造の拝殿をはじめ、祝詞舎、神饌所など十二棟が完成した。この時に当り、政府は、郷土出身の英霊を祀るために各都道府県に護国神社を指定した。それにより、十四年四月一日をもって京都霊山護国神社と改称し、三十日に英霊合祀の祭典を挙行した。

霊山官祭招魂社に祀るところ五百四十九柱、明治四十一年までに他の招魂社の霊を合祀して千三百五十六柱となる。さらに日清戦役以来の英霊を祀って、昭和五十一年四月一日現在で七万三千三柱となる。

なお神社の南に霊山歴史館がある。昭和四十五年の開館で、幕末維新の志士の資料、遺品などを展示する。また参道の南側に翠紅館というのがある。元は正法寺に属する坊舎で叔阿《しゅくあみ》弥と称した。林泉、遊興の図が寛政十一年（一七九九）の『都林泉名勝図会』に載っている。それを天保年中に西本願寺が取得し別墅《べっしょ》として整備し、翠紅館と称した。但し東本願寺と書いたものもあり、なお調査を要する。文久三年（一八六三）桂小五郎、真木和泉らの急進派がここに会合し、天皇親政を図った。『京都坊

目誌』によれば、その後「転々して今大坂某氏の有と為る」という。現在は料亭大和となっているが、建物の旧態は保っている。

さて昨今坂本龍馬の人気が頓に上昇している。護国神社でも龍馬を持ち上げ、伏見の寺田屋（84）も龍馬の人気で保っている感がある。平成二十八年秋、天皇、皇后が来京された折には、京都国立博物館の坂本龍馬展に案内している。天皇が希望されてのことかどうかは知らぬが、昔なら天覧、台覧の栄に浴したということになろう。

「京都霊山殉難志士墳墓全図」や『京都坊目誌』にも坂本龍馬直柔《なおのり》の名はあるものの、それは何百人中の一人に過ぎず、ことさらに取立てることはない。ところが、昭和三年十一月一日刊行京都市編の『京都名勝誌』になると、霊山の項に「木戸孝允墓、同夫人小沢松子墓、坂本龍馬・中岡慎太郎・玉松操・梁川星巌・藤本鉄石名は真金など勤王名士の碑櫛比す」と記す。つまり昭和に至って龍馬が勤王名士を代表する一人と見做されるようになったのであろうか。またいつの頃か明かにしないが、円山公園の一角に坂本龍馬と中岡慎太郎との銅像が建てられた。大戦中に金属回収で撤去されたものの、昭和三十七年五月三日に再建され、今に至っている。

最近には、龍馬が大河ドラマの主人公となって一層人気を博するに至った。いかにもその経歴、言行、風采などからして、龍馬はドラマに仕立てておもしろく親しみやすい点で志士中の第一人者といってよかろう。

それは認めよう。だが龍馬人気には、もう一つ鍵があるように思う。それは龍馬という命名が最近の人々の好みに合うことである。もし本名の直柔《なおのり》、あるいは変名の才谷《さいたに》梅太郎で通っていたとしたらいかがであろうか。これほどまでに名声を得なかったのではなかろうか。龍馬、恰も兄貴か弟であるかのような親しみが湧くではないか。

霊山観音

人間は高いものを樹《た》て、高い処に登りたがる。それは神を迎え、神に近づこうとする呪いから発した願望であろう。その根には、翼を有《も》たぬことの劣等感があるのかも知れぬ。

日本の最高峰富士山の頂に立つぐらいでは飽き足らず、世界の最高峰エヴェレストの登頂に挑む人種は別として、身近なところを見れば、東京タワーがあるのに、さらに高いスカイツリーを建てた。大阪では通天閣に満足できぬのか、あべのハルカスという物を造った。どちらも相当に賑っているらしい。眺望が売り物であろうが、客としては高く登ることに愉快を覚えるらしい。

阿呆と煙は高いところに登るという。むやみに高い建築物、工作物を蔑む心理がある。昭和三十九年、京都の玄関先に京都タワーが出現した。高さ百三十一メートル。施主の京都産業観光センター側はいろいろ効用を並べたけれども、工事進行中から反対意見が噴き出した。要するに古都の景観を破壊するというのである。私も拙著『京都歴史案内』の中でおこがましくも批判を書いたことを思い出す。

よその都市は知らず、京都では巨大な建造物を蔑み嘲る風がある。平安神宮の鉄筋コンクリートの大鳥居、大倉喜八郎が造った祇園閣、昭和三十九年再建の伏見桃山城、設計者には苦心があったはずであるが、巨きく高く聳えるがゆえに嘲笑の種となった。霊山観音も巨きいがゆえに反感を買ったものである。

しかしながら、歳月が称讃も侮蔑も水に流す。今や讃める声も貶す声も聞かない。各地に巨大な観音さまが現れるようになって、霊山観音は物の数でなくなった。平安神宮参道の大鳥居は重要文化財に指定された。

霊山観音は護国神社参道の北、高台寺の南にあって西面する。露坐の白衣観音である。よく観れば、慈悲を湛えた優しい面相で、霊山の翠《みどり》を背に所を得た趣きがある。

石川博資という人が、第二次大戦の戦没者の霊を弔い、平和を祈念すべく建立した。山崎朝雲が原型を作り、鉄骨にショットコンクリート打という工法で完成したという。高さ二十四メートル、顔六メートル総重量約五百トン。

ここは超宗派なので、何でもありの状態を呈している。大観音の台座の下を二階建てとし、一階の内陣をきらびやかに飾り、十一面八臂観音を安置し、二十八部衆、風神雷神が囲んでいる。また釈迦如来の成道像、涅槃像を両翼に据える。二階には十二支の守り本尊が並んでいる。

本堂の周囲にも漸次いろいろのものが設けられた。巨大な仏足石、水子地蔵堂、不動尊の護摩堂、

愛染明王堂、願いを叶える如意宝珠など。さらに宗派を超えて納骨を受付ける蓮華堂も出来た。正門に据える仁王像も立派な作である。

門前はいつの頃からか駐車場になった。沢山の車が停められているが、車の数に比して参拝者はさほど多くない。おそらく高台寺や二年坂、三年坂の方へ向うのであろう。それでも三百円の入場料を吝まず、参拝する奇特な人もある。中には異国の人の姿も混じる。

因に、東京は池上に東京別院徳持寺、赤坂に赤坂別院があり、霊山観音の分身が安置されているよしである。

86 向日《むこう》神社・長岡天満宮・楊谷寺《ようこくじ》

向日神社

向日神社は京都府向日市向日町《むこうしむこうまち》北山に鎮座する。阪急電鉄西向日駅から曲り曲って、かなり歩かねばならない。西国街道に面して西側に鳥居が建つ。街道の東は長岡宮の大極殿の跡である。

鳥居から社殿まで、三百メートルほど登り坂の参道が続く。神社は向日丘の上に建てられている。この丘を向日山ともいった。『都名所図会』に、「又鳥見《とりみ》山ともいふ勝山《かつやま》と号するは豊臣秀吉公朝鮮征伐として出陣のとき参詣ましまし此山の名を社人に尋玉へば勝山と答ふ太閤喜悦ありてこれより名つけ初しとぞ」とある。『山州名跡志』には、社人「答ルニ云二勝山一是即出陣ノ首途《カドデ》故ニ以二作《ス》意ヲ一」という。すなわち、太閤を悦ばせるために、社人が当意即妙の応答をしたというのである。いずれ地名起源の説話であろうが。

『三代実録』によれば、天安三年（八五九）正月二十七日、京畿七道二百六十七社の位階を進め、また新に階を授けている。その中に正六位上の「向神」を従五位下に進めたことが見える。これが史料での初見である。また『延喜式』の神名帳に、乙訓《おとくに》郡の小社に「向神社」がある。『古事記』を見るに、速須佐之男《はやすさのお》命の子である大年《おおとし》神の子の一人に「白日《しらひ》神」を挙げる。これを、本居宣長は『古事記伝』に「白日神、白ノ字は向の誤にて、牟加比《ムカヒ》なるべし」と断じ、「今向日《ムカフノ》明神と申し、其処を向日《ムカフ》町といふ」としている。今日、宣長説に従う者も多いが、武田祐吉の『新訂古事記』（角川文庫）は、白日の神は「新羅の神の意か」といい、実のところは判じ難い。

祭神は、現在のところ向日神、火雷《ほのいかづち》神、玉依姫《たまよりびめ》命、神武天皇としている。遡って、『山州名跡志』には、鳥居の掲額に「正一位向日大明神」とあるのは小野道風の筆で、祭る所は一座であるとする。しかし『雍州府志』には、一説として日に向うというのは月であるから月読命を祭るかといい、また日向《ひゅうが》の大明神で本朝人皇の祖神武天皇であるともいい、未だいずれか是なると知らずとしている。

当社はもと向日神を祀る上社と火雷神を祀る下社とに分れていたが、下社が荒廃し、建治元年（一二七五）上社に合祀したと伝える。それから、式内の名神大社である「乙訓坐《おとくにます》火雷神社」を下社に比定するか否か、これまた論の分れるところである。

現存する本殿は応永二十九年（一四二二）の上棟で、重要文化財に指定されている。檜皮葺、三間社流造で、幣殿と接続した構造である。現在これらの社殿は東面しているけれども、『山州名跡志』に拝殿、社南向とあり、また『都名所図会』でも本殿、幣殿が繋がって南を向き、拝殿も南向きに描いている。つまり何度か修復を加え、建物も移築しているということであろう。また明治二十八年の『京華要誌』には、「稲荷社を首め、近年遷祀する所の末社数字あり」と記している。

当社の宮司は古くから六人部《むとべ》氏が勤めている。平成二十三年三月三十日の「朝日新聞」に向日神社の記事があり、第九十五代六人部是継《よしつぐ》宮司は、長岡京を造るにあたり、神社の土地を献上した。その代りに朝廷から丹波地方の土地が与えられたと伝えられていると話す。丹波国天田郡、現福知山市に六人部と言う地名がある。それと関りがあるように言う。とにかく養老二年（七一八）に社殿を改築したと伝えられるのだから、約千三百年の歴史があると誇らしげに語っている。

このあたり一帯を曾て西岡《にしのおか》と称した。室町時代に、土地を領有する国人《こくじん》、土着の地侍《じざむらい》らが、自衛自治組織である惣《そう》を結成し、幕府の支配に対抗してしばしば土一揆を起した。その集会蹶起の場所として向日大明神社が用いられた。即ち当社が西岡衆の団結の中心をなしたということになる。

長岡天満宮

長岡京市開田《かいでん》天神山の東麓に鎮座する長岡天満宮、長岡天神の名が通っている。阪急電鉄長岡天神駅で下車、駅の南もしくは北の広い道を西へ向って歩けば迷うことはない。

当社の創祀については明かでない。『山城名勝志』に「縁起云菅丞相太宰ノ帥ニ迁サレ給フ時暫ク駐メ二西小路ノ石上一ニ給フト云云今ノ社頭ハ則チノ其地也」、菅家の一族東小路祐房《すけふさ》という者がここまで随って来て余波《なごり》を惜むのに、丞相自ら尊容を彫刻して祐房に授け給うた。丞相筑紫に神あがりし給うた後、祐房は小社を造営して崇め奉った。是が長岡天満宮であると。但し此の縁起は故老の伝えによって書いたものであると断る。

『都名所図会』にも「社記に曰」として同じことを誌している。ところが、『拾遺都名所図会』に「由緒前編に少し違変あればこゝに再書す」として異説を誌している。此の地に弘法大師の開基になる真言の精舎があり、代々大師の徒弟が住職となり、本尊薬師仏を安置していた。また上羽村（現西京区大原野上羽《うえば》町）に在原業平の亭宅があり、幼少の菅丞相を伴ってこの浄刹に来たり、和歌管絃などの遊びをした。業平歿後も、丞相はここを訪うて風光を愛でた。住僧も幼年よりの馴染であるから、厚くもてなした。菅公左遷と聞いて住僧驚き、淀より鵜殿のほとりに趨って余波を憎み、涙に袂を絞った。その時、菅公自ら尊容を写して住僧に与えた。それより三年後、菅公の薨去を聴き伝え、「此地に御社をいとなみかの神像安置し朝暮敬礼《きやうらい》しける星霜累《かさなり》て堂宇も荒廃し侍れども御社は厳然たり」。「今も神威いちしるくして詣人つねに絶間なく」社頭の賑いことさらであり、春夏秋冬の「風色の真妙他に勝れりこれなん菅神風流を好み給ふ神慮こゝに現れむかしを今にかへすなるべし」と委曲を尽している。

伝説めいた由緒はともあれ、神社に蔵する棟札で最も古いのは、明応七年（一四九八）閏十月十八日のもので、応仁の大乱により退転したのを再興したとあるよしである。その後も何度か造営を重ねている。

元和九年（一六二三）境内一帯が八条宮智仁《としひと》親王の所領となった。智仁親王といえば、学芸に長じ、桂離宮の創建で知られる。もとは今に数倍する境内であったが、八条宮家がそれを整備し、灌漑用の池を掘った。境内の東部に現存する大きな池がそれで、宮家に因んで八条池と称する。池中央の参道

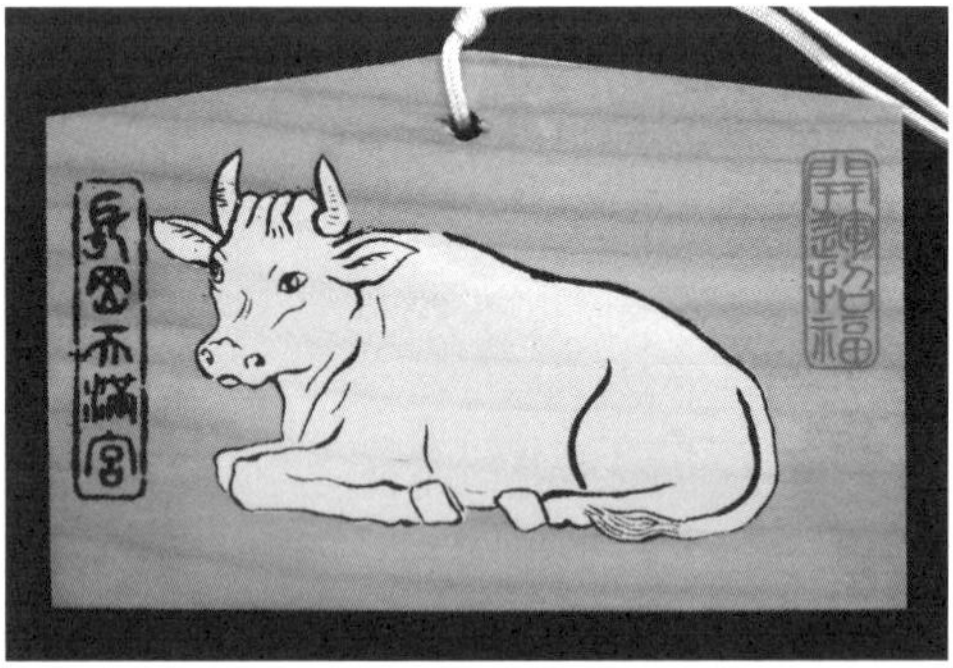

に架ける石橋は、加賀の前田氏の寄進と伝える。

池畔には四季の花が咲き競う。ことに霧島躑躅《つつじ》の満開は見事であり、参拝行楽の人で賑わう。また池の西北部に錦水亭という料亭がある。洛西の大枝《おおえ》、大原野、向日町、長岡は丘陵をなし、古来竹林が広がっていた。したがって筍の栽培が盛んで、名産とされた。朝掘りの筍が殊に喜ばれる。錦水亭では筍料理を名物としている。池畔に設けた四阿《あずまや》で味わうのも一興であろう。なお料亭の裏にかなり大きい池があり、鴛鴦《おしどり》が渡って来る。ただし警戒心の強い鳥で、足音を忍ばせて行っても、池の奥に逃げてしまい、游弋《ゆうよく》する姿を見るのはむずかしい。洛北の宝ヶ池では、ほかの鴨類と混群をなし、人間を恐れることはない。長岡天神の鴛鴦は野生が強いということであろう。

楊谷寺

立願山楊谷寺《りゅうがんざんようこくじ》、柳谷観音の名で親しまれ、西山浄土宗に属する。所在は長岡京市浄土谷堂ノ谷といっても、長岡天神から山道を一時間あまり歩きに歩かねばならぬ。その先はすぐ大阪府になる。と言ったからとて尻ごみするに及ばない。乗用車はもとより、バスも走る道であるから、深山幽谷に分け入るような覚悟はしなくてよい。何故山間に大型車通行可能な道路をつけたのかといえば、当寺の霊水が眼病治癒に効験があると信ぜられ、遠近からの参詣者が多く、講の組織も出来ているほどだからである。

『都名所図会』に記事があり、山の彼方に小さく画くが、それを不足として、『拾遺都名所図会』に再度掲載する。曰く「本尊は千手観音立像にして長《みたけ》六尺也脇士は将軍地蔵毘沙門天の立像也当寺は白河院御宇に水観上人此地に閑棲し玉ひ此本尊を感得し給ふ　楊柳水　本堂のうしろにあり眼疾《めのやまひ》に此水を得て洗へば忽平癒の霊験あり鐲鈷水《とつこすい》同所にあり　夫婦石《ふうふせき》　門前二町ばかり行路のかた左の渓川にあり由来詳ならす」と。こうしたことは、既に『山州名跡志』に書かれているけれども、由来、霊験などは無視している。宝暦四年（一七五四）跋の『山城名跡巡行志』にも取上げるが、由来、霊験には触れない。すると当寺が信仰を集め、有難がられるようになったのは、『都名所図会』『拾遺都名所図会』が世に出た安永、天明の頃からということであろうか。但し、宝永二年（一七〇五）序の『山城名勝志』には「白川院御宇水願上人挿山ノ霊場而千手千眼観世音菩薩垂跡之地也」云々と、ものものしい縁起を誌している。しかし霊験については言及するところがない。

当寺が発行する案内書の縁起になると、さらに凄いことになる。大同元年（八〇六）の開創で千二百年の歴史がある。清水寺開山第一世の延鎮僧都が夢のお告げにより、「この西山へ入り、柳生い茂

る中に生身の観音様を見つけられ、堂宇を建てられました」。その後、延鎮は清水寺に帰り、弘仁二年（八一一）乙訓寺の別当を命ぜられた空海が当山に参詣した。その際、親猿が子猿の眼を洗って子猿の眼が開いたのを見て、空海はその水に祈禱し、眼病に悩む人々のための霊水にしたとの伝承がある。「故に、弘法大師第二世と仰ぎます」といって、ここを西の清水と称している。弘法大師が十七日間祈禱し、独鈷《とっこ》によって掘り広げたという霊水を独鈷水《とくこすい》と呼んでいる。

『拾遺都名所図会』に描くところと、現状とは、全体の景観、諸堂の位置など、大きくは変らない。ただ絵に描いた方が実際よりも広く大きく立派に見える。今参ってみると、さほど広からぬ境内に、本堂、庫裡、阿弥陀堂、地蔵堂、護摩堂、稲荷社などが建てこんでおり、参詣者が多いので、よけいに窮屈に感ぜられる。建築も厳かとも美しいとも言いがたい。善男善女は信心をもって集るのであり、観賞を目的に来るのではないから、それでよいのであろう。

霊験あらたかな本尊の観音様は本堂に安置され、毎月十七日、十八日の縁日に開帳される。この日はＪＲ長岡京駅、阪急大山崎駅からシャトルバスが頻発する。弘法大師の独鈷水は庫裡の裏の岩から滴っている。本堂の裏には眼力稲荷というのがある。奥之院の観音様は子授け、安産の御利益があるよし。そのほかにも御利益は多数多様にわたる。信心篤きともがらは是非柳谷を尋ねるがよかろう。

87 鹿苑寺《ろくおんじ》・八聖院その後

鹿苑寺

銀《しろがね》も金《くがね》も玉もなにせんに、と山上憶良を気取るわけではないが、金銀珊瑚などぴかぴかしたものにいっこう興味がなかった。大学生時代のことである。それでも、せっかく京都に出て来たのだから話の種にもと、名勝金閣寺に足を運んだ。昭和二十五年七月一日のことであった。翌日下宿を出ると、電柱に新聞の号外が貼ってある。金閣が焼失した。流石《さすが》にぎょっとした。すると、私は金閣の最後の姿を観たことになる。その後、三島由紀夫が小説『金閣寺』を書いて、放火事件が再び話題となった。金閣の復原再建の成ったのは昭和三十年である。

金閣が看板であるから、金閣寺と呼び習してきた。だが寺の正式名称としては鹿苑寺という。臨済宗相国寺派別格本山北山《ほくざん》鹿苑寺である。

鹿苑寺と号したからとて、鹿を飼っていたわけではない。鹿苑、鹿野苑というのは印度にあり、釈迦成道後にここで初めて法を説いたとされる。すなわち仏法の聖地である。それを寺号としたのは、当寺を創始した足利三代将軍義満の法号が鹿苑院であることに因むものである。

洛の西北、大北山の一峰左大文字山の南麓に約四万坪の地を占めて、殿舎が並び、池園が展け、丘壟が蟠り、変化に富む光景は絶観と言うも可であろう。

寺に参入して、先ず眼を射るのは金色燦然たる再建金閣であろう。池に臨み、鬱然たる老樹を背にしている。ここには花も紅葉もない。水面の煌めきと緑林の静もりとが金閣を引き立てるのである。四季を通じて変らぬところが金閣たるゆえんであるが、雪の金閣を見たいと言う人もある。しかし、京都の雪は午前中に消えてしまうので、雪化粧をした金閣にそうたやすく逢えるものでない。私も雪景色は一度しか見ていない。

金閣の名でもっぱら通っているが、これは舎利殿である。三層から成り、初層を法水院、二層を潮音洞、三層を究竟頂《くっきょうちょう》と称する。初層は寝殿造、二層は書院造の住宅風に造られ、ともに五間四間の矩形、三層は禅宗の仏間で三間の正方形、仏舎利を安置するらしい。らしいというのは、殿内の参観を許さないからである。焼失前日に私が訪れた時には、法水院の内部を観たように思う。なにしろ遠い記憶なのでさだかでないが。二層、三層の内外は漆塗の上に金箔を押す。それが金閣たるゆえんである。屋根は柿葺《こけらぶき》で、宝形《ほうぎょう》造の三層の屋根の露盤に金鋼の鳳凰が止っている。初層西側

の縁の外に付け出した建物は漱清《そうせい》と称し、手水を使う所である。

金閣すなわち舎利殿の構造、設備については正徳元年（一七一一）刊の『山州名跡志』の記述が詳しい。それによれば相当に荒れていたようで、「下賤妄ニ遊所《ノ》レ為《ナス》楽書彫入アリ」という。いたずらをする輩は今も絶えないが、今の金閣ではおよそ考えられぬことである。

二千坪に余る広い池を鏡湖池《きょうこち》と呼ぶ。その様相は、平安時代の池泉舟遊式から池泉廻遊式に移行したことを示すものである。池に舟を浮べ詩歌管絃を楽しむ時代は過ぎ、池中に多くの島嶼を作り、蓬萊を望む様を現出するようになる。

鏡湖池では、中央に一番大きい葦原島を築き、それに向って西岸から出島を突き出している。葦原島、出島の北には、鶴島、亀島、淡路島、入亀島、出亀島、その他多くの島や巌が点在する。法水院の東傍に夜泊石を設ける。葦原島の南にも幾つかの島があるが、北ほど多くない。嘗ては九山八海石《くせんはっかいせき》が有名だったらしく、『山州名跡志』に「在二閣前池中一秀吉公ノ代、諸所ノ取二名石一、聚落亭ニ移玉ヘリ、世人是《ヲ》云二石狩《イシガリト》一、此石独其狩《ニ》漏《レ》タリ」とある。その石が今のどれに当るのかはっきりしない。『都名所図会』には葦原島の南にそれと記入があり、『都林泉名勝図会』には夜泊石と葦原島との間に描く。正しいのは後者のようである。ほかに赤松石とか畠山石とかいうのも知られていたようである。

この池に舟を浮べて遊ぶことも可能であるが、やはり金閣からの眺望を娯しむのが本筋であろう。池を巡る道を逍遥しつつ、景観の変化に興ずるもまた佳であろう。

鏡湖池、金閣の北は土地が高くなり、その崖下に曰くつきのものがある。義満が茶の湯に用いたとされる銀河泉、手洗いに用いた巌下水、鯉の瀧登りを表した龍門瀧。それより一段高いところに安民《あんみん》沢《たく》と称する池がある。中島に石塔を建て白蛇塚という。白蛇は弁財天女のお使いであるから音楽の神様ということになろうか。

東寄りの最も高い所に夕佳亭《せきかてい》と拱北楼《きょうほくろう》がある。前者は後水尾院の臨幸に際して金森宗和が作った茶席といい、南天の床柱、萩の違棚をもっぱら宣伝している。後者は義満の居間であり、ここで政務を聴いたという。『論語』に「子曰、為レ政以レ徳、譬如下北辰居二其所一而衆星共上レ之」とある。北辰すなわち北極星は動かず、衆《おお》くの星がこれに共《むか》って旋るとの意である。「共」の字を「拱」に作る本もあり、「たんだく」と訓む。義満が徳をもって臨んだかどうかは知らぬが、自己中心の思い上りも太だしい。ただし夕佳亭、拱北楼ともに明治の再建である。このあたりは紅葉が映える。

帰りは裏門から。明王院の石不動を拝んで鹿苑寺を辞するとしよう。この不動尊はもと瀧のほとりにあり、摂津の国から蓑笠を着て歩いて来られたとか。

鹿苑寺の歴史を語るには、西園寺公経《きんつね》が営んだ北山殿に溯らねばならない。公経は承安元年（一一七一）の生れ。源頼朝の妹婿一条能保《よしやす》の女を娶ったことから、彼の運が開けた。承久の変に際し、その縁故をもって鎌倉方に内通し、幽閉されたが、結局後鳥羽上皇方が大敗し、公経は幕府の尻押しもあって、従一位太政大臣にのし上った。西園寺家は権勢を擅《ほしいまま》にし、精華の家でありながら、摂関家を凌ぐありさまであった。

その公経が京の北郊に土地を得て北山殿を営み、西園寺を建立した。『百錬抄』に元仁元年（一二

二四）「十二月二日、前太政大臣供二養北山堂一、号二西園寺一、北白川院安嘉門院臨幸、右府已下諸卿群参、仁和寺宮為二導師一」とある。

そこは、「もとは田畑など多くてひたぶるにゐなかめきたりし」地であったと『増鏡』にいうとおりならば、既存の建物や園池などに妨げられることなく、思う存分に設計、工事を進めることが可能であった。その結果は「かの法成寺をのみこそいみじきためしに世継もいひためれど、これはなほ山の気色さへおもしろく、都はなれて眺望そひたれば、いはんかたなくめでたし」というように、この世の極楽と謳われた藤原道長の法成寺にも勝る世界を現出したのである。

西園寺の本堂以下諸堂、諸院が具わっていたことはもとより、梵鐘の鋳造にまで心を砕いた。『徒然草』によれば、「凡《およそ》鐘の声は黄鐘調《わうじきでう》なるべし。これ無常の調子、祇園精舎の無常院の声なり。西園寺の鐘、黄鐘調に鋳らるべしとて、あまた度鋳かへられけれどもかなはざりけるを、遠国《をんごく》より尋ねいだされけり」というほどの執着ぶりであった。

寺の造作や鐘ばかりではない。全体の景観にも趣向を凝した。四十五尺の瀧を落し、碧瑠璃池に浄水を湛えた。周囲の山に若木の桜を、野に吾《われ》亦《も》紅《こう》を栽え渡した。一日、藤原定家が訪れて、「実無比類」と『明月記』に記している。

『新勅撰和歌集』に「山ざくらみねにもをにも植ゑおかむ見ぬ世の春を人やしのぶと」と、入道前太政大臣公経の歌が入集している。すなわち、西圓寺の春を後世にまで伝えようとしたのである。だがまた、落花を見て「花さそふ嵐の庭の雪ならでふりゆくものはわが身なりけり」とも詠んでいる。

この一首は小倉百人一首にも採られて世の知るところである。落花繽紛たる春景を楽むことなく、身の老いを嗟く。わが身だけでなく、西園寺家の行く末を暗示するような歌ではないか。もっとも『新勅撰和歌集』撰集の頃は、公経も還暦を過ぎたばかりで、世を去ったのは寛元二年（一二四四）八月二十九日であった。『百錬抄』に「入道太政大臣公経公法名覚勝薨去。日頃煩二痢病一云々」とある。享年七十四。

公経亡しとて、西園寺家が直に傾くはずもない。朝の蠹害、世の奸臣とまで罵られた公経であったが、朝幕に張った根は揺ぐものでない。ところが元弘三年（一三三三）幕府が滅び一方の足場を失うと、七代目権大納言公宗《きんむね》は慌てた。北条氏の残党と謀って建武新政権打倒を画策したのである。

その顚末につき『太平記』巻十三に一伍一什《いちぶしじゅう》を語る。公宗は、諸国の兵を揃えるとともに、北山殿に番匠を呼び集めて湯殿を造らせ、上り湯の板敷を踏むと下に落ち、そこに植え並べた刃物に刺されるように仕掛けたのである。北山の紅葉御覧の臨幸を奏請し、浴室の宴を勧めて主上の謀殺を企んだ。ところが、後醍醐天皇の夢にお告げがあり、神泉苑に幸すると風も吹かぬに白浪が岸に打寄せるという異変があった。そこへ公宗の弟公重が馳せつけて、兄に陰謀ありと奏上した。

中院《なかのいん》の中将定平が二千余騎を率いて北山殿を囲み、公宗は召し捕られた。中院の宿所に監禁され、出雲の国へ配流と決定した。忍んで来た北の方と涙の別れがあった。今夜は名和長年の宿所に預け、暁に配所へ出発と決り、縛られた公宗が輿に乗ろうとする時、定平が「早」と言ったのを、長年が「殺し奉れ」と心得て、公宗の鬢を摑み首を斬り落してしまった。「下として上を犯さんと企つる罰の程こそ恐しけれ」。事件のあったのは六月なのに「北山の紅葉御覧」というのも審しい。『太平記』の叙するところ、うそかまことかは知らぬが、公宗が殺されたことは確かである。時に二十七歳。事態はさらに中先代《なかせんだい》の乱へと拡大する。

西園寺は存続するものの、もはや昔日の栄華は夢となる。北山殿は漸く荒廃に赴き、西園寺は文和三年（一三五四）室町頭《むろまちがしら》に移り、更に天正十八年（一五九〇）寺町通鞍馬口下ルに移って現存する。

傾いた西園寺家から北山殿を譲り受けたのが足利義満である。三代将軍義満は南北朝の和睦を実現し、幕府の職制を整え、またいわゆる北山文化の花を咲かせるなど、政治的にも文化的にもその功績は偉大としなければならない。だがその反面、明帝から「日本国王源道義」と呼ばれて自らもその気になり、我が身を法皇に擬して天下の政を壟断した。そうした思い上りを顕著に示すものが北山殿の造営であろう。

応永元年（一三九四）将軍職を義持に譲り、太政大臣に任ぜられたが、翌年これを辞して出家し、四年から北山殿の造営に着手した。それは隠居所にあらず、まさに院政を行う仙洞御所であった。弱年の将軍義持を輔佐するというのではなく、将軍でも太政大臣でもない自由の身となって実権を掌握せんとの企みであった。造営に当っては、諸国の大名に合力を徴《もと》めたことは言うまでもない。大内義弘のみがこれを拒絶したという。

北山殿は、義満の住む北御所と妻日野康子の住む南御所とに分れ、後に後円融院の生母崇賢門院の御所を増築して広大な地を占めていた。護摩堂、懺法堂《せんぼうどう》といった仏事の建物があり、紫宸殿、天上間と称する公卿間、舎利殿、天鏡閣、泉殿などがあり、東北の山上に看雪亭があった。殊に人を驚かすのは、舎利殿と天鏡閣との間に架けた複道であった。すなわち二階建の廊を渡したので、恰も空中を歩むような感じがしたという。

応永十五年（一四〇八）三月八日、ここに後小松天皇の行幸を迎え、二十八日の還幸まで贅を尽してもてなした。蓋し義満得意の絶頂を極めたことであろう。

盈《み》つれば虧《か》くるが習い、その年五月六日、旬日の病臥では義満は瞑目してしまった。後継の四代将軍義持は、太上法皇の尊号を辞退し、幕府の公家化や対明貿易など、父の政策を革める方針を執った。父が弟義嗣を偏寵したことへの鬱憤も加ってのことであろう。

北山殿の諸堂、諸殿も漸次解体して、他の禅刹に寄進された。紫宸殿、天鏡閣は南禅寺へ、公卿間は建仁寺へ、懺法堂は等持寺へと移った。敷地を縮小し、北御所の舎利殿など、残ったものを鹿苑寺としたのである。それも応仁元年（一四六七）六月、いわゆる応仁の大乱で、西方の陣所となり、破壊され荒廃した。舎利殿金閣が難を免れたのは奇蹟というべきかも知れない。

八聖院その後

京都市北区小山下内河原町の宝亀山八聖院（58）について、その後聞き得たことを書き留めておく。当院が現在地に移ったのは昭和三十九年頃である。それまでは左京区下鴨にあり、下鴨のお大師さんと呼ばれたという。

その場所は糺《ただす》の森の西に接した地であったが、昭和三十一年の市電下鴨線開通に伴い、下鴨本通の拡幅工事が行われ、立ち退くことになった。そこで五十メートルほど西に移転した。現在、下鴨中通が下鴨本通に合流するところで、中通の東側、交叉点から北へ三軒目がその地であった。町名は下鴨松原町である。

因に下鴨中通は、市営バスが走っていたそうで、旧い住民は旧バス通と呼んでいた。今はそういう名も聞かない。なお下鴨西通は曽て松竹映画の撮影所があり、松竹通と呼ばれていたが、撮影所が撤退して数十年もたち、その名も忘れられたようである。今は西通沿いに企業の社長など金満家が大邸宅を構えるので、社長通と呼ぶと聞いた。固苦しい公式の道路の命名がなじみにくい場合は、住民がかってに名をつける。民間地名とでもいえばよいか。それこそが生きている地名であろう。

なお、八聖院はもと大阪にあったらしいが、大阪のどこか、いついかなる事情で京都に引越したのか。住職も御存知ないそうである。

88 六道珍皇寺《ちんこうじ》

京の五条の橋の上といえば、誰しも牛若丸、弁慶の争いを思い出すであろう。謡曲「橋弁慶」の舞台も五条の橋となっている。それに因み、五条大橋の西詰に京人形風の両人の像が建てられている。異なことを言うようだが、牛若丸と弁慶とが相見《まみ》えたのは、ここ五条大橋ではない。場所からいえば現在の松原橋でなければならない。

そもそも平安京の五条大路、後世の五条通は現在の松原通に当り、現在の五条通は六条坊門小路であった。したがって、五条の橋というからには現松原橋の位置に架けられていたはずである。

それが混乱する原因を作ったのは豊臣秀吉である。方広寺大仏殿の建立を思い立ったのが天正十四年（一五八六）、あれこれ支障が生じて、落慶までに長い歳月を費すことになるが、それはさて措き、大仏殿ができれば、その正面に参道の橋がほしい。ほしければ造ればよいではないか、とたやすく言うことはできぬ。現在は正面橋というのがあるが、昔は橋の数をやたらにふやすことのできぬ事情があった。

京都では、古くから鴨川の治水に頭を悩してきた。鴨川にたくさん橋を架ければ、交通には便利にちがいないが、洪水の時に困ったことになる。橋と橋との間隔が短ければ、一つ橋が落ちると、将棋倒しのように次々と落ちることになりかねない。また、京都の防衛に思いを致せば、橋が多いということは守備に困難を来すことになる。天下人といえども、いや天下人なればこそ勝手なまねは許されない。

そこで眼をつけたのが五条橋である。これを今の正面橋の位置に移せばよいのだが、そう簡単にはゆかぬ理由があった。五条橋は清水寺の参道にあたり、その修造には清水寺が勧進の権限を持っていた。だから清水橋とも勧進橋とも呼ばれた。それを権柄ずくで移したりせぬところが秀吉らしい。

清水寺と大仏殿とのほぼ中間にあたる六条坊門小路に移すことで妥協したのであろう。位置を換えた橋を、近世の初めころには大仏橋と呼び、六条坊門小路を大仏橋通と呼んだらしい。しかし、いつしか呼び馴れた五条橋の名が通用し、六条坊門小路は五条橋通と呼ばれるようになった。それがいつしか橋を略して五条通となった。一方で、五条大路の後身たる五条通は、寺町通より四五町西に松並木があったとかで五条松原通と呼び習わし、いつか五条を略して松原通と称するようになり、今日に至っている。

往年の五条通、今の松原通の鴨川以東は、清水寺の参道であり、また葬送地たる鳥辺野《とりべの》に到る道でもあった。謡曲「熊野《ゆや》」に「河原おもてを過ぎゆけば、急ぐ心の程もなく、東大路や六波羅の、地蔵堂よと伏し拝む、観音も同座あり」、「げにや守りの末すぐに、たのむ命は白玉の、愛宕《おたぎ》の寺も打ち過ぎぬ。六道の辻とかや、げに恐ろしや此道は、冥途に通ふものなるを、心細鳥辺山」と謡う。辿り行く先は清水寺であるが、途々にもの恐ろしい妖気の漂っているのが感ぜられるではないか。

ここ十数年来、京都では魔界探防が人気を呼んでいるようである。そうした流行に乗じたのであろう、六原商店街の案内書に、「六原魔界巡礼」というのを挙げている。例えば、六原の中央部に轆轤《ろくろ》町《ちょう》という町名がある。それはここが風葬の地で「おびただしい人骨が出土した事から髑髏町だったのを、陶芸職人が多く住む事から轆轤町に変更するよう江戸時代に京都所司代から命令されたと伝わっています」と、昔の伝えを紹介する。

いざ六原の魔界を巡ってみよう。松原橋を渡り、川端松原の東南角に松原橋公園という児童公園がある。一服している年寄を見かけるが、子供が遊んでいるのを見たことがない。このあたりに晴明塚があったという。安倍晴明なら京の魔界の支配人のような人物である。上京区葭屋町《よしやまち》通元誓願寺下ルに晴明神社(10)が鎮座し、このあたりに晴明の邸があったとされ、一条戻橋も近い。それなのに、どうして遠く離れた川東に塚があるのかなどと問うのは野暮というものであろう。晴明ほどの神通力を得れば、どこへ飛んで行っても不思議はない。

ただし塚の旧地については疑わしいふしがなくもない。寛文五年(一六六五)板『京雀』に「五条はし通へ四筋目　この町筋北のかた五条松原通にあたつて晴明が塚あり」とする。もうすこし詳しくいえば、宝暦四年(一七五四)跋『山城名跡巡行志』に「晴明塚　在二鴨川ノ東岸ノ宮川町ニ一　伝ヘ云フ安倍晴明カ塚也ト今亡」とあり、さらに頭書して「晴明塚松原通宮川町東北側辻子アリ其奥癩病人ノ居所也小堂アリ彌陀像ヲ安ス傍在二小社一所レ祭晴明也是ヲ云二晴明塚一」と記す。それならば、児童公園よりかなり東、松原通宮川町東入北側と見なければなるまい。

しかしながら正徳元年(一七一一)板『山州名跡志』に、晴明塚は「初宮河町ノ西在リ二鴨河ノ東岸ノ一。近年猶アツテ、四条河原橋《ノ》ヨリ南ヲ見ルニ、此塚《ノ》松《ノ》見エシナリ。宮河町ヲ聞クニ及ンデ、此塚滅シヌ」という。それならば今の松原橋公園のあたりと見た方がよいことになる。とにかく分ったようで分らぬことが多い。

魔界案内には載せぬが、眼を留めておきたいところがある。松原通大和大路東入、このあたりを弓矢町というが、北側に松原警察署があって、今は松原交番と変っている。その東の辻子の入口に「愛宕念仏寺　元地」と刻んだ小さい石標が建てられている。もと石碑があったはずだが、いつか消えてしまった。寺は大正十一年に右京区嵯峨鳥居本《とりいもと》に移転したが、古い歴史をもつ名刹であった。延喜十一年（九一一）、醍醐天皇の勅願によって成り、千観内供《ないぐ》を開基とすると伝えるという。空也の弟子で念仏上人といわれた千観のことゆえ、無常所に通う途にあたり、念仏の道場として庶人の信仰を得たことであろう。近世には千手観音を安置して観音霊場であり、また地蔵尊は火伏《ひぶせ》地蔵と称して信仰されたようである。

この寺で奇怪なのは、正月二日の夜、天狗の酒盛が行われたことである。『日次紀事《ひなみきじ》』などによれば、弓矢町に住む弦召《つるめそ》と呼ばれる祇園社の犬神人《いぬじにん》が、当寺の客殿に集り南北二列に坐って宴飲する。上座の者が倍木《へぎ》を持って起って舞う。「是　謂《レヲフ》㆓天狗酒盛㆒、元《ト》転供酒盛也、其体《ノ》麁豪也、故借《ニテ》㆓其音《ノヲ》㆒或《ハ》謂《フ》㆓天狗酒盛《ト》㆒」。倍木というのはへき板で作った折敷《おしき》であろう。宴終って、おのおの堂に登り、牛王《ごおう》の杖をもって門扉、床壁を敲き、法螺を吹き太鼓を撃つ。その間に寺僧が牛王の札を貼る。「是皆　攘《フノ》㆓悪鬼《ヲ》㆒　之謂也」とあるが、立ち騒ぐ弦召どもが天狗に見えるのではないか。魔界巡りに加えておきたいところである。

弓矢町の東が轆轤町である。松原通南側、六波羅蜜寺前の六原通に折れる角に西福寺がある。浄土宗鎮西派称名寺に属し、『京羽二重』に四十八願寺の三十一願として挙げる。本尊は阿弥陀如来であるが、門を入った手狭な所に不動明王や子育地蔵尊を祀る。嵯峨天皇の后、檀林皇后がこの地蔵に皇子の病平癒を祈ったとか伝えられ、皇后の歌碑を建てている。

常は何ら妖気を感じない寺であるが、八月の六道詣りの時期に様相が一変する。本堂狭しとおどろおどろしい絵が掛けられる。六道絵、六道十戒図、檀林皇后九相図、十王図などである。博物館などの硝子越しに観るのとちがい、目の前に見せつけられては、不信の徒といえどもたじろがざるをえない。

西福寺の向いに「幽霊子育飴」と書いた古めかしい看板が掛っている。屋号をみなとやという。麦芽糖で製して、バターやミルクなどの不純物を加えない、昔風の切飴である。

それにしても何ゆえ幽霊なのか。奇怪至極な伝えがある。諸書に記すところ小異があるが、みなとやで貰った由来書によれば、夜毎に飴を買いに来る女がある。翌朝銭箱を改めると、木の葉が入っている。不思議に思った主が、ある夜、女の跡をつけた。すると女は鳥辺山で姿を消す。土中から泣き声が聞える。そこは孕ったまま死んだ女を埋めた墓であった。寺にわけを話し、掘り返してみると、飴をしゃぶる赤ん坊がいた。すなわち死後に生れたわが子のために、女は幽霊となって飴を買いに通ったのであった。代金として払った木の葉は、墓に供えられた樒《しきみ》の葉であった。

また商品の飴に添えた由来には、慶長四年（一五九九）のこととし、死んだ女は江村氏の妻であるという。さらに「此の児八才にて僧となり修業怠らず成長の後遂に、高名な僧になる。寛文六年三月十五日六十八才にて遷化し給う」と後日譚を添える。因に当時の飴は箸に巻いた水飴であった。

当店はもと松原通東大路西入南側、清水五丁目にあった。二十年前になるか三十年前になるかさだかでないが、山科に移転し、隣家の葉茶屋に飴の販売を委託していた。それがまた六原に還って来た。今の店舗に遷って十年余になるという。

スーパーマーケットとかコンビニエンスストアとかに押されて、個人営業の商店が立ちゆかなくなり、シャッターを下す町並があちらこちらで見られる昨今、ここ松原通では各種の店舗が健在である。しかも当節はやりの店ばかりでなく、飴屋のほかにも、神具店、種麴屋、お香屋といった何十年、何百年の伝統を背負った店のあるのが頼もしい。

さて六原魔界巡りは六道珍皇寺、通称六道さんにとどめを刺す。松原通を東へ、北側に朱塗の山門が見える。その門前が轆轤町と新《あたら》シ町との境である。しかし、参道、山門を含めて寺地は轆轤町にも新シ町にも属しない。小松町に属する。小松町というのは建仁寺を含む広い町内である。京都は小学校の設置区域を学区と称し、行政の単位としても機能しているが、小松町は新道《しんみち》学区に属し、六原学区とは一線を劃している。したがって厳密にいえば、珍皇寺は六原学区でない、つまり六原ではないことになる。なぜそのようになったのか。それは当寺の沿革を辿れば明かとなろう。

当寺の草創はいたって古いらしいが、いつということがはっきり解らない。開山は奈良大安寺の慶俊《きょうしゅん》とも、その弟子の弘法大師ともいう。あるいは小野篁《おののたかむら》が開いたとする説もある。また「東寺百合文書」に長保四年（一〇〇二）二月十九日付の文書があり、去る丙辰年に山代淡海等が国家鎮護のために建立したと記す。この丙辰年は承和三年（八三六）と見られている。あるいは鳥戸《とりべ》寺をその前身とし、平安遷都以前に遡らせる説もあり、確実なことは未詳というしかない。

珍皇寺は久しく東寺に属していたが、平安末期頃からしばしば火災に遭い、衰退していた。南北朝の頃に、建仁寺の僧良聡が大昌院を創り、また珍皇寺の土地を買取った。東寺との間に悶着があったらしいが、結局は珍皇寺は建仁寺の末に連なった。それで真言宗から臨済宗へと転ずることになったのである。『京都坊目誌』によれば、「明治七年七月七日官命に依り、二寺を合して大昌院と改む。同四十三年許可を得て珍皇寺の名復す」とある。当寺が建仁寺と同じ小松町に入っているわけも、それで納得できよう。

本朝の畸人変人の番附を作るとすれば、横綱を張るのは小野篁であろう。野狂と異名をとった篁が当寺に深くかかわっており、魔界巡礼に喧伝されるゆえんでもある。

『今昔物語集』巻二十第四十五にこんな話がある。小野篁が学生《がくしょう》の時代に罪に問われることがあった。その時、参議であった藤原良相《よしみ》が、篁のために吉き事を言って弁護した。これを篁は心中に嬉しと思った。年経て、篁は宰相すなわち参議になり、良相は大臣になった。しかるに良相は重病を患い死んでしまった。閻魔王宮に引出され、罪を判定する段になって見ると、居並ぶ閻魔の臣の中に小野篁が居る。これは如何なることかと、大臣が怪しむほどに、篁は笏を取って、「此ノ日本ノ大臣ハ心直《ウルハシ》クシテ人ノ為ニ良キ者也。今度ノ罪、已ニ免《ユル》シ給《タマハ》ラム」と申した。王は、これは極めてむつかしいことだが、篁が請うによって免そうと言った。篁は、大臣を搦めて来た者に、速に連れ返れと命じたので、大臣は活き返った。それより大臣も病癒えて参内するようになった。ある時、陣の座であたりに人無き時、大臣は篁に冥途の一件を尋ねた。篁頰咲《ほほえ》みて言うに、先年の御恩を嬉しく思っておりますので、そのお礼にあのような事を申しました、このことは人におっしゃらないで下さいと。大臣はこれを聞いて、「篁ハ只人ニモ非《アラ》ザリケリ、閻魔宮ノ臣也ケリ」と始めて知った。この事が自然と世に聞えて、「篁ハ閻魔王宮ノ臣トシテ通フ人也ケリ」と、世人は怖じ恐れたということである。

　小野篁が冥官を兼ねたという話は夙に流布したようであるが、しからばどのようにして閻魔の庁に往復したのか。その謎を解く鍵がここ珍皇寺にある。すなわち、寺内にある井戸が冥途に続いており、ここから入って、復りは嵯峨大覚寺前の井戸から出る。したがって、こちらを死の六道、嵯峨の方を生《しょう》の六道と呼ぶ。生の六道の方は、近年整備してささやかな公園のようになっている。

　もう数十年も昔になるが、珍皇寺の本堂の裏に問題の井戸があると聞いていたので、さような井戸がありますか、あれば見せてほしいと頼んだところ、そんなものはないと、住持のけんもほろろの挨拶で、残念ながら退散したことがあった。近ごろは魔界ブームに乗ったのか、本堂脇の扉に格子を嵌めて、冥途通いの井戸を覗くことができるように計らっている。ただしかなり距離があり、木が茂っているので、よくよく観察するとはゆきかねる。

　いつから井戸のことをいい出したのか、近世の名所記には見当らない。『山州名跡志』に「地府通

路　是即篁卿地府ニ往返セル所也。古老曰当寺藪中ニ其跡アリシガ今ハ亡《ナシ》ト。此所ヲ死ノ六道ト号ス」とあり、井戸の有無については明かでない。

またこの寺の梵鐘について奇妙な話がある。『今昔物語集』巻三十一第十九に、「今ハ昔、小野ノ篁ト云ケル人、愛宕寺ヲ造テ」というのは当寺のことであろう。鐘を鋳師《いもじ》に鋳させた。その鋳師が言うに、此の鐘を撞く人もなくて十二時に鳴らさんとするなら、鋳た鐘を三年の間土に埋めよ、満三年になった翌日掘り出すがよい、掘り出すのが一日でも早くても遅くてもいけない。そのような仕掛をしたのだと言って、鋳師は立ち去った。しかるに別当の法師が待ちきれず、三年たたぬうちに掘り出してしまった。そのために、撞く人もなくて十二時に鳴ることはなく、普通の鐘になってしまった。「極《イミジ》ク口惜シキ事シタル別当也トナム其ノ時ノ人云ヒ謗ケル」。『古事談』では、鐘を鋳させたのは慶俊僧都ということになる。

そうした曰くつきの鐘はどうなったのか判らない。『京都坊目誌』に「鐘は元と塔中掲ぐ所を借用す。寛永二年自由ならざるを以て之を鋳造す。明治維新の後破損し、近年新鋳す。大椿山珍皇寺と鐫刻す」とある。

現存の鐘は何代目か知らぬが、とにかく一目みたいと思うのだが、鐘楼が四方を囲った構造で内部が見えない。正面に孔をあけて、撞木を引く綱を出している。これを引張って鐘を撞くのである。今夏鐘楼が改築されたが、構造は以前と変らない。この鐘を迎え鐘と称する。鐘の音が冥途にまで響き、それを聞いて亡者が裟婆に帰って来るのだとされる。因に、引接寺《いんじょうじ》(31)のも迎え鐘である。これらに対し、矢田寺（8）のは精霊をあの世に返す送り鐘という。

　鐘楼に並ぶ閻魔堂には閻魔大王、小野篁の像を安置する。『山州名跡志』によれば、本堂に安置する薬師如来三尊の右の壇に篁の立像があるとし、閻魔堂には閻魔の坐像を安置したことになっている。時代によって変遷があるようで、一概に言うことはできない。

　また境内西側の地蔵堂があり、地蔵詣りも盛んであった。最近は水子地蔵を宣伝している。

　近ごろは魔界巡礼で参詣人が常時絶えないようであるが、当寺の最も賑うのは年に一度、八月七日から十日までの六道詣りである。早朝から晩くまで参詣者が絶えない。鐘楼の前の賽銭箱に賽銭を投じ、迎え鐘を撞いて精霊をこの世に迎える。水塔婆に戒名を書いて回向する。寺の内外に高野槙の枝を売る店が並んでいる。これを買い求めて帰り、井戸に吊しておき、十三日に仏壇に供える。精霊は高野槙の葉に乗って来ると信ぜられているからである。近ごろ井戸のある家は極めて少ないが、皆さんどうしているのであろうか。

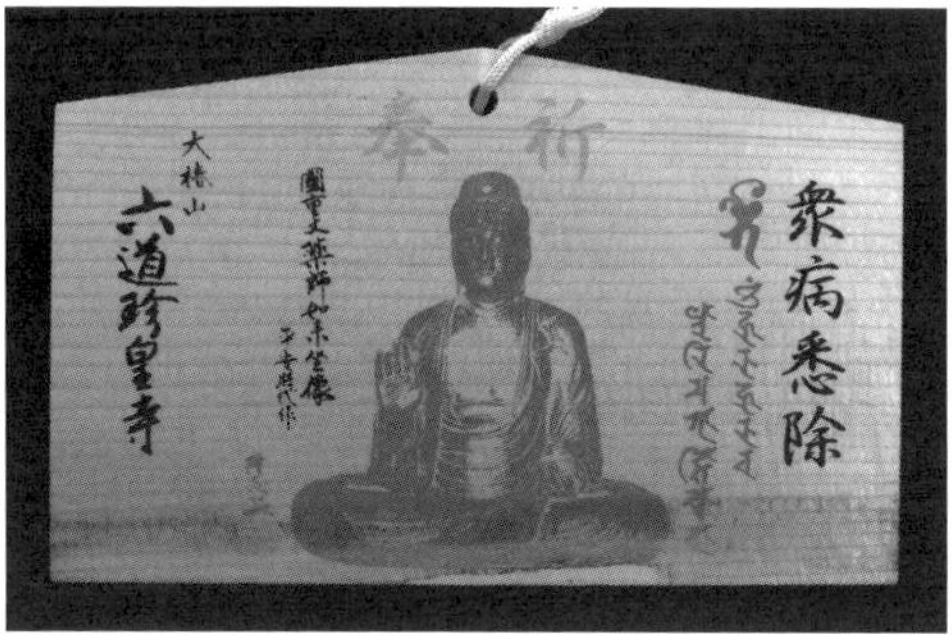

　平成二十九年八月七日「京都新聞」夕刊によれば、この日、台風5号が近畿に接近しているにもかかわらず、午前六時開門前に約百人が並んだという。例年なら鐘を撞く順番待ちで長蛇の列ができるのだが、この日はさすがに混雑はなかったとある。
　陰暦を採用していた時代には、六道詣りは七月の九日、十日に行われた。寛文二年（一六六二）刊、中川喜雲著『案内者』は七月九日に六道参を挙げ、「けふは老たるも若きもめん〳〵の聖霊むかふとて、此所にまうで、鐘をつき、樒をもとめて家路にかへるありさま、誠に殊勝の事の也」と記す。その後も諸書の記すところ概ね同じである。時代の新しいところでは、天保三年（一八三二）刊『大日本年中行事大全』に七月九日「六道参詣」として「今日当寺に詣《もふで》、迎鐘をつきて十五日に祭る聖霊を迎ふと言う。詣人樒を買て聖霊会の立花とす」とある。迎え鐘と樒の枝とは必須のことであったらしい。

さて、六道といい、六道の辻という。それはいかなることか。六道とは一切衆生が輪廻転生する六つの世界をいう。すなわち地獄、餓鬼、畜生、修羅、人間、天がそれである。どの世界へ往っても苦患は免れない。人間道には生老病死の苦が満ちている。天道には天人五衰の苦がある。これらの苦相を明かに説いたのが源信の『往生要集』である。

六道のいずれに往かんか、その関頭に立つのが六道の辻ということになる。元来ここと定まった道があるはずはないが、鳥辺野の無常所に通う道であるところから六原の地をそれと言い出したのであろう。

そうなると、さらにここと場所を指定したくなるのが人情であろう。『都名所図会』には「六道辻 本堂の前にあり」といい、『京内まいり』には篁が「此所より地獄に通ひ給ひし所なりとて庭に方二間程に芝をふせて残せり世の人六道の辻と称し」云々とある。すなわち篁の冥府通いの出発点として、寺内にその地を求めたのであろう。

しかしながら、六道の辻という呼称にこだわれば、道路の交叉するところでなければなるまい。『京都坊目誌』に「六道ノ辻　轆轤町及新し町の間を南に至る丁字形の所をいふなり。其南を六道大路と称す。古は六波羅密（ママ）寺の所有地なり。或は云、愛宕寺の門前今の念仏寺に非すを云ふとも」とある。轆轤町と新シ町との間の路といえば、珍皇寺の真向いで、松原通より南へ下る細い路である。そういえば、何十年か昔に、これが六道の辻だと私も聞いた記憶がある。歴然としているせいか、平凡社刊『京都市の地名』、淡交社刊『京都大事典』、竹村俊則著『昭和京都名所図会　2』など、みなこの説に拠っている。

しかし、今地元で尋ねてみると、この路が六道の辻だと知る人はいない。西福寺門前の曲り角に六道之辻の碑が建っている。そこだと教えてくれる人もある。また珍皇寺の門の前にも「六道の辻」の石碑が建てられた。つまり、この路だということなく、このあたり一帯が六道の辻だと言う人もある。それが本当なのかも知れぬ。

魔界巡礼はここを終点として、松原通の商店街を冷やかすも一興であろう。また宮川町の花街を歩けばきれいどころに出会い、目の楽しみもあろう。ただし、化粧や衣装で騙すところから、「女は化け物」と諺にいう。されば、ここも魔界の続きなのかも知れぬ。

89　六波羅蜜寺

西福寺前の「六道之辻」の石碑から岐れて南へ下る道がある。今は六原通と呼ぶらしい。その東側に「西国十七番六波羅蜜寺」の石標が建ち、さらに行くと六原小学校前を過ぎて普陀落山六波羅蜜寺の門前に出る。

広からぬ境内に本堂以下いくつもの建物や石塔などがこみあって、いかにも窮屈そうである。もとは松原通に面して門を開き、今の六原通もその東の民家も境内であった。『都名所図会』に画くところを見れば、本堂の前が広々として、東に寄って姿見池がある。池と並んで、北に不動、地蔵の堂、天満宮がある。南に開山空也堂、松尾大明神がある。

それが何故今のようなさまに変ったのか。『京都坊目誌』によれば、「明治四年境内を上地せられ、南北に道路を開通す」とある。詳しくいえば、「明治以前には千七百二十五坪五合八勺ありしが、同四年七百十七坪余を官に上地し、同五年方丈普門院は建造物と共に小学校に譲与す。現在境内面積千零八坪五合六勺となり、僅に私有地若干を附属するのみ」となった。小学校というのは六原小学校である。神仏分離、排仏毀釈の嵐の吹き荒ぶ時勢に、官権力の強請に逆らうすべがなかったのであろう。

ただでさえ狭い境内に、ここ十数年来堂舎を新建し、呪い物を設けなどして一層狭苦しくなっている。これも参詣者を招く苦肉の策と思えば、よんどころない仕儀であろう。

さて話は平安時代に溯る。京に空也という聖《ひじり》が貴賤の信仰を集めていた。延喜三年（九〇三）に生れ、天禄三年（九七二）に没した。空也はクウヤと一般に読まれているが、私はコウヤと読むことにしている。慶滋保胤《よししげのやすたね》の『日本往生極楽記』に「沙門弘也」と書いている。また空の字をクウとよむのは通音であり、正音はコウである。といっても空海はクウカイで、コウカイとよむ人はいない。クウヤ、コウヤ、実のところはいずれとも判じがたい。

空也に関して書かれたものは、源為憲の『空也誄《るい》』を初め古来数が多い。しかし多いことが必ずしも事実を明かにするとはかぎらない。巷談や伝説が入り込むからである。空也は醍醐天皇の第五皇子だとか、仁明天皇の皇子常康親王の子だとか伝えるが、出自は詳かでない。若くして山陽、四国、また奥羽などを巡り、道を開き、橋を架け、井を掘るなどをしたという。これは行基や空海の先蹤を履んだのである。野に棄てられた亡者を荼毘に附し、これを弔ったともいう。

天慶元年（九三八）、空也は京に現れた。天慶元年といえば、京に大地震が起り、余震が続いていた。大雨で鴨川が氾濫した。しかも東に平将門の乱、西に藤原純友の乱が続いていた。人心安からぬ最中である。朝廷では改元をしたり、諸社に祈願をしたりしている。それはそれとして、庶民にとって頼もしいのは、功を積んだとみえる聖の出現である。

彼は町々を巡って、人々に念仏を勧めた。売買のために人々の多く集まる市《いち》で教化に力めたらしく、市聖《いちのひじり》と呼ばれた。『拾遺和歌集』に、「市門にかきつけて侍りけるひとたびも南無阿彌陀仏といふ人の蓮《はちす》の上にのぼらぬはなし」という歌がある。ただし、「一紙半銭も仏法のかたにいれずとも、他力に心をかけて信心ふかくば、それこそ願の本意にてさふらはめ」（歎異抄）と親鸞が説いた、すなわち南無阿彌陀仏を唱えさえすれば、彌陀の本願力によって往生できるという他力本願とは違うようである。空也の場合は、仏法の真理を悟る智慧、すなわち般若を求めている。

天暦二年（九四八）、空也は比叡山に登り、第十五代天台座主《ざす》延昌に師事して戒を受け光勝と号した。しかし山を下っても、空也という沙弥の名で通し、貴賤の教化を旨とした。京の各所に井を掘ったとか、庶人に茶をふるまったとかいわれる。茶は、私どもは日常の飲料と心得ているが、昔は薬であった。すなわち救済事業を実行したのである。また悪疫流行して死者の多いのを憐み、一丈の十一面観音を刻み、これを車に載せて挽き廻り庶人に拝ませたという。

伝えられる空也上人の思想言行は、いずれが実伝なのか判じかねる。確実な史料としては、『日本紀略』応和三年（九六三）八月二十三日「空也聖人於㆓鴨川原㆒供㆓-養金字般若経㆒。道俗集会。請僧六百口。自㆓内給所㆒給㆓銭十貫文㆒。左大臣以下天下諸人結縁者多。昼講㆓経王㆒夜万燈会」とある。左大臣とは藤原実頼である。

また三善道統《みよしのみちむね》の書いた「為㆓空也上人㆒供㆓養金字大般若経㆒願文」を『本朝文粋』に収める。これに

よれば金字大般若経六百巻の書写は、天暦四年（九五〇）九月より始めて応和三年の今朝まで十四年の歳月を要したという。この供養のために「仮立㆓仏世尊之月殿㆒」と書いているが、それが鴨川の東岸であるか、西岸であるか、寺堂であるか宝塔であるか、文献によって異なり、遽に定めがたい。とにかく供養の場とした所が西光寺となり、空也がここに住し、六波羅蜜寺の前身であったとされる。

六原商店街の魔界巡礼には、六波羅蜜寺を魔界に数えていないが、空也に関する伝えには摩訶不思議な話がたくさんある。例えば、天禄元年（九七〇）大納言藤原師氏が没した。そこで空也が閻魔大王に牒状を書き送ったという。この一事をもってしても、当寺の魔界たる資格は十分であろう。

また当寺に蔵する空也上人立像は、胸に金鼓《ごんぐ》を下げ、右手に撞木を持ち、左手に鹿の角を着けた杖をつく。そして念仏を唱える口から六体の化仏《けぶつ》が出現している。実際の空也を知らない鎌倉時代の作であるが、われわれに空也の姿は常人にあらずと強く印象づける像である。

空也は天禄三年（九七二）九月十一日に入滅した。死に臨んで「着㆓浄依㆒、執㆓香爐㆒、端坐語㆓門人㆒曰、無量聖衆来迎満㆑空。語已《やみて》気絶。而手中香爐不㆑傾、時香気満㆑空、音楽響㆑天」と『元亨釈書』に誌す。

空也亡き後、中信が西光寺を継ぎ、六波羅蜜寺と改め、天台の別院とした。因に六波羅蜜とは菩薩の修めねばならぬ六つの徳目で、布施、持戒、忍辱《にんにく》、精進、禅定《ぜんじょう》、智慧をいう。なおミツの字は山ミツ（密）でなく、虫ミツ（蜜）であることに注意ありたい。

六波羅蜜寺は念仏の道場として京の貴賤を呼んでいたらしい。当寺の供花会において法華経を聴いた慶滋保胤の文章を『本朝文粋』に収める。空也聖者、中信上人は、如来の使として此の娑婆に来り、濁悪《じょくあく》の衆生を度するのではなかろうか、「於是毎日講二妙法一乗一、毎夜修二念仏三昧一。彼南北二京之名徳日来、遞《たがひに》為二講師一遞為二聴衆一。東西両都之男女雲集、即合二十指一、即致二寸志一。開講已垂《なんなんとし》二八九載一、結縁不レ知二幾万人一」と言う。文飾はあるにしても、寺運の隆昌が偲ばれる。なお『大鏡』によれば、六波羅蜜寺の額は、三蹟の一人、藤原佐理《すけまさ》が筆を揮ったよしである。

六波羅といえば、平家一門の居館があり、後に六波羅探題の政庁が頭に浮ぶであろう。一々旧址を確に示すことはできないが、概ね六波羅蜜寺の南一帯の地がそれであった。

寿永二年（一一八三）七月二十五日、平家の都落ちにあたって「六波羅、池殿、小松殿、八条、西八条以下、一門の卿相雲客の家々廿余ケ所、付々の輩の宿所々々、京白河に四五万間の在家、一度に火をかけて皆焼払ふ」と『平家物語』にいう。こうなっては六波羅蜜寺も類焼を免れまいと思うのに、無事であったらしい。ところが二十九日になって、『百錬抄』には常光寺とともに炎上したと記す。これは都落ちの際とは別の火であった。

それ以後も厄難は免れぬが、明治に至って、本堂とその周囲だけを残すみじめな姿になってしまった。その本堂は貞治二年（一三六三）の修造であり、六百年の星霜に耐えて来たところを、昭和四十四年に解体修理が行われ、丹塗の色も鮮かになった。桁行七間、梁間六間の四注造で、単層本瓦葺、正面に向拝《ごはい》を附ける。

きらびやかな内陣には、本尊十一面観音立像を初めとして、薬師如来坐像、地蔵菩薩立像、坐像、四天王像、そのほか平安鎌倉時代の優作が並ぶ。殊に眼を惹くのは空也上人立像であり、もう一体は平清盛坐像である。清盛は僧形で、経巻らしきものを燈にすかすようにして読んでいる。驕れる気配は微塵も感じられない。ただしこれは清盛像にあらずとする説もある。

これらの像は現在は収蔵庫に蔵められている。重要文化財保護のためには已むを得ない処置であるが、昔薄暗い本堂で拝んだ時の、活きて人に逼る印象は戻らない。陳列品としてとくと観察鑑賞するには好都合かも知れぬが。

狭隘な境内のあちらこちらに新古の礼拝物が設けられている。阿弥陀石像、清盛塚、阿古屋塚。阿古屋というのは浄瑠璃『壇浦兜軍記』三段目に、阿古屋が悪七兵衛景清の行方を問われ、琴責めに遭うという場面がある。彼女は五条坂の遊君とされるところから、ここに塚を築いたのであろう。

或は水掛不動尊や弁財天、お百度石、撫で牛などなど。近年は七福神巡拝がはやりのようで、当寺の弁財天は都七福神の一つとして参詣する人が多いようである。

なお、年中行事には空也上人にゆかりの催しがあるのは当然であろう。正月三ケ日の皇服茶《おうぶくちゃ》、八月八、九、十日の万燈会、十二月十三日から除夜までの空也踊躍念仏などがそれである。踊躍念仏については、鎌倉時代に念仏が弾圧された時期があり、隠れ念仏として伝わっている。南無阿彌陀仏と判るようには唱えず、モーダナンマイトー、ノーボーオミトーと唱えるそうである。

90 石井神社・顔見世

石井神社

何度か石井神社の前を通りながら、急ぎの所用にかまけて礼を欠き、気にかかっていた。お詫びを兼ねて、今年の初詣でに参拝を果した。

石井神社といっても、その地域に住む人は別として、京都の住民で知る人は殆どいないのではなかろうか。所在は北区小山元町《もとまち》、衣棚《ころものたな》通北山通上ル、衣棚通と北山北通との交叉する西南角である。こういうとよけいに混乱するかも知れない。衣棚通は北部で切れたり曲ったりしていて分りにくい。北山北通という名もあまり使われない。

北山大橋の西詰、賀茂川に沿うのが加茂街道、その西が堤下通、その西が衣棚通である。さらに西は新町《しんまち》通で、北山通に面して元町小学校がある。要するに、北山大橋西詰から北山通を西行、最初の信号を右折すればよい。

京都の地名事典などを見ても、小山元町に石井神社があると書いているだけで、祭神も由緒も判らない。名所記の類にも、これを取上げたものを知らない。

境内はさして広からず、東面と北面とに朱塗の鳥居を建てる。東の鳥居の掲額に「稲荷神社」とある。その傍の石の標柱に、表「石井神社」、裏「昭和九年三月建之」と刻む。

本殿は東面し、石井大神とある。その横と背後とに末社が四社あり、いずれにも稲荷の狐を据えている。南側に社務所があるが、常は閉っているらしい。本殿以下、建物はすべて小さく簡素である。一見したところは以上のような様子で、ひっそり閑として、孤独を愉しむには恰好の小天地である。賽銭箱の傍に由緒記が置いてある。簡略ながらこれは幸い。祭神は宇迦之御魂《うかのみたま》大神、石井稲荷大神並に五十三社。宇迦之御魂というのは、伏見稲荷大社をはじめ、稲荷神社の主祭神である。当社は、昭和二年六月十四日に八木トメ女が創建した。それより前、大正吉年、伏見山の一ノ峰に塚を創り、石井大神と称した。ということは石井大神は宇迦之御魂大神とは別の神であろう。昭和二年、石井大神を一ノ峰より当地に遷座し、元町学区の鎮守として崇敬されている。

なお賀陽宮家の信仰厚く、昭和五年に賀陽宮大妃殿下が参拝し、昭和天皇の皇子誕生を祈願した。ということは、今上陛下の誕生は昭和八年十二月二十三日であるから、三年目に御利益があったということであろう。

拝殿および春日燈籠は賀陽宮家の寄進である。また叢雲《むらくも》明神は賀陽宮家の守護神で、邸内よりここに遷座したという。どれがそれに当るのか明かでないが、本殿背後に「叢雲龍神」と彫った石碑が建てられている。すると、それに隣る小社がそうであろうか。

事の次第はさようであるが、石井大神とはいかなる神か、八木トメとはいかなる人か、さっぱり判らない。

石井大神を初めに伏見稲荷の峰に祀ったという。さすれば、伏見にゆかりのある神と考えてよかろう。古くは現伏見区内に石井という地名があった。『和名抄』によれば、山城国紀伊郡に八郷あり、その一つが「石井」である。しかし高山寺本には石井がなく、七郷となっている。また石井に訓が付せられておらず、「いはゐ」と訓むべしとの説もある。古代のことはともかく、中世には伏見九郷の中に石井村というのが、確にあった。

石井大神を奉祀したのが大正年中のことというから、あまり古い時代にこだわっても致し方あるまい。安永九年（一七八〇）『新彫伏見鑑』に「石井村　今の御香宮の辺」とあり、「石井　一名御香、一名姥《うばが》水、御香宮社内に有」と記す。昭和十三年編纂の『伏見叢書』には、「往昔伏見里ニ老翁アリ。名ヲ白菊ト云フ。霊夢ニ感シ石井ノ村ニ香水湧出スルヲ見テ、神功皇后岩上ニ出現ス。因テ此処ニ祭リ勅シテ御香宮ト称ス」、石井郷の人は石井の水を飲んでいたのであり、「伏見細見図絵ニ　石井社内にあり。一名御香水又姥か水ともいふ。御香の名は之より出たる名泉なり。昔は此所を石井村と云ふ」、「石井ニテ何レノ地ニ在ルヤ、明治ノ世迄其旧地アリシテ民有地ナリシ為メ大正ノ初年破毀セラレテ之ヲ失フ。其地ハ御香宮神社裏毛利橋通南向三軒置ヒテ家アル地ナリ。今其地ニ巨石ニ是ヲ残セリ。御香宮公園ノ井筒形ニ蓋在ヲ為スハ石井ノ雛形ナリ」と誌す。

安永九年（一七八〇）の『都名所図会』には、門内の鳥居の傍に「ごかう水」として井筒を画いている。伏見には処々に名水が湧き、酒造りが興った所以であるが、とりわけ御香宮《ごこうのみや》（4）の御香水《ごこうずい》は霊験があらたかなりと信ぜられた。今は昭和五十七年に百五十メートル掘った井戸から汲み上げている。御香水を戴きに来る人は絶えぬようである。

御香宮の石井の水がものものしい由来を伝え、御香水として信仰された。それが大正時代に破壊されたとすれば、水はほかの井戸に求めるとしても、井戸を司る神を棄て置いては申し訳あるまい。そこで我流の臆測になるが、八木トメなる奇特の女人が石井大神を伏見山の一ノ峰に祀り、さらに小山元町に遷して神社を創建した、そのように勘えるのはいかがであろうか。伏見山との縁で稲荷の神を主祭神とはするが、祭祀の本旨は石井大神にあったと察せられる。

顔見世

鴨東四条の南座に、勘亭流で墨痕鮮かに役者の名を書いたまねき看板が列なり、その下に芝居の場面を描く絵看板が掛けられると、京都に師走が来たなと実感させられる。顔見世興行の始りである。芝居を観ぬ人でも、京の歳末風景としてなじみ深いものであろう。

平成二十九年、当る戊歳吉例顔見世興行は岡崎のロームシアター京都で行われた。南座は耐震工事のため使うことができぬということだから致し方あるまい。八代目中村芝翫の襲名披露があると宣伝していた。会場の舞台や客席がどうなっているのか、私は観ていないから何とも言えぬ。表を通って、一見したところでは、まねき看板が南座では二列のところ一列だけで、いまひとつ気分の盛り上りに欠けていた。例年は十二月一日から二十六日まで興行するのに、十八日を千秋楽とした。

因にロームシアター京都というのは、もとの京都会館である。これを改装、維持する費用を捻出するため、市が命名権をロームに売ったのである。五十年で五十二億五千万円という。西京極野球場がわかさスタジアム京都となったなど、ほかにも例がある。昨年、京都市美術館の命名権を京セラに売るという話があり、市議会の与野党からも、市民団体からも、反対の声が挙ったが、とどのつまりは京都市京セラ美術館に決ったらしい。ロームシアター京都など、なじみがたい命名である。地方自治体の財政困難はわかるが、税金の使途を国全体で考えなおすことが喫緊の事ではあるまいか。そもそも人民から金を徴《はた》り権力の側が恣《ほしいまま》に浪費するなど、天人ともに許さざるところである。

さて師走の歌舞伎興行を顔見世と称するのはなにゆえか。それは江戸時代のかなり早い時期から、京大坂江戸の三都で行われ、俗に面《つら》見世ともいった。芝居の座と役者との契約は十一月から翌年十月までの一年間であり、十一月一日に新規の役者の顔を見せるというのがその主旨であった。十月中から準備にかかり、新参の役者の乗り込み、番附の配布などがあり、十一月一日の当日、三都それぞれ違いはあるが、祝儀を交換し、劇場や芝居茶屋に紋提燈を飾り、贔屓の手打ち連中が囃すなどした。

役者を披露することが目的で、必ずしも本格的な歌舞伎興行ではなかった。『守貞漫稿』によれば、前年京都で地震があると、地震と称する異形の者が、ゆさゆさゆさと言いながら舞台を狂い廻り、人々が転び倒れる、そこへ大神宮の大麻の造り物を被った者が現れると、忽ち地震は逃げ入るというような即興的なものであった。夜に入って、座付きの役者が麻裃を着して平伏する。口上の役が高声

に役者の姓名を告げると、役者は頭をもたげ「私は何の某と申します不調法もの隅からすみ迄ずいと御贔屓をおねがい申ます」と言う。終れば手打ち連「ありや〳〵と云いながら紫たん黒たん等の拍子木にて舞台かまちを打つこと二三にて夫より種々の文句に合せ柝を打合す」とある。

顔見世の人気は時により所により消長を免れぬが、「顔見世の間京坂ともに娼妓不レ観レ之を耻とす京師祇園町は特に観レ之を誉とし興行十日の間虚日なく観レ之を其芸子の名とすること也　又大坂にては夜中見物人蠣雑炊を食するを恒例とす江戸にては鴨雑煮也」と『守貞漫稿』は云う。いかにも、新劇などと違って顔見世では、舞台の魅力だけでなく、飲み食いする楽しみが大事であった。今も幕間《まくあい》の弁当屋が繁昌する所以である。また南座では花街の総見《そうけん》という風が残っており、客席でも妍を競うことになる。旦那衆がなじみの芸妓《げいこ》に見物させる風もある。ただし旦那が劇場に出かけて同席したりはしない。それが通の嗜みだと聞いた。しかし今時は商家の旦那も会社組織の月給取になっており、旧習が残っているかどうか。

顔見世で披露した役者が一年間座付になるというきまりは江戸時代中期ごろから崩れ始め、顔見世をしておきながら翌春は他の座に出演する者も出て来る。つまり顔見世とは名ばかりとなる。それで江戸、大坂では顔見世を廃してしまったが、京都だけは名ばかりながら顔見世を墨守して重要な年中行事の一つとして今に伝えている。十一月の顔見世を十二月に行うのは、太陽暦になって一箇月ずらしたからである。

洛中洛外図を見るに、四条のあたりで鴨川に広大な中洲ができ、一帯が遊楽の地となっている。流れは細くなり、そこに仮橋を渡している。安永九年（一七八〇）の『都名所図会』に描く「四条河原夕涼之躰」では東西二筋の流れに挟まれた中洲も狭しとばかりに小屋や縁台が混み合い、無数の人が、徘徊している。鴨川に中洲が出来ることは異とすべきことではないが、殊に四条河原が広いのはどうしてであろうか。『都名所図会』に描くように、鴨川の東岸、四条通よりすこし北に白川が注いでいる。上流は風化した花崗岩帯で、その砂礫が流れ下る。いわゆる白川砂である。それが鴨川に入って、大きい洲を形成するのであろう。

四条河原は中世に戦場となり、また興行の場ともなった。『太平記』に語るところでは、貞和五年（一三四九）六月十一日、四条橋の勧進のために、四条河原で新座本座の田楽競べをすることになった。大樹すなわち将軍足利尊氏が無類の田楽好きなので、希代の見物になるにちがいないと、貴賤男女挙って評判した。月卿雲客、諸家の侍、神官僧侶まで、我劣らじと見物の桟敷を川原に組み連ねた。さて、東西の楽屋から現れて演ずる芸の趣向に、桟敷の観客はあら面白や堪え難やと喚《おめ》き叫ぶ。将軍の桟敷から、着飾った女房が衣の褄を高く取り、扇で幕を揚げて出ようとした、その時、桟敷が傾いて「アレヤ〳〵ト云フ程コソアレ、上下二百四十九間、共ニ将棊倒《シヤウギタフシ》ヲスルガ如ク、一度に同《ドウ》トゾ倒ケル」。材木に打たれて死ぬ者数を知らず。騒ぎに紛れて、人の太刀を奪って逃げる者、それを見つけて斬る者、抜き身の太刀長刀に傷つく者、茶の湯でやけどをする者、衆合地獄、叫喚地獄もかくやと見えるていたらく。田楽の装束を取って逃げる盗人を、鬼の面をつけて追いかける。主の女房を背負って逃げる者を中間若党が追いかけ、斬り合いになる。「修羅ノ闘諍《トウジヤウ》、獄卒ノ阿責、眼ノ前ニ有ガ如シ」。実は、比叡山西塔の僧を案内して来た山伏が、衆人があまりに熱狂するのに腹を立て、桟敷の柱をえいや〳〵と推し倒したともいう。その翌日は終日終夜車軸の如き大雨が降り、河原の死人汚穢を洗い流し、十四日の祇園の神事の路が浄められた。

どこまでがまことの話か知らぬが、四条河原は祇園御霊会の神輿洗いの場となり、神幸還幸の路となるので、京都にとって大切な場所であった。四条橋のない時は、神輿は河原を通った。

その後、四条河原の賑わいにも消長があるが、出雲の阿国《おくに》がここで踊ったと伝えられ、以来演芸、見世物、納涼などが行われ、遊興歓楽の地となる。元和年中（一六一五―二四）に所司代板倉伊賀守が常設の櫓七ヶ所を許可して、歌舞伎興行の地となった。

寛文九年（一六六九）に至り、鴨川東岸に護岸の石垣を築き、それより東が整備されて茶屋、旅籠屋などが簇出し、芝居小屋も移転して祇園門前の歓楽地帯を形成したのである。

『京都御役所向大概覚書』に「矢倉芝居七軒　四条南側ニ三軒　同北側ニ弐軒　大和大路ニ弐軒　内四条南側壱軒依レ願潰レ之」とあり、芝居小屋の規模、座主の名を記している。内一軒は浄瑠璃芝居である。記録の年代は明かでないが、ほぼ元禄期の状況と見てよかろう。このほかにも物真似芝居や寺社境内の芝居があった。

花の都の京都といえども、毎日浮かれて暮しているわけではない。こんなに多くの芝居が競合して、はたして立ち行くものであろうか。六軒の芝居のうち、数度の火事で焼けたり潰れたりして、化政期には四条通南側の南座と北側の北座と二軒だけになってしまった。

鴨川以東の四条通は、三条通、五条通とちがって道幅が狭かった。明治二十七年北側に道路を拡張するにあたり北座が撤去された。明治三十六年刊『京都新繁昌記』に、祇園町に「劇場あり、今は唯た南座のみとなり」と中川四明が書いている。さらに『京都坊目誌』によれば、「同四十五年四条通を拡築し、中央に軌道を敷設し、大正元年十二月二十五日電車を開通す」ということになる。

結局南座だけが生き残って独り勝ちのような形になってしまったが、それも明治三十九年に松竹合名会社によって買収された。昭和四年に至り、全面的な新築を行い、今見るような鉄筋コンクリート造和洋折衷の姿が出現したのである。

私が京都に出て来たのは昭和二十五年、学生の身分では顔見世興行は高嶺の花であった。祇園甲部歌舞練場で文楽の公演があり、こちらは入場料が安かったので、吉田文五郎の渋い芸を堪能することができた。ただし安い高いといっても、当時の入場料がいくらだったかは憶えていない。

二十八年市立高等学校に勤めることになった。その頃、京都市は赤字再建団体で、薄給の上、一ヶ月分を二度に分けて支給していた。最初に給料を貰った時、雀の涙ほどの金で愕然としたものである。しかし安月給とはいえ、収入があると云うことは有難いもので、念願の顔見世も観ることができた。

ただし京都での歌舞伎興行は夏と歳末との二回くらいで、満足できるものではなかった。そこで大阪へ脚を伸ばす。その頃は、上方役者の中村鴈治郎、市川寿海、江戸役者の中村勘三郎、尾上松緑らが意気旺んであった。大御所中村吉右衛門が老成の境にあり、佐野次郎左衛門役には痺れたものである。

三十三年大阪に新歌舞伎座が落成した。見た眼に堂々としているが、客席が広すぎて、低料金の席では舞台が遠い難があった。劇場の規模としては、京都の南座が程よい大きさである。

新歌舞伎座では、最晩年の吉右衛門の熊谷陣屋を観たが、精彩が失せてしまっていた。見得を切るのが大儀そうで、痛々しく見るに忍びぬ舞台であった。

91　豊国《とよくに》神社

豊国神社は東山区大和大路通正面茶屋町に鎮座する。正面通の東突当りで、京都国立博物館の北隣といえば判り易かろう。正式の社号は「とよくにじんじゃ」であるが、京都の人は「ほうこくじんじゃ」「ほうこくさん」と呼ぶ。その俗称には、祭神豊臣秀吉に対する親しみが籠っているように思われる。

近世までの為政者や武将の中で、京童にもっとも人気のあるのは誰か。やはり第一番には太閤秀吉に指を折らざるを得まい。さもなければ天神様の菅原道真か。藤原道長などは史上に有名であっても、しょせん雲の上の存在で、庶民には縁が薄い。織田信長や徳川家康は、京都のために図るところがあったにしても、悪まれる面が大きい。信長は上京の町を焼いたり延暦寺を焼いたり、情容赦のないところがある。家康は方広寺の梵鐘に因縁をつけて豊臣家を滅したりして、狸親爺だと嫌われる。

一人一人をみれば功罪相半ばするにもかかわらず、太閤さんに人気の集るのはなぜだろうか。一つは秀吉の京都の都市改造事業である。

平安京の条坊制では、東西南北に大路小路を通し、道路に囲まれた一区画を町とした。つまり碁盤の目の都市である。町は一辺四十丈の正方形。当時の造営尺は和銅大尺といって、曲尺《かねじゃく》より僅に短く、九寸八分七厘。したがって四十丈は曲尺の三十九丈四尺八寸、一一九・六メートル余となる。この一町を宅地の単位として、公卿に一町、四位五位に半町、六位以下に四半町を班給した。庶民の場合は、一町を縦に四行、横に八門に分けて、これを戸主《へぬし》と称し、宅地として与えた。ただし一所帯が一戸主を占有するとは限らない。

平安京は千二百十六町分ある計算になる。ただし大内裏が八十町分を占め、そのほか園囿、後院、官衙、公共施設、寺社などが設けられて、宅地に宛てられるのは千町足らずであろう。しかも右京には卑湿の地や未整備の地がある。人口が増加し、商工業が発達して商人や職人が店を営むようになると、宅地が不足を来すのは必定である。

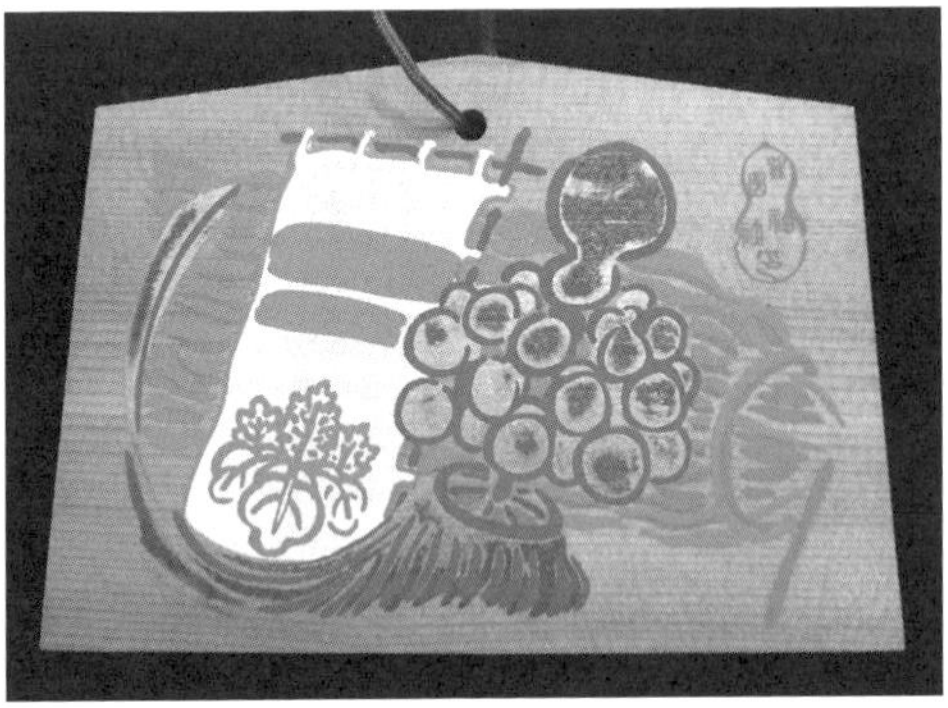

碁盤の目の京都の構造に大鉈を振わねばならぬ。そうなれば土地の収用や家屋の移転の問題が起る。拒絶、怨嗟の声が揚るのは目に見えている。それを押し切るには、有無を言わせぬ権力を発動するしかあるまい。

ここにおいて豊臣秀吉に登場を願わねばならなくなる。天正十八年（一五九〇）、京都中心部の地割を変更した。南北の道路の間に一本ずつ新しい道路を開いたのである。碁盤の目から短冊型の地割に変ったのである。さらに市中に散在して広い土地を占める寺院を、寺町通や寺之内通に移転させて寺院街を造った。また市街の周辺に全長二十六町に及ぶ御土居《おどい》を築いた。これは京都防衛の堡塁とも見られるが、水害に対する備えの目的が大きかったであろう。

御土居は後に処々で破壊されるが、短冊型の地割、寺院の移転は都市機能の活性化を促すところが大きかった。すなわち秀吉は、桓武天皇以来の首都構想の実践者であったといっても過言ではあるまい。

いま一つは秀吉の人柄である。その出自からして他人を見下すような性《さが》はないはずであるが、そのような人が成り上るとかえって尊大に構えたがる。秀吉は、身分や地位にとらわれず、気さくに人に接する。そこが人気を博するゆえんであろう。

『老人雑話』にかような逸事を伝える。「或時太閤馬に騎《のり》て烏丸通を参内す。新在家の下女四五人赤前垂を掛て見物す。太閤馬上より見て云、只今我内裡にて能をすべし、皆々見物にこよと」。うそかまことかはともかく、そのような噂が流れれば、誰しも太閤さんに親しみを覚えるにちがいない。

今出川通千本西入北側に浄土院という小さな尼寺がある。その山号寺号が珍妙で、「湯たくさん茶くれん寺」。北野に大茶湯を催した時、道すがら秀吉はこの寺に名水があることを思い出し、つかつかと入りこんで茶を所望した。庵主ははたと困惑した。茶人の関白様に下手にお茶も上げられぬ。そこで白湯《さゆ》ばかりを出した。庵主の意中を読んだ秀吉、湯たくさん茶くれん寺と名づけたと。真偽のほどは保証しかねる話であるが、ここにも秀吉の人柄が語られている。

天正十五年（一五八七）十月一日、北野で大茶《おおちゃ》の湯《ゆ》を催した。そのお触《ふれ》に「茶湯於㆓執心㆒は、又若党、町人、百姓巳下によらず、釜一、つるべ一、のみ物一、茶こがしにてもくるしからず候条、ひつさげ来仕候べき事」とあった。若党、町人、百姓、さらには異国の者にまで呼びかけるところ、秀吉の庶民的な顔が髣髴とするではないか。黄金の茶室を造ったり、名物の茶道具を披露したりするのも、人々に目の福を与えると思えばそれもよかろう。それを人心収攬術と見るなら、それでもよかろう。但し秀吉の招きに応ぜず、罷り出ぬ者は今後こがしをも立ててはならぬ、その者のところへ参ってもならぬとつけ加える。つまり自分の権勢に靡かぬ者には仮借がないのである。

関白あるいは太閤の権威に叛く者があれば、徹底的に抹殺しなければならぬ。例えば、殺生関白と噂された豊臣秀次が腹を切らされただけではすまなかった。秀次の妻妾子女を三条河原に引き出して首を討った。また関白邸であった聚楽第を惜し気もなく破却してしまった。秀吉のこうした苛酷な面がいつか忘れられて、好々爺の顔だけが京童の記憶に残ったのであろう。

豊臣秀吉は慶長三年（一五九八）八月十八日、伏見城で死去した。当分は喪を秘したまま、東山の阿弥陀ヶ峰に豊国廟の縄張を前田玄以が行った。これは秀吉の遺言によるものである。翌年大社創建を奏請し、四月十六日から遷宮式が営まれた。勅使が差遣され、豊国大明神の神号の宣下があり、さらに正一位の神位が授けられた。十八日の正遷宮には人々群集して参拝し、徳川家康らも参詣している。それより四月十八日と忌日の八月十八日とを例祭日とし、上京下京の町衆挙げての賑いとなる。秀頼はなお工事を続け、家康も社領、用度の寄進をした。

ところが、慶長二十年（一六一五）、豊臣家が滅びるや、家康は豹変した。豊国廟の門、梵鐘、什宝などを他に移し、社殿は釘付けにして朽ちるにまかせた。新日吉《いまひえ》神社の社殿を建てて参道を塞いだ。

京都において太閤さんの人気が冷めないのは、徳川の政道を妨げると見たのであろう。

　さて回天の業なって明治の代に到るや、豊国社再興の気運が高まる。初めには大阪城外に造営する議もあったが、明治八年、方広寺大仏殿の境内に再建することに決った。復興の工事が竣《おわ》ったのは明治十三年五月であった。

　また明治三十年、秀吉三百年忌に際して、荒廃に委ねられていた阿弥陀峰の豊国廟修復の事業に着手した。東山区東大路通七条の智積院《ちしゃくいん》と妙法院との間に参道がある。坂道を登り、新日吉社を過ぎると太閤坦《たいこうだいら》と称する平坦地となり、拝殿や御供所、国松丸殿松丸殿の墓がある。それから先が大変で、五百六十三段の石段を登って阿弥陀峰百九十六米の山頂となる。そこに秀吉の大五輪塔が建てられている。昔々私も一度だけ登った。坂ゆく時もあったのだが。

　さて今の豊国神社は相当に広い敷地をとっている。先ず目に付くのは豪壮な唐門である。檜皮葺の四脚門で、入母屋造、前後に唐破風をつけ、欄間、扉などに豪快な彫刻を施す。伏見城の遺構で、南禅寺の金地院に移したものをここに再建したという。

「豊国大明神」の額は後陽成天皇の宸筆で、預けられていた妙法院から返却されたよしである。今は門内に参入できないので、拝殿、本殿の様子を具に覗うことは叶わない。本殿脇の摂社貞照神社は大正十四年の創建で、北政所、ねねの方を祀る。唐門の両脇に並ぶ八基の石燈籠は恩顧を受けた大名が寄進したものという。また本社の裏の方に御馬塚という五輪塔がある。豊国廟参拝が憚られた徳川時代に、方広寺境内にこれを建てて密かに拝んだと伝える。いずれにしても、あちらこちらに参入禁止の札があり、あるいは縄を張っているので、近づいて観ることのできぬのが恨めしい。

本社の傍に槇本稲荷神社というのがある。これは明治三十八年に若《にゃく》王子《おうじ》から遷したと聞いた。

豊国神社に広い敷地を占められて、方広寺大仏殿はさぞ肩身が狭かろう。廂を貸して母屋をとられたとはこのことか。廃仏毀釈の時勢には抗すべくもなかったのであろう。

大仏殿建立、盧舎那仏の開眼は秀吉の悲願であり執念であった。諸大名に人足の動員を促し、人海戦術で当ったが、小田原攻めが起ったりして、工事が進捗しない。金銅仏の予定を変更して漆膠像としたが、文禄四年（一五九五）の地震で破損してしまった。夢のお告げだとして、甲斐国にあった善光寺如来を迎えたが、慶長三年（一五九八）八月十七日遽かに如来を善光寺に送り返し、その翌日秀吉は息を引きとった。

秀頼が父の遺志を継いで大仏殿の完成、金銅仏の鋳造に邁進した。ところが鋳造中に出火して、大仏も本堂も焼けてしまった。それにもめげず秀頼は復興に勤《いそし》む。慶長十九年八月三日開眼供養の予定にまで漕ぎつけた。ところが、七月十六日徳川家康が突然に延期を命ずる。例の梵鐘の銘に「国家安康」とあるのは、家康の名を割って呪うものだという。それなら「君臣豊楽」と豊臣の名が逆さまになっているではないかと抗弁しても、最初から因縁をつけるつもりだから話にならない。とどのつまりは大坂の冬の陣、夏の陣となって、秀頼、淀殿は亡びてしまう。

徳川の天下となり、豊国廟は破却されたが、方広寺の大仏、梵鐘はそのまま残された。洛中洛外図などに描くところを見ても、鴨東の一景観をなしている。しかるに寛文二年（一六六二）の地震で大仏倒壊し、補修不可能ということで鋳潰して銭貨としてしまった。大仏は木像に替えられた。

大仏殿はどうしたことか厄が多い。寛政十年（一七九八）七月一日、本堂に雷が落ち、木像の大仏は焼けてしまった。京のわらべ歌に「京の大仏さんは天火で焼けてな、三十三間堂は焼け残った、アリャドンドンドン、コリャドンドンドン」というのがある。これはこの時の災厄を歌ったものである。

天保十四年（一八四三）尾張の国の有志によって大仏の半身像が寄進された。大きいことは大きいが、昔の姿を偲ぶべくもない。これも昭和四十八年三月二十八日、失火によって本堂とともに焼けてしまった。焼け跡を私も見たが、傷ましく目も当てられぬ姿であった。現在は大仏ならぬ中仏が安置されている。

豊国神社には参拝者が少なくないが、すぐ隣の方広寺へ脚を運ぶ人は稀なようである。私が参拝したら、珍客であったのか、案内のおばあさんが鐘のことなどいろいろ話してくれる。おまけに咽喉飴までくれる。つい十二支の瓢箪形のお守りを買わされてしまった。

方広寺から豊国神社にかけ大和大路通に面して石垣が残っている。いずれもほかに類を見ぬ巨岩である。大仏殿造営にあたり、太閤のご機嫌を覗って諸侯が献納したものであった。余りの巨きさに、運ぶのに苦労をした話が伝えられている。

豊国神社前から西へ鴨川を渡り、切れ切れになりながら西へ延びる路を正面通と呼ぶ。大仏殿の正面の意である。神社から正面橋までの間の南側に耳塚がある。大きい塚を築き、上に五輪塔を据える。その由来については、秀吉朝鮮出兵の際に、敵兵の首級に代えて耳を削いで持ち帰ったのを供養したとか、その他いろいろの伝えがある。実のところはよく解らない。

耳塚の向い、正面通北側に浄土宗西山禅林寺派の熊谷山専定寺《せんじょうじ》という小さい寺がある。専定という旅の僧が休んでいると、松の木に止った二羽の烏の話すのが聞える。今日は蓮生坊熊谷直実の極楽往生の日だ、われらもお見送りしようではないかと。専定不思議に思い、蓮生坊の庵を尋ねると、果してその日に亡くなっていた。承元二年（一二〇八）九月十四日のことであった。専定は有縁の地としてここに草庵を結んだのが、当寺の起りだと伝える。それよりこの寺を烏寺と呼び、松の梢に土焼の烏を止らせていたが、今は見当らない。

さらに西へ進み、本町通正面上ル西側のあたりに大仏餅屋があった。『都名所図会』に繁昌のさまを画き、「其味《あぢはひ》美にして煎《にる》に蕩《とろけ》ず炙《あぶる》に芳《かんばしう》して陸放翁が炊餅《すいもち》東坡が湯餅にもおとらざる名品也」と絶讃する。戯作者江島其磧《きせき》はその四代目であったが、産が傾き餅屋は他家に譲った。明治十一年刊

『売買ひとり案内』に「伏見街道正面　大仏餅」とある。第二次大戦後に廃業したらしいが、私の半世紀以上も昔の微かな記憶では、大仏餅屋の建物が残っており、江島其磧邸址の石標があったように思うが確かでない。今、専定寺の並びの甘春堂に大仏餅を売っている。小ぶりの上品な餡餅であるが、昔のものとは異なると思われる。椿の葉を使った椿餅もある。

正面通をさらに西へ進むと、鞘町通の角に道楽という料理屋がある。一見したところ、古ぼけても の恐しい建物で、戸を開けるのも憚られるかもしれぬ。創業はおよそ三百八十年前というから寛永時代であろうか。石田三成の軍師島左近の邸跡に茶房を開いたのが始りとか。歴史的意匠建造物に指定されているよしである。

ここから七条通に出ると、北側にわらじやという店がある。大きいわらじを看板にし、うぞうすいを名物とする。鰻の雑炊である。わらじや、道楽の料理、ともに廉《やす》くはない。懐の暖いときに舌の供養をするのも一興であろう。

（台湾）

92　赤嵌楼《せきかんろう》・祀典武廟・台南孔子廟

平成二十四年元旦、関西空港から台湾へ飛ぶ。桃園国際空港に着き、台北まで路線バスに乗る。ごたごたした町並みを通り抜けて行くのだが、看板がおもしろい。台湾の人は、競うように大きい看板を出すのが好きらしい。汽車修理廠など、汽車の文字がやたらに眼につく。汽車とは自動車である。停車場は駐車場。牙科、牙医の看板も多いが、これは歯医者。治療、美容関係の看板が多い。水族館というのは、魚を飼うための器材を商う店らしい。

食堂も多いのは言うまでもなく、麺や肉の看板は種々さまざま。中に炭火焼肉、ＹＡＫＩＮＩＫＵとわざわざ書いているのは、日本からの伝来であろうか。そういえば、吉野家の看板も眼にとまる。檳榔《びんろう》の看板もしばしば見かける。檳榔樹の実と石灰とを混ぜたものを、口を真赤にして噛み、吐き出すので地面が赤くなっていると、南方風俗を書いた本でしばしば読んだことがある。しかし、旅行中に、噛んでいる人も、吐き出した痕跡も見なかった。みな行儀が良くなったのであろうか。コンビニエンスストアは大方セブンイレブンで、到るところに看板が出ている。

台北市内でも看板の事情は同じであるが、目抜き通には、ヴィトンなど高級ブランドが店を構えている。ただし客の姿は殆ど見られない。

ホテルに荷物を置いて、故宮博物院を見学。今年は民国百一年、中華民国の新世紀が始まるというので、無料開放している。ここを辞して士林の夜市へ。元日ということもあろうが雑鬧を極めている。食べ物の台屋が連なる一角は立錐の余地もない。何か試食しようと思っても、ちょっと割り込む勇気が出ない。

二日早朝、高速鉄道すなわち新幹線で台南に向う。台南の車站すなわち駅は新市街にあり、目的の旧市街までタクシーを走らせたが、思わぬ時間がかかってしまった。高雄にも寄るつもりであったが、これは割愛せざるを得まい。

台南は古く台湾の中心であった。したがって見るべきところは数々ある。だが先を急ぐので慌しい見学となる。

赤崁楼

明朝末期、台湾に先ず進出してきたのはオランダ人である。進出といっても、彼らのやり方は武力をもってする侵略である。現台南市の海岸安平に城を築き、完成したのが崇禎七年（一六三四）のこと。永暦七年（一六五三）にはさらに内陸に進んで普羅民遮《プロヴィンシャ》城を築いた。これを漢人が赤崁楼とか紅毛楼とか呼んだという。永暦十五年（一六六一）に至り、鄭成功がオランダ人を台湾から駆逐してしまった。

鄭成功は台湾、ことに台南で安平郡王として敬われている。国姓爺《こくせんや》とも呼ばれるのは、国姓すなわ

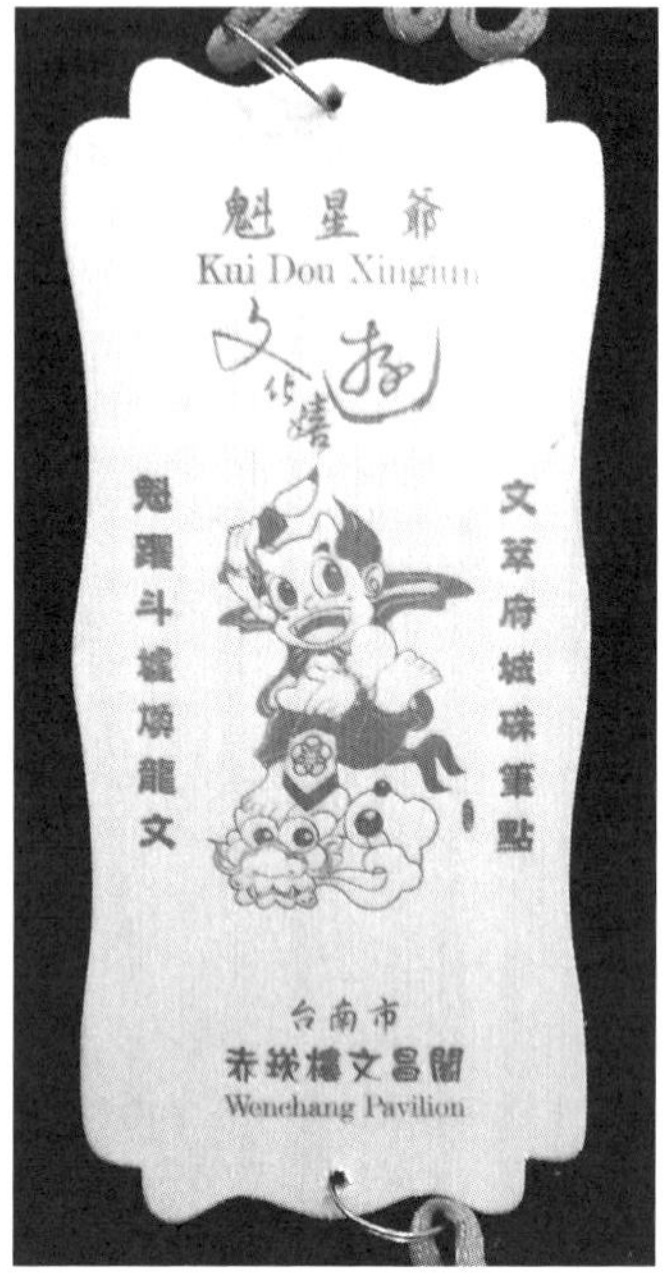

ち明王朝の姓である朱を賜ったからである。明朝が北方民族の清に滅され、遺臣鄭芝龍が明朝復興を願って戦った。芝龍が力尽きて清に降ったのちも、子の成功がなお江南に戦い、金陵、今の南京に追ったが、遂に敗退して台湾に渡り、明の年号を奉じていた。あたかも国共内戦に敗れた蒋介石が、一九四九年台湾に遁れて中華民国政府を維持したことと通ずるものがあろう。

鄭成功の人気は日本でも高かった。芝龍が肥前の平戸に来て、田川氏の女と婚し、一子を挙げたのが成功である。本朝の寛永元年（一六二四）の生れ。すなわち半分日本人の血が享けていることが、人気を一層高めた。近松門左衛門の作る浄瑠璃『国姓爺合戦』が大当りをとり、国姓爺旋風を捲き起した。日本名和藤内《わとうない》の抗清復明の不屈の闘志が感動を呼んだのである。私の幼少時にも、鄭成功の絵本や伝記が出版されており、読んだものである。ただし成功は雄図半ばにして、明朝永暦十六年、清朝康熙元年（一六六二）、台湾で病没した。遺臣たちは、江戸幕府に何度となく援軍を要請したけれども、幕府は拒み続けた。かくて台湾も清朝の治下に入る。

赤崁楼の門を入って先ず目につくのは、四人が円陣をつくる銅像である。鄭成功議和園と台座にある。長服を着て長剣を携えるのが成功、ほかの三人は配下の武将であろうか。

オランダ人が築いた城は、煉瓦積みの基礎と城壁の一部が遺るのみである。今は二層の楼が二棟建てられている。赤色を基調とし、屋根に大きく反りを持たせ、龍を取付けた中国好みの装飾で、これは各地の廟堂、寺院に共通して見られるところである。

文昌閣に鄭成功の大きな像を祀る。そこに祈願牌という木札がたくさん掛けられている。日本の小絵馬のようなものである。赤い飾り紐や総《ふさ》をつけて派手に拵えている。魁星爺とあって、今様に漫画化しているが、筆を握って跳躍している図である。魁星というのは北斗七星の第一星で、これを擬人化したもの。裏に「魁星踢斗　独占鰲頭」と記す。魁星が北斗を踢《け》るとは、官吏登用試験である科挙に合格することで、鰲頭《ごうとう》を独占するとは、合格者中の首席を占めることである。

文昌というのは、北斗の魁星の前の六星をいい、文を司るとされるところから、科挙及第を祈ることになる。文昌閣はここだけの建築ではなく、処々に設けられている。官吏に登用されることが、中国知識層にとっていかに重大であったかが知れよう。今も祈願牌に、理想の学校の試験に合格させたまえというようなことを書いている。

なお赤崁楼は庭園を広くとり、市内に散在した石碑や動物の石像を集めている。時間があれば、一つ一つ熟視したいところであった。先を急ぐ旅はつらい。

祀典武廟

武廟は道路を隔てて赤崁楼と相対する。といっても、廟堂、寺院は南を正門とするのがたてまえであるから、赤崁楼に背を向ける形になっている。

成功没後、明朝永暦十九年（一六六五）、子の鄭経が台南府城に四廟を建てた。その一つが文廟すなわち孔子廟であり、いま一つが武廟たる関帝廟である。清の康熙二十九年（一六九〇）に至り、大いに拡張改修したのが現在の祀典武廟である。

一に大関帝廟と称する。それは関羽を祀るからである。西暦三世紀、魏《ぎ》、蜀《しょく》、呉が鼎立する三国時代という時期があった。蜀の劉備を助けた名参謀が諸葛孔明、名将軍が関羽と張飛とである。関羽は帝王になったことはないが、武神として崇められ、関帝と称せられて各地に関帝廟が建てられた。容貌魁偉、長髯を蓄え、日本でも関羽ひげといって親しまれた。

ここは、赤崁楼にもまして装飾過多の建築がところ狭しとばかりに列なっている。扁額を随所に掛けるのも漢人の好みである。こちらを日本人と見て、番人が笑って「大丈夫」の額を指さした。勿論関羽を讃めた文字であるが、当節の「だいじょうぶ」という日本語を知っていてのことであろう。廟は道教の神社のようなものであるが、観世音を祀る観音殿がある。神仏混淆の民間信仰が窺われる。

驚いたのは、青年男女が一尺五寸もあろうかと思われる線香を擎《ささ》げて拝み廻っていることである。

真剣そのものの表情である。合格祈願にちがいないと見た。そういえば、五文昌という堂があり、文昌帝や魁斗星が祀られている。飾りをつけたアルミ製の祈願牌もたくさん掛っている。

また何人もの女性が爐に紙札を燃している。燃えて高く上るほど願いが叶うのだという。もっとも本物の紙幣ではない。

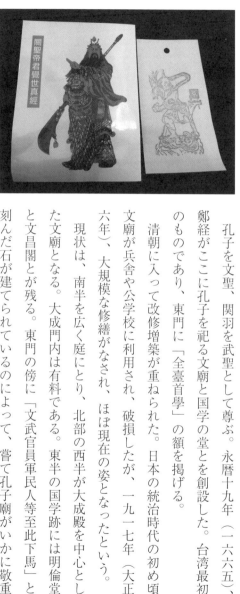

台南孔子廟

全台首学と称する孔子廟に参る。

孔子を文聖、関羽を武聖として尊ぶ。永暦十九年（一六六五）、鄭経がここに孔子を祀る文廟と国学の堂とを創設した。台湾最初のものであり、東門に「全臺首學」の額を掲げる。
清朝に入って改修増築が重ねられた。日本の統治時代の初め頃、文廟が兵舎や公学校に利用され、破損したが、一九一七年（大正六年）、大規模な修繕がなされ、ほぼ現在の姿となったという。
現状は、南半を広く庭にとり、北部の西半が大成殿を中心とした文廟となる。大成門内は有料である。東半の国学跡には明倫堂と文昌閣とが残る。東門の傍に「文武官員軍民人等至此下馬」と刻んだ石が建てられているのによって、嘗て孔子廟がいかに敬重されたかが解るであろう。

大成門内に台が置かれ、人々が争って黄色の紙片を求めて朱色の判を捺している。見れば魁星踢斗の図である。これに合格などの願い事を書いて札掛に掛けるのである。ここでも若い者が多い。台湾の人々はよほど信心深いのであろう。

93　龍山寺

台南を辞して更に南へ。高雄市の左営車站で、各駅停車の鈍行火車に乗り換える。矢印をして月台とあるので、駅で月見とは風流なと思ったらプラットホームであった。

台湾の南端屛東県を通過し、大武で東海岸に出て台東まで往く。空路の発達した今時、こんな酔狂な旅行客はほかにいないと見える。高雄見学の時間がなかったのもこのためである。

高速鉄道とちがって、一つ一つの駅の名もおもしろいが、車窓に展開する景色がさらにおもしろい。ことに私の興味を惹いたのは植物相の変化である。檳榔樹の林が処々に見られる。バナナ畑も多く、実に袋をかけている。台北あたりでは見かけなかった風景である。南国に来たのだと実感が湧く。そういえば、台南でところどころに榕樹が茂り気根を垂れていた。台湾といっても北と南とでは、様相が違うということを知った。

変るのは植物ばかりではない。乗客の顔つきもどことなく台北あたりとは違うように思われる。私に中国語は解らないけれども、心なしか言葉つきも違うように聞える。たぶん南部の方言なのであろう。

平野の展ける西部とちがい、東部は山が海岸に迫っている。台東火車站で下車。台南に比べてどことなくのんびりしている。駅前にテントを張って果物などを売っている。釈迦頭というのをたくさん並べている。薄緑の瓜形で、表面が凸凹している。それがお釈迦さまの螺髪に似るのでこの名がある。これがうまいのだと聞いて、一つ買って宿で食べてみたが、うまくも何ともない。まだ熟しておらぬのであろう。

台湾から来た留学生が、台湾の果物はおいしいと吹聴していたのを思い出したが、バナナも鳳梨《パイナップル》もその時季でなく、美味珍味にありつけなかったのは心残りであった。釈迦頭や鳳梨を使った菓子はたしかにうまい。

迎えのバスで知本へ。ここは山中の温泉郷で、湯気が立ち騰っているのが見える。老爺大酒店《ロイヤルホテル》に落着く。実は愚息が十九年前にこのホテルの庭園や外廻りを設計施工したという縁による。洋式ホテルだが、和風、唐風を大いに採り入れている。また、この土地を卑南というが、先住民の風俗文化に意を用いた装飾も楽しい。

台湾には公衆浴場すなわち風呂屋の習慣がないため、浴場で水着を着用することが義務づけられている。しかしここでは、大浴場、露天風呂ともに裸で入浴する日本式を採っている。近ごろは漢民族にも日本式の人気が高まっているそうで、台湾人か中国からの客か判らないが、浴槽で中国語が聞かれた。ただし湯のぬるいのに閉口。ことに露天風呂の方は、風邪を引きそうなので早々に退散。どうやら漢民族は熱い湯を好まぬらしい。

庭には火焔樹、種々の躑躅、銀木犀の一種、唐おがたまなどが咲いている。近くに岩燕が多数飛び交う。

ホテルに隣して清覚寺という浄土宗の尼寺がある。堂々たる建築であるが、ひっそりとしてほかに参詣者はいない。温泉目あての人種は、寺に関心がないと見える。阿弥陀如来に燈明を上げていた老尼僧が寄って来て、いきなり日本語で声をかけたのでびっくり。考えてみれば驚くにあたらない。高齢の人は幼少時に公学校で日本語の教育を受けているのだから。階前に、獅子などでなく、大きな象の石像が据えられているわけを話してくれたりした。

ホテルの夕食には、愚息の顔で奥の一番落ち着く席をとってくれたが、今時のバイキング方式というのは私にはなじまず、さほど食ったような感じがしない。台湾啤酒《ビール》が案外にうまい。

食後はロビーで先住民青少年男女の踊りが披露される。日本では、台湾原住民をひとまとめに高砂族と呼んでいるが、実はいくつもの部族に分れている。ここで踊るのは阿美《アミ》族であろう。収穫を祈るための踊りらしい。

四日、台東空港へ。先住民の生活を紹介する展示室を設けたり、手芸品を売ったりしているところが台東らしい。ブーゲンビリアは台北でも見たけれども、ここではまさに満開、紋白蝶が飛んでいるのも嬉しい。殆ど見かけなかった雀が何羽も遊んでいる。

飛行機が飛び立ったが、眼下は雲が覆っている。やがて雲が切れ、山嶽が続く。彼方には台湾海峡も望まれる。玉山らしいのを見つけた。昔の新高山三千九百五十メートル、日本一高い山であった。大喜びをしたものの、後で地図を按じ、飛行時間を考え合せると、どうやら雪山、三千九百三十一メートルの次高山であったらしい。日本第二の高峰だったのだから、まあいいか。

台北の松山空港に着陸。総統府へ行く。一階が展示場になっており、日本人客には日本語の達者な案内人がつく。日本統治時代、台湾総督府として大正八年に完成したもので、赤煉瓦と白堊とを交えた壮大な建築、これほどの建物を今日本国内で見ることはできまい。昭和二十年五月三十一日、米軍の爆撃で一部破壊されたそうだが、修復を加え、総統府として使っている。台湾では、日本統治時代の遺産を大切に保存して活用している。総統府の横にある台湾銀行にしても然り。

もっとも新しく造られたものも多い。自由広場の門を潜ると、正面に中正記念堂が見える。中正とは蔣介石の号であり、民国六十九年（一九八〇）に落成したという。青と白とを基調として国旗の青天白日を象徴する。堂内に見えるのは蔣介石であろう。その名は、私ども子供時代耳に胝《たこ》ができるほど聞いているので、旧知の人のような気がする。蔣介石の寿命に因んだ八十九段の階を登り久闊を叙するとしよう。

中正記念堂を出て、観光コースから外れた所を巡る。まず腹ごしらえ、小籠包がうまいという京鼎楼に入る。柱に小絵馬が掛っているではないか。得たりやおうと寄って見れば、何とこれはアサヒビールが新年に配る大黒さまの絵馬ではないか。道理でビールを注文してもアサヒビールしかないと言う。麺は感心せぬが、小籠包は流石。

龍山寺

艋舺は台北で最も早くから賑った地域である。艋《もう》も舺《こう》も小舟の意であるが、当地では農産物を運んだ独木舟《まるきぶね》を艋舺と称したらしい。淡水河を利用する舟が輻湊し、ここが物貨の集散地となり、したがって人が集り住み、商売が繁昌したという次第である。

艋舺の中心に位置するのが龍山寺である。福建省から渡って来た人たちが、故郷の龍山寺の観世音菩薩の分霊を勧請して一寺を創建した。落慶は清朝乾隆五年（一七四〇）である。龍山寺と号し、住民の信仰の中心となったばかりでなく、議事や訴訟の場ともなった。以来二百七十年、何度か災厄に

遭ったが、その都度修復改築された。民国三十四年、昭和二十年には米軍の爆撃を蒙った。本殿が焼夷弾の直撃を受けたけれども、本尊の観音像は無疵であった。しかも附近の住民は、観音様がお護り下さると、蓮台の下に逃げ込んだ。以後も空襲のあるごとにここが避難所となったが、住民に死傷者はなかったとか。

伽藍は日の字形に配置され、南を正面とする。本殿には聖観音を本尊とし、脇侍に文殊菩薩、普賢菩薩を安置する。後殿には文昌帝、天上聖母、関聖帝を祀り、神仏混淆の信仰となっている。殿堂の内外の装飾はものものしく、漢人の好みであり、寺号に因むのでもあろうが、龍の彫刻が目を驚かせ、台湾第一を誇ることも諾われる。

さらに驚かされるのは人々の篤信ぶりである。殿内も庭も人が犇いている。観光客は私どもだけのようで、みな信心の徒である。私のように賽銭を投げ一揖して去る人はいない。合掌する人は、いつまでも合掌したままで動きそうにない。長い線香を擎げながら頭を下げて立つ人。線香は一尺六寸で、七本入りの赤い袋を十元で売っている。庭にはいくつもの机が置かれ、果物などの供物が並んでいる。小皿に花を飾った供え物が珍しく、これは門前で売っている。経を唱える声が堂に充ちている。経の本には、仏説阿弥陀経や般若波羅蜜多心経のように、われわれになじみの経もあるが、それではなさそうで、何を誦しているのかさっぱり判らない。皆さん思い思いのしかたで拝む。とにかく熱気に蒸される感じであった。そういえば、日本に来る観光客のうち、神仏に一番たくさん賽銭を上げるのは台湾人だと聞いたことがある。

十二支やいろいろ御利益のついたお守を並べて売っている。祈願牌に類するものがないのは残念であった。

因みに日本の三月十一日大震災には、龍山寺から二百万元の義捐金を醵出したという。約六百万円。

龍山寺界隈は殷賑の巷である。観光客の懐を狙うのでなく、庶民の集う町である。商店が連なり、屋台店が並ぶ。歩道にわずかの品を置いて商う人もいる。古めかしい古本屋に入ってみた。日本統治時代の公学校の国語教科書が目にとまる。店番の小姐《シャオチエ》に日本語が通じない。私の独習の中国語では用をなさぬ。英語でどうにか意が通じたが、要するに、これは売り物でないということである。残念無念、諦めざるを得ない。

龍山寺前から賑かな楽隊が聞えてくる。拡声器で何やら叫んでいる。やがてトラックを何台も連ねて近づいて来るのを見れば、総統選挙の街頭宣伝隊であった。民進党の蔡英文候補の応援隊で、台湾民族は中国民族に非ずと大書した横幕を張っている。台湾独立の主張である。手を振ってやったら、目ざとく見つけて、車上から何人も手を振って応えた。

投票日を一月十四日に控えて、台湾の新聞もテレビも興奮の最中である。それにしても、こんなに凄じい街頭演説は、日本では見られない眺めである。民進党が強固な地盤を有する台南でもこんな光景は見られなかった。赤崁楼の近くに、中国共産党は亡びよと書いた貼紙を見たが、これが選挙と関係があるのかどうかは解らない。

せっかく私が応援してやったのに、投票結果は八十万票の差をつけて、国民党の馬《ま》英九候補が当選した。それでも蔡候補敗れたりとはいえ、投票総数の四十五パーセント以上を獲得したのだから、台湾の民意が奈辺にあるかを汲まねばならぬであろう。

夜には老爺大酒店近くの店を冷かす。日本語を巧に喋る女性店員には、つい買わされてしまう。茶商店で、百貨店の菓子売場で。

四日早朝、遽しい旅を了え、花園空港で搭乗。雨風となる。雲の上を飛び、ようやく雲が断れた。下界は日向の海岸かと思われる。

94 長福巌清水祖師廟・北投温泉博物館・地熱谷

長福巌清水祖師廟

平成二十七年元日、午後になって雪が降り出し、夜には十数糎積る。近ごろ珍しい現象である。二日早朝、積雪を踏んで出発、午後一時過ぎ台北の空港に到着。思ったほどに暖くない。

直に新北市の三峡に向う。峡と名がつけば、山間の峡谷だと考えるのが日本人の常識であろうが、案に相違して坦々たる市街であった。同じ漢字を使っていても、意味するところは必ずしも同じでない。淡水河の支流三峡溪流に臨み、かつては舟運で賑った町だという。

正月の人波を分けて、長福巌に参詣する。巌といっても、これまた岩屋のようなものではない。清水祖師を祀る廟で、五門三殿より成り巍々堂々たる構築である。柱や壁に施す彫刻は台湾第一を誇る。台北の龍山寺（93）の彫刻は名に因んで龍であったが、ここは歴史、伝説に拠る人物や鳥獣などを彫り、変化に富むのが特徴である。

線香を上げて拝む人が引きも切らぬが、そもそも清水祖師とはいかなる人か。廟で貰った簡介、すなわち略縁起によれば、俗姓陳、法号普足、宋の仁宗慶暦四年（一〇四四）正月六日、永春県小岵郷に生れた。永春県というのは台湾でなく、おそらく福建省であろう。幼にして出家し、修行の功を積んで、物を利し人を済《すく》うことを志とした。すなわち義捐を募って道路や橋を修築し、医薬符水をもって疾病を治し、旱天、疫癘には祈禱して奇効を著した。

神宗の元豊六年（一〇八三）、清溪が大旱となり、郷人は上人の噂を聞いて祈雨を請うた。上人張岩の石宮に来り、壇を設けて祈るに、果して奇験が著れた。郷人大いに悦び、上人のこの地に留まらんことを望み、師もまた風景幽雅なるを愛でて駐留を諾した。よって衆人資を集め、張岩の側に草庵を設けた。師は石泉清冽なるを見て、清水岩と名を改めた。

徽宗の建中靖国九年（一一〇九）、祖師、衆人に後事を囑し、偈《げ》を唱え訖《おわ》って、端然として坐したまま逝く。三日たっても神色異ならず、遠近の者雲集して礼拝した。郷人は祖師を清水岩の後に葬り、その上に塔を築き、真空塔と名づけた。後に沈香木を刻んで祖師の像を作り、清水岩中に安置した。これより清水祖師と称するに至ったのである。

孝宗の隆興二年（一一六四）、泉州の人々、祖師の頭陀《ずだ》苦行、亢旱祈雨の霊跡顕著なるにより、乞うて昭応大師の諡《おくりな》を賜わる。その後、諡号に二字ずつ加えられ、寧宗の嘉定元年（一二〇八）正月に安溪が、四月には泉州が大旱に苦しんだ時、祖師の像を城に迎えるや、忽ち雲起り雨が降った。霊験かくもあらたかなるにより、嘉定三年、勅により昭応慈済広恵善利大師の諡号を賜わることになった。

以上は大陸に於ての話である。恐らく福建省から台湾に渡った人々の間に祖師に対する崇敬が承け継がれていたのであろう。清の乾隆三十四年（一七六九）に三峡の祖師廟が創建された。それが三度の災害を蒙り、三度の復興を重ねている。

最初は大地震によって崩れ、道光十三年（一八三三）に再建された。次は甲午戦争すなわち日清戦争に際して、「清廷締約馬關、將台灣割治日本、三峽民眾不願異族統治、以本巖爲反抗大本營、事敗後廟堂遭受日軍燒毀」という。下関条約で台湾が日本に割譲されたのを不服とする三峡の民衆が、本廟に拠って抵抗したため、日本軍に焼かれたというのである。そして光緒二十五年（一八九九）に再建された。三度目は民国三十六年（一九四七）火災によって壊れ、それを「我國傳統式古法」をもって建造したのが現在の姿であり、「東方藝術殿堂」の称があると自讃する。

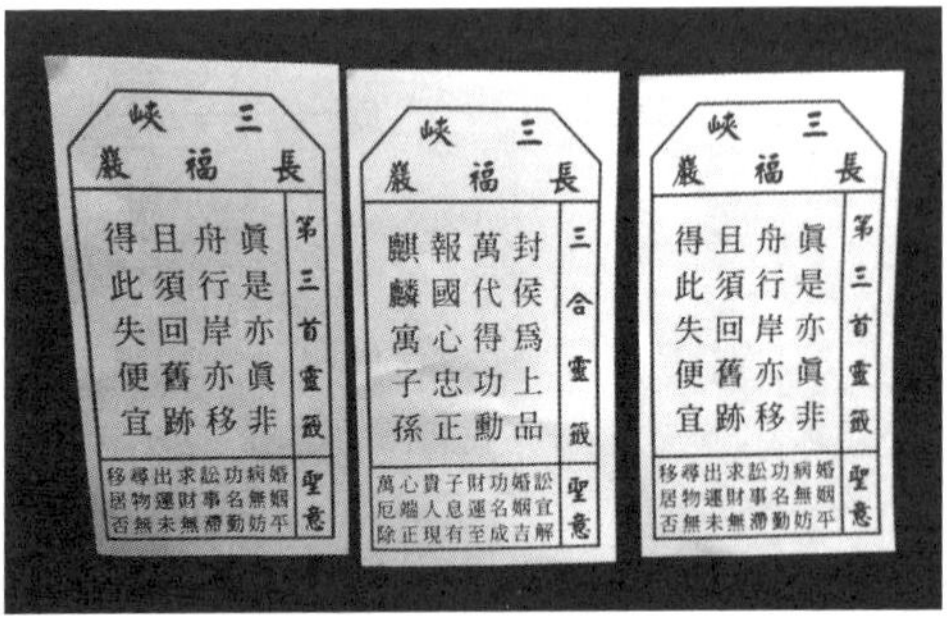

参拝者が多いにもかかわらず、ここにはお守とか記念品のたぐいを置いていない。とんと商売気がないと見える。おみくじがあったので引いてみる。三合と出た。大吉の鬮《くじ》である。こいつぁ春から縁起がいいわえ。

堂内に銀木犀《ぎんもくせい》の鉢植が置いてあり、花をつけていた。すると、日本の十月ごろの気候ということになろう。多くの人が厚手のジャンパーを着込んでいる。これが流行の服装だと聞いたが、そもそも台湾の人は寒がりなのであろう。

廟の近くの長福橋には屋台店が出ている。民権老街には、日本の統治時代の煉瓦造の建物が並び、土産物屋になっているのが多い。

三峡の北、鶯歌《おうか》という町へ行く。うぐいすが鳴くのかと思ったら、さような風情は微塵もない。鸚鵡の姿に見える鶯歌石というのがあり、それが町名の由来だとか。

小高い丘の上が陶瓷老街となっている。陶器屋が軒を列ね、大小高廉、とりどりの焼物を並べている。色や肌の具合が私にはなじめず、見るだけにする。見物するだけでもおもしろい。

台北に戻り一泊。台湾では、日本以上に禁煙が厳しい。ホテルの前に喫煙場所を設けているので、そこで一服、夜の街を眺めるのも一興。

とにかく台湾の市街では四輪、二輪の自動車が我がもの顔に走り、追越し、追抜き御免で、しかも所かまわず停車する。停車とは日本語の駐車である。小さい屋台の車に幼児を乗せて車道の中央を押して行く婦人がある。屋台車も車輌だから当然かも知れぬが、両脇を自動車が走り抜けても悠然たるもの。暫し見とれる。

腰が直角に曲り、三角の檜笠を被った老婦人が、車を挽いてホテルの前に来た。ホテルの従業員が段ボールの空箱やプラスチック、ビニールのごみを車に載せてやる。当地では資原ごみと廃棄ごみとを分別しているから、こうした物がいくらかの金に換わるのであろう。そういえば、北投公園でも屑籠からプラスチックやビニールを択り出している老婦人がいた。台湾でも貧富の差が大きいのであろう。胸の痛む思いに堪えない。

三日、電車で東北部の宜蘭《ぎらん》県礁渓《しょうけい》温泉へ。老爺酒店に荷物を預け、レンタカーで出発。どこへ往くのやら、旅程は一切倅まかせ。きたない街に入ったと思ったら基隆《キールン》であった。港に出る。これは高雄と並ぶ港であり、日本に近いので、昔からその名はよく聞いたものである。基隆はいつでも雨が降っていると、物の本で読んだことがあるけれども、今日はさいわい好天である。

港を過ぎて東へ走る。小島や岩礁の多い海岸線がおもしろい。海岸から山路に入り、九份《きゅうふん》に着く。山の急斜面に貼りつくように建物が密集し、中には廃屋も見られる。町を縫って羊腸の小径が縦横に通じている。ただし苔の道でなく、舗装または石段の道である。両側に土産物屋、食堂、喫茶店などが列なり、観光客の往来が埋めている。日本語も耳に入る。展望台からの山と海との眺望もまた佳し。

份とは、ひと組、分けまえの意で、案内書によれば、ここはもと九戸しかない小集落で、交通不便なため物を求めるのに毎度九組買ったことが名の起りだとか。九份と、近くの金瓜石とは、かつて金鉱の採掘で栄えた。金を掘り尽してしまい、一九七〇年代に鉱山が閉鎖され、過疎地となったのが、今や一大観光地に変身したのである。金瓜石には黄金博物園があり、坑道見学もできるよしである。

交通渋滞はいずこも同じ。日が暮れて礁溪に帰着。温泉街には和風温泉の宿が目につく。山の手のホテルの浴場は日本式で、露天風呂もあり快適。宜蘭の伝統芸能が演ぜられたが、食事中でゆっくり観ることができず残念。宗教劇のようであった。

四日、礁溪の南の蘇澳《そおう》に行く。日本の最西端与那国島まで百十粁、日本に一番近い港町である。目あては蘇澳冷泉公園。広い園内にプールや公共浴場、個人浴室などを設けている。二酸化炭素の気泡を含む水が湧いており、摂氏二十二度。胃病、慢性肺炎、腎臓結石、膀胱結石、痛風、糖尿病、皮膚病、美容、免疫力増強などに効ありという。

いささかたどたどしいが、日本語を話す係員のおじさんが、熱心に効能を喋ってくれるが、倅だけがプールに入り、私は敬遠する。気泡の湧いている甕に手を入れると、なんとなく効き目がありそうな気になる。名物のサイダーを飲む。

説明書によれば、こうした奇泉は義太利《イタリア》にあるほかは、アジアで当地だけにしかない。土地の人々は有毒の水だとして近づくことさえしなかった。民国前十九年（一八九三）、日本軍の竹中信景なる人が、行軍中喉の渇きに堪えず、この湧泉を見つけて飲むと、精神が百倍した。竹中は退役後この地に住み、冷泉の成分を研究し、毒性のないことを証明し、清涼飲料水を製造し、さらに医療効果のあることを発見した。

これより早く初代台湾総督樺山資紀が、民国前三十九年（一八七三）、冷泉に洗澡し、身体に無比の清涼を感じたという。これは、明治六年の台湾出兵に従軍した時のことであろう。蟋蟀《こおろぎ》や蚯蚓《みみず》などが泉水に死んでいるから毒だと信じていた地元の人が、認識を更めたのは大戦後のことらしい。

冷泉もさることながら、園内に紋白蝶や黄蝶、さらに台湾あさぎまだらを見つけたことが私には何よりの収穫であった。紋白蝶、黄蝶は九份でも見たが、正月に蝶が飛ぶとはさすが台湾である。

北投温泉博物館

一旦礁溪に引返し、新北投温泉に往く。ここは名高い温泉郷で、今は台北市に属し北投区となっている。中山路と光明路とに挟まれ細長い区画が北投公園となり、観光客の徘徊するところである。

中山路に面した北投温泉博物館は、一九一三年に公共浴場として開設されたものである。戦後それが荒廃に委ねられていたのを、保存運動が起り、一九九八年に至って博物館として再生することになったという。

敷地七百坪、森山松之助の設計に成り、二階建で外観は煉瓦が目立つが、和洋折衷でなかなか手の込んだ構造である。一階の大浴場は浴槽を廻廊、列柱で囲み、窓をステンドグラスで飾る。大浴槽は次第に深くなり、立って漬かるのである。これは男湯で、女湯としては個室の狭い浴場がある。男尊女卑の風習がこんなところに現れているという。二階に広い畳の間があり、休憩所となっていた。大浴場の隅に絵馬掛が立てられ、厚紙の小絵馬がたくさん吊ってある。名物のステンドグラスを模したものである。台湾で初めて小絵馬を見た。

北投温泉の歴史は古いが、一八九六年、ここに最初の温泉宿を開いたのは、大阪商人の平田源吾だという。以来主として日本人の手によって温泉街が形成された。今も能登和倉の加賀屋旅館が、日勝生加賀屋と称する純和風の旅館を営んでいる。

博物館の展示品の一つに八百瓩の北投石というのがある。一九〇五年、岡本要八郎が発見したのが最初で、微量のラジウムを含むよしである。

地熱谷

温泉博物館からさらに進むと地熱谷というのがある。山際の大きい池で、湯気に包まれている。摂氏九十度の熱湯で、柵に囲まれ、柵を越えるなと注意書きがあり、見るだけ。別府の地獄のようなものと思えばよい。傍に小さい祠堂があるが、誰も眼にとめない。私が参ったら、数人ついて来た。売店で四角形や台湾の形をした小絵馬様のものを買う。吊飾とあって、旅の記念として飾るのであろう。信仰とは関係ないらしい。なお、地熱谷で蜆蝶を一匹見つけた。

公園の中に溪流があり、跣《はだし》になって若い者が何人も入っている。台北も北投もコンクリートのジャングルと化した今時、こうしたことが嬉しいのであろう。

老爺酒店に一泊。夕食も朝食もフランス式で、大きい器にちょこっと乗せたのを次々と運んでくる。酒もビールもなく、ワインだけ。そんな気取が煩わしく、食ったような気がしない。

ホテルの造りといい、装飾といい、設計者が好きなように遊んでいる感じで、実用には不便極りない。これではもう一度来ようという気がおこらない。客よりも従業員の数の方が多いのも、人ごとながら気にかかる。

五日、台北の淡水に近い迪化《てきか》街を歩く。さして広からぬ道路の両側に商店が連っている。食品店もあり、郵局、銀行もあり、台北霞海城隍廟というのもあるが、大方は薬屋である。店の構え、看板、商品のけばけばしい陳列が眼を惹く。燕窩など日本で見慣れぬ漢方薬が陳べられている。冬虫夏草など、日本でも知られたのもある。食品店には、からすみとか鱶の鰭とかがある。細君、嫁女は買物に余念がない。私は見るだけ。

かくて四日間の旅を了える。夜晩く帰った京都には雪が残っている。三日も大雪だったとか。

あとがき

「小絵馬順礼」は、「源氏の会」の会報「源氏の会おたより」が初出で、平成十三年（二〇〇一）一月に第一回が掲載され、平成三十一年（二〇一九）二月の第一八六回まで続きました。そのすべてを収録しようとすると厖大な量になるため、本書では、最も多くの寺社の絵馬について書かれている京都およびその近辺に限定し、そのうち掲載の了解を得られた寺社のみ収録しました。さらに、ご家族との旅行で思い出深い「台湾」を番外として加えました。

「源氏の会」は名古屋で五十年余り続いている『源氏物語』講読の会で、矢野貫一先生は、愛知県立大学赴任後間もない昭和五十三年（一九七八）九月から講師の一人となられ、亡くなられる平成三十年（二〇一八）十月に到るまで、じつに四十年間、講義を続けて下さいました。この会は、毎月会報「源氏の会おたより」を発行していましたが、矢野先生は、「観鳥の記」「小絵馬順礼」などを率先してご寄稿下さり、また、文学散歩も立案から実施までご指導下さいました。これらのことも「源氏の会」が長く続く原動力となったと思います。

矢野先生のご研究は、亡くなられた後に出版された『京都文化および動植物の国文学的探求――矢野貫一著作集』（二〇二二年十一月・勉誠出版）にまとめられていますが、京都大学入学以来のご友人で、京都大学名誉教授浜田啓介氏ご執筆「序」の一節に「矢野君は知を求めて止まなかった。彼は小社祠にいたるまで、神社の絵馬を蒐集した。洛中洛外の庭園を観察し尽した。私は身辺の『探訪日本の庭・京都』（三冊・昭和五十二年・小学館）を開く。果せるかな、各冊に矢野君の執筆が有った。」とあります。

先生には『京都歴史案内』（一九七四年十一月・講談社）のご著書もあり、そのようなご研究の一端を「源氏の会」でお示し下さったものと思われます。

本書の発行の経緯は、矢野先生ご自身が「まえがき」に記されていますが、会報掲載当時から本にしてほしいとの声があり、出版を決意されたと仄聞しました。

私事ながら、筆者は原稿の印字を担当したひとりですが、多くの引用と難字、画像も含む原稿の入力作業から、多くのことを学ばせていただきました。校正も厳密でした。第一八六回のお原稿は亡くなられた十月二十三日に郵送で届き、第一八五回の補足画像は告別式の日に届きました。

最期まで執筆に取り組んでいらした先生に、この本を捧げたく存じます。

最後になりますが、「小絵馬順礼」を本にとの先生のご生前のご遺志を継いで、どうしても書籍で出版を、との思いで出版社と交渉し、各寺社から掲載の了承を取り付けるなど奔走された源氏の会高山孝子氏、鮮明な画像収録のために、遺された多くの絵馬から再度の画像の取り込み作業をされ、出版社との話し合いをして下さった矢野眞一氏、イラストを描いて下さった小平隆雄氏、校正の労を取られた奈倉洋子氏と源氏の会の近藤和子氏、玉田成子氏、戸田采女氏、仲野満喜子氏、松井郁子氏、その他岩月彰枝氏のお力があったことも附言させていただきます。

さらに、出版をお引き受け下さった思文閣出版の田中峰人氏に感謝申しあげます。

二〇二三年九月

源氏の会　玉田恭子

【や行】

【ら行】

【わ行】

【た行】

【な行】

【は行】

【ま行】

索　引

※1～57は夢之巻、58～94は幻之巻の頁数

◎著者略歴◎

矢野貫一（やの　かんいち）

昭和5（1930）年生まれ。
京都大学文学部卒業。京都市立堀川高等学校教諭、同定時制教諭、愛知県立女子短期大学教授兼愛知県立大学教授、京都外国語大学教授を歴任。平成30（2018）年逝去。
著書『京都歴史案内』（講談社、1974年）、『雲がくれ六帖』（和泉書院、1988年）、『京都文化および動植物の国文学的探究——矢野貫一著作集』（勉誠出版、2022年）、編著書『近代戦争文学事典』第1輯～第14輯（和泉書院、1992～2020年）、『角川古語大辞典』（共編著、角川書店、1982～1999年）、『日本文学史辞典』（共編著、京都書房、1982年）、『日本文学説林』（共編著、和泉書院、1986年）など。

小絵馬《こえま》順礼《じゅんれい》　幻《まぼろし》之《の》巻《まき》

2024（令和6）年7月31日発行

著　者　矢野貫一
制　作　Shibunkaku Works
販　売　株式会社　思文閣出版
〒605-0089 京都市東山区元町355
電話 075-533-6860

装　幀　尾崎閑也（鷺草デザイン事務所）
印　刷
製　本　株式会社 思文閣出版 印刷事業部

ISBN978-4-7842-2082-3　C0095

小絵馬順礼

夢之巻

矢野貫一

Shibunkaku Works

まえがき

神社仏閣に詣でるたびに小絵馬を求める。おみやげに貰ったものも併せて、段ボール箱に何杯となく溜り溜って、置き場に困るほどになってしまっている。私の小絵馬集めは、小絵馬の蒐集家や研究者を志してのことではなく、社寺の歴史や、文学作品との関わりなどへの関心によるものである。

名古屋で、源氏の会の講師を勤めて四十年近くになる。その会で「源氏の会おたより」という会報を毎月出している。それに、小絵馬をきっかけとした社寺探訪記「小絵馬順礼」を執筆して、百七十回になんなんとしている。

「小絵馬順礼」を本にしてほしいとの声がかねがね会員にあり、また、知友の慫慂もあって、私も重い腰を上げざるを得なくなった。気の向くまま、筆の奔るままに書いたものであるが、社寺参拝探訪の伴侶となり、好事家、研究者の一助ともなれば幸甚である。

転変は世の常である。神社仏閣とても、その数を免れない。「源氏の会おたより」に掲載した年月を本書あとがきに記しておく。変遷はあっても、執筆当時の証言となるであろう。社寺に関する情報や地名も執筆当時のままとする。また、小絵馬の写真は、原稿執筆後に入手したものをも加える。以上ご承知願いたい。

平成二十九年槐月

矢野貫一

（追記）「小絵馬順礼」は、探訪した全国の社寺について書いているが、本書は、そのうち京都およびその近辺、台湾のものを中心にまとめてある。

なお、本書に収めた文章は、平成十三年五月から平成三十年七月まで、「源氏の会おたより」に連載されたものを掲載順に配置した。

夢之巻　もくじ

イラスト　小平隆雄

小絵馬順礼

夢之巻

1　大田神社

大田神社は上賀茂神社の境外摂社の一つである。古くは『延喜式』に小社として名を列ねる。それにもかかわらず、何故か近世近代を通じて名所記にこの社につき詳しく述べたものを見ない。北村季吟の著す『菟芸泥赴《つぎねふ》』には、上賀茂神社の東、太田山の山下にあり、祭神を「或は猿田彦命、或太田命、或鈿女《うずめ》命といふ」とある。明治二十八年京都市発行の『京華要誌』には、「古来寿命の神と称し、霊験著しとて尤も有名なり」とある。なお、近世にはたいてい「太田神社」と書いている。

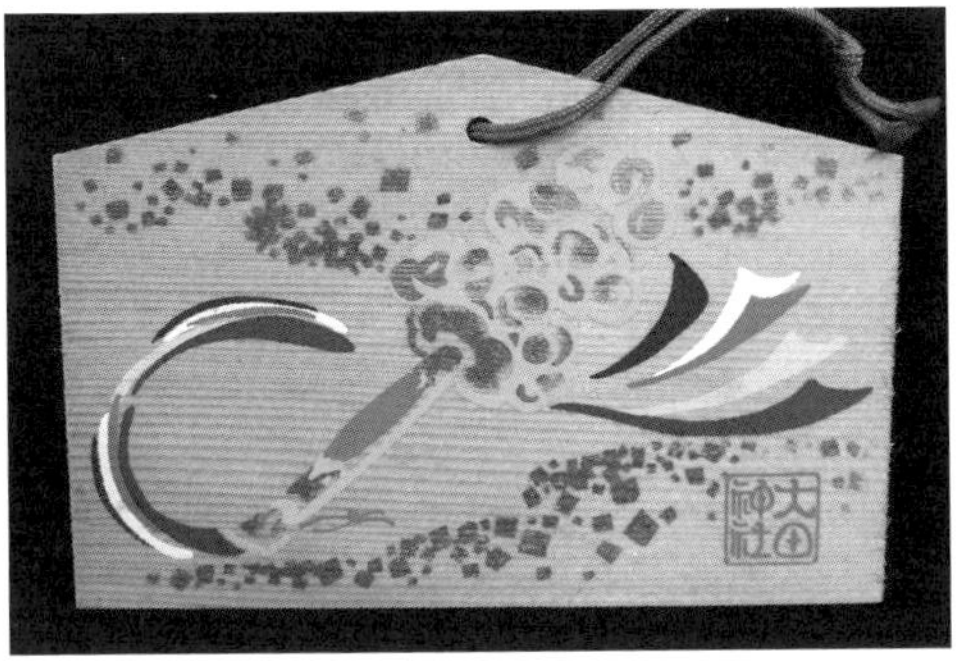

本殿は一間の流造、拝殿は切妻の方を正面とし、割り拝殿といって中央に通路を設けた珍しい構造である。寛永五年（一六二八）の造営といい、小さいながらも簡古な風格を保っている。

毎月十日の夜陰に素朴な里神楽が奏せられた。今は四月十日と十一月十日との例祭に奉納されるよしである。小絵馬の図柄に用いる鈴は、おそらく里神楽のものであろう。

参道の傍に池があり、これを大田の沢と称する。『菟芸泥赴』によれば、龍王勧請八池の随一にして、此の池の水をかえれば雨が降るので満池というよしである。

多くの名所記に、「神山や大田の沢のかきつばた深きたのみは色にみゆらん」と俊成の歌を引く。夙にかきつばたがこの池の名物であったらしい。

しかるに、近世以来かきつばたを賞でる記事が見当らない。寛政五年（一七九三）刊の『都花月名所』にも、かきつばたの名所に大田沢を挙げていない。なるほど、三十年ほど前には、かきつばたが咲くことは咲いていたが、今にも絶えんとする心細いありさまであった。

池に手入れをして、かきつばたの群落が復活し、賞翫の客が集るようになったのは近来のことである。年により遅速はあるが、五月の中旬が花の見頃である。中島を囲んで池一面が紫の色で埋められる。しかも、ここのかきつばたは人工の品種でなく、天然の紫であるのがありがたい。紫の色が澄んでいる。一帯に清冽な気が漂うかに感ぜられる。なお、ここより脚を伸ばせば、天然記念物に指定されている、水性植物、食虫植物、昆虫類などの生物群集で有名な深泥池がある。この池には紫のは稀で、白かきつばたが咲く。勿論野生種である。これも一見に価しよう。

大田神社の所在は北区上賀茂本山《もとやま》、上賀茂神社から歩いて十分余り。

2 清凉寺

清凉寺、夏向きには爽かな名である。だが京の人はたいてい嵯峨の釈迦堂と通称で呼ぶ。大報恩寺が千本釈迦堂だから、頭に嵯峨をつけて区別しなければならぬ。本尊は三国伝来と称する釈迦如来像である。その相好《そうごう》、流水様の衣文、大きな掌、いかにも異国風の仏である。この像の模刻が盛んに行われ、釈迦像の一様式をなすに至った。

表

小絵馬に「毘首羯摩天正作三国伝来栴檀瑞像」とある。その由来は、『今昔物語集』、『宝物集』、『沙石集』など、平安鎌倉時代の説話集に語られている。

いま私の手許に像の縁起を略記した冊子がある。外題に「栴檀瑞像三国伝来記」とあり、内題に「釈迦如来栴檀瑞像記」とあって、城州嵯峨五台山清凉寺の刊行、おそらく近世のものであろう。これによって略記の又略記を書いておこう。

事は天竺に始る。釈迦成道《じょうどう》ののち須弥山《しゅみせん》の頂にある忉利天《とうりてん》に昇り、亡母摩耶夫人《まやぶにん》のために一夏九旬のあいだ報恩の説法をした。天界では随喜ただならぬものがあったが、人界の閻浮提《えんぶだい》では弟子たちが世尊の不在をあたかも父母に離れたかの如く悲しんだ。わけても優塡王《うでんおう》の悲嘆恋慕甚しく、国中の工匠を集めて、釈尊の像を作らせようとした。だが皆しりごみして引受け手がない。時に、帝釈天に従う工芸の神、毘首羯磨天《びしゅかつまてん》が工人に身を変じて、仏像制作を申出た。かくて栴檀《せんだん》の香木をもって刻み上げられたのが、この世の仏像の第一号というべき釈迦如来像である。

釈尊忉利天より降る時、霊像行きて迎え、釈尊は霊像に跪拝した。祇園精舎に入るに互に先を譲りあう。釈尊曰く「我化縁は久しからずして必涅槃に入るべし、汝は世間に在て衆生の利益久しからん」と。終に霊像が先に入って座についた。

それより一千三百七年を経て、時の国王が仏法を滅し、霊像を毀《こほ》とうとした。鳩摩羅什《くまらじゅう》なる僧、これを悲しみ、霊像を持って震旦《しんだん》すなわち中国へ遁れんと図った。昼は羅什が像を負い、夜は像が羅什を負い、長途嶮難を踏破して亀茲国《きゅうじこく》に辿りつく。中国からいえば西域、天山山脈の南、タクラマカン砂漠の北に庫車《くちゃ》という町がある。そのあたりが亀茲国であった。いわゆるシルク・ロードの要衝として栄えていた。王は霊像と羅什とを悦び迎え、やがて西蕃二十余国がこれに帰敬した。

東晋の太元二年（三七七）、五胡十六国の一、前秦の呂光将軍が王の命により亀茲を討ち、霊像と羅什とを奪った。十年目に呂光が帰国してみると、王は伐たれて既に亡かった。以来、治乱興亡を常とする震旦にあって、霊像も転々と処を変える。

星移って本朝永観元年（九八三）、北宋の太平興国八年、東大寺の沙門奝然《ちょうねん》が入宋する。かの瑞像を礼拝し、模刻して日本国に渡したしと懇願する。彼の志に感じた太宗はこれを許す。張栄なる名匠を召して模造させるに、本像に寸分違わず完成した。

毘首羯磨天正作の像が奝然の夢枕に立ち、「我東土の衆生を化度の縁あり、願くは汝と共に渡りて扶桑国に往て群生を利益すべし」とのお告げがある。奝然一計を案じ、香煙をもって新像を古びさせる。新旧見分けがたくなったが、やはり騙し取ることに心が疼く。一夜専念祈誓をするに、本像と新像とが座を下りて、互に入れ替ってしまった。かくしてさらに怪しむ者もなく、奝然は瑞像を奉じて寛和二年（九八六）帰朝した。これすなわち三国伝来たるゆえんである。

奝然は、愛宕山を震旦の五台山に擬し、清凉寺を建立して瑞像を安置せんことを奏請したが、志を果さずして長和五年（一〇一六）入寂した。のち師の遺志を継いだ盛算が、嵯峨の栖霞寺《せいかじ》の西の対を借りて瑞像の厨子を安置し、清凉寺と号した。

それより瑞像の奇特がさまざまに語られるが、一つだけ記しておこう。高倉天皇の治承元年（一一七七）春の頃、「我将《まさ》に西天に帰るべし」と瑞像のお告げがあった。保元平治の乱や驕る平家に愛想を尽かしたのか、もしくは近々起るべき災厄、兵乱を予測したのか。ともかく上下万民なごりを惜しんで雲霞のごとく集り、名僧浄侶祈誓して止まり給わんことを乞うた。そのかいあってか、「万人余りに歎き止申間とどまり給ふべし」と、最初のお告げが変更された。

いま清凉寺本堂の東に阿弥陀堂がある。これが栖霞寺の法燈を伝えるものである。河原左大臣源融が嵯峨に山荘を営み、栖霞観と号した。融の一周忌にこれを寺としたのが栖霞寺である。平安朝の文人もしばしばここに遊び、詩を賦している。それが次第に衰微し、下世話にいう清凉寺に庇を貸して

裏

母屋をとられる結果に至った。
光源氏が「嵯峨野の御堂」を建立した、それは大覚寺の南にあたると、『源氏物語』松風の巻にみえる。この御堂は栖霞寺に準拠するものと考えられる。
栖霞寺に因む遺物としては、多宝塔の背後に鎌倉時代の造立とみられる三基の石塔がある。源融、その父母嵯峨天皇、檀林皇后の塔と伝える。もと境外にあった奝然の墓を、近ごろ融らの塔の前に遷した。奝然を前面に立てるのは、寺としてもっともな所業かもしれぬ。小絵馬裏面の法体は奝然であろう。

3 鞍馬寺

『源氏物語』若紫の巻の北山なる「なにがし寺」は、光源氏と紫の上との逢い初めの舞台である。その準拠をいずこの地に求めるか、いまだ定まれる説がない。鞍馬山腹の鞍馬寺、岩倉の大雲寺、金閣寺の裏の大北山などが挙げられる。

「ただこのつづらをりのしもに」見える家屋に目をとめて、何人の住むにかと源氏が問う。その「つづらをり」が気にかかる言葉である。九折とか九十九折とかの漢字を宛てるように、いくつにも曲り曲った道をいう。もとはつづらふじの蔓のさまからきた表現である。山坂の道ならばたいてい曲りくねるはずで、鞍馬山にかぎったことではない。

それでも鞍馬寺の参道を特に九十九折と呼んでいる。おそらく『枕草子』の「近うて遠きもの」に「くらまのつづらをりといふ道」とあるのがもとであろう。清少納言の書いた当時、「鞍馬のつづら折」が慣用句になっていたとすれば、若紫でも「つづらをり」によって、鞍馬寺を聯想させようとの意図があったと見てよいのではなかろうか。

『河海抄』は、鞍馬寺説をとる。『古今和歌六帖』「ささ波やしがの山ちのつづらをりくる人たえてかれやしぬらん」の歌により志賀寺とする説はひがごとなりとし、『枕草子』を根拠とする。しかるに、『紫明抄』は、かえって六帖の歌によってなにがし寺は志賀寺なりとし、鞍馬寺説を斥ける。学説というものは、時に正反対の結論に至ること、今も昔も変らない。

また「峯たかく深き岩の中にぞ聖入りゐたりける」という。『宇津保物語』の忠こその巻によれば、鞍馬山はかような修験者の行場と当時見なされていた形跡がうかがわれる。これも鞍馬寺説に左袒したくなる理由の一つである。

特に注意を惹かれるのは桜の開花時期である。「三月のつごもりなれば京の花ざかりはみなすぎにけり。山の桜はまださかりにて」とある。現今京都の桜は、南から北へゆくほどに開落が後れる。また東は西よりもやや遅い。私がいつも見るところでは、北大路通と賀茂川とが顕著な一線を画している。例えば、高野川畔の里桜は北大路を境に南と北とで二三日の差がある。賀茂川両岸の里桜は西岸よりも東岸が一日二日後れる。この法則でゆけば、京中より後れて先ず金閣寺大北山の桜が咲き、次いで岩倉、さらに後れて鞍馬で開花を見ることになる。ただし、桜の種類により、日照の関係により開花時期は異なるので、必ずしも理窟どおりにゆかない。それでも二ノ瀬、鞍馬あたりまでゆけば、市中との差が歴然と認められる。

それでは、平安時代、京の花ざかりはおよそいつごろと考えていたか。花の宴の巻に「二月の廿日あまり南殿の桜の宴せさせ給ふ」とあり、須磨に謫居する源氏は、二月廿日あまりに今ごろは「南殿の桜はさかりになりぬらむ」と思いをはせている。諸注釈書に引く花の宴の実例についてみると、時日の早いので延長四年（九二六）二月十七日、遅いので天慶四年（九四一）三月十五日であるが、現行太陽暦に換算すると概ね四月上旬中旬に当る。さすれば『源氏物語』の二月二十日あまりも、陽暦四月上旬とみて誤りあるまい。禁中の桜樹はおそらく人工の品種であり、自然に多い山桜ならば、開花はこれより数日早いとみなければなるまい。

さて、三月つごもりといえば、陽暦で四月の末ごろから五月の中旬までに当る。京の花ざかりより二十日乃至四十日も後れるということは、大北山や岩倉のあたりでは考えにくい。鞍馬ならば京より半月ほどの後れは許容範囲にあると思われるが、それ以上に遅い桜を見るには、鞍馬よりさらに峠を越えて花背あたりまで行きたいところである。

そうはいっても、紫式部が各地の開花期を調査した上で書いたわけではあるまい。『紫明抄』や『河海抄』が引くように、「ふるさとの花はちりつつみよしのの山のさくらはまださかりなり」「里はみな散りはてにしをあし引の山の桜はまださかりなり」のごとき、和歌の心に漠然と依ったものにちがいない。それならば、各地の花の遅速を穿鑿してみても詮ないことである。ただ、平地の周縁に位置する大北山や岩倉よりも、山間に分け入った鞍馬の方が遅桜の実感を伴うということは言っておきたい。

北山から帰ったあと、源氏は藤壺の宮を訪い、はかない逢瀬に、「くらぶの山にやどりも取らまほしげ」に嘆く。くらぶの山が鞍馬山であるならば、さきに宿った北山のなにがし寺が、源氏の意識の中にあったと見ることもできよう。しかし残念なことに、くらぶ山が何山かについてはいくつかの説があり、鞍馬山と確定しているわけではない。

なにがし寺のためにずいぶん暇どった。鞍馬寺へ急いで参ろう。仁王門で入山料を納め、そこから索道電車《ケーブルカー》を利用するもよい。だが、脚と心臓とに自信のある方には、本殿まで一粁余、坂道を歩くことを奨めたい。『枕草子』に敬意を表して今も九十九折参道と呼んでいるが、『都名所図会』には七まがりと記している。しばらく登ると由岐《ゆき》神社の堂々たる拝殿が見える。入母屋《いりもや》檜皮葺、舞台造の割拝殿である。鞍馬寺の鎮守であったが、明治の神仏分離により独立した。主上の御悩や疫病流行の時、五条天神やここ由岐明神に矢を盛る靫《ゆき》を懸ける習わしがあったと『徒然草』に云う。両社とも大己貴《おおなむち》命、少彦名《すくなひこな》命を祀り医薬の神と崇めるが、元来は祟り神なのであろう。門に靫を懸けるのは、勅勘の人に対する作法だからである。今は病気平癒、子授け安産、合格などの願いをききとどけて下さるとかで、境内に願かけの大杉が立つ。

十月二十二日夜に行われる鞍馬の火祭は近年とみに人気を呼んでいる。私が学生時代に観たころはまだのんびりしたものであった。これは由岐神社の祭礼である。もとは九月九日であったが、明治六年故障あって延期したのが以来例となったらしい。火祭の起源も明かでなく、近世に火祭が行われた形跡は認めがたい。近代に入って祭の形が変貌したものと思われる。

由岐神社の傍に涙の瀧がある。細い溪流に三米ほどと一米ほどと二段の落差があり、小さいながら瀧壺もできている。附近に東光坊址など牛若丸に因む伝説地があり、涙の瀧も牛若丸の詠んだ歌によるとも伝える

が、『山州名跡志』はそれを否定し、源氏の「吹きまよふ深山おろしに夢さめて涙もよほす瀧の音かな」の歌はこの瀧を詠んだものだと主張する。

　鞍馬寺は延暦十五年（七九六）造東寺長官藤原伊勢人の草創とされるけれども、そもそもは宝亀元年（七七〇）正月四日鑑禎上人が霊夢に導かれて鞍馬山に毘沙門天を拝したのが濫觴であると伝える。それが寅歳寅の月寅の日寅の刻であった縁により、初寅詣でが行われ、仁王門前、本殿前に阿吽《あうん》の虎が据えられているのだと、前管長信楽《しがらき》香雲が『鞍馬山歳時記』に書いている。しかし宝亀元年は戊歳で、その年正月四日は卯の日である。信楽管長いかなる暦に拠ったのか審かにしない。ともかく正月の初寅、二の寅の縁日は、昔も今も参詣人が群集する。毘沙門さんは福の神、七福神の一人だからである。

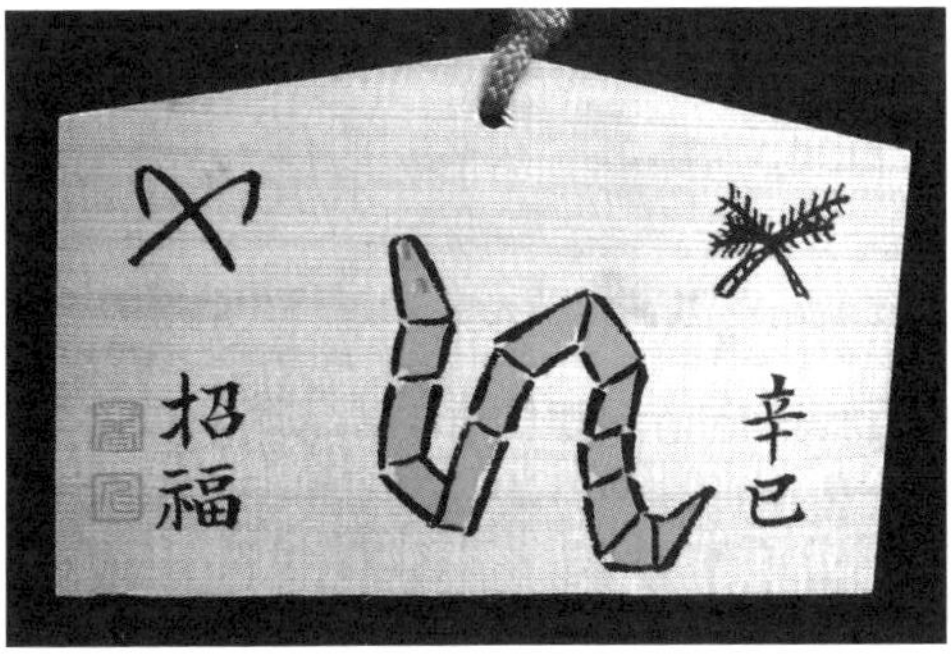

　阿吽の虎の小絵馬のわけは諒解いただけよう。蛇の小絵馬は平成十三年の干支に因むもの。竹細工の蛇を描くのは何故か。私見によれば、六月二十日の竹伐《たけきり》で青竹を大蛇に見立てて三段に伐る、それに因んだのではなかろうか。両肩の符号めいた印は何か。かつて縁

起のものとして授けた杉の葉、とみ鍵の図かと察する。杉の葉が蜈蚣《むかで》のようにも見える。それもそのはず、蜈蚣は毘沙門天の使である。

本殿金堂に詣でてなお力余る人は、霊宝殿、木の根道、牛若丸が天狗に剣術を習った僧正が谷、奥の院魔王殿を経て、貴船神社に降りるがよかろう。約一粁半の山道で、魔王殿から先は急な降りとなる。したがって貴船側の西門から登るならば、先ず文字通りの胸衝坂に苦しむことを覚悟しておかねばならぬ。

4 御香宮

伏見区御香宮門前町に在り、表門は大手筋に面し、東門は大和街道、今謂う国道二四号線に面する。地名辞典や名所案内の類には「ごこうぐうじんじゃ」などと畏まって呼んでいるが、一般には昔も今も変らず「ごこうのみや」で通っている。

近世も早いころ、寛文七年（一六六七）板の『京童跡追』に由緒を記して云う、「御香宮《ごかうのみや》といふ事は、いにしへいづくよりか来りけん、猿引《さるひき》この宮にいたり飢につかれて絶入にけり。しかる処に此猿かなしむ風情にて宮前《ぐうぜん》にありし水を手にむすび猿つかひの顔にそゝぎ口にいれぬるに、その露胸に落て夢中のごとくして味ひかうばしくおぼえ、それより蘇生し侍り。此神のたすけにあひ二たび寿《ことぶき》ながらへぬる事ひとへに神力のいたす所ならずや。さるによりて御香宮といふといへり」と。小絵馬に画く猿曳は、正保三年（一六四六）の絵馬を画家三輪高英が写したという。原《もと》の絵馬は今も絵馬堂に掲げられており、絵でなく、猿曳や鳥居を彫刻して板に貼ったものである。

宝暦四年（一七五四）成稿の『山城名跡巡行志』には異なる由来を

記している。伏見の里に住む老翁、白菊という者が霊夢に感じ、石井村に行って見ると、香水涌出し、神功皇后が岩上に出現した。よってここに祀り、勅して御香宮と称したと。今境内に白菊石なるものを存し、かつて七不思議の一つとされた。即成院の僧が白菊を常食として仙術を体得し、化してこの石となったよしであるが、香水とのかかわりは判らない。「仙人のむかしのあとは白菊の千代のかをりに残りけるかな」と東久世通禧の歌碑が傍に建てられている。

当社の祭神を神功皇后とすることには諸書ほぼ一致するが、創建、沿革については明かでない。延喜式内の御諸《みもろ》神社に比定する説もあり、香水涌出を清和天皇の貞観四年（八六二）のことと伝えるものもある。北村季吟の『菟芸泥赴』のごときは、神功皇后を祀る筑前の香椎明神を勧請したもので、御香の宮は御香椎の宮の下略だと云う。

古いことはさて措き、室町時代、後花園天皇の父後崇光院、伏見宮貞成《さだふさ》親王の『看聞御記《かんもんぎょき》』に御香宮がしばしば現れる。伏見宮家が伏見の庄を所領とした縁による。それより知られるのは、当社が鎮座地の石井村をはじめ近村の中心をなしていたということである。事ある時ここに村人が参集し、神前に起請をした。祭礼には猿楽、風流、相撲などが奉納された。近世に至っても、当社はいわゆる伏見九郷の総氏神であり、九月九日の祭礼は盛大に行われた。

ところで、豊臣秀吉が当社を伏見城の東北に遷し、城の鬼門守護とした。あるいは、神功皇后と秀吉の朝鮮出兵とを結びつける見方もある。だが、遷座後度々祟りがあり、また旧地に復したという。あるいは慶長八年または十年に徳川家康によって還座したともいう。秀吉が遷した地は古御香《ふるごこう》と呼ばれ、御旅所となった。今も大亀谷古御香町に小さい社が残っている。

現存の本社の本殿は家康の、表門は水戸の頼房の、拝殿は紀伊の頼宣の寄進と伝え、徳川本家および御三家の崇敬の篤かったことを物語る。同時にその構造、彫刻に桃山風の絢爛豪華を偲ぶことができる。

さて金看板の御香水はどうなったか。近世の名所記には、鳥居の東傍にありとし、『都名所図会』にもその場所に井戸が画かれている。しかしながら、由緒のみことごとしく、当時における信仰、利用についてはなんら触れるところがない。大亀谷遷座のあと、社地は前田利長らの武家屋敷となっており、その際に香水の旧態が失われたのかもしれぬ。昭和六年脱稿の『伏見叢書』には、「石井ノ跡　表参道東側ニ形計リヲ造リ保存セリ、但シ井戸ハアラス」という。今日本殿前の水鉢に溢れているのは、昭和五十七年に百五十米掘り下げた井戸の水である。

伏見は一に伏水とも書き、良質の地下水脈に恵まれた土地である。御香宮近辺にも昔は姥《うば》が水とか常磐井とか呼ぶ清泉があった。それらの多くが失われたが、なお名水と称する井戸が処々に残っている。これすなわち伏見に酒造りが盛えたゆえんである。

なお、もう一枚の小絵馬、蛇の図は平成十三年巳歳に因むものである。蛇は水源の守護神とされるが、この絵馬には特別の意味はあ

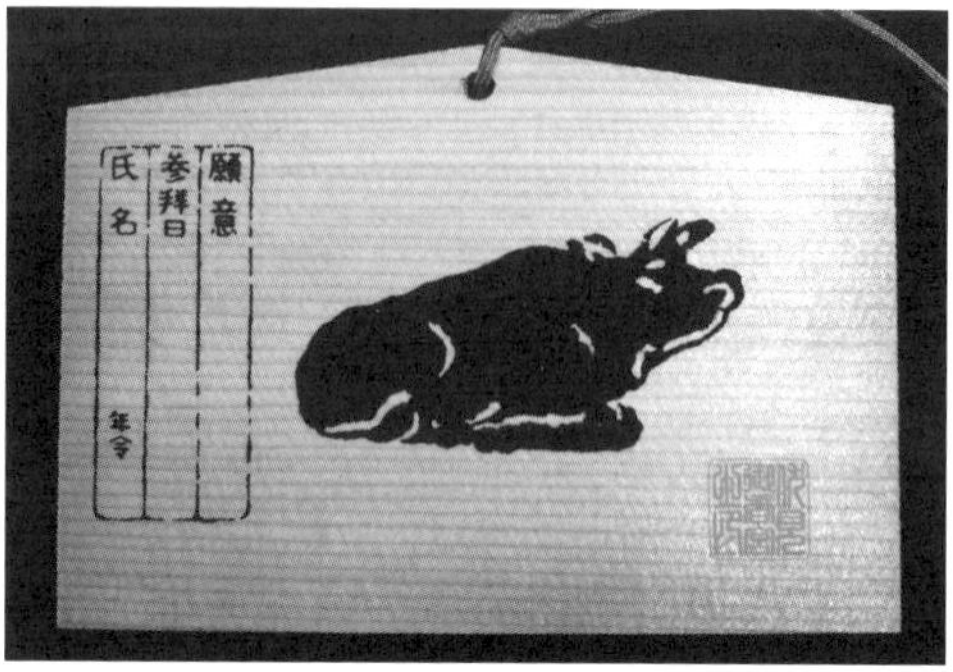

るまい。

臥牛の小絵馬は、境内にある桃山天満宮のものである。御香宮が大亀谷に還った跡の前田家の屋敷に祀られていた。菅原道真は前田氏の祖という縁である。伏見城破却ののち久しい荒廃にまかされていたが、篤志の人により復興した。

御香宮へは、近鉄桃山御陵前駅、または京阪電車伏見桃山駅で下車し、大手筋を東へ歩けばよい。この通に朱鳥居が建てられ、門前風景を留めている。

5　清水寺・地主《じしゅ》神社・宝徳寺

清水寺

笈《きゅう》を負うて郷関を出るのは学に志す者の姿であった。私の場合は、大きなリュックサックを背負うてすし詰め列車に乗り込み、闇屋、かつぎ屋に伍して京に上った。昭和二十五年四月のことである。衣食住すべてままならぬ世情であったが、ことに私の不安は下宿がきまらぬことであった。ともかく従姉の嫁ぎ先に頼り、その縁者の隣家が一部屋貸してくれるということで、宿無しは免れた。所は五条坂であった。

はじめのうちは、がらんとした部屋にどうしても尻が落着かない。貧しい夕食をすますと、紺絣の着物に朴歯の足駄をひきずって散歩に出た。清水寺に脚の向くことが多かった。その頃は拝観料というものもなく、したがって閉門もなかった。参詣人の引上げた清水の舞台は私の独り舞台であった。西山に陽が舂《うすづ》き、一番星、二番星が現れる。下界の電燈が次第に数を増す。京の天地一望を我がものにして、大いに超然の気を養う。山内寂寞たる闇に、勤行の声が流れる。音羽の瀧の音が幽かに響く。さながらに補陀落《ふだらく》の浄界に来た感を覚える。それから五十星霜を経て、清水寺も漸く俗気に染り、今や俗界以上に俗臭芬芬たる世界と化してしまった。

閑話休題、文政年中（一八一八―一八三〇）に刊行された『扁額軌範』と題する本がある。京の寺

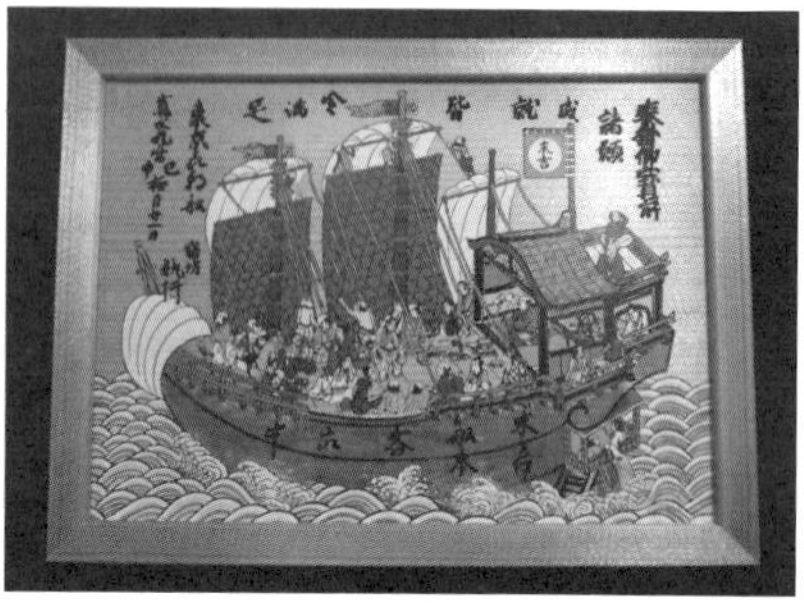

社に奉納された扁額、つまり絵馬の逸品を模写解説するものである。それに載せる中では、清水寺の絵馬が断然多い。

清水寺に現存する絵馬の中に、南方貿易に従った朱印船の図が四面ある。『扁額軌範』所載のものは寛永十一年奉納の末吉船《すえよしぶね》の絵馬である。寛永十一年（一六三四）といえば、鎖国政策により朱印船が禁ぜられた年である。

ここに掲載するのは、寛永九年（一六三二）極月廿一日奉納の額の模造である。「奉掛御宝前　諸願成就皆令満足」とあるのは掛額の極り文句である。「東京喜朝船」とは、今のベトナム北部にあたる東京《トンキン》から無事に帰朝したということで、その御礼に奉納したのである。願主は「末吉船本客衆中」、つまり大阪の末吉船の船主と乗客一同とである。絵は船の構造よりも、船上の風俗の描出に重点を置く。料理の重を開ける者、酒を呑む者、扇をかざして舞う者、双六に興ずる者、空の彼方に眼をやる者など、十人十色なのがおもしろい。なかに紅毛人の傲然と構えた姿も見える。檣に登るのも異国人である。『扁額軌範』に「帆の上に外国《いこく》の人あり。世にこれを黒坊《くろぼう》といふ。今も外国の船には舟乗して船中の働きをなすに自在を得《う》ると云々」とある。

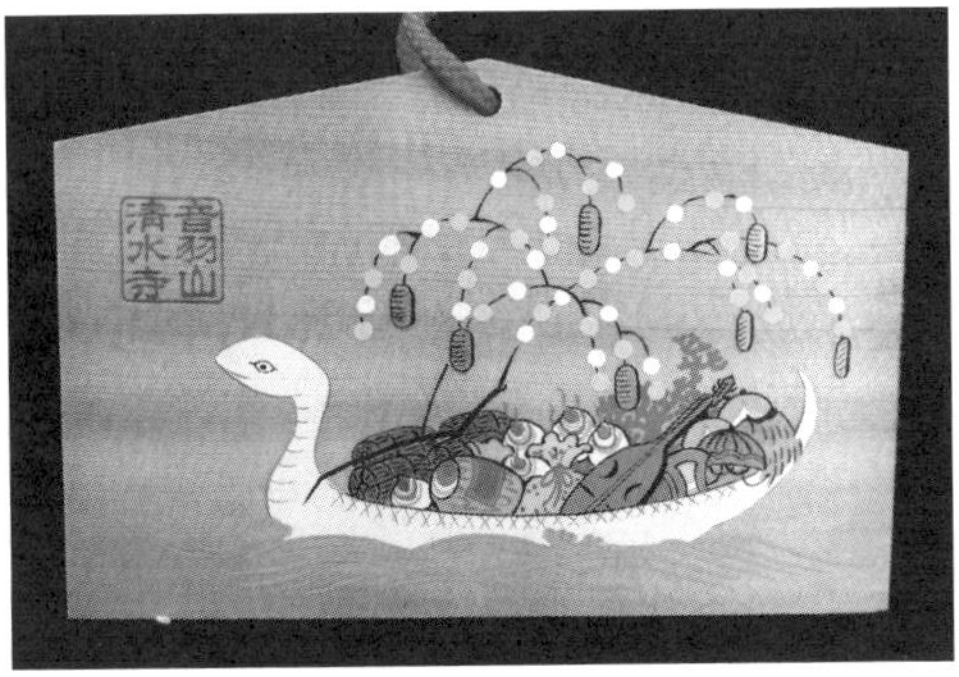

繋馬《つなぎうま》の額は『扁額軌範』にも載せている。絵師は狩野縫殿助《ぬいのすけ》、狩野山雪四十八歳の筆である。馬駐《うまとどめ》に繋がれた黒馬が威勢よく跳ねあがる。そもそも絵馬というのは、神馬を献ずる代りに絵に描いて掛額したのが始まりで、これこそ絵馬の本来の形なのである。

なお、十二支の祈願絵馬の白蛇の宝船の図は平成十三年のものである。

地主神社

清水寺本堂の裏手に地主神社が鎮座する。もとは地主権現と呼ばれ、『京童』に「清水寺のちんじゅなり。本地はもんじゅぼさつなり」とある。明治の神仏分離によって地主神社と改めた。

ここは洛東の桜の名所であった。謡曲「田村」に「地主権現の花ざかり、それ花の名所多しといへども、大悲の光色添ふ故か、この寺の地主の桜にしくはなし」とある。また「面白の花の都や、筆でかくともおよばじ、東には祇園、清水、落ちくる滝の音羽のあらしに地主の花はちりぢり」などの歌が『閑吟集』に見える。花の盛りには花の下《もと》の連歌も行われた。

今は地主の桜と称する一株だけが植えつがれている。一重と八重とが同時に開く名木のよし。ただし根元で三本に岐れた幹の二本は枯れて切られており、一本だけが余命を保っているというたいたしい様である。

狭い境内は、修学旅行や観光の若い男女で溢れかえっている。地主の桜にも、重要文化財の社殿にも眼を留めるものはいない。いろいろに仕掛けられた縁起物、まじない物が彼らの関心事である。曰く、恋占いのおみくじ、縁結びのお守、人形《ひとがた》祓い、恋占いの石、撫で大国、しあわせの銅鑼、水掛け地蔵等々、あれこれ趣向を構え、当社は昨今縁結びの神さまを看板に宣伝これ努めている。社前の提灯にも「恋愛成就」「良縁達成」と大書する。主祭神たる大国主命については、縁結びの御利益のみを強調する。そういえば、小絵馬の大国さまの相好《そうごう》は、少女漫画のヒーローそのものではないか。当社の若者誘引術が図

に当ったのであろう。絵馬掛に吊られた絵馬の悉くが恋愛願望、結婚志願の文字に充ちている。

因に恋占いの石というのは、社頭に距離をおいて二箇の石を立てたもので、「一方の石から眼を閉じて歩き反対側の石に無事たどりつく事が出来ると恋の願いがかなうという」とある。しかし、混雑の中でこれを試すことは不可能な現況である。この石は古いもので、延宝五年（一六七七）刊の『出来斎京土産』に出てくるが、恋占いとは無関係であった。「権現堂の西の方に石二つほりすへて盲石《めくらいし》と名づけたり。こゝにあそぶ人は目をふさぎて堀すへたる石まであゆみよるに中々すぢかふて行きあたらずとぞ。此故にめくら石と名づくとかや」と記している。

また、いのり杉、一名のろい杉という恐ろしい杉の樹がある。なるほど、幹のあちらこちらに釘を打ったらしい跡が残っている。丑の刻参りのしわざにちがいない。そのようなことも、恋に憧れる若者には一向に無縁と見える。

宝徳寺

謡曲「熊野《ゆや》」の清水詣でには、六道の辻を経て、北斗堂、経書堂《きょうかくどう》、子安《こやす》の塔を過ぎる。北斗堂は早く廃絶したが、近世の名所記や地図には清水坂の両側にいくつもの寺が並んでいる。もとより門前町のことゆえ、土産物屋や茶屋も少なくないが。今日では寺刹の多くが退転し、残るものも土産物屋、飲食店の間に逼塞している。観光客で寺に脚を留める者は稀といってよい。

松原通の東大路から東の坂道を清水坂と呼んでいる。今に残る寺を挙げれば、日蓮宗の日体寺、東漸寺、浄土宗の西光寺、三年坂に降る角に経書堂来迎院、その先に大日堂真福寺、この二堂は北法相宗清水寺の末寺である。そのまた先に宝徳寺、坂の終点に首振り地蔵で知られる地蔵院善光寺がある。子安塔泰産寺は明治四十二年清水本堂の南の丘に移転した。

宝徳寺は浄土宗西山深草派の寺で、『京都坊目誌』に寛文三年

（一六六二）の建立という。開創については諸説あって、実のところは明かでない。これといった見どころのない小さな寺であるが、一寸法師の小絵馬を作っているのがおもしろい。

一寸法師は御伽草子で知られるほかに、民話にもさまざまの型がある。必ずしも教育的立志伝と云うのではない。だがわれわれに親しい一寸法師は指に足らぬながらも大志を抱く、強く正しい少年である。お椀の舟に箸の櫂で京に上り、三条の大臣に召し抱えられる。姫の清水参詣にお供をする途中、現れ出た鬼と針の刀で闘い、鬼の捨てて逃げた打出の小槌によって立派な男になる。一寸法師と近世初期創建の宝徳寺とでは時代がちがうなどと、やぼなことは言うまい。小絵馬に幼かりし日を懐しむとしよう。

6　護王神社

子ども時代の記憶を辿るに、紙幣でなじみの肖像は、二十円札藤原鎌足、十円札和気清麻呂、五円札菅原道真、一円札武内宿禰であった。百円札の聖徳太子を拝む機会はまずなかったといってよい。十円札を俗に「いのしし」と呼ぶことは、話に聞いてはいたものの、実際に使った覚えはない。明治三十二年亥歳発行開始の十円札は、表に清麻呂像と護王神社と、裏に突進する猪が描かれていた。

私どもが知っているのは、昭和五年より発行されたもので、表の護王神社も裏の猪もなかった。そして昭和二十一年からは清麻呂も姿を消し、国会議事堂の図に変った。なお、このほかにも二度ばかり意匠の改訂が行われている。

神殿の警固役といえば、唐獅子狛犬が通例であるが、和気清麻呂を祀るここ護王神社には、一対の猪が据えられて、雌雄で阿吽をなしている。また当社には、剝製から絵画、工芸品、玩具の類まで、所狭しと猪が陳列されている。しからば、祭神と猪との因縁は如何。

『日本後紀』によれば、延暦十八年（七九九）二月二十一日「贈正三位行民部卿兼造宮大夫美作備前国造和気朝臣清麻呂薨」、ついでそ

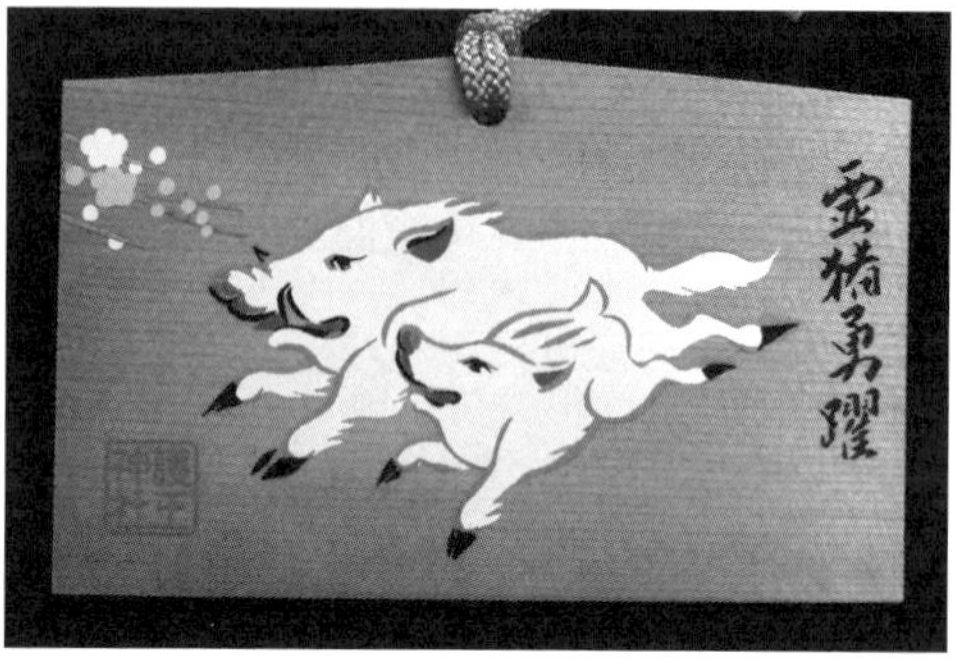

の伝が記される。八幡の神教と矯《いつわ》り、道鏡を帝位に即ければ天下太平なりと言って、道鏡を喜ばせる者があった。称徳天皇は、神託の真偽を確めるべく、清麻呂を召し、姉の法均すなわち広虫に代り、宇佐へ参向することを命じた。ところが、清麻呂は脚が痿《な》えて起つこともままならぬ。不自由な身を輿に託して行くほどに、豊前国宇佐郡楉田《しもとだ》村に到るや、三百頭ばかりの野猪が現れて先導し、十里ばかりにして山中に走り入った。かくて八幡の神宮を拝する日になると、不思議や脚痿えがなおり、歩行可能となったという。

さて、清麻呂神前に祈るや、長《たけ》三丈ばかり満月の如き姿となって八幡神出現、君臣の分に悖《もと》る道鏡の無道を怒る。そして、汝道鏡の怨を懼れず、帰りて吾が言を奏せよとある。神の託宣を報告した結果は、逆鱗に触れて、因幡の員外の介に左遷される。しかも、いまだ任地に赴かぬうちに、道鏡の追い討ちがかかり、名を別部穢麻呂《わけべのきたなまろ》と改め、大隅の国に配流となる。姉の法均も還俗《げんぞく》の上、別部狭虫《さむし》と改められ、備後の国に流される。翌年称徳天皇が崩ずると、忽ち形勢逆転。道鏡は失脚して、下野の国薬師寺の別当に貶せられ、清麻呂、広虫は都に召喚される。

当社が猪づくめの理由は、右の次第で合点いただけよう。なお、亥子《いのこ》祭を復興し、十一月一日に執り行っている。また、座立亥串《くらたていぐし》なるものを売る。猪の折紙と幣《しで》とをつけた竹串で、これを本殿前のお

がたまの大木の根元に刺すと願が叶うとか。近ごろは、足痿難儀回復の御利益ある串も用意している。猪の小絵馬も大小、意匠さまざまに作られている。

当社の経営は近来積極性に富み、猪のほかにもあれこれと新工夫を加えている。さして広からぬ境内に、針の碑、さざれ石、清麻呂銅像などを建てる。樹齢百年を越えるかりんの大木あり、その実で造った酒を喘息封じと称して売る。合祀する広虫が八十三人の捨て児を養育した故事に因み、子育ての神様として押し出す。その他見どころ多く、護王神社の四季と題するビデオテープに編集し、鑑賞に供する。小絵馬も時々に更新する。那須与一は当社に関係あるまいが、合格祈願で的を射止めるの意であろう。平成十四年の白馬の絵馬は豊中市の住、小田岳堂の筆である。

『山州名跡志』によれば、高雄山神護寺の鐘楼の下に護法善神の社あり、清麻呂身後に当山の鎮守となるべしとの誓により祀るという。現在の清麻呂廟がそれである。伝えるところでは、清麻呂が宇佐八幡の神託により、宝亀十一年（七八〇）光仁天皇に伽藍建立を奏請したが、実現を見ぬうちに譲位あり、天応二年（七八二）桓武天皇に再び奏請して神願寺を建立した。はじめ河内の国にあったらしいが、地勢宜しからず、清麻呂の子真綱の請いにより、高雄寺と併せて神護国祚真言寺と号したと。

時移って嘉永四年（一八五一）、孝明天皇は護法善神に正一位護王大明神の神階神号を授けた。明治七年勅旨をもって、これを別格官幣社に列し、明治十九年の天長節の日に京都御所の西なる現在地に遷座したのである。

神社の所在地は、上京区烏丸《からすま》通下長者町下ル桜鶴円町《おうかくえんちょう》、蛤御門のすじ向いに当る。地下鉄烏丸線丸太町駅から歩いて近い。

7　平野神社

京に桜の名所は数々あれど、市街地で花見のできる所といえば、先ず平野神社に指を屈せねばなるまい。神域の南半分が桜林になっている。その数三百五十株とか。数も多いが、種類も多いのが自慢である。したがって開花の遅速さまざまで、長く花を楽しむことができる。三月初旬には、気の早い桃桜が咲く。白の菊咲きでしべが長い。

花の下には露店が並び、飲食の席も設けられる。そのため、仰いで花を見るより、俯して店を漁り、鼻の下を動かすに忙しく、花より団子の憾《うら》みがなくもない。暮れればまた夜桜で賑わう。

桜花に雪洞《ぼんぼり》をあしらった小絵馬は、屋根つき、手描きを加えた高価品で、扇子の老舗宮脇売扇庵の製。その由緒書に「花山天皇霊夢により当社に桜を献じ（寛和元年四月十日）平野臨時祭を興されたと伝えられ、爾来樹数漸増」とある。さていかがなものか。『日本紀略』によれば、平野祭に今年より始めて舞人走馬を奉らるとあるが、桜のことは書かれていない。寛和元年（九八五）四月十日といえば、現行太陽暦の五月七日に当り、すでに葉桜の季節である。

平野は歌枕であるが、ここで桜を詠んだものは古くは見られないようである。宗祇の『名所方角抄』に「平野　神社也　森　杉　此花《このはな》」とあって、桜を挙げていない。此花は「難波津に咲くやこの花冬ごもり今を春べと咲くやこの花」なる古歌に由来するもので、梅の花の異称とされる。仁徳天皇を祭神とするに因むのであろう。ほかには松を詠んだものがある。

近世の名所記にも、平野の花見を記すものは目に触れない。しかし、近世には桜があったことはまちがいない。黒川道祐の『日次《ひなみ》紀事』に桜花有る処の一つに平野を数え、寛政五年（一七九三）板の『都花月名所』にも「社頭に桜多し」としているから。

近代にはいると、平野の桜を言わぬ方が寧ろ珍しくなる。例えば、明治十七年一月刊、石田才次郎『京都名所めぐり』を見るに、「社地桜樹《さくら》多し花の頃は平野の夜桜と称し雅俗夜宴を催し鶏鳴を忘る、ばかり也」の盛況である。察するに、近世までは社の格式高くて庶人には敷居が高かったのかもしれない。

四月十日に行われる桜祭を描いた絵馬を御覧あれ。鳳輦の背後に唐破風の向拝が見え、そのまた後に千木《ちぎ》を立てた本殿が四棟列って見える。これが実は世に珍しい造りで、比翼春日造とも平野造とも称する。即ち第一棟と第二棟、第三棟と第四棟がそれぞれ連結しているゆえに比翼なのである。

本殿が四棟あるのは祭神が四座だからである。『延喜式』神名帳に「平野祭神四社」とあり、いずれも名神大社である。創祀は平安遷都の延暦十三年（七九四）とも、延暦年中ともいわれる。正史に初めて見えるのは、『文徳実録』の仁寿元年（八五一）十月十七日、「平野神宮」に加階の使者を差遣した記事である。

四祭神は次のとおり。今木《いまき》大神は日本武尊で源氏の祖神。久度《くど》神は仲哀天皇で平氏の祖神。古開《ふるあき》神は仁徳天皇で高階《たかしな》氏の祖神。比咩《ひめ》神は天照大神で大江氏の祖神。また本殿の南に並ぶ県《あがた》社は天穂日命で中原、清原、菅原、秋篠氏の祖神とされていた。

しかし、近年はちがった解釈がなされる。今木は今来で、百済から渡来した和《やまと》氏の神、比咩は桓武天皇の母高野新笠の母方の神、つまり桓武天皇の外祖父方、外祖母方の神である。なお他の二神も韓系の神だともいう。

ともかく当社は格式を誇り、皇太子が親しく奉幣するのを例とした。天元四年（九八一）二月二十日には、円融天皇の行幸があった。かように皇室や公家との結びつきが深いと、それが衰えれば神社もまた衰える道理である。中世の間に荒廃したのを、後陽成天皇の勅許をもって西洞院時慶《ときよし》が復興に努めた。現存する本殿は寛永年中に成ったものである。

因みに末社の導引稲荷社は、西洞院時慶がその神徳を受け、以来出世導引の霊験があるという。今も心願の絵馬が掛けられている。稲荷に隣る猿田彦社は智恵と子宝の神であり、猿の縫いぐるみを上げると願いが叶うとか。

平野神社の所在は北区平野宮本町《みやもとちょう》。北野天満宮の北門を出て左に行き、紙屋川を渡ってすぐ。裏参道は西大路通に面しており、市バス衣笠校《きぬがさこう》前で降りるとよい。

8 矢田寺

八月二十三日を中心に、京の町々は地蔵盆の催しに彩られる。町内ごとに祀っている地蔵様に供養するのであるが、地蔵堂のある町は少なく、たいていは路傍の小さい祠の前に天幕を張ったり、近くの車庫などを開放したりして、飾りつけをする。僧侶を招いて読経をしてもらうほかは、子供が集って遊んだり、おやつを分けたりして一日が過ぎる。地蔵様の願意は子供の守護であるから、子供会の様相を呈するのは当然であるが、準備、進行、費用などは町内の係の大人が世話をやくことになっている。

地蔵のない新開の町に対しては、壬生寺などで石地蔵の貸出を行っていると聞く。特大の数珠を持っている町ではお数珠《ずず》廻しが行われる。子供が円陣を作って坐り、読経に合わせて、数珠を手繰って廻すのである。大きい珠がくると、それを額に当てて願い事をするともいう。

いつのころからの風俗か知らぬが、旧暦では七月二十四日に行われた。延宝二年（一六七四）板『山城四季物語』に、六地蔵参りのことを記し、ついで「あるは童子の業《しわざ》として、道のはた辻々の石仏をとりあつめて、地蔵と名付、顔白く色どり、花を手折、供物をさゝげて地蔵祭をなすなり」とある。『日次紀事』にも、子供の地蔵祭、六地蔵詣を記し、洛中洛外の地蔵祭を挙げている。姉小路の地蔵祭には、百万遍の数珠を転じて明日に及ぶとある。これが承け継がれて、今のお数珠廻しとなったのであろう。

さて『日次紀事』の記す地蔵祭の一つに「三条矢田寺地蔵祭」が見える。中京区寺町通三条上ル東側に矢田寺というのがある。矢田山金剛寺が正称らしいが、矢田寺で通っている。繁華街の商店に気をとられていると、見過しかねない小さい寺である。寺の構えは小さくとも、矢田地蔵は京の名地蔵に数えられていた。代受苦地蔵というありがたい地蔵菩薩で、縁起を聴けばありがたさは百倍する。

閻魔宮で大王が嘆いていた。末世の衆生を救うために菩薩戒を受けたいが、冥府では戒師が得られないと。そこへ遊びに来た小野篁が、私の師に戒業純浄の人がある、その方にお願いしてはと言う。閻王悦び言う。早速喚んで来てくれよ。篁、師の満米に事情を話し、冥府に連れて行く。閻王は満米を獅子座に請じて、菩薩戒を受けた。そして、何かお礼を差し上げたいと言う。すると、満米は地獄見学を希望する。大王自ら阿鼻地獄に案内する。鉄門銅釜火聚刀山、もろもろの苦しみは言語に絶するありさまだ。

ある所で、一人の比丘《びく》が燃えさかる焰にしたがって上下している。満米は問う、あの沙門は誰か、何の報いで火中にいるのかと。大王は、師自ら彼の比丘に問いたまえと言う。比丘の下ってくるのを待ち、満米は熱さをこらえ近づいて問う。比丘対《こた》えて曰く、我は地蔵菩薩なり、汝冥界に来り戒法を説く、地獄にても苦を離るる者多からん、我もまた随喜す、我猛火を惶《おそ》れず苦を代りて衆生を化度す、等しく慈悲を行うといえども、縁無き衆生は済度し難し、汝娑婆に還らば、我に帰依せよと衆生に告げ、また地獄の苦相を語れと。

満米の冥府を辞するにあたり、閻王は漆塗の篋《はこ》を贈る。篋には白米が入っていた。米を取り出せば、また米が一杯になり、一生使っても米は竭《つ》きない。満米は良工を招き、地獄で会った地蔵の像を刻ませ、寺に安置した。その丈五尺。或は云う、満米の本の名は満慶《まんぎょう》であったが、閻王の米を貰ったので、時の人が満米と呼んだと。

以上は虎関師錬の撰した『元亨《げんこう》釈書』に記すところである。「其像今尚在」という。満米の住した寺は、大和郡山市矢田町に現存する金剛山寺《こんごうせんじ》である。本尊の地蔵菩薩が曰くつきの像なのであろう。

京都の矢田寺については、大正四年京都市教育会刊『京都名勝誌』に、「矢田山金剛寺と称す。開祖は満米上人にして承和十二年（八四五）和州矢田より徙《うつ》り、幾転して今の地となる。中古は禅宗なりしが今は浄土宗西山派に属す」とある。平安時代のことは詳かでないが、中世には「八田」とも書き、六地蔵の一つであった。近世に至って六地蔵参りは洛外を廻るようになり、洛中の六地蔵は忘れられた。下京区綾小路通新町西入に矢田町の名が残る。これは矢田寺の旧地に因む名で、天正年中豊臣秀吉の京都再開発により現在地に移転した。

矢田寺の地蔵菩薩像は、火焔を前にして立つが、肉づきのよいお姿、おっとりとしたお顔。これでこそ地獄の猛火にも身を投ずることができるのであろう。煮えたぎる釜の中から亡者の一人を引揚げている小

絵馬の図は、矢田地蔵縁起絵巻によるよし。これを救絵馬と称している。水子地蔵の絵馬は、近来の水子供養の流行に乗じたものであろう。童男童女を描くのは七五三絵馬というが、ここに七五三参りをする人があるのか、迂闊にして聞かなかった。

因みに当寺の鐘を送り鐘という。これを撞いて盆の精霊をあの世へ送るのである。ただし、戦中に金属として供出し、現存のは新鋳である。これに対し、六道珍皇寺の鐘を迎え鐘という。

9　八坂神社・占出山《うらでやま》・蟷螂山《とうろうやま》・元祇園梛神社《もとぎおんなぎじんじゃ》

八坂神社

京の祇園といえば、もっぱら花街の名、最近は遊興飲食街の名と思われがちである。本来は祇園社あるいは祇園感神院と称する神仏混淆の社の名であり、その門前に歓楽地が形成されたのである。祇園の称は、もとより天竺の祇園精舎に由来する。維新の神仏分離政策により、仏教色を排除して、鎮座地の古名に因み八坂神社と改めた。

八坂神社の主祭神は八岐大蛇《やまたのおろち》を退治した素戔嗚尊《すさのおのみこと》である。それが本地垂迹の説により、祇園精舎を守護する牛頭《ごず》天王が本地であり、播州明石の浦に垂迹し、現姫路市の広峰に移り、さらに洛東北白川の東光寺に移り、のち八坂郷に鎮座したとされる。しかしながら事はそう一筋縄にはいかず、中世以来さまざまの説が入り乱れた。

素戔嗚尊が朝鮮慶尚道の牛頭山に天降り、そこに斎《いつ》かれていたのを、斉明天皇二年（六五六）に来朝した伊利之使主《いりしのおみ》が八坂郷に祀り牛頭天王と称したともいう。明治には、これを天竺の牛頭天王とは別だと主張する。

縁起はともかくとして、祇園社の存在が確められるのは醍醐天皇の代である。延喜二十年（九二〇）咳病蔓延に際して、幣帛、走馬を祇園に奉ったことが『貞信公記』に見える。また『日本紀略』

延長四年（九二六）六月二十六日に「祇園天神堂を供養す。修行僧建立す」とある。ただし、これが八坂郷の現在地のあたりに在ったかどうかは明かでない。

素戔嗚尊にしても牛頭天王にしても強い神であるところから、悪疫を退散させる力があると信ぜられた。悪疫流行の因をなすのは御霊《ごりょう》、すなわち政争に敗れて死んだ人の寃魂《えんこん》である。これを鎮める祭りが御霊会《ごりょうえ》であり、別して祇園の神の力に頼ろうというのが祇園御霊会、今の祇園祭なのである。

その創始についても、貞観十一年（八六九）とか天禄元年（九七〇）とかいわれるが、確なことは判らない。『日本紀略』には、天延三年（九七五）六月十五日、今年より始めて朝廷から走馬、勅楽、東遊、御幣等を感神院に奉ったことが見え、前年秋の皰瘡流行によるとある。

災害など事ある時に勅使を遣して官幣を奉る名神がある。伊勢以下その社格、序列がきまっていた。長徳二年（九九六）祇園を加えて二十一社となり、後に日吉を加えて二十二社となったという。しかしながら、『日本紀略』によれば、長徳二年二月二十一日「奉幣廿社」、同四年二月十九日「祈年穀、奉幣廿社」とあって、祇園はまだ数に入っておらぬようである。長保二年（一〇〇〇）二月二十七日に初めて「奉幣廿一社、祈年穀也」と見え、五月六日にも豊楽院招俊堂落雷焼亡により廿一社に奉幣使を遣している。

それはそれとして、長徳、長保の頃から祇園御霊会は盛大に向ったようである。長徳四年（九九八）、无骨《むこつ》という雑芸の者が、大嘗会に悠紀《ゆき》、主基《すき》の国のしるしに樹てる標に擬した作り物を祇園社に渡した。藤原道長大いに怒り、翌年これを停止し、雑芸の者らを追捕させた。ところが、道長の処置がかえって神の怒りに触れたらしく、壇上の神職が転げ落ちる始末となった。これは『本朝世紀』に記すところであるが、祇園の神様は庶人が参加して賑わす祭がお好きであったと見える。

神の意向を体してか、御霊会に田楽、散楽が演ぜられ、作り物や扮装に風流《ふりゅう》を競うようになる。南北朝時代には笠鷺鉾や作り山、舞車などを繰出しており、現在の山鉾の原形は応仁の乱以前に出来ていた。すなわち、祭礼の主体が祇園社よりも寧ろ町方にあるかの観を呈して、今日に承けつがれてきたのである。

いまどきの祇園祭見物衆には、御霊会の意味など念頭になかろうが、疫癘除けの信仰の証は今も八坂神社に厳存する。西桜門を潜って突当りに鎮座する疫神社がそれである。摂社の第一で、蘇民将《そみんしょう》来《らい》社とも称し、正月十九日疫神祭が行われる。

『釈日本紀』に引く『備後国風土記』に曰く、むかし北海の武塔《むとう》の神が、南海の神のむすめをよばいに出かけて、日が暮れた。そこに二人の将来が住んでいた。兄の蘇民将来は貧しく、弟の将来は豊

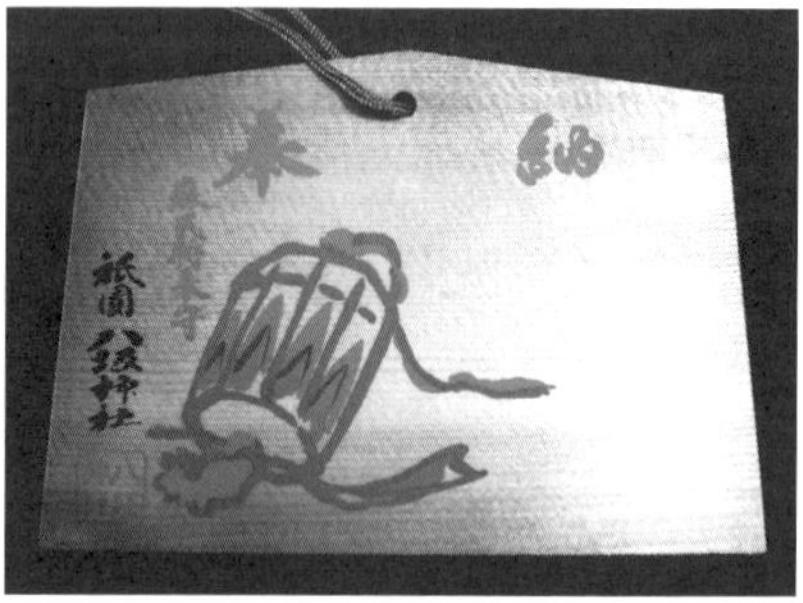

かであった。武塔の神が宿を借ろうというに、弟は惜しんで貸さず、兄は粟柄を敷き、粟飯を炊いてもてなした。年を経て武塔の神還り来り、蘇民将来に、汝のむすめの腰に茅《ち》の輪をつけさせよと言う。そのとおりにすると、夜のうちに蘇民のむすめ一人を除いて、ほかの子供はみな殺されてしまった。神の言うに、吾は速須佐雄《はやすさのお》の神なり、後の世に疫病あらば、蘇民将来の子孫と云いて茅の輪を腰に着けた人は免れなん、と。

小絵馬の図は、正月の縁起物のぶりぶりのようにも見えるが、傍に「蘇民将来守」と書かれてあるとおり、疫除けの護符である。因みに吝嗇漢の弟の名を巨旦《こたん》将来と伝える。寛文二年（一六六二）板中川喜雲著『案内者』に「門《かど》の松は巨旦といえる悪人の墓じるしの松をうつし植、世人《よひと》のいましめのため年始にたつると也。又炭わらをかざるは巨旦を火葬の心、是悪を懲し善を勧る義也」と説く。

さて、京の元旦は八坂神社のおけら参りから明ける。その次第を昭和三十五年京都市観光局発行の『京の年中行事』によって紹介しよう。十二月二十八日に火鑽祭《ひきりまつり》を行い、杵で浄火をきり出し、本殿前の燈籠に移しておく。大晦日に浄火で粥と花平餅《はなびらもち》とを作り、戌の刻を期して白朮《おけら》祭を奉仕する。一年の月数に因み塩小鯛十二尾、橙十二個、赤大根十二本の神饌を供え、祝詞、神楽歌を奏する。それから出雲産の白朮の根、柳材の削掛《けずりかけ》を載せた折敷《おしき》十二枚に浄火を点じて神殿前に投げる。その火を手早く三個の大篝へ入れる。篝の中には四条の箸店の一年間の柳の削り屑が入れてある。その火を人々が犇き合って吉兆縄に受ける。吉兆縄は、算盤の珠の軸を作るときに出る竹屑を用いたもので、西門のあたりに売っている。火が消えぬよう縄を振って帰り、それで雑煮や粥を炊けば、一年間疫病に罹らぬという信仰がある。

なお、近世には、社参の人々が、悪口雑言を言いちらし、言い勝った方が新年の吉兆だとするとか、削掛を焚く煙の靡く方向によって五穀の豊凶を占うとかの風習があったという。これは一種の年占《としうら》である。また、おけらは、うけらともいう菊科の野草で、その根を薬種として白朮《びゃくじゅつ》と呼ぶ。

占出山

中京区錦小路通烏丸西入占出山町から出る山である。応仁の乱に祇園会が中絶し、明応九年（一五〇〇）に再興した山鉾の中に神功皇后山とあるのがその前身と思われる。小絵馬の絵にある人形は神功皇后の釣する姿である。肥前国松浦で、西征の成否を占って釣りをすると忽ち鮎がかかったという故事による。皇后の面はもと宇佐八幡宮にあったのを、大友宗麟が京に齎したと伝える。人形の背後に松が見える。山では二三の例外を除いて松をたてることになっている。

新羅に出航するまえに皇后の出産が迫っていた。皇后は石を腰に挿んで、事を遂げて還る日に産れるように祈ると、果たしてそのとおりになったという。これに因み占出山には安産の信仰がある。宵《よ》宮《みや》に、浴衣を着た少年少女たちが、かわいい声で呼んでいる。「安産の、お守りは、これより出ます、信心の、おん方さまは、蠟燭一ちょう、献ぜられましょう」。

山鉾巡行の順番はくじで決める。長刀鉾はくじ取らずといって、常に先頭を進む。二番目以下はくじを引く。占出山が早い順番を引き当てた年は、産が軽いというそうな。

蟷螂山

中京区西洞院四条上ル蟷螂山町の山である。この山は、かまきり山とも、いぼじり山ともいい、応仁乱以前から存在した。

御所車の屋根に緑色の大かまきりが止っているのは、降車に向う蟷螂の斧の趣向である。しかもかまきりの羽が動き、車の輪が廻る仕掛が施されていて、観衆を喜ばせたという。

惜しむらくは、安政四年（一八五七）に故障があってから巡行に加らず、元治元年（一八六四）の兵火に焼けてしまった。昭和五十五年にいたって復旧したのはめでたい。

元祇園梛神社

中京区壬生梛ノ宮町、四条坊城の西南角に鎮座する。どこにもありそうな神社で、とりたてて見どころがあるわけでない。社殿が二棟並んでいる。向って左が梛ノ宮、右は大正九年近隣から移座した式内隼神社である。

元祇園というのが気にかかる。またなぜ梛ノ宮なのかも。当社で頒布する紀要によれば、貞観十一年（八六九）疫病流行を鎮めるために、播磨の広峰から牛頭天王（素戔嗚尊）を勧請し、四条の坊城に神輿を入れた。此の地に数万本の梛の木あり、源の某が神霊を林中に奉祀したという。つまり八坂郷に鎮座する前に、一旦ここに祀ったということであろう。

近年の名所記、事典などに記すところも概ね右のとおりである。それにしても、いつ、いかなる資料によって、このようなことを言い出したのであろうか。確な記録は管見に入らない。

秋元興朝の遺稿に『旧都巡遊記稿』がある。明治二十五年から大正六年の間に京都およびその近郊を巡歴した記録である。それに、壬生寺の北に牛頭天王を祭る小祠あり、「土人等之を旧祇園社と称す」と記すのが元祇園と見てまちがいあるまい。遡って天明七年

（一七八七）板『拾遺都名所図会』に水葱宮《なぎのみや》を挙げ、土地の人は牛頭天王地主神と云うとある。これも小祠であり、旧祇園社と同じものと断じてよかろう。また、宝暦四年（一七五四）の『山城名跡巡行志』には、四条壬生に水葱の神祠あり、同所に又旅《またたび》の社があり、古え祇園神幸の旅所のさらに旅所であったことによるという。元祇園であったか否かはさて措き、当社と祇園感神院との縁は否定できぬようである。

しかし事はそう簡単に落着しない。もうすこし時代を遡ると、延宝五年（一六七七）『出来斎《できさい》 京《きょう》土産《みやげ》』になぎの宮は「往昔《そのかみ》熊野権現を勧請して、梛《なぎ》の木を植て社の名とせり」と云う。黒川道祐の延宝九年（一六八一）の紀行『東寺往還』には「四条通ノ西ノ野ニナギノ宮ト云ヘル社アリ、伊弉冊尊、伊弉諾尊ヲ祭レルヨシ云ヒ伝フ、其ノ南ニ牛頭天王ノ社アリ」と記している。

熊野権現は諾冊二神と同体であり、梛の木は熊野権現の神木である。すると梛の宮と牛頭天王を祀る元祇園とはもと別個の社であり、それが後年合併したということになろうか。

梛ノ宮を「水葱宮」と書くのはなぜか。平安京の初め現梛神社のあたり一町が水葱町であったとされる。水葱《なぎ》は観賞用とする布袋葵《ほていあおい》と同種の水草で、古くこれを食用とした。水葱町は官営の水葱栽培の田であった。梛の木は漢名を竹柏といい、その葉が水葱に似るところからなぎと名づけられる。両者異種同名の植物である。

水葱が食膳に供せられなくなり、栽培が廃れたことから、水葱がいつか梛に代り、熊野権現に結びつけられたのであろうか。そこへ牛頭天王が移って来て、下世話にいう庇を貸して母屋をとられる結果になったというのが私の推理である。しかし、素戔嗚尊は熊野の速玉神に当てられることもあり、無縁とはいえない。親の諾冊から子の素戔嗚へ代が変ったということかもしれぬ。何にしてもややこしい話で申訳ありません。

10　晴明神社

維新このかた近代化の大きな目標の一つは人智の啓蒙であった。そして、啓蒙の課題の一つは迷信の排除であった。私ども昭和十年代に初等教育を受けた者も、迷信を信ずるなと修身などで教えられたものである。そうした教育の成果は、それなりにあったと思う。また、運勢吉凶の予測や占いを書いたような出版物は安寧に害ありとして、強権によって禁ぜられた。

しかるに大戦終末のころ、こっくりさんがあちらこちらで密に試みられた。末期現象のひとつであろう。そして敗戦となるや、雨後の筍のように新興宗教が出現した。これも民主化の一端であったのかもしれぬ。既成の社寺にも、いかがわしい御利益や呪法を売るのが現れる。やがて易断をはじめ、和洋さまざまの占いが盛行する。神霊現象や霊媒、霊能者などがテレビなどでまことしやかに紹介されるようになったのは、いつのころからであったか。風水が説かれ始めてもう十数年にもなろうか。健康、美容とさえいえば、怪しげな薬や食品にでもとびつくのが人情で、遂に死者を出すに至った。そして、ここ数年来の大人気は陰陽師である。

迷信といえば、年寄の陋習とばかり、私どもは思っていたが、ここ数十年来の迷信的社会現象が若い者の参加によって支えられているのはどうしたことであろうか。社会学者にはしかるべき説明があろうが、私が思うには、怪獣、妖怪、スーパーマン、ロボット、エイリアンなどに親しんで育った世代に、空想と現実とのけじめが曖昧になってしまったことが大きな原因ではなかろうか。ディズニーとか手塚治虫とかが、子供に、子供ばかりか大人にも、夢を与えるものとしてもてはやされる。夢、夢とありがたがる、その夢が曲者である。

空想や夢そのものに罪ありというのではない。子供向けといえば、架空の異形やら変形した動物やらを与えておけばよい、子供はそういうものを喜ぶのだときめてかかる。そのような大人の思い込みに罪がある。しかも、そうしたものの普及流行の裏に匿された商業主義の罪は大きいとしなければならない。異形異類の世界にどっぷり漬かって育った人間が、やがて人間性を見失い、現実的な判断能力を退化させることは、火を見るより明かである。

陰陽師を一概に迷信的存在だときめつけるつもりはない。それには、その時代の宇宙観、世界観に基く合理性、科学性があったはずである。だからといって、それがそのまま現代に蘇ってよいものではない。しかも、無意識な流行の裏に見え隠れする商業主義がもっとも気に入らない。

因に、当節では陰陽師をオンミョウジと読ませている。陰陽道、陰陽寮などの陰陽を、オンミョウと連声に読むと、何となく古めかしく、わけありげに聞えるのであろう。しかしながら、「陰」の呉音はオン（on）であって、オム（om）ではない。したがって、「おんみやう」「おんみょう」（ommyō）とはなりえない。また、そのように書いた古い例も見あたらない。仮名書きの場合は「おんやう」である。蓋し「おんみょうじ」は近代人の誤解に出た擬似古典的読み癖であろう。

さて、当世陰陽師の第一人者は安倍晴明である。『尊卑分脈』では、右大臣安倍御主人《みうし》の九世の孫、父は益材《ますき》となっている。ただしこれが確なことではないらしく、御伽草子の「鉄輪《かなわ》」に「あべのなかまろ九世のそん」とするようなのもある。

異伝もその程度ならなまやさしい。晴明は人の子にあらず、化生《けしょう》の者だとする説が早くから行われた。それより、安倍保名《やすな》が和泉の国の信太《しのだ》の森の狐と契って、生まれたのが晴明だという説話が生じ、浄瑠璃、歌舞伎を通じて流布した。晴明神社に倉稲魂《うがのみたま》、すなわち稲荷の神を祀るのは、狐の子と関係があると見てよかろう。

晴明の陰陽師としての有能ぶりは、同時代の日記などから窺うことができる。没後は卜占、祈禱の方面が強調され、超能力者晴明の巷説が次々に生まれ、遂には化生の者にされてしまう。伝説的な晴明像の形成には、芸能者化した末流陰陽師たちの、晴明を祖に戴こうとする集団意識が働いていたかとも考えられる。

過去にも安倍晴明の流行はあった。ただし、それは説話とか浄瑠璃歌舞伎とか、日常の生活空間とは別の世界において享受されていた。昨今の晴明ブームは、いささか様相を異にする。小説、評論、劇画、映画、演劇などに活躍する晴明が、直ちに晴明信仰を捲き起している。この点で、源氏物語ブームとは明かに異なる様相を示している。

晴明信仰の本山というべきは晴明神社である。上京区葭屋町《よしやまち》通一条上ル晴明町に鎮座する。境内広からず、昭和二十五年に葭屋町通の一筋東堀川通まで神域を拡げ、参道を開いた。

近世の名所記を検するに、晴明社とか晴明塚とか称するものは諸処にあり、ここが特に本拠として注目された形跡はない。しかるに、星霜を経るうちに他の社や塚が退転湮滅し、ひとつ残った晴明町の晴明神社が時に遇うめぐりあわせになった。数年来、参拝者がひきもきらぬ盛況を呈している。ことに若い女の参拝が多い。晴明さまが彼女らのアイドルになっているのであろう。いつのまにか神社の南隣に、陰陽師グッズを売る店が開いている。

神社は平成十五年九月御鎮座壱千年祭をめざして、目下大増改築工事が進行中である。事業総額四億円という。晴明は出生が謎に包まれているにもかかわらず、死没については寛弘二年（一〇〇五）九月二十六日、享年八十五と記録がある。確実なことかどうかわからぬが、敢て疑う理由もない。そして当社の由緒記によれば、「当神社は晴明公の邸趾にて寛弘四年（西紀一〇〇七）時の帝、一条天皇が公の御偉業甚だ尊きに拘はらず位階低位にして、又晴明公は稲荷大神の御分霊なりとの由にて、御鎮霊の勅旨をもって創建された」とある。

没後二年の創建というのは首肯しかねるが、ここを晴明邸址とする説は近世の名所記に見える。だが、その根拠は明かにしない。晴明邸の記述としてよく知られるのは『大鏡』である。花山天皇が藤原兼家、道兼らにたばかられて出家することになり、花山寺に向う道に晴明の家の前を通った。おりしも晴明は天変により退位のことを知り、式神《しきじん》に偵察させた。「その家土御門町口なれば、御道なりけり」とある。土御門《つちみかど》大路は今の上長者町通、町口《まちぐち》小路は今の新町《しんまち》通にあたり、現京都府庁の北方になる。『今昔物語集』巻二十四第十六話に「此の晴明が家は土御門よりは北、西洞院よりは東なり」というのも、同じ位置を指すものである。安倍氏後裔の陰陽家が土御門家を称するのはこれによる。

晴明の邸が二箇所にあってもいっこうにかまわないのだが、晴明神社あたりを邸址と言い出したのにはわけがありそうに思われる。神社のすぐ東南、堀川に架かる一条の戻橋《もどりばし》との因縁を考えねばならぬ。

そもそも門とか橋とかいうものは、境界上に位置して、相接する二地域の通路をなし、あるいは通行を遮断するものである。そういうところに、侵入を拒まれた異界の者が出没し、また巣くうことになる。京の門では羅城門や朱雀門がそれであった。橋では五条の橋、そして小さいながら戻橋がそれであった。

戻橋には、古来いろいろの伝承がある。晴明の場合は、彼が使った十二人の式神の貌《かお》を妻が畏れるので、橋の下に隠しおいて、用あるごとに呼び出したと、『源平盛衰記』にいう。式神とは、識神とも職神とも書き、「しきじん」「しきがみ」などと読む。いわば陰陽師の手下のようなもので、これをいかに駆使するかに術者の能力がかかっていた。式神は鬼形の童子で、常人の眼に見えぬものとされる。それならば、晴明の妻がその貌をこわがることもなさそうだが、陰陽師の妻には見えたのであろうか。

式神を封じた石の櫃のごときものが、橋のあたりの土中一丈ばかりに埋れていた。それが洪水で露れたのを、人々が怖れて土で蔽うたという。『山州名跡志』に伝える古老の話である。

小絵馬に画く五芒星《ごぼうせい》の神紋は、神社の提灯や飾金具などにもついている。安倍晴明判とか晴明桔梗とか呼ばれて、陰陽道の呪符とする。魔除けに用いるところから、西洋のペンタグラムに比せられるが、これは木火土金水の五行に由来するものである。

社頭に掛けた小絵馬には、晴明ファンたちがめいめいの願いを書いている。除災、安穏、病気平癒、とりわけ合格、就職、縁結びの願が目につくのは、若いファンの多いことを思わせる。「全てが終りになりますように」と書いた一枚に、いささかどきりとさせられる。稀にはもっと恐ろしい願い事もあるそうだ。「晴明様、お願いがあります。私と私の娘をひどい目に遭わした名古屋市に住む〇〇〇〇に、どうか罰をお与え下さい」。これは昨年実地調査をした学生のレポートにあったものである。〇〇〇〇は、姓名があったのを、報告者が伏せたのである。呪咀の願も叶えて下さいますか、清明様、いかに。

晴明神社に参るには、市バス一条戻橋または堀川今出川で下車すればよい。

11 平安神宮

平成七年は平安遷都千二百周年に当る。記念行事が催されたことは確かだが、時がたってしまうと、さて何があったのやら、さっぱり記憶に残っていない。記念事業として、京都御苑内に迎賓館を建設することが決った。これには強い反対の声が揚った。一つ、自然保存の立場から。かつて公家屋敷の並んでいた跡が、百幾星霜を閲して杜《もり》をなし、市中では珍しい植物が育ち、動物が棲むようになった。いま一つ、政治的かつ感情的立場から。国賓などを迎える施設では、市民にも観光客にも殆ど縁がない。税金の使い途に反撥が起る。それでも計画は進められたが、七年を過ぎた今に至っても完成を見ない。出来上ったころには、何の記念だったか、皆忘れているのではなかろうか。

大衆を忘れた平成の事業に比べて、明治二十八年の千百年記念事業の立派さがきわだつ。財産を百年の後に遺したからである。その一つが平安神宮の創建である。二十六年十一月起工、二十八年二月中に殿舎門廊悉く功を竣《おわ》り、三月十五日に鎮座が行われた。祭神は平安京を創めた桓武天皇である。

第四回内国勧業博覧会の開催も記念事業の一つであった。その跡地二万五千六百余坪が公共の施設に利用された。現存する岡崎公園、動物園、美術館、図書館、勧業館、京都会館などが、その余恵である。また、七条停車場から博覧会場へ、また市内へ電車を走らせて客を運んだ。東洋最初の実用電車だといって、京雀の自慢の種となる。

神宮や博覧会のようなはでさはないけれども、歴史、地誌の編纂刊行も閑却すべからざる事業であった。『平安通志』『京華要志』など、私どもは有難く利用させてもらっている。

平安神宮は大正、昭和、平成と増築を重ねている。就中昭和十五年、紀元二千六百年の事業が一期を劃した。さきに孝明天皇を祀ろうとの議が起り、本殿を改築し、神楽殿（儀式殿）、額殿、斎館を新築するなどして、十五年十月十九日に鎮座あり、ここに京都の初めと終りの天皇が並ぶことになった。本殿は昭和五十一年に火災に罹り、五十四年に復興した。

平安神宮に参詣して、先ず目を奪うのは、神社建築の常識とは異なる景観であろう。それは平安京大内裏の朝堂院を模して造られているからである。規模は実物の約三分の二という。

重層の神門は朝堂院の正門、応天門である。それより参入すると、白砂の庭が広がる。社頭風景を描く絵馬の手前に欄干があり、そこから一段高くなっている。これを龍尾壇という。左手に大きく描く二層の建築は白虎楼、画面にないが、これと対称の位置に蒼龍楼がある。左右の楼から歩廊が延びて、正殿たる大極殿に至る。画面の奥の小さいのがそれで、神宮の外拝殿となっている。平安京の大極殿は三度炎上した。初めは四方葺下しの屋根、いわゆる廟造であったが、第三次大極殿は入母屋造に変更された。絵馬に描くのは第三

次の制に従っている。棟の両端に見える突起は鴟尾《しび》である。沓形《くつがた》ともいう。外拝殿の前方に左近の桜、右近の橘が小さく見える。

社殿の背後は神苑になっている。東苑、中苑、西苑と池を中心とする三つの庭によって構成される。近年西苑の南部を南苑とし、『源氏物語』などに現れる草木を植えて、平安の苑と称している。中苑と西苑とは創建当時に、東苑は大正初年に造られた。作庭は植治《うえじ》と称した小川治兵衛である。山県有朋邸の無鄰庵、野村別邸の碧雲荘、あるいは円山公園の池泉などを手がけており、当時の京都を代表する庭師とされる。

絵馬にかきつばたの見えるのは、中苑の蒼龍池である。池中に円筒状のものが連っている。これは沢渡《さわわたり》で、臥龍橋と名づける。後年になって、三条、五条の橋に用いられていた御影石の橋柱の寄付を受けて据えたものである。

桜花の下に長い廊のようなものを描くのは、東苑の栖鳳池に架した橋殿である。中央に高くみえるのは泰平閣で、頂上に金銅の鳳凰が立っている。大正元年京都御所より移築したという。

平安神宮の庭といえば、文学老年なら谷崎潤一郎の「細雪」を思い出すにちがいない。三姉妹が感歎の声を放った紅枝垂をはじめ、かきつばた、花菖蒲、躑躅、萩、季節の花々に逢うも嬉しく、薄雪の覆う日もまた佳し。小径を辿り、沢渡、橋殿を歩むのも変化に富んでおもしろい。禅院の庭のように哲学や説教を押しつけたりしない。通俗と言わば言え、肩が凝らず、息が詰らず、ただ回遊を楽しませることに徹したのが、この庭の貴いゆえんである。

鳥居の絵馬、丹塗だから雪に一段と映える。昭和の御大典を記念して造られ、三年九月中旬に完成した。鉄筋コンクリート製で、高さ二四・二米、笠木の長さ三三米、柱直径三・六三米。久しく日本一の大鳥居の名をほしいままにしていたのに、近ごろ元日本一に格落ちした。では現日本一はどこにあるのか、気にかかっていたところ、今年八月熊野に旅して判明した。本宮大社の旧鎮座地に建立されたのが日本一だという。たしかに平安神宮のより高い。

今年（平成十四年）五月十七日、文化審議会が国の文化財建造物として登録すべきものを答申した。その中に平安神宮の大鳥居と昭和十五年の建物とが入っている。これによって思えば、昭和十五年頃までは、名建築と呼ばれるに価する、優れた仕事がなされていたのである。ただし大鳥居の方は、俗悪の見本のように酷評するむきもあった。それが古稀を迎えれば文化財とは、時間の浄化作用は偉大なるかな。なお、鳥居の中に遠く小さくみえるのが応天門である。

千百年記念の遺産として、忘れてならないものがもう一つある。時代祭である。神幸に供奉するのに、京都が国都であった間の時代行列を案出した。ピーヒャラドンドンドン、維新の山国隊の鼓笛を先頭に、歴史を逆行して延暦文官参朝に終る。後には女人が加わり、勤王の志士が加わりして、ますます賑かに親しみ深くなった。ただし時代を逆にしたのは大正二年からで、それ以前は時代順の行列であったという。鼓笛隊が先頭をつとめるのだけは変らない。

第一回の時代祭は十月二十五日に行われたよしであるが、恒例は十月二十二日である。『日本紀略』延暦十三年（七九四）十月二十二日「辛酉、車駕遷二于新京一」とある。すなわち平安遷都の日である。もっとも、これは太陰暦であるから、現行太陽暦に換算すれば十一月二十二日となる。京都ではそろそろ肌寒い季節で、時雨が降る年もあろう、凩が吹く年もあろう。時代祭を陽暦に換算せず、十月二十二日としたのは賢明であった。京の三大祭、葵祭も祇園祭もしばしば雨に祟られる。時代祭だけは晴天に恵まれるのを常とする。

12 大石神社（赤穂）・大石神社

大石神社（赤穂）

頃は元禄十五年（一七〇二）、十二月の十四日、卍巴と降る雪を……。子供の時分に聞き覚えた浪花節で、その年その月その日を忘れることはない。それから数えて、今年平成十四年は三百年目に当る。播州赤穂の大石神社では、討入三百年記念の事業として、春ごろ社殿の大改修にかかっていたが、今ごろは立派に出来上っていることであろう。

大石神社は、大正元年赤穂城址に創建された。大石内蔵助良雄《よしたか》以下四十七士と萱野三平とを祀る。大石邸の遺構としては長屋門が残るのみで、その内は池泉の庭苑となり、これも神社の境内に含まれる。

ここは赤穂観光の目玉に当るせいか、附属の施設にも気を配っている。ゆかりの品や書画を陳列する宝物殿、木像を納める奉安殿を造り、記念撮影用に浪士の名入の羽織まで用意している。

宝物館や木像堂なら、藩主浅野家、森家の菩提寺たる曹洞宗花岳寺にもある。藩主や浪士の墓碑をはじめ、大石名残りの松の二代目、鳴らずの鐘、城の塩屋惣門を移した山門など、見どころは少なくない。

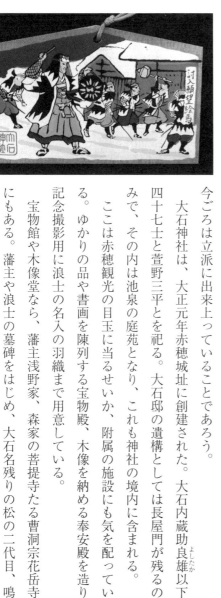

それでも訪う人は稀で、ひっそりしている。大通からそれるせいであろうか。

神社の経営熱心の一端か、小絵馬の数の多いのも嬉しい。殿中松の廊下の刃傷、早駕籠の急使、吉良邸討入、両国橋の引揚。さらに道行旅路の花聟の舞台そのままのお軽勘平。これを良縁祈願とする。そのほか願望成就、安産祈願、合格祈願の変形絵馬と賑々しい。

たしかに四十七士は、隠忍二十箇月、吉良上野介義央《よしなか》の首級を挙げて、願望を成就した。しかしながら、浅野家復興の素願成らず、已むを得ぬ第二次の願望を遂げたのである。しかもそれは国法を破り、一同切腹をもって購ったのであった。これにあやかる願望成就は、いささか躊躇せざるをえない。

四十七士は三百年の後にも、忠臣よ、義士よと謳われる。「大道廃れて仁義有り」「国家昏乱して忠臣有り」とする老子の論法からすれば、かかる忠臣義士の出現は世道廃頽の産物となる。しからば、その因を作った浅野内匠頭長矩《ながのり》の短慮軽挙は責められねばならぬ。だが世間は、内匠頭を同情の眼をもって見る。憎い奴は上野介だということになる。刃傷の場を画く小絵馬でも、上野介の姿は侮蔑こそ買え、同情の余地は全くない。『仮名手本忠臣蔵』では、敵役は高師直となるが、これまた小楠公正行の天敵として三界に憎まれる存在であった。
しかしながら、当時においても内匠頭への批難がなかったわけではない。前田采女《うねめ》利昌《としまさ》がそれである。加賀大聖寺藩三代利直《としなお》の弟で、

処々の新田一万石を分与されて、諸侯の待遇を受けていた。優雅な美青年であったが、力強く、剣道に優れていたという。『大聖寺藩史』や『加賀市史・通史』によれば、内匠頭は思慮の足らぬ男だ、吉良を討ちそこねて、領地を召し上げられ、家来に苦労をさせたと、利昌は側近に語っていた。

内匠頭の刃傷事件の七年後、宝永六年（一七〇九）二月十六日、上野寛永寺の塔頭顕性院で、同じような事件が発生した。薨去した将軍綱吉の法会に、勅使、諸使が下向した。采女はその接待役を仰せつかった。同じく接待役であった大和柳本藩主織田監物《けんもつ》秀親は、何かにつけ采女を青二才と侮っていたらしい。監物は大兵で、剣の使い手であった。

早暁、采女は監物を呼び止め、胸から背まで突き通して足で蹴返し、さらに二太刀浴びせた。監物は絶命した。

事件の数日前、相手を斃すのに突くがよいか、斬るがよいかと、采女は話していた。それをいつもの剣法の談と思って応じていた家来は、後になってくやしがったという。また、刃傷の時、あたりが暗いため、近寄った家来の岡田弥市郎が、一太刀傍杖をくった。当座は気がつかなかったが、邸に帰って痛みを覚え、衣服を脱ぐとどっと血が流れ出た。衣服の内に血が溜っていたのである。水も血も通さぬ加賀羽二重の自慢が落ちとなる。

落首に曰く「織田殿はけんもちながら手もささで采女の君のさかづきにあふ」、また「あいた織田首を前田に落されてけんもつかひもなかりけるかな」。

勿論采女は切腹、織田家も断絶。ただし、采女の所領は兄の利直に返され、家臣は藩に帰参した。

よって、大聖寺義士が天下を騒がせることもなかった。

大石神社

「風雅でもなく、洒落でなく、せうことなしの山科に、由良之助が侘び住居、祇園の茶屋に昨日から、雪の夜あけし朝戻り」、『仮名手本忠臣蔵』山科閑居の段はこう謡い出す。そこは現山科区西野山桜ノ馬場町、山蔭のひそかな地である。今は四条河原町や三条京阪から京阪バスの便があるが、昔は京へ出るにも、伏見へ出るにも、山坂を越えねばならず、祇園や撞木町の廓に遊ぶといっても、往き復りの難儀を思うと気がひるむにちがいない。

昭和十年、大石閑居の地を卜して大石神社が創祀された。神社の由緒書には、京都府知事を会長とする大石神社建設会はじめ諸団体、全国の崇敬者により創建されたとある。また社前の石碑には、浪曲師吉田奈良丸が財を投じて建設したとある。ともあれ社殿整うて堂々たる構えである。傍の小社は天野屋利兵衛を祀り、義人社と称する。

十二月十四日の義士祭は盛大に行われるが、平素は観光の順路から外れるためか、参拝者はいたって少ない。小絵馬の内蔵助は討入装束で牀几に腰かけている。忠臣蔵の映画などでは見られぬ図である。何を気楽そうにと思う勿れ。『仮名手本忠臣蔵』には、「一方は由良之助、床几にかゝって下知をなす」とある。軍陣で総大将たるもの、やたらに動き廻っては指揮がとれぬ。牀几に尻を据えて司令を発するのが戦陣の定法である。

大石神社の南、これも山麓に岩屋寺というのがある。曹洞宗の小さな尼寺である。その門前のあたりが大石閑居の址と伝えられる。

『拾遺都名所図会』に「大石屋鋪《やしき》　岩屋明神の鳥居のまえ北側藪の内にあり赤穂大石内蔵助良雄浅野家断絶の後潜居す」とあり、絵図を添える。岩屋明神とは、岩屋寺の背後に鎮座する現山科神社のことと思われるから、ほぼ今伝える所に当ると見てよかろう。ここは進藤家の所有地であり、内蔵助妻りくの姉婿にあたる進藤厳四郎が斡旋したという。

門前に大石大夫遺髪塚があり、歌碑や句碑が列なる。最下段に旧址の碑が建てられている。明治三十四年建立、京都府三代目知事北垣国道の書だというが、周りを堀と金網とで囲っていて、「大石良雄君隠棲旧址」とかろうじて読みうるにすぎない。

寺には、内蔵助の祈願仏であったと伝える不動明王像、内匠頭画像、四十七士の位牌、木像、遺品などを蔵する。

13 幸神社

「さいのかみのやしろ」と称する。京都市上京区梨木《なしのき》通今出川上ル突当、といってわかりにくければ寺町通今出川上ル一筋目西入北側、幸神《さいのかみ》町に鎮座する。人通り稀な裏道で、目につきにくく、観光客が尋ねてくることはまずない。鳥居も門も備わっているが、境内広からず、社殿も小さい。古くは賀茂川寄りにあり、出雲路のさいの神と呼ばれたという。

『雍州府志』に「桓武天皇延暦年中勧請スル所也」とあり、『京羽二重』に「朱雀院天慶二年に始て之を祭る」とある。当社の由緒書を見ると、驚く勿れ、「当社の祭祀は遠く神代に始まり、天武天皇の白鳳元年御再興、桓武天皇延暦十三年平安京の鬼門除守護神として御造営あらせらる」と記している。なるほど、石の標柱に「大日本最初御降臨旧跡之地　猿田彦太神御神石」と刻まれているから、天孫降臨の代に遡ることになる。

主祭神は猿田彦の大神。御神石なるものは、境内の東北隅と社殿内と二所にある。あまり具象的でないが、その形を観ずれば陽石にちがいない。さいのかみとは道祖神であり、神体をしばしば陽根に象る。陰石をともに祀ることもある。私の見たかぎりでは、壱岐の島にそれが多い。到るところに石造りの小さい祠があり、扉を開けると陰陽の石がいくつも据えられている。

生殖を司る器官にはさまざまの呪力ありと信ぜられた。当節さようの物を公開すれば、猥褻物陳列とかの科で拘引されることになろう。しかし、事ある時に露呈して霊力を放射した例《ためし》は、天鈿女命《あめのうずめ》をもって始めとする。実物ならずとも、擬似物をもってしても呪力は得られるはずである。

道祖神は一般に交通安全の神とされる。『京羽二重』に「人の旅立道途《かどで》を守る神とぞ」というとりである。また、縁結び、夫婦和合の神とも崇められた。例えば『曽我物語』を見よう。山木判官兼隆に嫁がせられた北条政子は、その夜のうちに逃げ出し、源頼朝のもとへ奔《はし》った。「ちぎり朽ちずは、出雲路の神のちかひは、妹背の中はかはらじとこそまぼりたまふなれ。たのむめぐみの朽ちせずは、末の世かけてもろともにすみはつべしと、祈りたまひけるとかや」。そもそも出雲路の神と申すは、牽牛織女の二星にして、「またさいの神とも申すなり。道祖神ともあらはれ、夫婦の中をまぼりたまふ御ちかひたのもしくぞおぼえける」とある。

男女の陰陽の形は、招福の反面に魔を慴伏退散せしめる呪力をもつらしい。出雲路というのは、平安京の北、賀茂川右岸の地で、今も一部にその名が残っている。すなわち都城の東北方、鬼門に当るところから、出雲路の道祖神は殊に重く視られたのであろう。

道祖神は一般に神格が低いと視られる。さりとて、これを軽んずると、とんだことになる。『源平盛衰記』に見える話を一つ。殿上で藤原行成と争って乱暴をはたらき、陸奥守に貶せられた藤原実方、

奥州名取郡笠島の道祖神の前を過ぎようとした。この神は、都賀茂川の西、一条の北の辺なる出雲路の道祖神の女《むすめ》、親に背き商人に嫁いだため勘当となったのだが、「下馬して再拝してすぎたまへ」と人が諫めるのを、実方聞きいれず、「さてはこの神下品の女神にや、われ下馬におよばず」と言って、押し通ろうとする。と、神罰覿面、主も馬も蹴殺されてしまった。実方の亡魂雀と化して都に飛び帰り、殿上の台盤を啄んだとは哀れ哀れ。

当社の神殿はいと小さく、鞘堂に収まっている。透かしてみると、神殿の東北隅の軒下に、斎串《いぐし》を肩にかついだ木彫りの猿がいる。小絵馬の図の、陣羽織を着ておらぬ方が、それを写したものである。猿は「去る」に通じ、鬼門の厄難を去る意らしい。鬼門除けの神社に、また鬼門除けを置くところがおもしろい。

因みに、御所の築垣の東北角が入隅《いりすみ》になっており、その軒下の蟇股《かえるまた》に同じような猿の浮彫りがある。それよりこのあたりを猿ヶ辻と呼ぶ。もとは築垣がもっと大きく欠け込んでいて、猿ヶ辻は五十メートルほど西であった。文久三年（一八六三）五月二十日深夜、攘夷論者の姉小路公知《きんとも》がここで刺客に襲われた。この事件を猿ヶ辻の変という。鬼門除けの猿は遭難を何と見たか、感想を聞きたいところである。

14 御霊神社

上京区上御霊前通烏丸通東入と中京区寺町通丸太町下ルと、御霊《ごりょう》神社が二社ある。それで便宜上、上御霊神社、下御霊神社と呼び分けている。中御霊神社というのもあったが、これは夙に廃れた。今回は上御霊神社に参拝しよう。

毎月十八日は上御霊の縁日で、五月十八日には御霊祭が行われる。これは一日から始まる一連の神事のうちの還幸祭に当るものである。その多くが歴代の天皇や女院の寄進になるという曰くつきの神輿三基、鉾十五本を中心に、稚児、武者などの行列が氏子地内を練る。数十年前に見た記憶では威勢のよい暴れ神輿であったが、今は車に積んで静々と進む。鉾は祇園祭のように山車に変形したものでなく、原形を止める鉾を人力で持ち運ぶ。

小絵馬に画く神輿渡御の図は、狩野永徳筆洛中洛外図の上杉屏風に依るものである。原図には、今出川を二基の神輿が渡り、三本の鉾が先行する。古くは八月十八日が還幸祭で、『日次《ひなみ》紀事』に近世上下御霊会の様子を詳しく記している。下御霊神社でも、今は五月十八日に祭礼を行う。

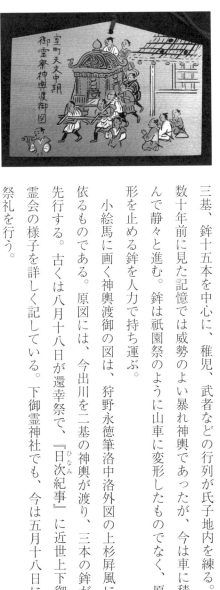

御霊とは、政争にかかわって非業の死を遂げた人の怨霊である。当社では八所御霊を祭神とする。すなわち廃太子他戸《おさべ》親王とその母井上《いかみ》皇后、藤原種継暗殺に連座して皇太子を廃せられ後に崇道《すどう》天皇の追号を受けた早良《さわら》親王、大和の川原寺で子の伊予親王とともに毒殺された藤原吉子、承和の変で流罪となった橘逸勢《はやなり》、文室宮田麻呂《ふんや》の六所に、吉備真備《きびのまきび》、菅原道真と習合した火雷《ほのいかづち》の神を加える。ただし伊予親王や藤原広嗣などを数える説もあり、八所は必ずしも一定しない。御霊祭というのはこれらの怨霊を鎮め、祟りを防ぐためのもので、古くは御霊会といった。祇園祭もそもそもは御霊会に発するものであった。

創建は延暦十三年（七九四）五月、平安遷都に先だち崇道天皇の霊を祀ったことに始まると社記にいう。桓武朝としては、新京を創めるにあたり、崇道天皇はもとより、他戸親王、井上皇后の祟りを懼れたであろうことは理解できる。しかしながら、鎮魂の社を建てるというのは時代として疑問なきをえない。はるかに降って天慶二年（九三九）創祀説もある。あたかも平将門の乱の年にあたる。

賀茂川に架する出雲路橋の西一帯を出雲路という。上代にはもっと広い地域を出雲郷と称した。出雲路に上出雲寺があった。『日本紀略』康保三年（九六六）七月七日の条に、天下疾疫により五畿七道の定額寺に於て三箇日般若経を転読せしめ、来たる十日より三箇日七大寺、延暦寺、東西寺、御霊堂、上出雲寺、祇園等に於て読経せしめるとある。この御霊堂が、上出雲寺荒廃の後に御霊神社として残ったのではないかと考えられる。因に、上出雲寺の南、現相国寺の東あたりに下出雲寺があり、その鎮守が下御霊神社だとされる。こちらは中世に現京都府庁付近に移り、天正年中に現在地に再転

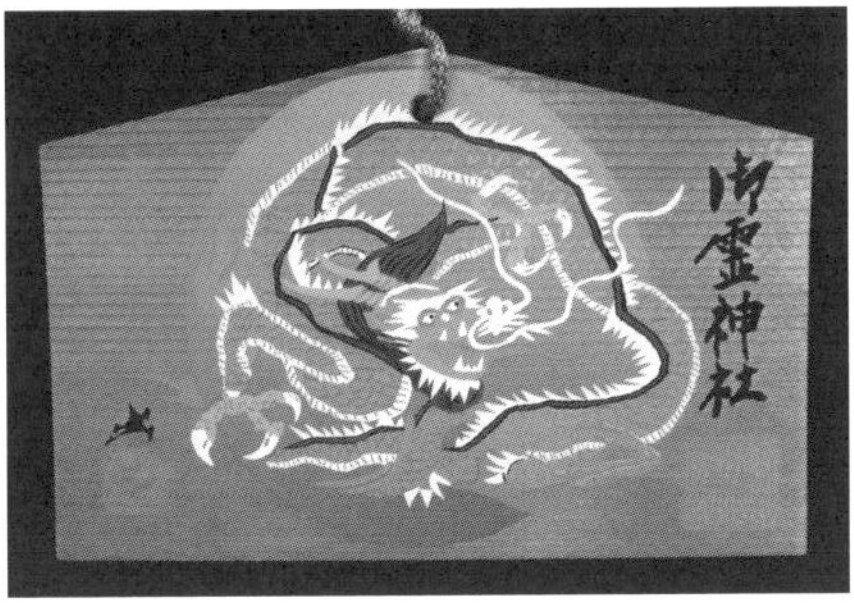

したらしい。
　上御霊の鳥居脇に「応仁の乱勃発の地」と刻んだ石標が建てられている。神域は鬱蒼たる森をなしているが、往昔はもっと広大で、御霊の森と呼ばれた。文正二年（一四六七）正月十八日、ここで御霊の森の合戦が行われ、やがて応仁の大乱へと発展するのである。
　宗全入道山名持豊は申歳生れ、右卿大夫細川勝元は戌歳生れ、よって両人犬猿の仲というが、勝元は持豊の女婿にあたる。しかし利害が対立すれば、舅も婿もあったものではない。そこへ管領家の斯波《しば》、畠山、さらに将軍家の相続争いが絡み、天下二分の形勢が生じた。畠山政長が管領の職を奪われ、邸をも召し上げられることになった背後には宗全の策謀がある。正月十七日夜、やぶれかぶれとなった政長は、自邸に火を放って御霊の森に楯籠る。十八日早暁、畠山義就《よしなり》の勢がこれに襲いかかる。
　両軍の攻防は終日続いた。義就は山名の合力を得たが、政長方には頼む細川の援軍来らず、孤立無援の戦いを強いられる。政長終に陣営を焼いて自刃を装い、夜陰に乗じて逐電した。山名方の勝ち誇るのを、細川方が指をくわえて見ているはずがない。三月五日、兵革（戦《いくさ》）を回避すべく応仁と改めた。が改元も空しく、五月二十六日遂に東西両軍激突、一天大乱に至る。『応仁記』によれば、義就勢は御霊の森の東と北とから攻めかかり、鳥居の脇なる唱門師《しょうもじ》の村に火をかけた。おりしも愛宕颪《おろし》が雪まじりに吹きすさび、雪と煙が目口に入り寄手を悩した。政長は終日拝殿にあって下知していた。この状況から察するに、当時は鳥居も社殿も東を正面としていたことになる。近世の絵では、現状と同じく西向きに画かれる。

大義があろうがなかろうが、戦争は、政治家、軍人どもが起し、まず災禍を蒙るのは無辜の民衆であった。かかる因果の律は古今東西変らない。

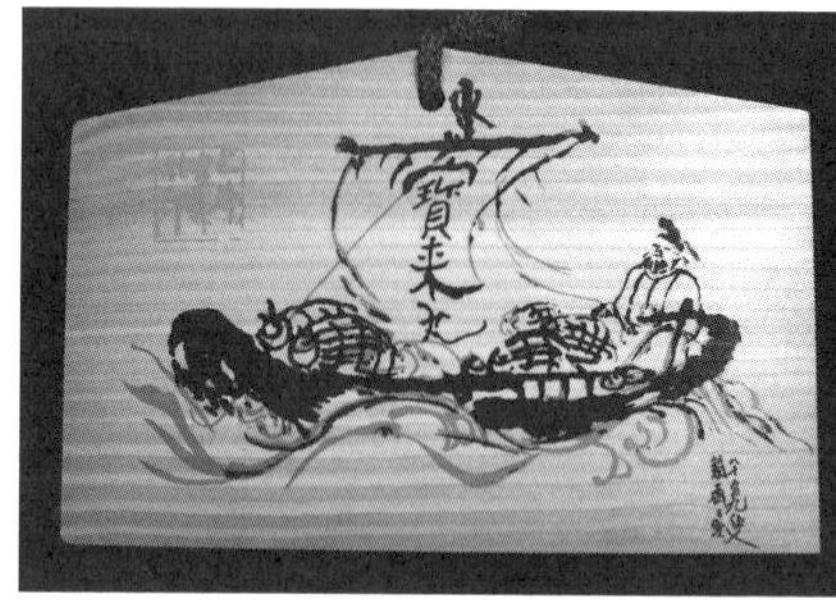

なお、小絵馬の宝船の図は富岡鉄斎の筆になる。当社に参るには地下鉄鞍馬口駅で下車するのがよい。徒歩二分。

補足訂正

65ページの御霊祭のところで、今は神輿が車で巡幸すると書いた。だが実際は、いかにも台車はあるが、今も肩にかついで進むことが多い。御神酒料を多く献じた家の前では神輿をさし上げる。神社に還幸する際にもさし上げをするという。近年そのような場面に私が出遭わなかっただけのことらしい。おわびして訂正する。

15　八大神社

詩仙堂を訪れる遊客は多いが、その東に隣る八大神社までもう十歩の脚を伸す人は殆どなかった。それが今年（平成十五年）になって、新現象を呈している。八大神社に参拝者が絶えない。原因は、テレビの大河ドラマに宮本武蔵が取上げられたことにある。

神社では時機を逸せず、武蔵開悟《さとり》の地と宣伝の幟を立て、昨年柴田篤男作武蔵二刀流の銅像も建てた。像の脚許に吉川英治の文章を刻んだ石を据える。決闘に臨まんとする武蔵が当社の前に足を止め、鰐口に手を触れんとして祈願をやめた。「我れ神仏を尊んで神仏を恃《たの》まず」の悟りが心に閃いたのだと、吉川英治は解釈する。

決闘の場となった下《さが》り松は神社西方の辻にあり、植え継がれて今四代目という。武蔵当時の古木と称するものは、本殿の傍に保存されている。下り松の囲いの中に石碑が建てられている。その前を通りながら仰ぎ見る観光客は意外に少くない。碑文を写しておこう。

（表）「宮本吉岡決闘之地　剣道師範堀正平書並刻」

（裏）「慶長九年宮本武蔵吉岡清十郎ト蓮台野ニ於テ

剣術ヲ試ミテ之ニ勝チ又其弟伝七郎ト洛外ニ出テ雌雄ヲ争ヒ一撃ニシテ之ヲ斃ス是に於テ吉岡ノ門人恨ヲ含ミ清十郎ノ子又七郎ト謀リ試合ニ名ヲ仮リ数十人兵仗弓箭ヲ携ヘテ此所ニ会ス武蔵又七郎ヲ斬リ其徒党ノ者ヲ追退ケ悠然トシテ洛陽ニ帰ルト云　大正十年辛酉年　堀翁女建之」

何を根拠にここを決闘の地と決めたのかさだかでない。古い名所記や地誌を見ても、そのよしは出てこない。

決闘の碑に並んで「大楠公戦陣蹟」の碑が建つ。徳富蘇峰の筆で、昭和二十年五月二十五日建之とある。もう一基、建武三年（一三三六）正月二十七日の合戦を記した碑があり、これは吉沢義則博士の書で、昭和廿年十一月建之と記す。学校では、教科書の弓矢の文字にまで墨を塗らせていた時期に、大楠公下松戦蹟顕揚会というのが健在で、かかる碑の建立事業を続けていたことに驚きを禁じえない。

下り松の地が楠木正成の戦跡であることは太平記にも記されている。そもそもこのあたりを西坂本といい、雲母《きらら》坂を越えて比叡山に至る登り口であった。そのしるしに松の樹が植えられていたものと思われる。正成の時代よりさらに早く『保元物語』や『平家物語』にも下り松が見える。『梁塵秘抄』に「根本中堂へ参る道、賀茂河は河ひみつし、観音院の下り松」云々とある。「ひみつし」は意味不明だが、賀茂河を渡って次に目標となる下り松は、おそらく一乗寺の下り松であろう。

八大神社は永仁二年（一二九四）三月十五日勧請、祇園八坂神社と同神で、北天王と称した。明治の初め藪里牛頭天王社、舞楽寺八大天王社を合祀したと伝える。正徳元年（一七一一）刊の『山州名跡志』によれば、舞楽《ぶがく》寺《じ》も藪里《やぶさと》も村落の名である。そして八大天王社は詩仙堂の東にあり、土地の産土神だという。それはまさしく今の八大神社の位置であり、後に近隣の小社を併合したのであろう。五月五日の氏子祭には三基の剣鉾が巡行する。これはもともと御霊祭であったことを示すものであろう。

当社を氏神とする旧一乗寺村には宮座の制が今に残っている。神社を守り、祭事をとりしきる仲間である。氏子ならば誰でも宮座に加わることができるというものではない。座に入る資格は代々の地の者に限られ、外来者は原則として加えない。認められて座に入った者は裃《かみしも》を着用して祭事を勤め、十五年たつと素襖《すおう》に変る。三十年勤め了えて長老となり白衣を着る。

宮座の筆頭は督殿《こうどの》である。修学院や八瀬にも宮座があり、「こうどの」と呼んでいるが、ここ一乗寺では「こどの」という。その任期は一年で、毎年四月の第一日曜に新旧が交代する。平成十五年四月からの督殿で八十九代目という。中断がなかったとすれば、大正四年に督殿が始ったことになる。督殿を引受けた家の一年間というものは並大抵のことですまぬ。門前に竹を立て注連縄《しめなわ》を張る。座敷などの一室に神を祀り、督殿はそこに寝起きして、神様の世話をする。その部屋へは女人の立入りが禁ぜられる。出費もばかにならない。

神様というのは「八大神社」と書いた掛軸である。もうひとつ、天井から竹製の棚を釣り、雲と書いた紙片を天井に貼る。棚には長い木箱が載せられるが、そのなかみが秘中の秘なのである。

一年の勤めが終り、四月第一日曜日の夜九時ごろから、督殿の家で神送りの儀式を行い、次の督殿の家に送る。今年は四月六日がその日であった。これは秘密の儀式で関係者のほかは一切その場に立入ることができない。八大神社の神職、師匠を勤める前年の督殿、旧督殿、この三人は白の直衣姿、素襖を着た新督殿、裃を着た上座の人五人、白衣に黒の羽織を着た長老二人、この人々が揃ったところで紅白の薯蕷《じょうよ》饅頭と昆布茶とを出す。それから神室に入り、何やら行われる。電燈をつけず、闇中の儀式、部外者には知るよしもない。

二三十分も続こうか。終っていよいよ神送りに移る時、督殿の家族や親戚の者にかぎり入室が許される。男女を問わない。私も師匠の親戚と称して、紛れ込ませてもらった。

床に「八大神社」の軸が掛り、前に御幣が立てられている。四つの三方に神饌が盛られている。向って右から一つ目に洗米、塩、水、酒の瓶子二本、二つ目に鏡餅一かさね、バナナ、蜜柑など。これもきまりごとで、品を納める店もきまっている。

ややあって神職以下がマスクを取り出して掛ける。神職が「八大神社」の軸を巻いて箱に収める。竹の釣棚から古びた箱を降す。神職がやおら蓋をあけ、巻物を取出す。曼荼羅だとは聞いていたが、さていかなる光景が展開するか。電燈を消し、師匠が提灯の燈を寄せる。中央に画かれたのは釈迦如来と見た。すると両側に並ぶのは十大弟子にちがいあるまい。古色蒼然としてはいるが、剝落していない。裏を返すと天正十年（一五八二）寄進のよしが記されてあり、その下に表装の年月もあったが仄明りの中で読みとることができないままに、曼荼羅は再び箱に戻る。闇黒の中を、師匠が提灯を持って先導し、神職、督殿、長老、上座と続いて神様を送る。見学はここまで。

新督殿の家では十二時ごろまで神迎えの式が続く。女人は祓い清めなければならない。神饌は旧督殿の方と同じであり、これは神社に持ち帰る。式が終って直会《なおらい》となる。大ぶりのだし巻きと蒲鉾とを四つに切る。苺に砂糖をかける。ミルクは使わない。これがきまりの馳走で、そのほか迎える側で見つくろって供する。

神送り、神迎えは闇中ひそかに行われるのが例である。神体を衆目に曝すものではない。それにしても、この宮座の場合、ことさらに秘密めくのはどうしてであろうか。思うに、基因は神体の曼荼羅にある。

もともと神仏混淆が常態であり、神と仏とは峻別すべきものではなかった。八大神社に釈迦の曼荼羅が蔵せられていたとて、何の不思議もない。しかるに明治維新後、廃仏毀釈の運動が起り、神仏分離が実行されるに至った。神社から、仏像、仏塔、仏具の類が一掃され、或は毀たれ或いは寺に護られた。おそらく八大神社の曼荼羅も追放され、氏子の家などに秘匿されたのであろう。それが、宮座の制が整い、督殿が預かるようになったのではなかろうか。ただし、宮座がかってに祀るのでなく、送り迎えに神社から宮司が出張する。このゆえに秘密厳守の儀式とせざるを得なかったのではあるまいか。

公開を憚る見聞を濫《みだ》りに吹聴することは慎まねばならぬ。しかしながら、私の脳裏に秘したままで、いつか堙滅するのも惜しい。さような次第で敢えて一文を草し、源氏の会のみなさま限定で伝えておく。

なお八大神社へは、市バス一乗寺下り松下車五分、京福電鉄いわゆる叡電一乗寺下車十五分。所在は一乗寺松原町。

16 壬生寺《みぶでら》・芳洲神社

壬生寺

昨年、勤務先の大学の古典文学演習で「雲がくれ六帖」を読んだ学生たち、学外演習と称して嵯峨野を巡ったのが気に入って、平成十五年（二〇〇三）は新選組の遺跡を一緒に歩きたいという。名誉教授の初仕事として、それも宜し。

五月十七日、四条大宮に集合、大宮通から綾小路を西へ歩く。まず南側に浄土宗西山派光林寺、ただし新選組に縁はない。門内が保育所になっていて一寸ためらわれたが、保姆に来意を告げると、鉄柵を開けてくれた。子供たちの遊ぶ間を分けて墓地に入る。俳諧師不夜庵炭太祇《たんたいぎ》の墓、頼山陽瘞髪塚、山陽が墓誌を書いた医師松川理三の墓、中川四明の句碑などがかたまってある。太祇、理三の墓は新しいのに替っている。石の表面が剝げ落ちた古い墓碑は、無縁塔の集団に組み込まれていた。

北側に浄土宗鎮西派光縁寺、墓地に新選組隊士らの墓がある。案内書によれば、二十二世住職良誉と新選組総長山南《やまなみ》敬介と、紋所も年齢も同じところから親交が生じた。其の縁で、局中の法度に触れて死んだ隊士の埋葬を当寺で引受けたという。豈測らんや、山南自身が三番目の埋葬者になろうとは。彼は尊攘に心動いて脱走を企てた罪で腹を切った。二基の墓に山南以下十七人の名が刻まれている。また隊士に斬られた大石鍬次郎弟造酒蔵《みきぞう》の墓、沖田総司縁者の女性の墓もある。過去帖に記された分を含めて、二十八人の隊士および関係者が葬られたという。

当寺には近ごろ来訪者が多いらしく、入山料百円を徴収している。本堂に新選組関係の図書や写真を備え、どうぞごゆっくりと勧められる。

いくつかの寺の前を過ぎて、綾小路坊城の角が壬生郷士旧前川邸である。新選組屯所の一つとなった。建物は改造されているが、格子出窓のついた堂々たる長屋門に往事の俤《おもかげ》を留めている。三十年ほど前、近藤勇の落書の残る雨戸を見せてもらったことがある。「勤勉　活動　努力　発展」と大書してあった。

坊城通西側にこれも壬生郷士の八木邸、幹部連中が屯所とした。文久三年（一八六三）九月十八日深夜、泥酔して寝込んだところを襲われ、局長芹沢鴨、副長助勤平山五郎絶命、助勤平間重助は逐電した。下手人は、彼らの暴戻非行を憎む近藤勇、土方歳三らにちがいない。鴨居にその時の刀疵が残る。

久しく閉していた八木家も、近ごろ道路に面して茶店を営み、邸内を公開に踏み切った。茶菓券付見学料千円。いや千五百円だったか。

八木邸の並びに新選組グッズの店ができている。開店したばかりだという。来年のテレビの連続ドラマを当てこんだのであろう。学生たちはなかなか出てこない。新選組といえば、なぜか男より、女に好かれるらしい。

東側に臨済宗永源寺派新徳寺、屋根葺地蔵で親しまれている。文久三年二月二十三日、壬生村に繰込んだ浪士隊は、この寺に本部を置いた。清河八郎が尊皇攘夷の先鋒たらんと大演説をぶち上げて、一同胆を潰したのがここである。清河らが江戸に呼び戻されても、芹沢、近藤らは壬生に留まり、新選組を結成したのである。

壬生寺境内の池の中島を壬生塚と呼んでいる。近ごろ前に売店を建て、まわりを柵で囲んで、入場料を取っている。参入してまず眼につくのは、新選組の歌を刻んだ碑である。百円玉を投入すると、三橋美智也が「鴨の河原に千鳥が騒ぐ」と歌う仕掛になっている。そんな歌手を学生たちは知らぬと言う。さもあろう。来年の新選組ブームを狙うのなら、若者向きに氷川きよしにでも歌ってもらう方がよくないか。いやいや、知らぬことを知らしめるのが教育だから、三橋美智也でよいのだ。

新選組関係では、芹沢、平山の墓、近藤勇の遺髪塔、野口健司ら七人の墓、五十両紛失の責めを負うて死んだ河合耆三郎の墓がある。近藤の胸像も建てられている。学生たちは、同級のM君と瓜二つだと評定しきり。

さて壬生寺は、鑑真を開山と仰ぐ律宗別格本山。正暦二年（九九一）三井寺の僧快賢が定朝作地蔵尊像を安置して創建したと伝える。何度か火災に遭っており、近くは昭和三十七年放火によって本堂が炎上した。現在の鉄筋コンクリート製本堂は昭和四十五年十一月に落慶したものである。本尊の地蔵菩薩像も四天王像も本堂とともに灰燼に帰した。今の本尊延命地蔵菩薩は、総本山の唐招提寺からおいで願ったものである。

壬生寺は新選組で持っているわけではない。地蔵信仰は今も衰えず、また壬生念仏は毎年参観の群衆で賑わう。

永き日を云はでくるるや壬生念仏　　蕪村

芳洲神社

六月二日三日の湖北の観音巡拝は洵に有り難い機縁であった。観音様ならずとも、訪れる先々がみな仏様か神様かで、御利益も無量なること請け合いである。中で唯一箇所、神仏に無縁なのが、高月町雨森の雨森芳洲庵だ、と思ったのが実は浅慮の至り。庭の片隅に芳洲神社が祀られていた。皆さん、気がつかれたであろうか。小さい祠ながら、石の鳥居、石の玉垣が備わっている。殊に嬉しいことに、小絵馬も用意されている。

絵馬の馬上の人物は雨森芳洲《あめのもりほうしゅう》。真文役として朝鮮通信使に随行する姿であろう。参拝の機を逸した人、また旅行に参加しなかった人に、開運招福をお裾分けしておく。

17　浦嶋神社

昔幼稚園で習った浦島太郎の唱歌やお伽噺には、空想の愉楽と現実の残酷との落差が大きすぎて、幼心にも悲哀感を覚えたものである。それに亀を助けた報いが一時の栄華に終り、結末が孤独死であることにも、何となく納得しかねる思いがあった。

丹後半島一周の試みに、浦嶋神社参詣はもちろん勘定に入れていた。半島西側網野町の木津温泉を出発、間人《たいざ》、経ヶ岬《きょうがみさき》を経て、半島の東側に廻ると、道が海岸から離れてゆく。ほどなく伊根町本庄に入る。目当ての浦嶋神社はそこに鎮座する。

その日は平成五年六月八日、皇太子の結婚式の前日というので警察のパトロールカーが一台駐っている。そのころ皇室行事に反対して神社に火を放つ過激分子が、威を逞しくしていたからである。だが、警戒に当る警官は、宮司との世間話に時間を消しているふうで、一向に緊迫を感じない。ここはそういうのどかな田園地帯なのである。

神域、社殿は大きからず小さからず、それでも近在では厳とした存在である。祭神は、浦の島子を筒川大明神と崇めたものである。延喜式内小社宇良神社をこれに比定する。当神社では淳和天皇の天長二年（八二五）創祀という。これは『古事談』などに浦島子が郷里の浜に還ったとする年である。

宝物に、『浦島子口伝記』など伝記四巻、『浦島明神縁起絵巻』一巻と一幅があり、玉手箱大小二合

を恭しく拝ませてくれる。玉手箱は小絵馬に画くとおり、黒漆研出《とぎだし》梨子地に亀甲紋の蒔絵が施されている。これが乙姫様のおみやげでござると押しつけるわけでなく、室町時代の作だとことわってある。それでも何となく感興を催すから妙である。

そもそも浦島太郎、浦島子の話は雄略天皇二十二年（四七八）に溯る。その年秋七月、丹波の国余社《よさ》郡管川《つつかわ》の人、水江《みずのえ》の浦嶋子が舟に乗って釣りをするうちに大亀を釣り上げた。この亀が女と化したのに、浦嶋子は惚れこんで妻となし、海に入って蓬萊山《とこよのくに》に到り、次々に仙人衆に会ったという、そっけない話である。語は別の巻に在りとあるから、『日本書紀』に記録されない後日譚があったにちがいない。

丹後の国が分置されたのは和銅六年（七一三）のことで、それまでは丹波の国であった。余社は与謝、管川は筒川。神社の近くを筒川が流れ、その流域が古く筒川庄であった。昭和二十九年まで、川の上流域に筒川村の名もあった。したがって、このあたりが浦島子伝説の発祥の地と見てまちがいあるまい。

『万葉集』巻九に水江浦嶋子を詠める歌がある。これには亀が現れず、直接に海神の女《むすめ》に遇うことになる。かわりに玉篋《たまくしげ》、例の玉手箱が登場する。それもさることながら、浦島子の住所が墨江《すみのえ》となっているのにひっかかる。

墨江を大阪の住吉と見る説もあるが、また丹後国竹野郡網野町の八丁浜あたりが墨の江、あるいは澄の江の浦だともいわれる。なお、水の江とは、離湖《はなれこ》とも、干拓されていまは消えた浅茂川《あさもがわ》湖だともいわれる。網野町浅茂川に浦島子を祀る島児《しまこ》神社が現存し、島子が釣った魚を放した釣溜《つんだめ》や玉手箱を開けた皺榎《しわえのき》などを伝える。いかにも鴨長明の『無名抄』に、「丹後国よさの郡にあさもかは明神と申すかみいます」とある。郡名が誤っているが、島児神社の前身と見てさしつかえあるまい。

『釈日本紀』に引く『丹後国風土記』の逸文では、話がよほど詳しくなる。要点のみを記せば、雄略天皇の御宇、筒川の嶼子《しまこ》という美青年がひとり海に出て五色の亀を釣る。一睡りするに、亀は容顔美麗の婦人となり、われは天上仙家の人なりと告げ、嶼子を蓬山なる大きい島に誘なう。女の名は亀比売《ひめ》、父母兄弟姉妹とも会って大いに歓迎を受け、女と夫婦の契りを結ぶ。三年が過ぎ、嶼子は故郷を懐い、父母を恋う情抑えがたくなる。別れにあたり、女は玉匣《たまくしげ》を渡し、決して開いてはならぬと念を押す。嶼子が村に帰ってみると、すっかり様子が変っている。里人に問うに、古老の伝承によれば、浦の嶼子が行方不明になってから三百余年たつそうだと言う。十日ほど過ぎて、嶼子は神女恋しさのあまり玉匣を開く。彼の若い姿は空に飛び去り、神女に会うこともできなくなる。

ここで、嶼子は与謝郡日置里筒川村の人で、日下部首《くさかべのおびと》の先祖ということになっている。日置は現在宮津市に属し、本庄から南へ十数粁離れた海岸の地である。古代の日置の里は広域に及んだのであろうか。雄略天皇の世から三百余年後といえば奈良時代の末期、嶼子が帰郷したのは光仁天皇の世に当ろうか。

伝説というものは変化するのが常である。尾鰭がついて膨らんでゆく。部品が取り換えられる。話の思想が変わってしまうこともある。『日本書紀』以来、海彼信仰、神仙思想を軸とする話であった。そうかといって、これを荒誕の話とみるべきではない。常世《とこよ》の国の実在を信じた時代にあっては、極めて現実性を帯びた話であったにちがいなく、さればこそ国史に記録を留めるのである。『丹後国風土記』に至って、大いに修飾を凝し、説明叙述が詳細になり後来の『浦島子伝記』の基を作る。ただし、詳しい記述や描写が現実感を増すとはかぎらない。かえって見て来たような嘘になるからである。つまり、浦島子伝が伝説から浪漫的伝奇に転換するのである。

『丹後国風土記』までは、女と浦島子との結婚は神と人との感合であった。ところが平安時代の伝記、例えば『続浦島子伝記』になると、神女が天仙であるに対して、浦島子は地仙であるとされ、人間を超越した神仙界の話に変わってゆく。もっとも浦島子が地仙であったことが、大明神として斎かれる根拠となるのであろう。

話をもう一度人間界に引き戻すのは御伽草子の浦島太郎である。助けた亀に連れられてという動物報恩譚の形をとる。この場合は、自分が釣った亀を放すので、仏教の放生の思想が濃厚である。私たちが習った『小学国語読本』巻三では、慈悲を説く積極的な修身訓であった。悪童どもが亀をいじめている。浦島は制止するが、悪童はきかない。それならと亀を買取り、「もう二度とつかまるなよ」といって海へ放してやる。無償であるはずの浦島の善行が、竜宮城へ招待という報酬を得、その結果が、開けてくやしい玉手箱となる。そこが修身教科書と国語教科書との違いなのかもしれぬ。ともかく昔話も、時代時代の思想や要請に合せて変化しながら生き続けるのである。

伝説はまた、一所に定着せず、漂行する性質をもっている。丹後半島の東海岸から西海岸へという にとどまらず、内陸の丹波国にまで移ってゆく。現京都府福知山市戸田にも浦島神社が存在する。山陰本線石原《いさ》駅の北方、旧戸田村の氏神である。ここは由良川の左岸の地であり、丹後の海からはるばる川を溯って来たのかもしれぬ。

伝説の地は丹後丹波とはかぎらない。香川県の詫間《たくま》町、横浜市神奈川区、さらに荒川の源流域の埼玉県両神《りょうかみ》村などが挙げられるが、いまだ一見するに及ばず、詳しいことは知らない。木曾は上松《あげまつ》町、寝覚の床の河岸に臨川寺がある。ここに浦島太郎ゆかりの品と称して、怪しげなものを陳列するのは、ご存じの方も多かろう。

伊根町本庄の神社へは、宮津または天橋立駅前から丹海バスに乗り、浦嶋神社前で下車すればよい。なお、常世橋の上手に嶋子の両親を祀る大太郎嶋神社があり、そのほかいくつもの伝説地を付近に残している。

18 常照寺

十一月、山野錦繍の候。年々歳々紅葉同じからず。今年はどこの紅葉を尋ねようか。鷹峯《たかがみね》へ行こう。鷹峯といえば、元和元年（一六一五）本阿弥光悦が幕府から土地を与えられ、一族を率いて住み、光悦町、いわゆる芸術村を形成したことで知られる。しかし天和元年（一六八一）土地が収公され、栄光も終焉を告げた。

京の七口《ななくち》の一つに長坂口というのがある。もっとも七口の数え方は一定せず、七つというのは口あたり、耳ざわりのよい数にすぎぬのかもしれない。またどの地点を長坂口というのかも確定しがたい。ともかく洛中を西北に出て、鷹峯から名のとおり長い長い長坂を越え、今京北町《けいほく》の周山《しゅうざん》を経て丹波、若狭に通ずる道がある。行く先によっては山陰道を通るより近道になる。戦乱の世には、軍勢の進退にもしばしば利用されたが、太平の世には物資の輸送で賑わった。したがって、鷹峯は集散地として重要な位置を占めたのである。

明治二十三年長坂の東に新道が開かれ、旧道は廃れた。さらに明治三十五年高雄、中川を経て周山に至る道の改修が行われると、長坂越えは、「高尾街道開通以来年を追ひ道路荒廃運輸の便亦た昔日の如くならず」（明治四十四年『愛宕郡志《おたぎ》』）という様に追いこまれる。

それとともに鷹峯も忘れられた存在となり、幸に俗塵を浴びることなく、閑静を保ちえた。花だ紅葉だといって観光客が跡を絶たなくなったのは、観光バス、自家用車の利用が盛んになった近来の現象といってよい。

『愛宕郡志』鷹峰村に「本村は全部今宮神社の氏子にして村内神社なし」とある。神社がないかわりに、寺が多い。光悦寺、源光庵、常照寺は人も知るところ。光悦寺の向いに円成寺岩戸妙見、源光庵の向いに昭和二十九年に移って来た遣迎院、源光庵前のT字路を南に下ると瑞芳寺、光悦寺前から急坂を降りた鷹峯千束《せんぞく》町に讃州寺、吟松寺。紅葉なら、円成寺、讃州寺、吟松寺も捨てがたい。

さて、近年信仰に観光に誘引すべく、経営これ努めているのは日蓮宗常照寺である。入口に建つ南無妙法蓮華経の石柱の台石に「檀林」と刻む。檀林とは栴檀林《せんだんりん》の略、僧侶の学問所の謂《いい》である。ここは光悦の寄進を受けて日乾上人が開いたもので、盛時には数百の学僧が集い、日蓮宗京都六檀林の随一を誇ったという。星移り明治五年檀林が廃せられ、常照寺も衰微に向う。廃仏毀釈の波に押し流されたのであろうか。

今やこの寺の看板は吉野太夫である。紅葉にひときわ映える赤門は、吉野門とも称し、日乾に帰依した吉野太夫の寄進と伝える。才色兼備を謳われる彼女は、島原以前の六条三筋町の太夫で、二代目の吉野を名乗った。灰屋紹益《しょうえき》と伝説的な大ロマンスがあって、寛永八年（一六三一）結婚、二十年八月二十五日三十八歳をもって早世した。法名唱玄院妙蓮日性信女、開山廟の裏に墓がある。因に紹益は本阿弥家に生れ、紺灰問屋佐野家の養子となった。当時の豪商にして文化人であった。

小絵馬に石榴《ざくろ》を描くのはなにゆえか。境内の一堂に三体の鬼子母神像と十羅刹女像とを安置する。

日蓮宗では鬼子母神を守護神として重んじ、これを祀ることが多い。

私が子供のころに聞いた話では、鬼子母神は人の子を取って食う夜叉女であった。彼女に千人の子がいた、その一人を仏が隠したところ、狂乱して探しまわった。仏が諭すに、お前は千人の子を持ちながら、一人が失せただけでも、そのように悲しむではないか。お前に子を食われた親の悲しみを思ってみよと。彼女は翻然と悟り、子供を護る神となったと。

私の土地では、わが子を溺愛する母親を鬼子母神と呼んでけなしたものである。

鬼子母神に石榴を供える。人の子の代用食というわけである。人の肉は酸くて、石榴の味に似るとも聞いた。ところで石榴の絵を白く塗っているのはなぜか、寺で尋ねたがさっぱり要領を得ない。あるいは白石榴のつもりであろうか。それなら皮でなく、中の実が白いのだが。『牧野植物図鑑』はじめ今の図鑑類には見当たらぬけれども、近世の『本朝食鑑』や『重訂本草綱目啓蒙』には白石榴の記載がある。私も子供の頃に実見したが、味は覚えていない。

　小絵馬の左肩に描くのは、実際とはやや趣がちがうけれども、鷹峯三山である。京を囲む山の稜線は概して優しい。就中鷹峯の山は随一だと思う。かつてこれを女人のヌードに喩えた好き男があった。三山のうち中央と左手との二峯の稜線を見ると、それも諾われる。光悦寺の庭から二峯が正面に見えるが、あまりに近すぎる。常照寺の付近から離れて眺めるのが絶好なのだが、近ごろ建ち並んだ住宅が目路を遮ってしまった。

三山は西北から東南にかけて連なる。鷹峯の町からみて、右手が西北の山、左手が東南の山である。三山の呼称は早く『雍州府志』など近世の地誌、名所記に見える。『山州名跡志』に「鷹峯　在リ二千束ノ西北ニ一此ノ所西南ニ双デ三峯アリ　第一天峯《テンガ》　第二鷲峯《ワシガ》　第三鷹峯ナリ」と記す。「西北」を西方から北方にかけて、「西南」を西から南にかけてというふうに、相当の幅をもった方位と読めばよく解る。だが、あれこれ調べれば調べるほどわけがわからなくなる。大正七年刊、秋元興朝の『旧都巡遊記稿』には「俚俗龍ヶ峰、鷲ヶ峰、鷹ヶ峰と称す」とあって、呼称も一定しないことがわかる。

昔は昔として、今はどうなのか。常照寺の説明書の略図には、右から天ヶ峯、鷹ヶ峯、鷲ヶ峯と記している。ところが、庭園入口に掲げる案内図には、右から鷹ヶ峯、天ヶ峯、鷲ヶ峯となっている。

さあ困った。

当地の物識りとされる翁に聞いてみた。さすがに答えは明快。右が天《あま》ヶ峯、桃山とも云う。まんなかが鷲ヶ峯。左が鷹ヶ峰で、その斜面が左大文字だと。なるほどなるほど、よう解ります。地図の上でもはっきり確かめることができる。ありがとうございます。ただ「あまがみね」が気になるが。

念には念を入れよ。畑に水をやる翁をつかまえて、聞いてみた。右が天《てん》ヶ峯、次が鷲ヶ峯。鷹ヶ峯という名の山はない、ここが鷹ヶ峯だと断言する。そういえば、鷹峯村の外、大北山《おおきたやま》村に鷹ヶ峯があるのもたしかにおかしい。

三つの峰が並んで見えるのは事実である。三山とか三峰とかいうと、それぞれに名称を定めなければ気がすまない。それがまちがっていたのかも知れぬ。それより三峰の眺望を堪能できる場所を探すとしよう。

常照寺は京都市北区鷹峯北鷹峯町。北大路バスターミナルで市バスに乗り、釈迦谷口または源光庵前にて下車。

19 賀茂御祖神社《かもみおや》

通称下鴨神社。境内の糺《ただす》ノ森を遊び場と心得ているうちの豚児らは、シモジンと略していた。いかめしく申せば賀茂御祖神社、山城の国の一の宮である。二棟の本殿に祀るのは賀茂建角身命《たけつのみ》とその女玉依日売《たまよりひめ》とである。

『山城国風土記』の逸文に当社の由緒を伝える。賀茂建角身命は日向の高千穂峰に降った神である。神武天皇を先導して大和の国に入り、さらに山城の国に遷り、賀茂川を溯ってついにこの地に居を定めた。丹波の国の伊可古夜日売《いかこやひめ》を娶り、玉依日子《ひこ》、玉依日売を生んだ。玉依日売が川遊びをしていると、丹塗りの矢が流れ下ってきた。日売がこれを取って、床のへに挿しておいたところ、孕んで男の児を生んだ。この子の成人の祝いに、祖父は七日七夜うたげをして、汝の父と思わん人にこの酒を飲ませよと言う。子は盃を挙げ、屋の甍を破って天に昇ってしまった。その子を賀茂別雷《わけいかづち》命と号《なづ》ける。子の父なる丹塗矢は、乙訓《おとくに》郡に鎮座する火雷《ほのいかづち》神である。賀茂建角身命、伊可古夜日売、玉依日売の三柱は、蓼倉《たでくら》の里の三井の社に鎮りますと。

当社に接して今も蓼倉町の名が残り、三井《みい》神社は本殿の西に祀られている。別雷命を祀るのは賀茂別雷神社、すなわち上賀茂神社である。下鴨社は上賀茂社の親だから、賀茂御祖神社と号けるのである。

①

③

②

④

上下両社の年中最大の呼び物は、昔も今も葵祭である。昔は四月中の酉の日、今は五月十五日に行われる。先頭から後尾まで蜿蜒一粁ほども続く行列を画くため、横長の絵馬を作っている。①御所車と花傘とを中心に置くのは、これが一番衆目を惹く見ものだからであろう。②花傘を大きく画くのは三輪晃勢の筆。並の絵馬の一つは③網代《あじろ》車、一つは陪従《べいじゅう》である。いずれも極彩色で絢爛たるのは結構だが、それだけ値のはるのがつらい。初詣をあてこんで、絵馬にも工夫を凝らしている。変り種に紙絵馬というのがある。室町時代に先例があるという。四つ折にした紙の表に十二支の絵、裏に祈願の文句を書き、竹串に挿む。絵は三輪晃久が彩管を執り、紙は丹波の黒谷和紙を用いる。簡素なようで、なかなか贅沢な品である。

正月が過ぎたら竹串を外して永く保存し、十二支をお揃え下さいとある。変り絵馬のもう一つは、④神饌を盛る折敷《おしき》を形どる。毎年皆川泰三が十二支を画いている。並の十二支の絵馬も皆川泰三の筆である。正月には、これを縁起物の丹塗矢に結び、鈴をつけて売る。初詣には、お賽銭だけで帰らさぬようにできている。

中門を潜ると、幣殿の前に小さい祠がいくつも並んでいる。これらに十二支を宛て、生れ歳の守護神だという。烙印で捺した十二支の小絵馬を揃え、これも相当に繁昌している。今年は絵馬形の大きい板を三枚立て、てんでに願い事を書かせている。これはサービスらしい。板面すきまもなく書きこんでまっ黒になっている。大金持になりたいとか、宝くじの大当たりを我が手にとか、大望を書いたのも見える。

楼門の外に相生社《あいおい》があり、神皇産霊神《かむむすびのかみ》を祀り、縁結びの神とする。若者が多く集るが、神前に進んで拍手を打つのはたいてい女の方で、男はてれて後に身をひいている。社の傍に連理の賢木《さかき》というのが樹つ。今年は、樹の周りを朱の垣で囲い、懸花を買ってかけるようにしてある。また御生曳《あれびき》の綱と称するものを引いて祈願するよう新趣向を用いる。

この社の縁結びの絵馬は、紅白の紐と二箇の鈴とをつけたものである。今春から祈願の文字や氏名の上に貼る紙を用意している。絵馬掛の絵馬をひとつひとつ裏返して、人の願い事を読む、私のような物好きの徒から、プライバシーを守るという配慮とみえる。それでも紙を貼って隠さぬ絵馬がたくさんあるので、読んでみる。結婚願望の本人が書いているのは当然であるが、わが子の良縁を祈る親が書いたとおぼしき絵馬が少なからず混じっている。親の心を子は知るや。

相生社のおみくじがまた趣向を凝らしている。色紙を紙雛形に折ったもので、『源氏物語』の巻の名と源氏香の図が記してある。開くと内側にその巻の歌を引き、交際、出会いの吉凶、心がけが記されている。『源氏物語』に御利益があるのかどうかは知らぬが、こちらも大繁盛の様子で、下鴨神社の商売熱心、感服つかまつる。

20 梅宮大社《うめのみや》

私が京都に出て来たころ、といえば五十数年の昔になるが、四条大宮から四条通を西へトロリーバスというのが走っていた。架線から電気を受けて動くところは電車であり、レールがなくてゴムタイヤで走るところはバスでもある。trolley bus 英和辞典には無軌道電車などと訳している。トロリーとはポールの先端に取付けた滑車のことで、これが架線に接して廻転する。トロバスと略称していたが、語源はともかく、軌道電車とちがって、トロトロと走る感じがいかにも名に似つかわしい。

京に上った者にはもの珍しく、用もないのに何度か乗ってみた。西大路四条を過ぎると、西院《さいいん》、梅津のあたりは町並がきれぎれになる。三菱重工業や日新電機といった大工場、そして小工場の周りに田畠が広がり、京に田舎ありの風景が何となく好もしかった。とにかく雑踏を離れてのんびりしていた。

昭和四十四年にトロバス廃止となり、今は田舎の面影なく、交通渋滞の難所と変っている。旧トロバスの終点梅津のフケノ川町に梅宮神社が鎮座する。いつからか梅宮大社と名を改めた。四条通よりすこし北に入ったところにあるので見落しやすいが、梅宮神社前という市バス停留所を目標にすればよい。

鳥居を潜ると、目の前に巍々《ぎぎ》たる楼門が構えている。楼上に薦被《こもかぶり》の酒樽が並んでいる。当社は酒

造の神なのである。本殿四座、酒解神《さかとけ》、大若子神《おおわくご》、小若子神、酒解子神、その酒解の名から起った信仰であろう。当社では、木花咲耶《このはなさくや》姫（酒解子神）が瓊々杵尊《ににぎ》（大若子神）に嫁し、彦火々出見尊《ひこほほでみ》（小若子神）を産んだのを、父の大山祇神《おおやまつみ》（酒解神）が喜び、狭名田《さなだ》の稲をもって天甜酒《あめのかむさけ》を醸《か》み祝ったのが醸造の始まりであると説明している。酒樽上で雞が鳴く小絵馬の図は酒造の神を表すもので、西歳に当る干支の絵馬ではない。

当社はまた子授け安産の神でもある。木花咲耶姫が一夜で懐胎し、三人の男児を安産したというから、さもあろう。嵯峨天皇の皇后橘嘉智子《かちこ》が梅宮に祈願して懐妊したともいう。いつの頃から言い出したことか知らぬが、近世の名所記にはほぼ同じことを伝える。元禄三年（一六九〇）板の『名所都鳥』には、皇后「太子なき事をいたづがはしく、終に此神にいのり給へば、懐妊ならせ給ひ、当社白砂をもって、御座《おまし》の下にしきて、其上に居て太子を産し給ふ。仁明天皇これ也。其誕生の地、梅の宮の西に有、民御産所《おさんじょ》といふ。これより世の人、産にちかづく月此宮の砂を取て、帯におさむ此謂《いひ》なり」とある。今も産砂を岩田帯とともに授与している。

子授けのまじないとして、またげ石と称するものがある。正体は二箇の拳大の石である。本殿の東に、切石で四角に囲って白砂を敷き、真中に台石を据え、その上に問題の石が並んでいる。おそらく

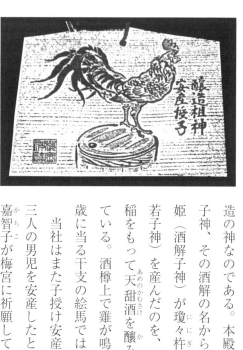

陽石であろう。由緒略記によれば、「子宝の幸薄き者、夫婦打揃って参拝し祈禱の上、この石をまたげば子を授かることが出来るといわれ、其の霊験が遠近に聞え、多くの参拝者があります」とのこと。霊石は瑞垣の内にあり、自由に無銭で跨ぐことができぬようになっている。これも経営上の苦心であろう。お百度石も備わり、御利益を願う人の参拝は絶えぬように見受けられる。

　創建について確かなことは判らないが、橘諸兄《もろえ》の母、県犬養《あがたのいぬかい》三千代が山城国綴喜《つづき》郡井手の井手寺に祀ったことに始まるという。のち檀林皇后嘉智子が今の地に遷したとする。いずれにしても橘氏の氏神であろうが、延喜式内の名神大社となり、朝廷の奉幣に与る二十二社に加えられる。明治に至って官幣中社に列して社格を誇った。

　近年社苑を整備して花の名所を演出し、有料公開している。近世には花で名を取った形跡は見られない。『都名所図会』には、社頭に梅とおぼしき樹が六株あるが、神苑は画かれていない。花の名所として当社を挙げる本も見当らない。明治に降って川村文芽『京都名所地誌』（明治三十三年五月刊）の如く、「境内に杜若《かきつばた》多し名所たり」といった記述が現れる。

　近ごろ東苑のさくや池、北苑のまが玉池にかきつばた、あやめ、花菖蒲のたぐいを植え、初夏の頃は観客を呼んでいる。そのほか社名に因む梅はもとより、椿、八重桜、紫陽花《あじさい》などが色どりを添える。花が終り、梅の実が熟れて墜ちる風情も捨てがたい。

さくや池の中島に茶室あり、芦のまろ屋と称し、嘉永四年（一八五一）建築としている。百人一首に採られている源経信の歌「夕されば門田の稲葉おとづれてあしのまろ屋に秋風ぞ吹く」に因んだものである。『金葉和歌集』には「師賢朝臣の梅津に人々まかりて歌よみけるに、田家秋風といへることをよめる」と詞書がある。源師賢《もろかた》の山荘の所在は明かにしえないけれども、梅津というのだから、ここに復興するのも妙案というべきか。ただし稲葉の戦《そよ》ぎは聞かれないが。

21 六角堂頂法寺

「六角堂に小僧ひとり、なあに」、答は鬼灯《ほおずき》。私どもが子供の時分に遊んだ明かしもの、すなわちなぞなぞの一つである。そのころ六角堂の実物は見たことがないけれども、京都のお寺だとは聞いていたように思う。だから、京都に出てきて、ぜひ見たいものの一つに六角堂頂法寺があった。その後あちらこちらで六角形の堂に出会い、六角堂が頂法寺の専売特許でないことが分った。

それにしても、なにゆえ六角堂なのか。六角は眼、耳、鼻、舌、身、意の六根を表し、これらが一方的に働くことなく、すべて円満に働くことを祈るもので、禍も転じて福とする意だと、当寺では説明している。「わがおもふ心のうちはむつのかどただまろかれといのるなりけり」、堂の裏に御詠歌の

掛額があるのも、そういうことか。いちおうは納得するものの、歌も説明も六角の形が誘起したものであり、六角堂本来の意味は別に尋ねなければなるまい。

西国十八番六角堂の本尊は一寸八分の如意輪観音像だというが、開帳することがないので誰も知らない。『元亨釈書』に縁起を述べる。淡路の海浜に朽

ち た 篋《はこ》が寄りついた。聖徳太子これを開きみるに、如意輪観音像あり、大いに悦び肌身離さぬ持仏とした。難波の四天王寺造立のため、用材を諸方に求め、太子はこの地に来たり、泉に浴びんとして衣を脱ぎ、像を椨樹《たらのき》の枝に置いた。水浴了って像をとろうとするに、重くて持ち上らない。その夜の夢に、汝に持せられて已に七世となる、今此の地に縁ありと告げがある。太子は一宇を建てて、像を安置せんと思う。時に一老嫗来たり、太子この近くに殿宇を造る材ありやと問う。嫗言うに、此の地の傍に大杉有り、毎朝紫雲これを覆う、恐らくは霊材ならんと。翌早朝見ると、果して嫗の言のとおりであった。さっそく大杉を伐って堂を造ったが、他の木を使わず、この一株で完成した。その堂は六角で、尊像を安置した。のち桓武天皇の平安遷都にあたり、官司が路の設計をすると、この堂が障碍となる。さて困った。その時、黒雲垂れて堂を覆うと見るや、五丈ばかり北に躍り移った。無事開通した路を六角と名づけたと。或はこの像は高麗国光明寺にあったのを、僧徳胤が太子に献じたもので、長一尺二寸ともいうとも。

平安京の造都以前にあったはずの各所の地名は伝わらない。寺伝に、この地を山城国愛宕郡折田郷《くじた》土車《つちぐるま》里とするのは、何に拠るのであろうか。また、もとの寺名の雲林寺であったとも伝える。雲林寺も、山号の紫雲山も、紫雲覆う大杉に由るものであろう。

さらに伝えて言う、聖徳太子から堂の守護を命ぜられた小野妹子《いもこ》は、池畔に坊を構え、旦夕仏前に花を供えたと。ゆえに寺務所を池坊《いけのぼう》と呼び、活花発祥の地と称し、太子浴水の池なる井戸を今に存する。

そもそも花道は仏前の供花に始まる。それが立花となり、鎌倉時代に七夕の立花が盛行し、室町時代には信仰を離れた立花の会が流行する。立花供養をつかさどる池坊から名手が現れ、宮廷や幕府と結びつき、花道の家元として勢力を誇るに至る。近世には、七夕への手向けとして門人方丈に集うて立花の巧みをあらわし、見物群をなしたという。

安永九年（一七八〇）板の『都名所図会』を見ると、六角堂の門前、六角通の路面北寄りに、すこし高さのある二重の円が画かれている。これが臍石である。堂が北へ移った時に礎石の一つが残ったのだともいい、これが京の臍、すなわち中心点だともいう。しかし、往来のじゃまだとして、明治十年東通用門内の石畳に埋めこまれた。人や車に踏まれていたのが、昭和四十年代の終り頃、本堂の前に移し、まわりを竹垣で囲んだ。六角形で、長径五十七糎、短径五十糎ほど、中心に窪みがある。かつて東通用門内にあったのは、ひとまわり小さく、六角形がはっきりせず、むしろ円形に近く、磨りへった窪みも浅かったように記憶する。すると、現在のは二代目の臍石ということになるが、こういうことはうっかり質問できない。往々にして激怒を買うことになるから。

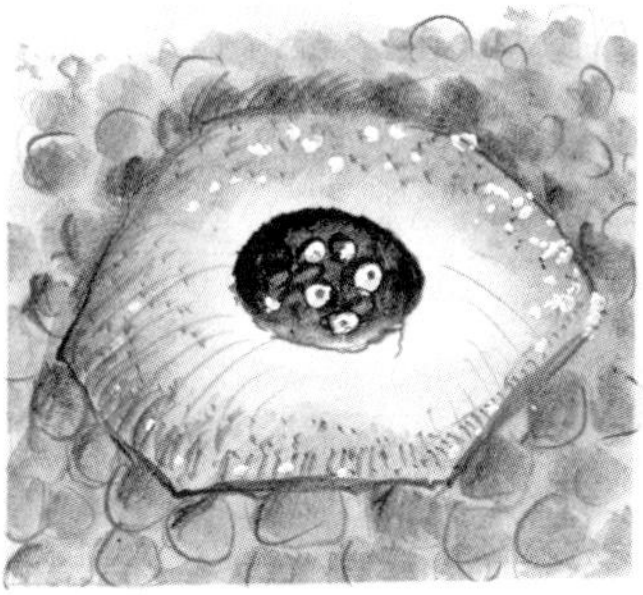

堂前の柳を縁結びの柳といって、おみくじが沢山結びつけられている。また地摺れの柳ともいい、枝の先が地に届いている。この柳は何十年も変らない。

六角堂そのものに変化はないが、それを取巻く景観は一変した。『都名所図会』は言うに及ばず、近くは竹村俊則著『新撰京都名所図会』第四巻（昭和三十七年初版）、さらに『昭和京都名所図会　5洛中』（昭和五十九年初版）に画くところとも大いに様相が異ってしまった。周囲の木造建築が取払われ、鉄筋混凝土《コンクリート》建築がそそり建つ。これも池坊繁栄の表徴とすべきであろうけれども、参詣者には深い谷底に降り立ったような違和を覚えさせる。

22 白山神社・亀龍院

京都の婦人読書会「読書友の会」は、もう何十年も活動を続けている。そこから毎年アンケートが来る。ある年こんなことがあった。「ぜひ見てほしいと思われる祭りとその神社、仏閣名を答えよ。」会誌「読書」に掲載された諸氏の回答を見ると、京都の三大祭が断然多く、鞍馬の火祭がこれに次ぐ。そのほか、京都では今宮神社のやすらい祭、広隆寺の牛祭、六斎念仏等々、青森のねぶた祭から長崎の精霊流まで全国にわたる。私のは「各人の居住地域の祭礼、行事。よその祭は強いて見るに及ばない。初詣にしても、近所の寺社を素通りして遠くへ出かけるのはいかがなものでしょうか」。私だけがすげないようだが、有名なもの、流行のものにばかり群がる世相人情に水をかけたつもりである。

小絵馬順礼も、大社名刹に志すだけが能ではない。市井に忘れられた寺社を尋ねてみよう。小さくとも、それぞれ由緒があり、地域の信仰や行事に結びついている。

白山神社

京都市中京区麩屋町通押小路下ル上白山町東側に鎮座。石鳥居は立派だが、社地も社殿も小さい。近世の名所記には、人家の裏に在りと記している。桜町天皇快癒の故事により歯痛の人が参り、神箸と神塩を頂くと験ありとか。

由緒については『拾遺都名所図会』にこうある。「祭神は加賀国白山権現也。むかし治承の頃、白山の大衆内裏に強訴の事ありて思ひのまゝならざりしかば、神輿三基を振て此所に捨置けり。叡山の例に効《なら》ふてこれを神輿振といふ。即勅ありて勧請しけるなり。当町を上白山、御池の南を中白山、姉小路の南を下白山といふ」と。

『平家物語』にこの間の経緯を詳しく語る。

安元元年（一一七五）の暮、西光法師の子師高《もろたか》が加賀守に任じ、穏便を欠く政を強行した。翌年弟の師経《もろつね》が目代《もくだい》となり、白山の末寺である鵜河の山寺に横暴をしかけ、とうとう寺を焼払ってしまった。激怒した白山の大衆、比叡山に訴えんと上り来り、神輿を日吉の客人《まらうと》の宮に入れた。

山門の大衆は、師高の流罪、師経の禁獄を朝廷に訴えるが、いっこうに裁断が下らない。業を煮やして、安元三年四月十三日、十禅師（樹下宮）、客人（白山宮）、八王子（牛尾宮）、三社の神輿を振って強訴に及ぶ。源平の大将軍これを防ぐ命を蒙り、大内裏の東の三門を平重盛三千余騎、西南を宗盛、知盛、重衡らが固める。北の朔平門には源三位頼政わずか三百余騎をもって守備に就く。

当然のこと、大衆は手薄な北の門に押しかけた。頼政もさる者、馬より降り兜を脱ぎ神輿を拝し、兵みなこれにならう。使者を立てて言うに、無勢のところから入ったとあっては、山門の大衆の名折れであろう、重盛殿が大勢で守る東へ廻られよと。何かまうものか、ここから入れと叫ぶ若い衆も多かったが、三塔一の雄弁家豪運が弁舌を振い、一同これに賛成する。数千の大衆東の待賢門に向う。しかし武士どもに散々に射立てられ、「大衆神輿をば陣頭にふりすて奉り、泣く泣く本山へかへりの

ぼる」。

結局は師高、師経処罰の要求が徹り、神輿を射た重盛の家来六人は入獄に決するのだが、日吉山王の怒りはこの程度では鎮まらなかったらしい。四月二十八日、安元の大火、いわゆる太郎焼亡《じょうもう》起り、京中を焼き尽す。それにつけて奇怪な噂が流れる。「是たゞ事に非ず、山王の御とがめとて、比叡山より大きなる猿ども二三千おりくだり、手々《てんで》に松火をともいて京中をやくとぞ、人の夢にはみえける」。その年八月四日治承と改元。

猿は山王権現の使いである。ただし小絵馬に画く三猿は、平成十六年のえと甲申に因むものと思われる。

正徳元年（一七一一）板の『山州名跡志』に、白山社三所に在りと記す。今、中白山町東側の旅館俵屋の庭に祀る祠が中白山宮だと、白山神社で教えられた。俵屋に行って尋ねてみると、祠はあるが白山宮とは聞いていないと言う。それでも節分などに白山神社の宮司にお参りをしてもらうとのことだから、やはり無縁ではあるまい。下白山町東側の路地の奥に下の白山宮がひっそりと祀られている。覆屋をかけて小さい祠が二つ並んでいる。神前に供えた榊が瑞々しい。一日と十五日とに榊を上げ、十月二十三日に町内で祭を行うという。このように上中下の白山社があるところから、麩屋町通をむかし白山通とも呼んだ。

亀龍院

中京区錦小路通西洞院東入西錦小路町の北側にある。真言宗延命山亀薬師堂亀龍院。猫の額のような地で、寺らしい構えもない。うっかりすると、見落して通り過ぎてしまいそうな寺である。近世にはもっと大きかったというのだが、これを取上げる名所記はいたって少ない。

建物は小さくとも、縁起はものものしい。『拾遺都名所図会』に曰く、「真言宗随心院に属す。初は淳和帝の御願にして、弘法大師のひらく所也。棟木の銘に曰天長六年酉八月建立と云云。凡今に到り九百五十余年回禄の災なし。市中に於ていまだ此類を聞ず」と。回禄とは火の神、転じて火災のこと。

本書の出版は天明七年（一七八七）秋。ところが、その翌年正月、天明の大火に罹り焼けてしまった。元治元年（一八六四）七月、蛤御門の変によるどんどん焼けにまたまた類焼した。

二度の災難にも、寺内に安置する仏像二軀は無事であった。やはり回禄に克ったのであろう。『拾遺都名所図会』によれば、本尊愛染明王は「弘法大師の作、坐像一尺五寸計《ばかり》」。薬師如来は「金銅仏一尺五寸計、亀甲に立せ玉ふ。古へ浦嶋太郎の子龍宮より将来しけるとぞ」。亀薬師と称する所以である。大正七年刊、秋元春朝の『旧都巡遊記稿』には、薬師如来が正面壇上に安置され、これを本尊としている。私はいまだ拝禱の機縁を得ない。

23　御所八幡宮社・若宮八幡宮社

御所八幡宮社

京都市中京区御池通高倉南東角、亀甲屋町に鎮座する。もとは御池通堺町南西角にあり、その地を御所八幡町という。大戦末期に御池通の南側が強制疎開で取壊され、戦後御池通が拡幅され幹線道路となったため、神社は今の地に移ったのである。絶え間なく往き交う自動車の喧噪をよそに、神様はいつもひっそりと肩をすぼめていらっしゃる。

　八幡社といえば、祭神中の一柱が神功皇后であるところから、安産幼児の守護神とされる。俗にむし八幡と呼ばれたのは、小児の疳の虫を封じる意であるが、その方は今もっぱら三宅八幡神社が引受けている。近世、御池通の烏丸以東を一名八幡町通とも称したくらいだから、昔は存在感があったものと思われる。

　このあたり一帯は、南北朝時代の初めごろ足利氏が占めていた。尊氏の館は、二条大路南、三条坊門小路（御池通）北、万里小路《までの》（柳《やなぎの》馬場《ばんば》通）西、高倉小路東の二町に亙っていたらしい。三条坊門小路南、万里小路西、高倉小路東、今の八幡社を含む地に、弟の直義《ただよし》が居館を構え、副将軍格で政務を執った。直義が身を引いたあとは、尊氏の子義詮《よしあきら》が主となった。

尊氏はその屋敷に寺を建立し、等持寺と号した。『翰林葫蘆集《かんりんころしゅう》』によれば、尊氏馬上に天下を取らんと欲し、わが運を開かば必ず三寺を建つべしと勝軍地蔵に誓った。さて願いを達し、建立にかかろうとしたが用材が集まらぬ。そこで、一寺を建てて、寺の字を三つ含む「等持寺」の額を掲げたと。もっともこれは笑い話であるが。尊氏はここで往生を遂げ、院号を等持院と称する。

三代将軍義満は、この寺を十刹の第一に据えた。応仁の乱に焼亡したが、その後再興されたらしく、織田信長が上杉謙信に贈ったと伝える洛中洛外図屏風、いわゆる上杉家本の右隻に等持寺が描かれている。重層入母屋造朱塗の堂々たる建築である。それも足利幕府滅亡とともに廃頽したのであろうか。今は柳馬場通二条下ルに等持寺町の名を残すだけである。

なお、上杉家本等持寺の東に、朱塗の鳥居と社殿とが描かれ、「三条の八まん」と記す。『京羽二重』に、康永三年（一三四四）三条万里小路に勧請したとあるような伝えにより、三条八幡と呼ばれもしたのかもしれぬ。しかし、『雍州府志』などが云うように、尊氏の邸内に勧請し、等持寺の鎮守としたと見るのが当っていようか。御所の名は、将軍の御所にあったことによるのであろう。

若宮八幡宮社

東山区五条橋東五丁目、わかりやすくいえば五条通東大路西入北側に鎮座する。

本殿は承応三年（一六五四）の建築。三間社流造の庇を取込んで前堂とし、前に一間の向拝《ごはい》をつけたもので、今は銅板を葺いているが、もとは檜皮葺《ひわだぶき》であった。このような様式は滋賀県に多く見られ、京都では珍しいという。

当社の創建は天喜元年（一〇五三）に溯り、後冷泉天皇の勅願により、源頼義が勧請したとされる。天喜元年といえば入末法の年、それに応ずる祈願がこめられていたのであろう。その地は六条の南、西洞院の東とおぼしく、六条若宮とか六条八幡社とか呼ばれた所以である。このあたりは頼義以来源氏が館を構えた地であり、源氏と若宮との強い結びつきがあったにちがいない。その因縁ゆえか、源頼朝が領地や社地を寄進しており、さらに足利将軍家もこれを崇敬して保護を加え、社運ますます隆昌に赴いた。応仁の大乱により荒廃、そののちも復興に努めたが、旧時の盛運を恢復するに至らなかった。上杉家本洛中洛外図屏風に「わかみやの八まん」を描くが、鳥居と社殿だけのありふれた神社の景である。

天正十一年（一五八三）豊臣秀吉の都市整備により若宮八幡は東山に移転、二転三転して慶長十年（一六〇五）現在地に落着いた。因に、旧地にも社が残ったらしく、下京区若宮通六条下ル東側若宮町に若宮八幡宮が現存する。ささやかながらも社殿、末社、鳥居などが備わり、近隣の人々によって清浄に保たれている。なお、下京区の五条以南は道路が切れたり歪んだり、新開の道が通ったりして

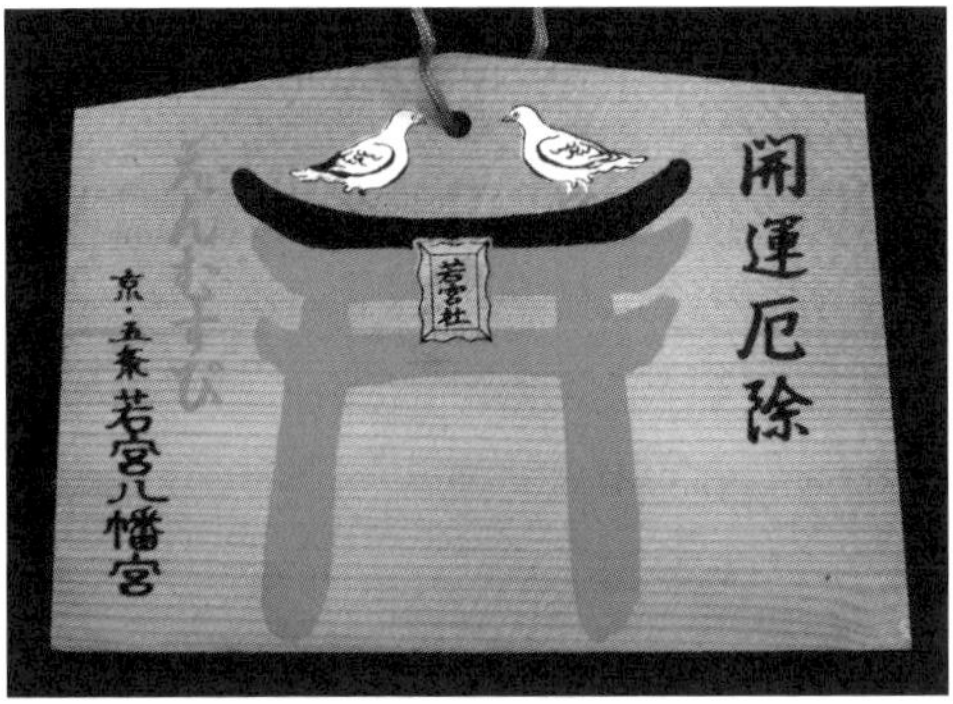

解りにくい。若宮通というのは新町通と西洞院通との間に南北に通じる道である。また平安京六条大路の南の左女牛《さめうじ》小路は、今の新花屋町通と旧花屋町通とのほぼ中間ぐらいの位置になる。若宮八幡を左女牛八幡とも呼んだのはそれによる。

今の神社で往時を偲ぶものとしては、至徳三年（一三八六）三代将軍義満が献じたと伝える手水鉢がある。花崗岩製長八角形の重厚な水船で、本殿の瑞垣の内に据えられていて、銘まで読むことはできない。その写しが社務所前の手水舎に用いられており、これには「至徳三年五月九日」とある。神社が移転する度に持ち運ばれてきたのであろう。

さて現五条通は、若宮八幡宮の附近から清水寺に向って登り坂になる。それで五条坂と称する。今は数が減っているけれども、五条坂は陶器屋街である。昭和二十四年、陶祖神として椎根津彦命を当社の相殿に祀った。八月の七日から十日までの大祭に合せて、五条坂に陶器市が立つ。地元の業者ばかりではなく、各地の業者が集り、露店を列ね、品物を漁る客で殷賑を極める。

小絵馬のうち、翼を広げる二羽の鳩を描くのは陶板である。八幡社の小絵馬といえば鳩の図ときまっている。鳩が神使だから。二羽が向き合った図柄は、八の字を象ったのである。

24　崇道《すどう》神社・三宅八幡神社

崇道神社

京より八瀬大原に至る若狭街道に沿い、上高野《かみたかの》西明寺山の麓、幽邃の地に鎮座する崇道神社、鳥居の額には崇導神社と書いてある。祭神は崇道天皇、といっても、小学校時代に神武、綏靖、安寧と歴代の名を諳誦した人にも、記憶にない名であろう。それもそのはず、この人は桓武天皇の皇太弟早良《さわら》親王で、皇位に即《つ》くことはなかった。

延暦四年（七八五）九月、長岡京において中納言藤原種継《たねつぐ》暗殺事件発生。これに連座して早良太子は乙訓寺《おとくに》に拘禁される。爾後飲食を断ち、淡路に配流される途中で絶命した。だが、屍はそのまま淡路に送られた。

その後、天皇の夫人、皇太后、皇后と葬が相次ぎ、新皇太子、のちの平城天皇が病んで久しく治らない。そこで早良親王の祟りが取沙汰される。怨霊を鎮めるため、延暦十九年（八〇〇）崇道天皇の尊号を追贈したのである。

以来崇道天皇は数々の御霊の筆頭として畏れられる。天下に疫病を撒きちらすのも御霊のしわざである。その対策として、貞観五年（八六三）御霊会が始められる。またいつの頃か御霊神社が営まれる。京都市中の上御霊神社、下御霊神社などがそれである。これらには六所御霊あるいは八所御霊を併せ祀るのが通例であり、崇道天皇一所だけを祀った例は珍しい。

当社の創祀については、参拝の栞に「貞観年間（八五九～八七七）以降と推定される」とあるが、古いことは明かでない。近世には高野の社、高野の御霊と称して、高野村の産土神であった。『拾遺都名所図会』に恐ろしいことを書いている。三月五日の祭礼に、神輿渡御の道定らず、神慮にまかせて田畑川筋など道なきところを渡る。これに違えば神輿重くして上らず。勢によって人家の庇や軒を破る。「村民手に汗を握りて神威を恐れ奉るなり」と。近代にも線路の上に居坐って電車を停めることもあったそうだが、今は御霊もおとなしくなっている。

境内にいくつもの摂社末社が勧請されている。中に延喜式内社が三社もあるのが眼を惹く。いずれも廃絶していたのを、住民がここに復興したのである。
出雲高野神社。古代京都の東北部にあった出雲郷の神であろうが、旧鎮座地は明かでない。昭和五十一年に当社拝殿の傍に奉祀した。ささやかな祠である。
伊多太《いただ》神社。正徳元年（一七一一）板『山城名勝志』に、高野郷惣社、すなわち崇道神社の末社九神を挙げる中に「いた〳〵の大明神」というのがある。これが伊多太神社かといい、「今高野村西山際ニ森アリ社ハ絶ユ」「土人いた〳〵大明神ト云」と記す。今その地に、昭和四十七年に建立した「伊多太大社旧趾」の碑があり、前に鳥居を構えている。その場所は尋ねにくい。三宅八幡神社の池泉の畔に建つ水車小屋の傍から山裾に沿うて細道を行くと、真言宗三明院の前に出る。そこからやや広い道を進むと、右手に旧趾の碑が見えてくる。あたりを大明神町と称するのは、これに因む名であろう。

明治四十四年の『愛宕郡志』によれば、明治十六年に旧地に神社を復興し、崇道神社にあるのは遙拝所のよしである。その復興伊多太神社が明治四十一年崇道神社に移されて現存する。

伊多太は湯立《ゆたて》の訛りで、湧水の神、農業の神だと由緒書にいっているが、語源説はいかがなものか。旧趾の碑文には「中世頃より頭脳の神智恵の神として近郷に知られている」ともある。また、いたいたの名によってか、頭痛、のぼせに験があるともいう。当節は、もろもろの願い事を書いた小絵馬が上げられている。

小野神社。上高野のあたりは古代の小野郷に属したと思われる。神社の旧鎮座地は詳かでない。高野川の対岸にある御旅所里堂《さとんどう》の石垣の上に、明治時代までズンショの森と呼ぶのがあり、それが小野社の跡ではないかともいう。昭和四十六年、崇道神社境内に再建され、小野妹子《いもこ》、毛人《えみし》父子を祭神とする。御霊でもない限り、人間を神として祀ることは本来せぬはずであり、もとは小野郷の地主神であったかと思う。

それはそれとして、この地が古く小野氏と関わりのあったことは確かと見られる。慶長十八年（一六一三）、神社の裏山に墓の石室が発見され、中から銅板鍍金の墓誌が出てきた。表に「飛鳥浄御原

宮治天下天皇　御朝任太政官兼刑部大卿位大錦上」、裏に「小野毛人朝臣之墓　営造歳次丁丑年十二月上旬即葬」と銘文がある。これにより小野毛人の墓と決定した。

ただし、誌された官名は、丁丑《ひのとうし》の年すなわち天武天皇六年（六七七）にはまだ無いものであり、朝臣も天武天皇十三年に制定された八色の姓《かばね》の一つである。また毛人の位階は大錦上でなく、小錦中であった。したがって、墓誌は後年になって造り納めたものと考えねばならない。

墓誌を発掘したものの、村人は祟りを畏れて埋め戻した。それが盗難に遭い、また取返すなどのことがあって、今は国宝に指定され、京都国立博物館に保管されている。

崇道神社に参るには、叡電八瀬行に乗り、三宅八幡駅下車、三宅橋を渡り徒歩十分。京都バス大原行なら、上橋《かんばし》下車すぐ。神社の西に蓮華寺、東に栖賢寺がある。

三宅八幡神社

左京区上高野三宅町に鎮座する。通称虫八幡。疳の虫封じ、その他小児一切の祈願に霊験ありとて、今なお日曜日などには、子連れの参詣姿が見られる。境内に鳩が棲みつき、茶店もあり、近年池を整備して、橋を渡し、噴水や水車小屋を設けた。一寸一服と気が惹かれるところが嬉しい。

明治二十八年京都市参事会編纂発行の『京華要誌』に、「境内西明寺山の麓にありて土地高燥老樹陰森として社殿を蔽ふ近来桜楓等を栽ゑたれは社頭の風致また佳なり」、参詣群集し「宿屋料理屋等あり」と盛況を伝える。同年刊『京都土産』では、「大社一覧」の番附を掲げ、当社を東前頭十七枚目に記す。名社数多い京および近郊にあって、破格の地位というべきであろう。だが、今はその俤は残らない。電車、バスが通じ、交通の便が良くなって、却て社前の賑いを奪う結果になった。

創祀については、諸書小野毛人が勧請したよしを記す。例えば明治三十七年刊、川村文芽著『京都名所地誌』に「推古天皇の御代小野毛人遣唐使と為《な》り筑紫に至て病む宇佐大神に祈りて愈《い》ゆ帰朝の後こゝに勧請せし処にして今は村社なり」とある。『京華要誌』にも同趣のことを記す。毛人は遣唐使に加った事実なく、これは明かに隋《ずい》に使した妹子と混線したものである。それで近年の諸書や当社の参拝の栞では、妹子が勧請したと改めている。いずれにしても、小野神社、あるいは毛人の墓に附会した説であろう。

明治二十八年初版、三十二年改正、志水鳩峯著『京都名勝図会』には、変った説を紹介している。「此社は原《もと》児島高徳の霊を祀る者なれども其南朝の忠臣たるを以て往時に於ては憚る所あり故に表面には八幡宮と称して嫌疑を避けし者なりといふ後に八幡大神をば勧請し合祀するなり三宅と称することは児島高徳本姓は三宅氏と歴史に載せたるを以てしるべきなり」と。そして『愛宕郡志』は、「其の三宅と称するより児島高徳のことを謂ふ者あれど別に拠る所なし」と、あっさり否定する。

因に児島高徳《たかのり》とは、備後三郎と称し、院の庄なる後醍醐天皇の行在所に忍び入り、天勾践《こうせん》を空しうする莫《なか》れ、時に范蠡《はんれい》無きにしも非ずと桜樹を削って書きつけた人物である。これを抹殺するには未練が残るか、参拝の栞には「南朝の忠臣備後三郎当地に移住し邸内の鎮守として厚く尊崇せり」と、高徳との縁を墨守している。

古代や中世のことは判らぬが、不思議なことに近世の数ある名所記に当社の記述が見当らない。明治に入ると忽然として現れる。この現象をどう解すればよいか。昭和三十三年刊、竹村俊則著『新撰京都名所図会』巻一に、もと伊多太神社境内にあったのを、明治になってこの地に遷したと言い、近来の事典類もこれに倣い、あるいは幕末に遷したとも記す。しかし、いずれもその拠る所を明かにしない。

文献を渉猟するかぎり、近世における当社の存在は怪しい。だが、境内参道を巡り、寄進された鳥居、燈籠の類を検べてみよう。新古にわたりその数は夥しい。中でもっとも古いのは三の鳥居前の石燈籠である。表に「三宅八幡宮」、裏に「文政十二歳己丑八月吉日　大津　三宅搆中」と刻んである。つまり文政十二年（一八二九）には、信者の講をつくって大津くんだりから参拝するほどに、当社の神徳は喧伝されていたのである。年代は不明だが、大津の三宅講は獅子狛犬も寄進している。なお木燈籠の石柱の一本は北野の上七軒の奉献で文久三年（一八六三）、もう一本は先斗町《ぽんとちょう》の奉献で慶応四年（一八六八）の銘を有する。京の花街にも信仰が根を下していたことが知られる。

ここで石燈籠に三宅八幡宮、三宅講とあることに注意したい。三宅の域内にあったからこそ、三宅八幡なのであろう。伊多太の森は三宅に近いけれども、厳密には三宅でない。その地名は大明神である。文献資料は大切だが、囚われすぎてはいけない。この一事により現地踏査の重要さを御理解くださるなら幸である。

当社参拝には、叡電鞍馬行にて八幡前駅で下車すれば徒歩二分。京都バス実相院、村松行なら西参道の入口で停る。参拝後、表参道へ出て崇道神社まで歩くもよかろう。約二十分。崇道神社を先にして、三宅八幡神社まで歩いてもよい。表参道入口は大きい朱鳥居が目標になる。

25 稗《ひえ》田《だ》野《の》神社・若宮神社・篠《ささ》葉《ば》神社・与《よ》能《の》神社

稗田野神社

亀岡市稗田野町佐伯《さいき》に鎮座する。亀岡から篠山《ささやま》に至る篠山街道の旧道に大鳥居が建っている。平安神宮に次ぎ、京都府第二の巨きさを誇る。

由緒記によれば、三千年ほど前にこの地に住みついた人たちが、現社殿裏の禁足地となっている土盛に、食物の神、野山の神を祭っていた。和銅二年（七〇九）、丹波の国守が朝命によって土盛の前に社殿を造営した。とにかく古い社にはちがいなく、丹波国桑田郡の式内小社稗田野神社に比定される。祭神は保食《うけもち》命、大山祇《おおやまつみ》命、野椎《のづち》命である。

平成二年七月全焼、四年八月新本殿、拝殿が竣工した。「室町時代の社殿建築様式に平成の趣を加味した設計となっています」とある。焼失前の姿は知らぬが、平成の趣とやらがけばけばごてごてしていて、私ども昭和人間にはなじみにくい。

五穀豊穣、商売繁昌、無病息災、延命長寿、知恵と美人と癌封じ、たくさん御利益を並べ立て、とりわけ癌封じを看板にするのも、平成

の風潮に投じたのであろうか。社頭の樫の樹に大きい瘤ができている。これを一心こめて撫でると、癌を患うことなく、また癌や悩みを吸い取ってくれるとか。見るだに薄気味わるく、みどもは遠慮致す。

小絵馬の品数の多いのも、商売熱心のゆえか。縁起物の左馬、瓢箪から駒、大瓶猿、なぜかわからぬが大黒様と兎など、意匠もおもしろい。

八月十四日の神事、佐伯燈籠は府の無形民俗文化財に指定されている。神燈籠五基、台燈籠一基が神輿の渡御に供奉する。以前には数十基の切子燈籠も参加したという。台燈籠では人形浄瑠璃が演ぜられる。因に神燈籠五基は、寛喜元年（一二二九）朝廷より献ぜられたと伝える。旧暦七月十四日十五日には、禁裏でも、京その他各地でも盆燈籠の催しが盛んであった。『日次紀事』に、これは後堀河天皇の寛喜前後より起ったとある。なお享保二年（一七一七）出版の『諸国年中行事』に、七月十四日「丹波さいきむらの燈籠まつり」を挙げている。

若宮神社

稗田野神社前からまっすぐ南へ、篠山街道の新道、国道三七二号線を越え、出山《いでやま》の聚落で右手の細い道に折れるとすぐ。小さいながらも、流れ造の本殿に唐破風の向拝がつき、鳥居、石階、獅子狛犬、燈籠など備わり、御香水も湧く。

説明板によれば、慶雲三年（七〇六）創建、多気神社と号した。その後消長あって、嘉慶元年（一三八七）九月再建、若宮神社と改称した。仁徳天皇を祭神とし、安産守護の信仰があるとか。当社も燈籠祭に加る。

神社の下を通る細い路が昔の篠山道だと伝え、それを山裾沿いに百米も辿ると、路傍に源義経腰掛岩なるものが目につく。長さ二米、高さ五十糎ばかりの平な岩で、注連縄を廻してある。

寿永三年（一一八四）一の谷に向う義経が、この岩に腰うちかけて一休みしたそうな。また若宮に戦勝を祈願すると、おりからの寒風に煽られ、絵馬がカチカチと鳴った。神様が勝ち勝ちとおっしゃってでござる、つわものども勇躍して進軍した。

岩の周りを整備し、案内板を立てているのは、今年（平成十七年）の義経人気を当てこんだのであろう。テレビの大河ドラマで、どうぞ義経軍がここを通ってくれますように。

篠葉神社

亀岡市宮前町《みやざき》猪倉《いのくら》に鎮座。佐伯より篠山街道を西へ、湯ノ花温泉を過ぎ、三七二号線から右へ岐れて進むと真言宗大覚寺派の谷性寺《こくしょう》が高いところに見える。ここに明智光秀の首塚と称する石塔婆がある。寺の裏に廻る。老樹森々たる中に、鞘堂に覆われて神はいます。獅子狛犬の首に注連縄をかけてあるのが珍しい。

延喜年間、清和天皇の皇子で、清和源氏の祖とされる貞純《さだずみ》親王によって創建、天正年間に兵火に罹り、承応二年（一六五三）に再建されたと、説明板にある。亀岡市ではこうした案内の行届いているのがありがたい。祭神は彦火々出見《ひこほほでみ》命、大山祇命、野椎命。

当社の干支の小絵馬は珍中の珍。厚板で、当歳の動物二匹が嵌め込みになっている。絵馬掛に掛ったのをみると、一匹が抜きとられ孔のあいたのがある。例えば、願が叶ったら抜くとか、あるいは嵌めるとか、何か訳がありそうに思われる。それとも誰かのいたずらなのか。尋ねたく思うけれども、あたりに人けがない。

与能神社

亀岡市曽我部《そがべ》町寺《てら》、宮垣内《みやがいち》という見晴しのよい台地に建っている。穴太《あなお》寺前から東掛《とうげ》小林線すなわち四〇二号線を南下すると、神社前というバス停留所がある。

置き忘れられたような社だが、これも延喜式内小社に列していた。神社の北方、無量寺の近くに神宮寺もあったらしい。その後絶えたのであろうか。当社に蔵する棟札に、文応元年（一二六〇）十月十日建立、慶長元年（一五九六）のいわゆる伏見大地震に倒壊、氏子により再建、慶長八年八月二十四日に棟上げをした由を記すという。

小さい社寺が、何げない様子でいて、実は大層な由緒をもっている。そこが亀岡盆地探訪の魅力だといってよかろう。

26　江文《えぶみ》神社・長谷《ながたに》八幡宮

江文神社

文治二年（一一八六）四月、後白河法皇は大原寂光院に世を忍ぶ建礼門院を問う。『平家物語』の大原御幸《おはらごこう》には「鞍馬通りの御幸なれば、清原深養父《ふかやぶ》が補陀落寺、小野の皇太后宮の旧跡叡覧あつて、それより御輿にめされけり」とある。鞍馬寺まで行ってしまうと、薬王坂を越えて静原《しずはら》に出ることになる。寿永二年（一一八三）七月山門御幸の際には、この道をとっている。この場合は、鞍馬道の途中の市原から静原川沿いに道をとり、静原に入ったかもしれぬ。どちらにしても、静原の里から、また江文峠を越えて大原に出なければならない。

静原大原間、今は自動車道路が通じており、わけなく峠を越えることができる。しかし、もう四五十年も前になろうか、遠足でこの峠を越えた時には、崖道を伝って歩く難所があった。私はともかく、生徒が足を辷らせはせぬか、肝を冷したものである。

高野川沿いの若狭街道を行けばよいものを、なにゆえ法皇は嶮路を択んだのか。「忍びの御幸」とあるように、源氏方の眼を避けるため

ともいい、大原の入口にあたる花尻《はなじり》に監視所があったとも伝える。大原御幸のどこまでが史実なのか、さだかに知ることはできない。とにかく、道行らしく修飾を施した文章である。

さて、今の道の江文峠を大原の方へ越えると、江文神社前というバス停留所がある。神社は幽然たる森の奥に鎮座する。階を登ると拝殿があり、さらに一段高い所に三殿が並ぶ。生産を司る倉稲魂命《うがのみたま》を主神に、風と水の神級長津彦《しなつひこ》、火の神軻遇突知《かぐつち》を祀る。安永九年（一七八〇）の『都名所図会』に描く景観とさほど変らない。往古江文寺が近くにあり、神仏習合で「本地堂」と称する六角堂があったが、今はない。拝殿が入母屋造に描かれているが、今は切妻屋根となっている。

神社の背後は江文山、通称金毘羅山《こんぴらやま》である。標高五七二・八メートル、峨々《がが》たる山容で、ロッククライミングの練習場となっている。山上に火壺、雨壺《あまつぼ》、風壺《かざつぼ》と呼ぶものがある。『山州名跡志』に、「自然《ジネン》ノ三穴ニシテ石ノ蓋アリ。風ヲ止《トヾ》メ雨ヲ乞フニハ、此所ニ経ヲ納入《ヲサメイレ》テ行法ヲナスニ、所レ願必ズ験《シルシ》アリ。此所魔所ナリトテ、土人為《ナス》レ怖也」とある。昔、当社の宮司に聞いたところでは、本来金毘羅山が神体だが、山上に登るのがあまり苦労なので、麓に社殿を造ったのだという。

話かわって、『好色一代男』にこの神社の風俗をおもしろおかしく描いているのは周知のことである。節分の夜、世之介が鞍馬からの帰途、連れの男にささやく。「まことに今宵は大原の里のざこ寝とて、庄屋の内儀《ないぎ》、娘、又下女下人にかぎらず老若のわかちもなく、神前の拝殿に所ならひとてみだりがはしくうちふして、一夜は何事をもゆるすとかや。いざ是より」と。そして村一番の美人を首尾する。神社の名を顕さぬが、これは大原八郷の産土神江文明神にちがいない。

この話、うそかまことか明かでない。あるいは西鶴の創作かも知れぬ。だが、作者に暗示を与えた伝承があったように思われる。西鶴より時代は降るが、正徳元年（一七一一）板の『山州名跡志』は、『大原物語』という書に載せるとして、地名説話を紹介する。

京の女が若狭の小浜に嫁いだ。夫を恨み、大原まで遁れ来て、川に身を投げた。その所を女郎淵と呼ぶ。夫がそこを通ると、大蛇が現れ、馬もろともに引入れようとする。その所を馬守淵と呼ぶ。そののちまた夫が通ると蛇《じゃ》が出るが、従者が石を打ったので退散。その所を石籠《いしこ》淵と呼ぶ。それより蛇は井出村の大淵という池に住み、昼夜を分たず、時々里人を取ろうとする。大蛇の暴れる時は、男女一所に集り臥し隠れる。「是ヲ大原《オハラノ》雑《ザ》居寝《コネ》ト云也」。彼の蛇は山門の法力によって退治された。今毎年正月、来迎院、勝林院の僧徒が法事をなし、里人は勝林院に集って、大蛇退治のまねごとをすると。

西鶴もおそらくは『大原物語』を読むか、そういう伝えを聞くかして、節分の夜の乱婚の風習にしたてたのであろう。江文神社の民間行事としては、しかるべき名所記、年中行事の書に取挙げられていない。

天和二年（一六八二）刊の『好色一代男』が俑《よう》を作ったというべきか。俳書がこれを季語として取挙げるようになる。例えば、元禄十年（一六九七）の『誹諧をだまき綱目』の十二月に、「大原里雑《ザ》喉寝《コネ》　節分の夜」と記す。一旦季語となれば、それによって句を作る者も現れる。「にしき木の立聞もなき雑魚寝哉」蕪村。

俳書は概ね『山州名跡志』に拠りながら、その後の風俗を付け加える。正徳三年（一七一三）の

『滑稽雑談』は、「又節分の夜当所の産砂神拝殿にて、人々雑居寐する事は、此夜悪鬼邪神の流行するなれば、是らの事を攘ふの儀に依て、里人一所に集列するならし、縁結の事はなしとぞ」と、乱婚を否定する。そうかと思えば、曲亭馬琴の享和三年（一八〇三）板『俳諧歳時記』は、「山城国愛宕郡江文明神の社にあり」として、「その夜男女のかたらひをなすとなり」と肯定的に記す。どちらにしても、事実を確めての記述ではあるまい。それでも、嘉永三年（一八五〇）板『俳諧歳時記栞草』のように、「その後産沙神の拝殿に節分の夜男女参籠して通夜するとなり、江文明神の社也、大原西南、山下平林の中にあり、祭る神倉稲魂命」と、こう具体的に書かれると、ますます真実味を帯びてくる。

太陽暦が実施されるや、明治十五年刊『明治歳時記栞艸』のごときは、「大原の雑魚寝」を一月に移す。とにかく西鶴の戯作が既定の事実となり、大正十一年刊、江馬務『日本歳時史』は、一代男を引用した上で、「この淫靡な俗も今日は全く根絶してゐるのは、さもあるべきである。」と、もっともらしく結んでいる。いつ、誰が言い出したのか、近ごろの名所誌、事典は申し合せたように、この風俗は明治以前に廃止されたと書いている。あるいは明治四年京都府知事によって禁止されたと書いている本もあるとか。

さて、問題の拝殿で眼を惹くのは、楣間に掲げられた大小の絵馬である。中でも八十八歳の男女が奉納した絵馬が珍しい。俎板《まないた》より一まわり大きいぐらいの板に縁をつけ、枡と枡掻《ますかき》とを象ったものが取付けてある。枡は弦《つる》のあるのとないのと、枡掻は奉書を巻いて水引を結んだのと裸のままのとがある。左右の位置も一定しない。米寿に因んだものであろうか。淡交新社刊『八瀬・大原』に、「マスと棒を、陰陽のかたちとうがって見れば、性の殿堂には似つかわしい」と杉本苑子が独りよがりを言う。これは西鶴に囚われた頭に浮んだ妄想にすぎない。

　近来枡というものが生活に縁遠くなった。米などを量る正規の枡は、縁に鉄製の枠をつけ、対角線に薄い鉄板を渡す。そのはすかいの鉄を弦《つる》という。枡の摩耗、変形、変造を防ぐためである。半世紀も昔には、「かずのこあり⧄」「きなこあり⧄」などと書いた札を店先に貼ったものだ。この「ます」には必ず弦があった。しかし、私の子供時分、米屋では弦掛枡を使わなくなっていた。縁や稜に鉄を張った枡を使った。これで変造はできぬ。そこで、枡の底に薄板を敷いて量目をごまかす悪質業者がいて、警察に挙げられたという噂を聞いたこともある。

　枡掻というのは円筒形の棒である。枡に米を盛り、これで掻きならすと正味になる。豆のように粒の大きいものには枡掻を使わない。枡の縁より僅に高めに盛る。糠の場合は大盛りに量る。一升と言っても、二三合は多くなる。昔は細かいところに気を遣ったものである。一斗枡は円筒形で、枡掻は太く長く、これは斗棒《とぼ》と呼んだ。

　江文神社に参るには、京都バスの大原鞍馬間を走る95番に乗り、江文神社前で降りればよい。但しこれは春分の日から十一月三十日まで、日曜祝日にしか運行しない。となれば、常は大原方面行に乗り、野村別れで降り、あとは歩くことになる。三十分余り見ておけばよいか。

長谷八幡宮

左京区岩倉長谷《ながたに》町に鎮座、宗教法人名簿には「八幡社」とある。瓢箪崩山《ひょうたんくずれやま》の麓、静寂の地であるが、近年あたりに住宅がふえてきた。

惟喬《これたか》親王の勧請とか、惟仁親王、のちの清和天皇の勧請とか伝えるが、古いことは判らない。長谷が別荘地であったため、室町時代には貴顕紳士参拝の記録も少なくない。長谷、中、花園三村の産土神として信仰され、今も続いている。なお、叡電鞍馬線八幡前駅の北に出亀山《でかめやま》と称する岡があり、そこが御旅所になっている。

本殿に古色を帯びた絵馬がたくさん掛っている。中に二面、米寿の人の奉納した絵馬がある。江文神社のとは異なり、これには枡形がなく、枡掻が二本並んでいる。所変れば品変るということか。

長谷八幡参りには、地下鉄烏丸線の終点国際会館駅前で、京都バス29番、岩倉村松行に乗れば、長谷八幡宮で停る。その他の岩倉村松行、岩倉実相院行に乗ったなら、花園町または長谷別れで降り、あとはタクシー。道は遠いが、わずかに残る農村の面影を探るのも一興であろう。

27　野宮《ののみや》神社・御髪《みかみ》神社

野宮神社

当世の風を慨いて、わが知る昔を規範のごとくに言うのは、私として本意ではない。それでも京都に住むこと半世紀を超えると、見るにつけ聞くにつけ、今昔の感に堪えぬのもまた余儀ない次第である。

初めて野宮を訪うたのは何十年の昔になるか。黒木の鳥居、小柴垣の内に、ささやかな社殿が置き忘れられたように建つ。そのたたずまいには、竹林の奥に別天地を見出した感があった。

寺社巡りが信仰、研究、好事《こうず》などを離れて観光化し大衆化したのは、東京オリンピックとほぼ同じ頃からであろうか。上嵯峨あたりでは、大覚寺、それから二尊院、祇王寺、瀧口寺などが賑い、往還の人波に交通整理の警官が出るほどであった。しかし野宮のあたりは寂寞として、鳥居の朽ちかけているのを見た記憶もある。

昨今の野宮はすっかり様変りした。竹林の道が整備され、二人、三人、あるいは五人と連れだつ参拝客が引きもきらず、人力車で来る人もある。世外の境ではなくなった。神社の維持のためには慶び申し上げねばなるまいが、昔を知る者は俗臭に辟易することであろう。

当社の看板ともいうべき黒木の鳥居、鉄製に替ったかと驚き見れば、防腐加工を施したのであった。櫟《くぬぎ》の良材が得難く、三年に一度の建て替えが出来なくなったよしで、これはいたし方あるまい。次に朱塗りの垣を社前に構えたのが眼につく。この色彩は天照皇大神を主祭神とする野宮になじまない。

末社がやたらに殖えた。野宮大黒天、白福稲荷、白峰弁財天、加えるにお亀石と称する撫で石。もとは愛宕、松尾、若宮八幡の三社があるにすぎなかった。今は本社と新顔の末社とで、良縁、子宝、安産、進学、開運、財運など、御利益沢山に並べている。

御利益願いに合せて、種々の意匠の小絵馬が売られる。社頭のカラー写真に十二単衣の女を添えて印刷した新種もある。変り種は蒐集する者には嬉しいが、やはり趣味に欠ける。絵馬やお札が出されれば、授与所、祈願を書く場所、絵馬掛などが設けられねばならない。ために広からぬ境内がこみ合い、色彩溢れることとなった。

私どもは古蹟として野宮を訪うものと思っていた。そして簡古幽邃の気味に浸るを快しとした。今は故実古典などつまに過ぎず、専ら現世利益の色に塗り替えられている。ことに今どきの若い者は、神頼みが好きらしい。

懐古派の慨きはいつの世にもあった。例えば、昭和七年嵯峨自治会刊、堀永休編『嵯峨誌』を見よう。「当社境内の北方間近く、明治三十二年八月以来鉄道開通し、後方の亀山隧道を出入して往還する汽車の轟く音を聞くは厭はしく、又最近に於て或目的の為めに、当社前の竹林一部を残して、その大部分を伐採するに至りしは当社としては歓迎せざる所なれど、時勢上止むを得ざるべし」とある。だが、私どもは汽車の音を耳障りと聞いた覚えがない。つまり世の転変に、老いたる者は慨嘆し、若き者は順応するということであろう。そして世は概ね若い者に合せて変ってゆくのである。

さて、野宮神社のありようから、いにしえの斎宮の暮しを、簡素にして幽寂な様に想像しがちである。たしかに野宮は都城の囂塵《ごうじん》を離れた地に営まれた。しかしながら、今の野宮の社から推し量って、叢林中につづまやかにひそやかに建つ殿舎を思い浮べるとしたら、それは当らない。野宮の規模は実に一つの町をなすほどであった。

『延喜式』の斎宮寮の規定によれば、初斎院に奉仕する職員は別当以下八十人、野宮に遷ってからは更に六十五人を加える。すなわち斎内親王と百四十五人の職員とによって野宮は構成されるのである。当然その人数に応じた殿舎が設けられる。したがって造営にあたっては多大の人手を要した。『三代実録』元慶七年（八八三）十一月五日の条によれば、工夫の延べ人数、もと工三千十五人、夫一万五百四十五人であったのを、工は半分以下、夫は半分に減じた。しかも作る所の屋舎の数は旧に倍するとある。それから察すれば、手のこまない、速成の造作なのであろう。

野宮は恒久的な建築ではない。『延喜式』によれば、斎内親王を定めたなら、宮城すなわち大内裏内の便よき所を卜して初斎院とし、祓禊《みそぎ》をして入り、明年七月までここに斎《いつ》く。更に城外すなわち平安京外の浄野を卜して野宮を造る。八月上旬、吉日を卜して河に臨んで祓禊をして野宮に入る。その日より明年八月まで此の宮に斎く。九月上旬吉日を卜して河に臨んで祓禊をし、伊勢の斎宮に参入する。これにて見れば野宮に過すのは一年間である。一年の用が了れば、おそらく野宮を解体し、資材は再利用するのであろう。

また野宮の用地として定った土地があるのでもない。その時その時に卜定するのである。したがって野宮の址と伝える地はほかにもある。京から嵐山に至る三条通の帷子《かたびら》ノ辻と車折《くるまざき》神社との間に斎宮神社が鎮座する。そこの町名を嵯峨野宮ノ元町という。車折神社よりさらに西、三条通から南に入った所に斎明神社、一名神明神社があり、ここを祓禊の遺跡とする説もある。西院日照町の野々宮神社も野宮の旧址だと称する。ここは平安京右京の内であり、「城外浄野」を卜するという規式から外れることになる。右京が荒蕪したのちは、こうした例外も生じたのであろう。

野宮の址というのはいずれも伝承であって、発掘によって確認されたわけではない。嵯峨野宮町一番地の野宮神社がその地だとしても、「いづれのおほん時」の野宮なのか皆目判らない。

故地に神社が建つのは、野宮を撤去する際に神殿だけが残されるのであろうか。あるいは、『源氏物語』の賢木の巻、謡曲「野宮」などの文学名所として、後世に小社を建立したのかもしれない。野宮神社は殊に『源氏物語』に結びつけられてきた。小柴垣と黒木の鳥居とがその象徴で、無くてはならぬもののように考えられている。

『都名所図会』に画くところは、現状と大きくは変らない。竹に囲まれた狭い境内、黒木の鳥居の両袖に小柴垣を添え、小さい社殿が三宇並ぶ。但し祭る所は、本社に野宮大明神、愛宕大権現、末社の一は毘沙門天、一は弁財天で、神様にも時々に異動があるらしい。

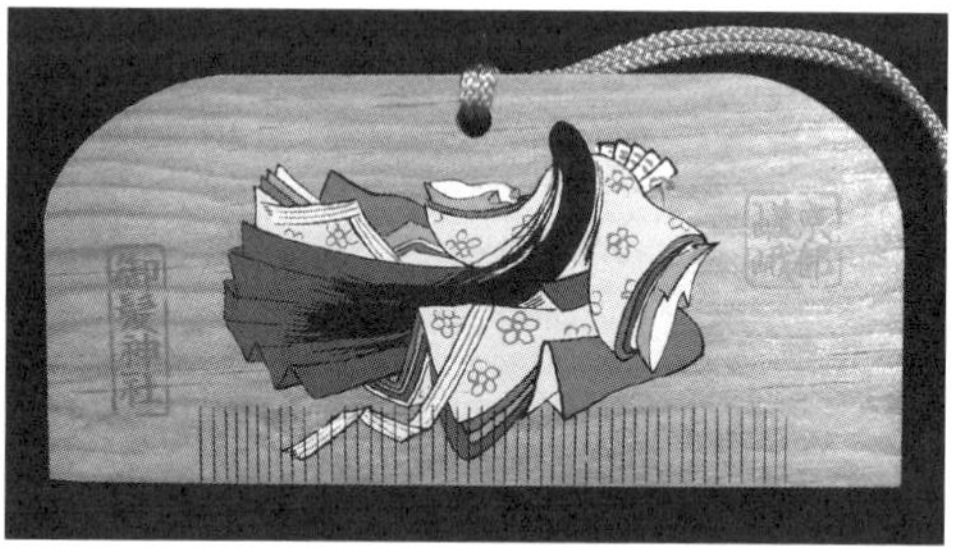

御髪神社

トロッコ列車嵐山駅の北、常寂光寺の南に小倉池というのがある。池に臨んで御髪神社が鎮座する。古今の名所記に記述を見ないけれども、小さいながら白木の鳥居二基、社殿、社務所を備えている。

由緒記によれば、亀山天皇の御代、左兵衛尉藤原基晴が、紛失した宝刀九王丸を探索して、下関に居を構えた。三男政之は、糧を得るため庄屋の婦女の髪を結って、父を助けた。これが本邦における髪結職の元祖であると。昭和の初めまで、全国の美容理容業者は、政之の没した建武二年七月十七日に因み、毎月十七日を定休日としたという。

当社は、政之を御髪大明神と崇め祭ったものである。社殿の傍に髪塚があり、献髪を納める。櫛に象った小絵馬がおもしろい。

28　出雲大神宮・出雲大社

出雲大神宮

出雲神社改め出雲大神宮、所在地は亀岡市千歳《ちとせ》町出雲無番地。亀岡市に合併するまでは南桑田郡千歳村、その前は出雲村であった。出雲村にあるから出雲神社なのか、出雲神社があるから出雲村なのか、その前後はよくわからない。千歳村も御神体山の千年山《ちとせやま》とかかわる名にちがいない。

当社の由緒書に、丹波国一宮、旧国幣中社、名神大社、元出雲とものものしい肩書がついている。その中で元出雲に注意したい。出雲神社といえば、出雲国の出雲大社を勧請したと簡単に考えられ、ものの本にもそう書いてある。果してそうか。

由緒書によれば「〃元〃が頭につけられているのだから、おそらく島根県の有名な出雲大社より古いと伝えられている」。これでは、名物の元祖と本家との争いに類する。亀岡市神職会・氏子総代会編『亀岡神社誌』に引く「丹波風土記」には、「奈良朝ノハジメ元明天皇和銅年中大国主命御一柱ノミヲ島根ノ杵築ノ地ニ遷ス。即チ今ノ出雲大社コレナリ。ソノタメ当宮ニ古来元出雲ノ信仰アリ」と記されているよし。ただし丹波風土記というのは古風土記の逸文ではなく、後代の書であるらしく、そこが聊《いささ》か苦しい。

社殿創建は和銅二年（七〇九）十月二十一日のことだが、鎮座は神代に溯り、崇神天皇の代に再興されたとしている。出雲の神の祭祀に、古くから丹波の人が与っていた形跡はたしかにある。『日本書紀』の崇神天皇六十年七月にこんな記事がある。

天皇が、出雲の大神の宮に蔵める天来の神宝を見たいという。使者を遣したが、神宝を管掌する出雲の振根《ふるね》が筑紫に出向いて留守であった。弟の飯入根《いいいりね》が、その弟と子に命じて神宝を献じさせた。旅から帰った振根はこれを聞いて、飯入根の処置を責め、年久しく怨みを抱きつづけ、遂に弟を謀殺した。神宝を献じた弟と子とがそれを朝廷に訴え、振根は誅せられた。さような事があって、振根の子孫出雲の臣《おみ》たちは、大神を祭ることを遠慮していた。時に丹波の氷上《ひかみ》の人、氷香戸辺《ひかとべ》なる者が、わが子に託宣があったということを皇太子に啓《もう》し、皇太子より天皇に奏上して、祭復興の勅があったと。

由緒書に「崇神天皇再興」と記すのは、蓋しこのことであろう。それにしても、出雲の神の祭を再興するのに、何ゆえ丹波の人の子に神託が下ったのであろうか。これよりさき、崇神天皇十年に四道将軍派遣のことがある。ここにいう四道とは、畿内の四方、北陸、東海、西道、丹波である。他の三道に比べて、丹波だけが短すぎる感がする。他の三道に匹敵するほど、丹波が重要性をもっていたのか。それとも丹波の道はその先の山陰地方を広く含んでいたのか。慥かにはわからぬが、丹波も出雲も同地方、即ち後にいう山陰道と考えられていたように思われる。

出雲の大神の祭に丹波が関与する事情は判った。丹波と出雲と本家争いをすることもなさそうに思われる。それよりも、元出雲だの、元伊勢だのを祀る丹波の国人の意識に注目したい。いわゆる大和文化圏と出雲文化圏との間に立って、丹波こそが日本の根元だとする思想があったのではないか。

当社は、重要文化財に指定されている壮麗な社殿が備わるが、実はその背後にある千年山、またの名御影山が神体だとされる。これも大和の三輪山信仰より古いのだと言っている。天地開闢の時、混沌たる間に初めて生れたのは国常立《くにのとこたち》尊である。その神が隠れてここに葬られた。それに仕えた三穂《みほ》津姫《つひめ》命、これが天神高皇産霊《たかみむすび》尊の女《むすめ》で、大物主すなわち大国主命の妻になったと『日本書紀』にある。今は大国主命、三穂津姫命を祭神とするけれども、当社信仰の原始は国常立尊と三穂津姫命ということになるらしい。

神代のことはさて措き、御影山を歩いてみると、大小の奇岩怪石が散在し、一つ一つに七五三《しめ》縄が掛けられ、賽銭が上げられている。古代の磐境《いわさか》信仰の名残をここに見る感がある。

地名の語源というものは大方判らぬものと思ってよい。出雲の語源も然り。だが、素戔鳴《すさのお》尊の詠「やくもたついづもやえがき」により、「いづも」が湧き出る雲の意と早くから解せられていたとすれば、この御影山などは出雲と呼ばれるにまことにふさわしい。なぜなら、雲は山の岩石によって生ずると古人は考えたからである。漢語では、石または山の異名を雲根と称する。こう見れば、出雲の名は諸国にあってよいはずである。

世降って、出雲と聞けば、出雲国あるいは出雲大社が先ず念頭に浮ぶようになる。すると、他国にある出雲の名は、出雲族の入植地、出雲大社の分霊と考えがちになる。京都に古く出雲郷があり、今も出雲路の地名や、出雲井於《いのうえ》神社、出雲高野神社がある。これらも出雲氏に結びつけられているが、さていかがなものであろうか。出雲国を意識しすぎるのではなかろうか。

太古に行政上の国名があったわけはない。もと小さい地名であったのが、膨脹して後に郡名、国名となった場合が多い。「やまと」のごときがその好例である。従って、同じ地名が日本全土に分布しても不思議はなく、同名を拾い上げてすべてを因縁づけることは不可能である。言わんとするところは、出雲国とは別に、丹波にも山城にも出雲の名が発生するだろうということである。そして丹波国の南部、さらには山城国北部にかけて、出雲信仰圏があったかも知れぬと想像するのである。

さて、丹波の出雲といえば『徒然草』を思い出す人が多いであろう。「丹波に出雲といふ所あり。大社をうつしてめでたく造れり」と、これは出雲大社を勧請したようにいっているが。ともかく聖海上人、いざなわれて拝みに出かけた。「御前なる獅子、狛犬《こまいぬ》、背きて後さまに立ちたりければ」、上人「あなめでたや、この獅子の立ちやういとめづらしく、ふるきゆゑあらん」と感涙を催す。物知り顔をした神官を呼び故を問うと、「そのことに候。さがなき童《わらはべ》どものつかまつりける、奇怪に候ことなり」と言って、据え直してしまった。「上人の感涙いたづらになりにけり」。兼好ごのみのシニシズムがよく利いた一段である。

ここにいう獅子狛犬は、今どこの神社にでも見られる石造りのではあるまい。木製または陶製で、社殿の縁などに据えてあったにちがいない。ところで聖海上人あだ涙となったこの社、『徒然草』の諸注釈いずれも今の出雲大神宮に比定する。あれこれ疑ったついでに、もうひとつ疑問を提出しよう。近所の餓鬼どもが遊び場にして、狛犬にいたずらをする。そんな情景を想像するに、厳めしい丹波一の宮はふさわしくない。僻村のちんまりした社の方が、ありそうなことのように思われる。「めでたく造れり」にひっかかるかも知れぬが、なに相手は感激屋の聖海さん、宏壮な大社でなければならぬことはあるまい。丹波の出雲神社は、千歳の大神宮のほかに、私の知るかぎり三社が存在する。

亀岡市本梅《ほんめ》町井出西山の出雲神社。探すのに手間どった。本梅小学校の裏に隠れて鎮座する。小造りながら手のこんだ建築である。昭和三年の新築という。

ここで目を惹くのは小山のような大岩である。鳥居の傍にある、というよりも聳えているといいたい。これこそ「出雲」そのもの、神体ではないか。

説明板によれば、大岩の傍に出雲大明神と称する祠があり、早田太夫なる者が承正年中まで奉祀していた。天正年中（一五七三―一五九二）に大己貴命を祭神として社殿を建立したと社伝にあるよし。実は承正という年号は史上にない。天正以前に承の字が上につく年号は八つあり、いつの頃とも測りがたい。岩によって出雲の神が先に祀られ、後で大己貴命が請ぜられたことに注意を払いたい。

船井郡園部町埴生《はぶ》倉谷の出雲神社。亀岡から篠山街道、三七二号線を西進すればよいのだが、これも一寸見つけにくい。埴生郵便局を目当にし、その横の道を北へ行くと、「出雲神社表参道」の標石が立っている。

丘陵の窪地に神社がある。鳥居、参道、本殿、拝殿、手水舎、集会所、厠まで具わり、多くの末社を従えて、大きくはないが完備した神社である。

小出吉親公顕彰会刊『園部探訪』によれば、文徳天皇の天安二年（八五八）創建と伝え、建治二年（一二七六）までは社領を有し栄えていたが、下司刑部四郎なる者が社領を没収した。その後も神社は社人らによって守られてきた。

あったあった。陶製の狛犬が二体、本殿の縁に坐っている。これなら自在に向きを変えることができる。私も実験してみようかと思ったが、遠慮申し上げる。

北桑田郡京北《けいほく》町、今は京都市右京区、もとは宇津村中地《ちゅうじ》の出雲神社。大国主命とその妃三穂津比咩《ひめ》命とを祀ると、『北桑田郡志』にある。

尋ねあてるのに一苦労であった。中地の人に聞いても、出雲神社は知らぬという。それでも食いさがり、郵便局の横の坂道を登るとお宮さんがあることを聞き出した。すんなりとはいかぬが、行きつ戻りつ、廃校となったらしい小学校の運動場の奥、山際に神社を発見。

ささやかな社殿が鞘堂に納まっている。正面に掛かる額を照してみる。大胆に崩した草体の文字は確に「出雲社」。

住民からも忘れられた存在ながら、鳥居、拝殿、末社も備わり、清掃の跡も見られる。石階の柱に宝暦八年（一七五八）、燈籠に文政七年（一八二四）、鳥居に昭和四十七年の文字があり、村人により久しく守り継がれてきたことが察せられる。

平凡社刊『京都府の地名』を見るに、文永五年（一二六八）の創建で、もと中地と粟生谷《おうだん》との境に在ったのを、明治十九年ここに遷したという。神宝として鎌倉時代の狛犬一対があるよし。是非拝見したいと思うのだが、どこにしまってあるのやら。尋ねてみようにも、四辺寂として人影がない。

右の三社、出雲大社とも、出雲大神宮とも本末の関係はなさそうである。南丹における出雲信仰の広がりが思われる。そして三社とも、兼好の時代よりも古い創祀と伝えている。

出雲大社

丹波の出雲を巡って、出雲の出雲にそ知らぬ顔では申訳ない。神無月、諸国の神々が出雲に赴く月だとされる。謡曲「大社《おおやしろ》」に、「当国に於て今月は神有月とて、諸神残らず影向《ようごう》の地と承り及びて候へば、この度君に御暇を申し、遙々参詣申したり」とある。

出雲国杵築《きづき》なる大社に神々集うて、男女の縁定めをすると俗に言う。よって新婚夫婦は出雲大社にお礼参りをする習わしがあり、ここは新婚旅行のメッカであった。私の時分にはなおそのような風が残っていた。それゆえ、さぞかし俗臭芬芬たる地であろうと独りぎめして、私は敬遠していた。山陰線の汽車に何度か乗りながら、素通りをきめていた。

それから何十年になるか、乗継ぎ列車の待ち時間にタクシーを飛ばした。神域森厳清浄、門前町にも軽佻の気なく、年来の独断をいたく悔いねばならなかった。神前に揖譲《ゆうじょう》拍手、お詫びを申し上げる。タクシーが待っている。拝観の間がない。それでも小絵馬を購うことは忘れなかった。

29　高松神明神社・御金《みかね》神社

高松神明神社

京都市中京区姉小路《あねがこうじ》通釜座《かまんざ》東入北側津軽町、町並の間に肩をすぼめるように鎮座している。東隣は神明町なのだが、なぜか神社の所在は津軽町となっている。神明宮とか神明社とか名づけるのは、天照大神を主祭神とする社である。当社も御多分に漏れず天照大神、八幡大神、春日大神を祀っている。

では高松の名は何に由るか。今の社地を含む一帯を源高明《たかあきら》の高松殿が占めていたからである。『拾芥抄』に「高松殿　姉小路北、西洞院東、高明親王家」とある。

高明は醍醐天皇第十皇子、源の姓を賜って臣籍に降った。朱雀、村上、冷泉の三朝に重きをなし、正二位左大臣に昇る。だが好事魔多し、安和二年（九六九）三月いわゆる安和の変が起る。源満仲らの密告により、謀反のかどで橘繁延、藤原千晴らが召捕られ流罪となる。高明も連座して、大宰権帥に貶せられる。「禁中騒動、殆如㆓天慶之大乱㆒」と『日本紀略』にある。天慶の大乱とは平将門《まさかど》、藤原純友の乱のことである。私の事のみを書くはずの『蜻蛉日記《かげろふのにき》』にも、「廿五六日のほどに西の宮の左大臣《ひだりのおとど》ながされたまふ。見奉らむとて天の下ゆすりて西の宮へ人走りまどふ」と記している。すると、この時高明は右京四条の西宮《にしのみや》にいたのであろう。大宰府に在ることあしかけ四年、京に召還された

ものの、大宰権帥のままで政界に復帰することなく、天元五年（九八二）六十九歳をもって世を畢った。

謀反というのは、高明の女婿にあたる為平親王の立坊を企てたとのことであるが、すでに守平親王のちの円融天皇が皇太子に立って問題は決着しているはずである。とかく陰謀事件というものは、犯人側が企んだのか、摘発した側が仕組んだのか、真相は五里霧中にある。歴史は権力側によって書かれるからである。ただ次の事実は心に留めておいたほうがよかろう。高明失脚と同日に右大臣藤原師尹《もろまさ》が左大臣となった。ただし、その年の十月に五十歳で死んでしまった。事件当時権大納言だった藤原伊尹《これまさ》が、翌年右大臣、さらに摂政、翌々年摂政太政大臣に躍進した。また密告者満仲の清和源氏がこれより力を得たことも。

高明は有職故実に通じ、『西宮記《せいきゅうき》』を著した。また、和歌にも笛、琵琶にも秀でた。光源氏の人物像造形の準拠として、この人が挙げられる。

高松殿の方は、次々に伝領され、また何度か焼けた。後に白河上皇、鳥羽上皇の御所となり、後白河天皇の里内裏となる。保元の乱に際しては、ここを天皇方は本営とした。平治元年（一一五九）八月十六日炎上、『百錬抄』に、或記云として奇怪なことを記す。件の御所は去月十九日に修理を加えて、後白河上皇の御移徙《いし》があった。その日は民間暦に忌む日とする九虎日に当り、首を傾ける人もいたが、果して此の災があったと。以後再建の沙汰はなかったらしい。

高松殿の跡に残った鎮守の神明社も応仁の兵火に罹ったけれども、再建されてなお信仰を集めていたようである。由緒略記によれば、「永禄八年（一五六五）宥玉法印が社僧となり、「神明寺宝性院」と号し、真言宗東寺宝菩提院の末寺に属することになりました」とある。明治の神仏分離に至るまで、神仏混淆の様態が続いていた。

今社殿の傍にささやかな地蔵堂がある。神明地蔵尊、あるいは幸村の知恵の地蔵尊と称している。関ヶ原の戦の後、紀州九度山に蟄居した真田昌幸、幸村父子は毘沙門天と地蔵菩薩とを篤く信仰していた。真田屋敷の跡の真田庵に祀られていたところ、寛政六年（一七九四）神明寺宝性院の社僧が地蔵尊一体を戴いて来て、本社の東に地蔵堂を建立したという。神仏分離により社務所内に隠匿していたが、明治二十六年に地蔵堂を新築して祀ったようである。

地蔵尊は石の半跏坐像で、「お顔も全体のお姿も大変美しい、ありがたい地蔵尊であります。地蔵堂正面の台石をさすり、子達の頭をなでると、知恵を授かる御徳がございます」とか。なるほど件の台石はつるつるになり、黒光りしている。よほど賢い子どもが近辺に育ったことであろう。

御金神社

中京区西洞院通押小路下ル押西洞院町西側に鎮座する。小さい神社だが、金ぴかの鳥居がすぐ目につく。

大正五年に刊行された碓井小三郎の大著『京都坊目誌』に、「此町に無格社御金神社あり。近年創祀す。祭神を金山彦ノ命とす」とあり、大正七年刊秋元興朝の『旧都巡遊記稿』にも簡単な記述がある。いずれも明治年中の調査によるものである。昭和三十七年初版の竹村俊則『新撰京都名所図会』巻四には、「むかしは民家にあってひそかに祀られていたのを、明治十六年にいまの名を附して社殿を建立したとつたえる」とある。

祭神金山毘古《かなやまびこ》神は、伊邪那岐《いざなき》、伊邪那美《いざなみ》の二神が、国産みを了えたのち、次々と神々を産んだ、その一神である。「多具理《たぐり》に生《な》れる神の名は、金山毘古神、次ぎに金山毘売《びめ》神」とある。「たぐり」とは、嘔吐、へどの意という。不浄の神のようだが、その名のとおり鉱山の神とされる。

当社でも、鉱山、金属器機を守る神としていた。しかるに昨今、御金を「おかね」と読んだものか、金銭に関する願いごとを持って来る人が多くなった。神前に掛けられた小絵馬の願意をみるに、金慾の皮の張ったのが大方である。曰く、宝くじの一等が当りますように、あるいは高額当選しますように。曰く、持ち株が値上りしますように、資金運用が成功しますように。そのほか、会社経営が順調に、金持ちになりたい、家を持ちたいなど、いろいろ。お陰さまで大金が入りました、ありがとうございますといったお礼の絵馬は見当らなかった。

神社の方でも、金、金、金の時流に合せて、三年前に鳥居を金色に塗った。さらに鈴の緒も金色に替えた。「京都新聞」の九月二十七日の夕刊の第一面トップに大きく紹介されたので、御利益祈願はますます勢づくことであろう。

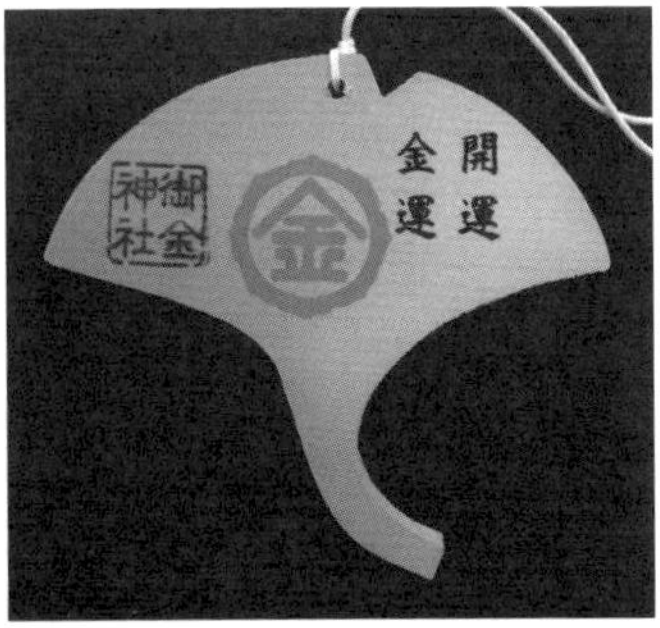

小絵馬が鴨脚《いちょう》の葉を象っているのは、社殿の裏に大木があるのに因んだのであろう。高さ二十二メートル、周囲二・二五メートル、樹齢二百年以上という。あるいは、葉が金色に黄葉し、銀杏《ぎんなん》が生る、その金銀にあやかったのかもしれぬ。

なお酉歳の小絵馬は、亀岡市の若宮神社(25)のと同じ絵柄である。近年しばしばこのような例に出会う。小絵馬を大量に製造して、各地の寺社に捌く業者がいるのであろう。ことに干支の絵馬にそれが多い。これも生産流通革命の一環かもしれぬが、寺社の特色を失うのは淋しいかぎりである。

30 石像寺《しゃくぞうじ》

今秋（平成十七年十月）京都では、期せずして能「定家」の三人競演となった。シテを勤めるのは、観世の味方健《みかたたけし》、同じく片山九郎右衛門、喜多の高林白牛口二《こうじ》。かかる大曲が相次いで演ぜられるのは珍しい。私は、畏友味方氏主催する嶂《みね》の会の能を観た。十月二十一日、於京都観世会館。

「定家」は、『能作者註文』に金春《こんぱる》禅竹の作とある。『二百十番謡目録』では、「定家葛　元清作」としている。「定家葛《ていかかずら》」は「定家」の昔の名、元清は世阿弥《ぜあみ》の名である。

味方氏は、「定家は疑うところなく金春禅竹の作であり」、「〈クセ〉の謡い出しに想いをほとばしらせる筆法、禅竹独自のものである」と断言する。クセとは一曲中の肝要のところ、本曲では「あはれ知れ、霜より霜に朽ち果てて、世々に旧《ふ》りにし山藍《やまあゐ》の、袖の涙の身の昔」と謡うところである。

いかにも「心を知れ」「あはれ知れ」がこの曲の主想だといってよい。定家の心、式子《しょくし》の心、歌の心、時雨《しぐれ》の心、それらの有情《あわれ》を知れと要《もと》められるのは、舞台のワキであり、同時に観客でもある。要めるシテは、もとより有情輪廻の苦患の相を表現しなければならない。演ずる方にも、観る方にも、ひとかたならぬ難曲である。

式子定家の恋の妄執を主題とする曲のあらすじは、北国より都に上った僧たち、千本のあたりにて時雨に逢う。雨宿りをするところへ女が現れ、これは定家の時雨の亭《ちん》だと告げ、定家の菩提をお弔いあれと、墓所に案内する。
「不思議やなこれなる石塔を見れば、星霜ふりたるに蔦葛《つたかずら》はひまとひ形も見えず候、是は如何なる人のしるしにて候ふぞ」。「これは式子内親王の御《み》墓にて候、また此のかづらをば定家葛と申し候」。式子と定家との「忍び忍びの御契浅からず」、式子の亡せたのち「定家の執心葛となって御墓にはひ纏《まと》ひ、互の苦しみ離れやらず、共に邪淫の妄執を」晴らさんため、御経を読みてたまれと、女は言う。そなたは誰と問うに、「我こそ式子内親王」と答えて、石塔の中に姿を隠す。中入《なかいり》。作物《つくりもの》の石塔を蔦葛が蔽っている。

茂山忠三郎の間《あい》狂言がすんでも、後シテはなかなか現れない。睡気を催す時分に作物の幕が落され、式子の姿が現れる。僧の読誦した妙法蓮華経の薬草喩品《ゆほん》の功力により、「定家葛もかゝる涙も、ほろ〳〵と解けひろごれば、よろ〳〵と足弱車の火宅を、出でたる有難さよ」ということになる。

修羅物でも鬘物《かずらもの》でもたいてい、読経によって亡霊は姿を消し、仏果を得て成仏を遂げるはずである。しかるに、何と作物の柱に葛がいつまでもきりきりと巻きついているではないか。「元の如く、はひ纏はるゝや定家葛、はひ纏はるゝや定家葛の儚くも形は埋れて、失せにけり」。式子の亡霊は、再び闇路に還らねばならない。地謡も囃子も沈黙する中で、後シテの果てない彷徨がいつまでも続くのである。それゆえ、「定家」は鬘物に分類されるが、姿は鬼なれども心は人、世阿弥のいう「砕動風鬼」だと味方氏は見る。

極度に動きを抑えた演出であるだけに、観る方もつらいが、演ずる方はさぞ辛労甚しいにちがいない。揚幕に消えるまで二時間十分、健《けん》さん、ほんまにご苦労さん。

さて、千本と呼ぶのは大内裏偉鑒門の北郊である。朱雀大路の延長にあたる千本通は、船岡、蓮台野のかつての葬場に通ずる道であった。したがってあたりには寺や墓地が多かったと思われる。今も名残はある。

『応仁記』に、兵火に焼亡した洛中洛外の名所を列挙して、「千本ニ両歓喜寺、此寺ニ定家葛ノ墓アリ」という。両歓喜寺の一は雨宝院西陣聖天の前身たる大聖歓喜寺、一は般舟院の地にあった大歓喜寺らしい。ただし『応仁記』の名所尽しは多分に謡曲に依拠するところがあって、定家葛の墓の存在を証明する資料にはならない。『応仁記』よりも謡曲「定家」の方が先であり、禅竹がそのような伝承を知って作ったのであろう。

今出川通千本東入北側、般舟院陵の傍、老樹茂る中に一の堆土あり、その上に古色を帯びた五輪塔が建つ。伝えて式子内親王の塔、丈三尺に足らず、あえかにやさしい姿である。赤外線撮影などもしたが、それという確な証拠が見つからず、治定するに至らないという。

堆土の前に数体の石仏が並ぶ。いずれも風化が劇しいが、中央の一体はみごとな厚肉彫で、鎌倉時代の作かという。これを定家の墓標、あるいは式子の墓標とする説もある。近世にはここの杜《もり》を定家の杜と呼んだ。

このあたりには、定家、式子にかかわる伝承が多い。般舟院陵の筋向い、西陣郵便局の西側の路を定家の辻子《ずし》と称した。辻子とは、併行する道路と道路をつなぐ小さい抜け道である。

千本通上立売上ル東側、石像寺の墓地に、家隆、定家、寂蓮の墓と称する小さい石塔が三基並んでいる。宝篋印塔《ほうきょういんとう》や五輪塔の残欠を集めて積んだもののようである。当寺の略縁起に「藤原家隆卿が落髪されて入寺されてより家隆山と申しました。現在では詳しくは家隆山光明遍照院石像寺と申すわけでございます。藤原の大歌人、定家、家隆、寂蓮の三卿は当寺に住され、現在も御墓がございます」と書いている。しかし確なことではない。

家隆の塔の存在は、近世の名所記の多くが記している。『都名所図会』には、「家隆塚」に並んで「定家塚」を画いている。寂蓮の塔については古い記録を見ない。三基の塔のどれが誰のか、時々に変るようで、これも確定したことではない。これも千本界隈に残る式子定家伝説の一端と受取っておけばよかろう。

石像寺はもっぱら釘抜地蔵の名で通っている。本尊は三尺六寸の石地蔵、弘法大師が唐から持ち帰った石に刻んだという。諸々の苦を抜き取って下さるので、苦抜地蔵と称したとか。とにかく当寺は弘仁十年（八一九）弘法大師の開創で、のち法然の弟子重源《ちょうげん》が浄土宗に改め、百万遍知恩寺に属するようになったとされているが、古いことは判らない。

当寺の奇観は、本堂の壁面が釘抜の絵馬に隙間もなく覆われている景である。

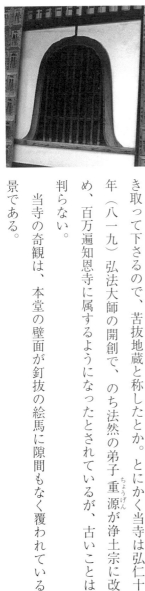

苦抜地蔵転じて釘抜地蔵となった因縁は、寺伝に云う、弘治二年（一五五六）の頃、紀国屋道林なる大商人がいた。遽に両手が痛んで耐えがたく、いかなる治療も効がない。当寺の地蔵尊の霊験あらたかなるを聞き、七日の願をかける。満願の夕べ、夢中に地蔵尊のお告げがあった。汝、前世に人を怨み、人形を造り、その両手に八寸の釘を打ちしことあり、その罪かえりて汝が身に苦しみを受く、汝幸に吾に残報を祈るが故に、吾が神力をもって昔の怨み釘を抜き取れり、これを見よ、と。道林醒めてみるに、両手の痛みは消えている。驚き寺に駆けつけて、地蔵尊を拝むに、不思議や、尊像の前に朱に染った二本の八寸釘があった。

こうした縁起により、諸病平癒を願う老若男女の参詣絶えず、いつも香煙が漂っている。堂のめぐりを廻りお百度を踏む人も少なくない。お百度は言わず語らず時計廻りをしている。当寺はまさしく信仰の寺である。墓地の北側に弘法大師の掘ったという井戸があり、そのお香水にも霊験があるよし。奉納された絵馬を見て感心することに、すべて御礼と書かれている。何枚あるかついぞ数えたことはないが、なんと偉大な療治力ではないか。

絵馬というのは、縦一尺、横七寸弱の額に五寸釘二本と、同寸の釘抜一挺とを取りつけたものである。私の知るかぎりこの規格である。規格外れの絵馬では掛けるのに困るであろう。

だが、昔から規格があったわけではない。休憩所に明治、大正の古びた絵馬が残っている。それらは大小、縦長横長さまざま、釘抜だけ、釘だけ、釘の数も一本二本と思い思いに作られている。中に一枚、彫刻を施した額縁をつけ彩色した立派なものがある。釘抜きだけで、釘はない。「奉納　御禮

後堀河天皇の代である。

明治廿八年八月吉日　京都市松原通高倉東入町　織田貞治郎　八才」の文字がはっきりと残る。年代の最も古いのは明治十四年六月で、地蔵尊が現れ、紀国屋道林であろうか、これを拝む人を画いている。

なお、本堂の背後に小堂があり、石仏が並んでいるのに注意ありたい。大きいのは四体、向って左から勢至、弥陀、観音の弥陀三尊、右端が弥勒である。一体一石で造り、顔容はもとより、衣文、装飾、二重円光の光背、梵字、二重蓮華座が精緻に彫り出されている。花崗岩にこれほどの彫刻をした像は稀少といってよい。弥陀像の背面に「元仁元年十二月二日奉始之　同二年四月十日奉開眼之　伊勢権守佐伯朝臣為家」の銘を読むことができる。元仁二年（一二二五）は鎌倉時代、

31 引接寺《いんじょうじ》

古義真言宗光明山歓喜院引接寺、といっても、おそらくぴんとくる人は多くあるまい。この寺はもっぱら千本閻魔堂の通称で親しまれている。上京区千本通廬山寺上ル閻魔前町西側、このあたりは商店街がなお健在で、その間に寺の入口がある。いかめしい門もなく、開放的で、むつかしげなる境内のさまである。

本堂は閻魔の庁に擬して造られ、閻魔大王を本尊とし、左右に司命、司録、いわば検事役と書記役とが控える。外陣は土間となり、板壁に閻魔の庁や地獄のさまが画かれている。狩野光信らの作と伝えるが、原態を留めぬまでに剥落している。参詣者は、さしずめ閻魔の法廷に引出された罪人となった感を抱くであろう。しかし参詣のしおりには、死んだ人間をどこに送るか引接して下さる閻魔さまは、本当は「人間を三悪道には行かせたくない為に、怒りの表情で、地獄の恐ろしさを語り、嘘つきは舌を抜くと説いて下さるのです」と説く。なお、『雍州府志』によれば、閻魔像の左の掌に「七条勅願所仏所家定朝作　定勢重加彩」の文字があるよし。

当寺の開基は小野篁だという。閻魔の庁に往来した篁、地獄の責め苦の状を見て、亡者を救ってやろうと発心した。船岡のほとりに一堂を建て、閻魔の像を安置し、大王から授った精霊迎えの法を行った。すなわち、塔婆を書いて閻魔像に供え、迎え鐘といって鐘を一つ撞くと、亡者が娑婆に戻る

ことができるというものであった。これが閻魔堂の起りだと称している。

降って寛仁（一〇一七―二一）の初めごろ、源信の法弟、定覚が引接寺を開いたとする。そして法界四生のため大念仏を創めたという。それについても不思議な縁起譚がある。

葬場に近い千本のあたりは、偸盗の巣窟でもあった。御堂が竣工するや、さっそく賊が襲って来た。すると為朝なる守護役人が金剛杖をふるって、千人の賊どもを薙ぎ倒してしまった。不思議や、為朝の杖に触れた賊ども、病者は忽ち癒え、不具者は元に復した。悪心は翻って善心となった。定覚これに驚嘆し、金剛杖の奇瑞をひろめ、民を救済することを思いついた。これが大念仏の発祥であるとか。

定覚の大念仏は、閻魔堂狂言として今に伝えられている。昭和四十九年五月の狂言堂炎上により中絶したが、また復活して五月一日から四日まで演ぜられる。楽日には伝来の千人切が行われ、為朝役は金剛杖で観衆までも薙いで廻る。杖を患部に受けると、病が治るというからありがたい。壬生狂言などが無言劇であるのに対し、ここの狂言には科白がつくのが特徴である。

当寺の大念仏は室町時代の記録に見えるが、そのころからもうひとつ名物があった。普賢象《ふげんぞう》の桜である。普賢堂の桜ともいう。花は淡色重瓣で、花柄が長く、垂れて下向きに咲き、一輪そのままに落ちる。花の中心から茶の芽のような葉が二枚出ており、そのさまを普賢菩薩の騎る白象に喩えたのだといわれる。

だが、私按ずるに、フゲンドウが京訛りでフゲンゾウに変ったのではなかろうか。深泥池《みどろがいけ》をミゾロガイケ、咽喉《のど》をノゾと言うように、京都ではドをゾと訛る現象がある。この桜の開花期は四月二十日頃である。

普賢象桜の奥に花崗岩製の巨塔が聳えている。これを紫式部供養塔と伝える。参詣のしおりに高さ六メートルとある。だが、見かけはもっと高いように感ぜられる。佛教大学で担当する日本文学フィールドワークで、一日ここを訪うた。近世の算術書『塵劫記《じんこうき》』にある簡便な測定法の応用を学生に試みさせたところ、高さ約八メートルと答が出た。

高さのことはともかく、この塔の形が実に珍奇である。いったい多層の塔というものは、木造建築にせよ、石塔にせよ、三重、五重、七重、九重、十三重と、奇数に造るのが定法である。十一重というのは例を知らぬが。しかるにこの塔は十重である。偶数の多層塔は、このほかに見たことがない。十重というだけでなく、全体が変っている。基盤に十六体の地蔵を、初層軸部に薬師、弥陀、釈迦、弥勒とおぼしき四方仏を、二層軸部に胎蔵界四仏の種字《しゅじ》を彫る。初層の屋根に隅切を施し、二層の四隅に柱を添え、それより上は九重の屋根を重ね、最頂に相輪を置く。いとも不可思議な造形である。

なお初層の軸に「奉造立石塔　至徳三年丙寅八月二十二日　勧進聖圓阿敬白」との銘が刻まれている。因みに円阿なる聖は、至徳三年（一三八六）より七年前の康暦元年（一三七九）に、当寺の梵鐘を勧進している。「康暦元年己未孟秋四六之天勧進円阿弥陀仏」の銘がある。

この石塔の由来、形状については、近世以来名所志などにさまざまに書かれている。あれこれ読めば読むほど、混迷を深めるばかりである。検討の過程を省いて、私の推定の結論だけを記そう。九重の層塔と二重の多宝塔と元来二基の塔があったのを合体して、現存の十重の塔にしたものである。洛中洛外図の上杉家本に、多層塔と二重の多宝塔とが描かれている。また東京芸術大学蔵扇面京名所図に九重の塔が描かれている。崩れた石塔を取集めて、一基の塔に積み換えることは、しばしば見られるところである。その場合、五輪塔と宝篋印塔とが合体したり、型破りの塔が出来上ることも珍しくない。閻魔堂の十重の塔もその一例にちがいない。

この塔を紫式部に附会するには、紫野に現存する小野篁と紫式部の墓との関りもあるようだが、これも諸説混乱、実のところは判らない。紫式部の供養塔といったのは、案外に古いことかもしれぬと思う。

新京極通の誠心院《じょうしんいん》に、堂々たる宝篋印塔がある。これを和泉式部の供養塔と伝える。かすかながら正和二年（一三一三）の銘と時衆とおぼしき人々の名とを刻んだのが認められる。閻魔堂の円阿あるいは円阿弥陀仏も、おそらく時衆の聖であろう。こうした時衆の徒が、和泉式部や紫式部の伝説を語り、流布するのに与っていたことは考えられねばなるまい。

一方では、和泉式部なら「誓願寺」、紫式部なら「源氏供養」といった謡曲に、その亡霊が現れる。それに結びつけて、実在の塔を彼女らの供養塔に比定したであろうということも考えられてよかろう。

謎めいた十重の塔、今見るに、初層が基盤の上で二寸ばかりずれており、全体が傾斜している。阪神淡路大震災の名残だという。補修の手を打たねば、またの地震が来たらどうなるか、私はひそかに心配しているのだが。

当寺では、幼児守護や水子供養など、親心に訴えることに力を入れている。近年地蔵供養池を造り、千本通から発掘したのや新作のや、多数の石仏を並べている。平成十七年四月には、童観音と名づけて童形のブロンズ像の開眼をした。プラスチック製の地蔵像を板に取付け、竹製の錫杖を持たせた小絵馬もある。

32 誓願寺

能「誓願寺」を観た。正月二十二日、京都の河村能舞台に於て。シテ河村隆司、ワキ中村彌三郎。

「教への道も一声《ひとこゑ》の、教への道も一声の、御法《みのり》を四方《よも》に弘めん」、三熊野証誠《しょうじょう》殿に一七日参籠して、霊夢を蒙った一遍上人、六十万人決定《けつじょう》往生のみ札を弘めんと、花の都に入る。念仏三昧の道場誓願寺に来て、群集の貴賤に弘めるに、女性《にょしょう》一人あって、往生の数を六十万人と限ることの不審を言う。一遍答えて、六十万人とは夢想の四句の文の上の字をとったものと言う。女性さらに、四句の文とはいかにと問う。六字名号一遍法、十界依生《えしょう》一遍体、万行離念一遍証、人中上々妙好華《こうげ》の上の字で、「光明遍照十方世界に、漏るる方なき御法なるを、僅に六十万人と、人数《にんじゅ》をいかで定むべき」と教えれば、女性不審晴れて、「さてうれしや心得たり」と、南無阿弥陀仏を唱える。

夜念仏《よねぶつ》に入るに、女性また言う。「誓願寺と打ちたる額を除《の》け、上人の御手跡にて、六字の名号になして賜はり候へ」、一遍「思ひもよらぬ事にて候」、「いやこれも御本尊の御告と思し召せ」、「御身はいづくに住む人ぞ」、「わらはが住家はあの石塔にて候」、「不思議やなあの石塔は、和泉式部の御墓《みはか》とこそ聞きつるに」と不審する一遍に、「和泉式部は我ぞ」と告げて石塔に姿を消す。

誓願寺の額を外し、六字の名号に掛け換えれば、「不思議や異香《いきやう》薫じつつ、不思議や異香薫じつつ、花降り下り音楽の声する事のあらたさよ」。仏果を得て極楽の歌舞の菩薩となった和泉式部現れ、誓願寺の由緒を語る。紫雲に乗って二十五菩薩来迎《らいがう》し、歌舞の菩薩もさまざまの仏事をなし、法《のり》の場人《にはびと》称名するに、再び虚空に音楽聞え、異香薫じ、花降る中に、菩薩聖衆一同に六字の額を礼拝する。

そうはいっても、能舞台のことゆえ、六字の額も無く、花も降らず、二十五菩薩の姿も見えぬ。普通は序の舞といって、歌舞の菩薩となったシテは袖を返しつつ品位高い舞を舞うて幕に入る。この日の演能には乏佐之走《ぼさのかけり》という小書がある。菩薩たるシテは、舞うことなく、大小鼓太鼓の囃子で、舞台をゆるやかに動くだけで、荘厳の感を表さねばならぬ。演ずる方も、観る方も、ともにむずかしい曲である。

和泉式部信仰を踏まえた能に、もう一曲「東北《とうぼく》」がある。これは梅の精が現れて、旅の僧に和泉式部が愛《め》でた軒端の梅の由来を語るものである。この梅の精が、歌舞の菩薩となった和泉式部にオーバーラップする。本曲では、和泉式部の墓でなく、彼女が住した東北院の方丈が出てくる。「誓願寺」「東北」ともに世阿彌元清の作である。

「そもそも当寺誓願寺と申し奉るは、天智天皇の御願、御本尊は慈悲万行の大菩薩、春日の明神の御作とかや」と「誓願寺」曲中にも語られる。すなわち天智天皇の勅願により、大和に恵隠《えおん》が開創し、初め三論宗であったとされる。しかし、草創についても、その後の変遷についても、またいついかにして京都に移ったかについても、諸伝諸説あって真相は詳かでない。鎌倉時代の承元三年（一二〇九）四月九日「行願寺誓願寺焼亡」と『百錬抄』に記すのが、史書における初見である。

中世京都では、上京の一条大路の北、小川《こがわ》の西にあった。上杉家本など初期の洛中洛外図には、小川に面して画かれている。いま一条通りの北の筋に元誓願寺通の名称が残る。

天正十九年（一五九一）豊臣秀吉の都市改造により、下京の寺町通の東側に移転した。六角通が門前で突当っているので、これを誓願寺通とも称した。造営にあたっては、秀吉の側室松の丸殿京極龍子が肩入れし、堂塔伽藍備わり、塔頭《たっちゅう》十八院を擁する大刹が出現した。『都名所図会』に画くところによっても、その大体は察せられる。

星移って明治五年、三条四条の間で寺町通に面して並ぶ寺々の敷地を没収して、新京極通を開いた。歓楽街を建設するためである。寺は新京極通の東側に押しやられた。その張本人は京都府権大参事、のち二代目京都府知事となった槇村正直である。

今なら信仰の冒瀆だ、文化遺産の破壊だと、大騒動がもち上るのは必定である。だが、当時はそのような強引きわまる計画が通った。元治元年（一八六四）の蛤御門の変による大火であたりは焼野と化していた。また廃仏毀釈の嵐が吹き荒れる時勢でもあった。寺院としては権力に抗うすべもなかったことであろう。誓願寺のごときは、六千坪に余る寺地のうち、四千八百坪が上地《あげち》とされたという。因みに誓願寺などの境内は、もともと荘厳清浄の域ではなかった。参詣ばかりが目的でなく、人々の遊山歓楽の地となっていたのである。それが新開の新京極となるに及んで、いよいよ繁華にして猥雑な熱鬧《ねっとう》の巷を現じた。

浄土宗西山深草派総本山誓願寺、名のみいかめしく、新京極通六角の猫額の地に窮塞している。当寺は、上京に在った頃も、寺町に移ってからも、さらに現在地においても、何度となく火災の厄に遭っている。火の神に魅入られていたかのように。春日の神作と伝える阿弥陀如来像も元治元年に焼失したという。昭和三十九年に至って鉄筋コンクリートで耐火構造の本堂を建立した。

門前を過《よ》ぎる人が思わず目を留めるものがある。「迷子みちしるへ」と彫った大石柱である。右側に「をしゆる方」、左側に「さがす方」、裏に「明治十五年九月建之　下京六組有志中」とある。新京極では、見物、買物に気をとられて、迷子の発生件数はさぞ多かったであろう。迷子を探す者、教える者、石柱のそれぞれの面に札を貼る。双方の仲をとりもつゆえに、奇縁氷人石ともいう。

謡曲にいう和泉式部の石塔なるものは、誓願寺に存在しない。上京にあった頃の洛中洛外図を見ても、石塔は画かれていない。もし在ったのならば、それほど有名な塔だから画かれていいてよいはずなのに。寺町通に移ってからは、例えば『都名所図会』を見ると、誓願寺の南に隣する誠心院《じょうしんいん》境内に「泉式部塔」を画き、並んで「軒端梅」もある。この寺は「俗に和泉式部といふ」と記す。

真言宗誠心院は、いま新京極通六角下ル東側に寺門を開き、墓地に堂々たる宝篋院塔が建てられている。これがいわゆる和泉式部の塔であり、近ごろ通から直接に参入できるように開放した。

塔の台石に時衆の徒とおぼしき発願者の名を列ね、末尾に正和二年（一三一三）と推定される文字が刻まれている。また、当寺では軒端の梅を植え継ぎ、本堂に藤原道長の像とともに和泉式部法体の像を安置し、三月二十一日をもって命日としている。

この寺は、道長が東北院の中に庵室を与えて和泉式部を住わせたことに始るとする。ただし東北院開創は道長没後のことで、年代が合わぬけれども、縁起とはえてしてそんなものである。院号は彼女

の法名、誠心院専意法尼に由るとも。それがいつのころか、上京の誓願寺の傍に移ったということになっている。

誓願寺に戻ろう。門から本堂の階まで咫尺の間に扇塚がある。昭和四十四年五月の建立。小絵馬に描くとおり五輪塔で、水輪に扇の形を嵌めこんでいる。和泉式部が歌舞の菩薩となったことにあやかり、舞踊家に信仰され、さらに芸能一般の上達を祈願するようになる。

最近は絵馬をやめて、小さい扇子を奉納するように変えた。扇子といえば落語家にとっても必需品。当寺五十五世安楽庵策伝は『醒睡《せいすい》笑《しょう》』を著し、落語の元祖とされる。なるほど奉納の扇に、落語がうまくなりますように、と書いたのも見える。

策伝日快上人の墓は、寺からすこし離れた誓願寺墓地にある。大きい無縫塔がそれである。ほかにも知名の人々の墓がある。徳川家康の四男松平忠吉に殉死した小笠原監物《けんもつ》忠重、またそれに殉死した寵童佐々記内、人体解剖の先駆山脇東洋、平田篤胤と親交のあった国学者服部中庸、故実学者で歌人の穂井田《ほいだ》忠友、浄瑠璃「桂川連理柵《れんりのしがらみ》」のおはん長右衛門など。墓地見学には寺務所で許可を受けること。

33 蛸薬師堂永福寺

丸、竹、夷、二、押、御池、姉、三、六角、蛸、錦、四、綾、仏、高、松、万、五条、雪駄《せった》、ちゃらちゃら、魚の棚、花もって、御前《おんまえ》、北、七条《ひっちょう》

昭和二十五年四月、笈を負うて京に上った頃、さっそく京の町筋の唱え歌を教えられた。おかげで町を歩くのに、大いに調法したことである。とかく先達はあらまほしきものである。

二十八年四月、職を奉じた堀川高等学校は堀川通蛸薬師に在り、国語科の主任は「京鹿子」の俳人で、蛸薬師思山と号していた。唱え歌の中でも、蛸すなわち蛸薬師通は、私にとって思い出深い名である。四条坊門通を蛸薬師通と称したのは、寺町通東側四条坊門突当に蛸薬師堂が在ったことによる。寺号は永福寺だが、もっぱら蛸薬師の名で親しまれた。『都名所図会』の絵を見ると、広い境内に円福寺と蛸薬師とが甍を並べて同居している。建物の大きさは両寺ほぼ同じながら、前者は欄干つきの縁が繞り、正面に階段が設けてある。蛸薬師の方には縁も階段もなく、明かに格差が認められる。

それもそのはず、円福寺は「浄土宗深艸《ふかくさ》流義の一本寺也」、蛸薬師は「永福寺と号して円福寺の境内にあり」と記されている。つまり永福寺は零落して、円福寺境内に居候をしているのである。

明治五年、寺町通に面する寺々は、寺地の大半を取上げられ、新京極通の東側に押し込められた。円福寺、永福寺もその例に洩れず、新京極通蛸薬師上ルの現在地に逼塞した。

歓楽街のけばけばしい店飾りに負けじと、狭いながらも提灯をたくさん吊すなどして、存在を主張しているのは蛸薬師堂である。円福寺は、明治十六年、三河国額田郡岩津村の妙心寺と交換を行った。その妙心寺は蛸薬師堂の裏にひっこんで、全く人目につかない。廂を貸して母屋を取られるとは、このことか。『京都大事典』など、妙心寺の本尊が蛸薬師だと書いているものがあるが、これは正しくない。

ついでにいえば、つい近所の裏寺町通蛸薬師上ルにも同名の妙心寺がある。仏家の間では、蛸妙、裏妙と呼んで区別するとか聞いた。

何十年か前のことだが、蛸薬師の堂内に古びた小絵馬が何枚も掛けられていた。当時撮った写真を確かめてみると、昭和二十一年とか二十二年とか書いてある。物資欠乏の時代ゆえか、ベニヤ板を矩形に切った粗末なものであった。絵柄は、堂前の蛸に女人が合掌するもので、いずれも女人は和装で、帯を太鼓に結んでいる。頭は洋髪のもある。小さい蛸が二本の足をいからし、目をむいて力んでいる様が、かえって愛嬌がある。手描きの稚拙さがまたおもしろい。

住持に尋ねると、今は絵馬を作っていない、また作ろうかと考えていると言う。是非復活するように奨めておいたが、いっこう

にその様子もなく、古い絵馬もいつか取除けられてしまった。最近行ってみると、立派な小絵馬が復活している。同慶のいたり。これも手描きで、絵柄は同じだが、一枚一枚向きや彩色がちがう。手描きだから一枚千円と値が張るのは、当節の事情からして致し方あるまい。昔のに比べると、蛸が成長して女人の倍ほどに大きくなり、威圧的でものおそろしい。これも近年のモンスター流行を反映したものか。

小絵馬に描くとおり、蛸薬師様は特に女人の願を聴きとどけて下さるらしい。なぜだろうか。愚按するに、イモタコナンキンは女性の好むものと昔は相場がきまっていた。その縁であろうか。ただし、この解釈、責任はもてない。

女人の信仰を集めるのも道理、安産祈願、さらには髪が美しくなるようにとの祈願にご利益があるという。電髪は昭和の流行、茶髪は平成の流行。身体髪膚之を父母に受く、敢て毀傷せざるは孝の始め也と昔習ったことを思えば、親に申訳のない、末世の現象といわねばなるまい。古来すらりと長い黒髪は女の命、縮れ毛、赤毛は悩みの種であった。

それにしても蛸坊主と黒髪の因果関係が解せない。蛸の墨を聯想したのか。奥沢康正『京の民間医療信仰』（一九九一年、思文閣出版刊）には「蛸には毛が無いので髪の悩みに仏が同情してくれる、というところから起こった信仰で、寺ではつげの櫛を授けていました」とある。また疣とりの信仰もあるよし。これは蛸の吸盤からの聯想と解る。

当寺の縁起についてはいろいろの説がある。『山城名勝志』によれば、もと二条の南室町の薬師町(今蛸薬師町)に在り、水ノ上ノ薬師堂永福寺と号した。世に謂う蛸薬師である。この地にもと沢があり、これに因んで沢《たく》薬師といったのだが、沢と蛸と音が近いところから、誤って蛸薬師と呼ぶようになったという。なお、古い棟札に応永二十三年丙申(一四一六)二月十三日造立の銘があると。

いかにもこれは合理的な説である。平安京以来このあたりは池泉が多くあり、水の豊富なところであった。滾々《こんこん》と湧き流れる水のほとりに薬師如来を奉安し、信仰の場となるのはもっともなことである。

だが縁起譚としては『山州名跡志』に記すところがおもしろく、今に伝えられている。

養和(一一八一―八二)の頃、二条に裕福な商人がいた。病に苦しみ、叡山中堂の本尊に祈誓すると、夢の告げがあり、北谷のしかじかの地中に薬師仏の石像がある。これを取って室内に安すべしと。従僕を遣してみると果して石像あり、これを家に安置するや病は忽ち癒えた。後に善孝と謂う天台の沙門がこの像を得て、一寺を建て永福寺《ようふくじ》と号した。

この寺の僧の老母が病んで、蛸が食いたいと言う。孝行息子は、人に頼んで蛸を求め、箱に入れて帰った。蓋を取れば、蛸は無く、薬師経が現れた。これを見聞く人々は、孝徳と仏力とに感心した。しかも母の病は薬を用いずして癒えた。かような次第で、世に蛸薬師と称し、一名水上《みなかみの》薬師とも呼ぶと。

『京羽二重』には、京の名薬師の一つに挙げる。その寺域の南裏から裏寺町、河原町に抜ける通路を「俗にたこやくしの辻子《づし》といふ」と『京町鑑』にある。

34　錦天満宮・染殿地蔵院

誓願寺、蛸薬師に詣でたついで、といっては洵に申訳ないが、続いて新京極界隈の寺社を順礼しよう。

誓願寺門前から新京極通を南へ。いずれも通の東に面するが、よほど気をつけないと、商店の看板や陳列に目を奪われて見落してしまう。六角通下ルに誠心院《じょうしんいん》、和泉式部ゆかりの寺である。次に西光寺、本尊を寅薬師と称し、名薬師の一つとされた。その次が蛸薬師堂、堂前に据える鯉地蔵は在寺町時代の地蔵堂に安置されていた。

蛸薬師通の南東角に安養寺、女人往生の願を顕して、阿弥陀の蓮華台座がさかしまになっており、通称倒蓮華寺《さかれんげじ》。その南に善長寺、立江《たつえ》地蔵は小児の瘡《くさ》に効験ありとて、くさがみさんと呼ばれる。昔は草を食うの意で牛の小絵馬を上げたそうだが、今は一枚もない。

錦小路通の突当に錦天満宮。四条通の北西角に染殿地蔵、ここが新京極通の終点。

四条通を渡ると南側に八坂神社御旅所がある。今は四条センターと称する土産物売場によって分断されている。向いあって北側にも八坂神社の末社があったのだが、商店が駆逐してしまった。高度成長期のばちあたりどものしわざである。御旅所の西に隣る小さい社を冠者殿という。俗に土佐坊昌俊を祀ると信ぜられ誓文払《せいもんばら》いの神とされている。

四条河原町西入北側、老舗ゑり善の横から北に入る小路がある。これを烏須沙摩《うすさま》の辻子《ずし》という。近世の『京町鑑』には大龍寺《だいりょうじ》の辻子とある。昭和五十年頃まで突当に大龍寺があり、烏須沙摩明王を祀っていた。厠の神として信仰され、また、「婦人の月経を預ってもらふと云ふ、結婚又旅行など止むない時、祈祷して貰ふと不思議に数日間出ないですむと云ふ有難い明王である」と田中緑紅『京都神仏願懸重宝記』(昭和十八年刊)に記す。

なお元大龍寺門前から新京極通へ抜ける横の路を烏須沙摩辻子と書いたものもあるが、これは誤りである。その横路からもう一筋北の横路に通じる細い路を柳小路という。そこに間口三尺ばかりの八兵衛明神がある。南隣の八兵衛なる肉料理屋が奇特にお守りをしている。北隣は静という呑み屋、安く呑めるので学者学生の溜り場となっていたが、半世紀を経てなお健在であるのは頼もしい。

烏須沙摩辻子はちょっと曲って裏寺町通に続く。南から順に、西側に光徳寺、常楽寺。東側に浄心寺、西導寺、称名寺、赤門の正覚寺と並んで、蛸薬師通に至る。

裏寺町通蛸薬師上ル西側に極楽寺、光明寺、大善寺、誓願寺宗務所。大善寺の庭は狭いながらも趣向を凝し、知られざる名庭といってよい。今は水が涸れているが、もとは池泉式庭園であったと思われる。

東側に妙心寺、いわゆる裏妙。界隈一の堂々たる寺観、枯山水の庭がある。その北に法界寺、映画の父牧野省三が眠る宝蔵寺、頂源寺、六角通の南角に誓願寺塔頭の長仙院。門内に未開紅《みかいこう》と名づける梅の樹がある。蕾のうちは濃紅色で、咲くと白色に変る。昔は誓願寺境内の名物であった。当院では牛乳を与えて守り育てていると聞いた。花の見頃は彼岸時分。

六角を上ると裏寺町通は誓願寺墓地前で終り、西へ折れて新京極通に出る。新京極の寺の入口があるかなきかのように微かなのに、裏寺町の寺は概ね寺門を構え、前庭を備え、寺院の体裁を維持している。それでも近年、大型の店舗、施設に侵略され、姿を消した寺もある。

錦天満宮

新京極通東側、錦小路通の突当に鎮座する。狭い境内ながら参拝の人が絶えない。近ごろ錦市場が喧伝されて観光名所となっており、その終点に当たるせいであろうか。もっとも、神社の方でも参拝者を誘う工夫を種々に凝している。ことに名水「錦の水」が人気を呼ぶように見受ける。

当社はもともと神仏習合で、六条道場紫苔山《したいさん》河原院歓喜光寺と号する時宗の寺と天神社とが同居していたものである。その名が示すように、

古くは源融の河原院の故地にあったという。明治になって神仏が分離し、寺の方は明治四十二年、五条東大路北東の時宗法国寺に合併した。

いま天満宮の末社となっている塩竈社は、源融を祀り、もとは寺内千鳥が池の中島にあった。これに並ぶ日の出稲荷社の鳥居は奴祢《ぬね》鳥居という珍様式である。額束の上に山形の材を入れ、あたかも切妻屋根を横から見たような形になっている。昭和二年初秋の建立とある。

染殿地蔵院

四条新京極の北西角にある、といっても、おそらく初遊の人の目にははいるまい。新京極側と四条側とに隘い入口を残して、交番所と商店とに塞がれているから。

昼なお暗い御堂にいつも燈明が上げられ、絵馬掛にたくさんの小絵馬が吊されている。知る人ぞ知る、安産守護の霊験あらたかとか。本尊地蔵菩薩は空海の作と伝え、人の背丈ほどもある裸形立像と聞く。秘仏なので、私も拝んだことはない。

初め空海が住して『十住心論』を書いたとして、十住心院と号し、また敬礼寺とも号する。染殿の后、清和天皇の母明子《あきらけいこ》が、空海の勧めによってこの地蔵尊を信仰したとの伝えにより染殿地蔵と称する。

当地蔵院は中世以来金蓮寺《こんれんじ》の塔頭であった。金蓮寺は時宗四条派の本山で、四条道場と呼ばれた。山号を錦綾山《きんりょうざん》というのは、そのかみ寺域が錦小路から綾小路に亘っていたからだと説くむきもあるが、まことかどうか。

近世には四条寺町の北東に広い寺域を有し、誓願寺とともに行楽歓楽の地でもあった。このあたりはしばしば火難に遭い、新京極開通のため更に後退した。昭和五年に至って、遂に鷹峯藤林町に引越した。

いま鷹峯を訪ねても、それらしきものが見当らぬ。往きつ戻りつ、錦綾幼稚園というのを見つけた。その傍の建物、寺らしからぬ風ではあるが、前に石塔婆や石仏がいくつか据えられている。隅の方に弁財天堂も建っている。参詣者があるとも思われぬが。出て来た人に問えば、やはり金蓮寺であった。

ここにおいて一つの発見あり。「杜鵑松記」なる二尺半ばかりの石碑である。杜鵑松《とけんしょう》は金蓮寺の名物で、『都名所図会』には、本堂の東裏に描き、「杜鵑《ほととぎす》洛陽に来る時先《まづ》此樹に至りて啼初《なきそむ》るとなり」と記す。京都市編『新撰京都名勝誌』（大正四年刊）には「後伏見天皇より杜鵑松の名を賜ひ、足利義教もまた駕を枉げ来り聴しことありと。当時の松は雷火の為に焼れ、現今の松は天明の頃嗣植せしものといふ」とある。

惜しむべし、碑の石材が砂岩なので、碑文の上半分が剥落し、下部が土に埋まっている。早晩全面が剥落するに違いない。いま読みうるだけでも書き留めておこう。

「……鵑松記………弓高数仭蔚々森々秀群樹之外奈衆梢……之賜号于杜鵑松嗚呼天明戊申之春一旦（日ノアヤマリカ）繫災終……一株于他山霊兆応卜因謹植之杲（アキラカニ、或ハ果ノアヤマリカ）根結木聳条垂……」。残るところわずか五十九字にすぎぬ。推測するに、その樹は高く繁って、ほかの樹々を抜いていた。杜鵑松の号を賜ったのに、天明八戊申年（一七八八）正月の大火に焼けてしまった。他山より一株を得て植えたところみごとに根づいて、木高く枝も垂れるほどになった、というのであろう。

35 首途《かどで》八幡宮

西陣のまんなか、上京区智恵光院通今出川上ル、或は五辻《いつつじ》下ル西側に鎮座するのが首途八幡宮である。古くは内野八幡宮とも称した。社殿は奥まった小高い封土の上に建てられている。

近年、狭いながらも社地を整備し、平成十六年九月「源義経奥州首途之地」と刻んだ石碑を建立した。義経首途の口碑は昔からあったらしい。黒川道祐、延宝九年（一六八一）秋の『東西歴覧記』に記す。「是レヨリ桜井ノ厨子内野八幡宮ヲ拝ス。コノ地ノ主人北尾ト云ウ絹屋ナリ。是モ公方家ノ被官ノ末裔ナリ。此ノ所ニ、古金売吉次寄宿ス。源義経モ此ノ所ヨリ、東行アリシト云伝フ」と。

当社に備える「首途八幡宮由緒」には、高倉天皇承安四年（一一七四）三月三日未明、牛若丸は鞍馬山を抜け出て、この地にあった吉次の屋敷で落ち合い、近くの内野八幡宮に道中安全を祈願して、奥州平泉の藤原秀衡のもとへ旅立ったという、としている。しかし、金売吉次は橘次とも書かれ、その伝説はさまざまに語られており、実否のほどは判らない。例えば『義経記』には「承安二年二月二日の曙に鞍馬を」出て「粟田口十禅寺の御前にて」吉次と待ち合せたとある。

ともかく社号の由来は明らかなようであるが、案に相違して、近世の各所記に首途八幡の名が見えない。ただ宝暦十二年（一七六二）板の『京町鑑』が、智恵光院通五辻下ルに桜井辻子を挙げ、「此町西側に門出八幡のやしろ有」と記しているから、近世からの名であることはまちがいない。

なお、『都名所図会』や『京羽津根』には、かつて五条橋西詰の南にあった松豊八幡宮を首途八幡とも称するよし書かれている。これとの関係の有無は詳かでない。

小絵馬の一つは三輪晃勢の作である。どちらにも白鳩を描くのは、八幡の神使ゆえもっともなこと。これに配する桃の花や桃の実は何を意味するのか。由緒書によれば、当地は「源氏物語にも登場する桃園親王の旧跡としても知られていた」、そして広い境内に「桃の木が爛漫と花咲く頃、桃花祭が執り行なわれた」とか。そのゆかりであろうか、昨今境内に桃の木を何株も植えている。

『源氏物語』に「桃園親王」の名は見えないけれども、「式部卿の親《み》王《こ》」「式部卿の宮」と呼ばれるのがその人であろう。「朝顔」の巻で、宮の姫君が賀茂の斎院を退き、「なか月に成てももその、宮にわたり給ぬるをきゝて」さっそく源氏は行動を起す。桃園の宮は故宮の邸であり、妹の女五の宮が住んでいた。この邸宅、人物について、準拠するところがあったと思われるが、諸説紛糾して定めがたい。

そもそも桃園とは何か。『延喜式』によれば、内膳司の管掌にかかる園地の半分に近い「京北園十八町三段」があり、そこに栽培する

「雑果樹四百六十株」のうち百株は桃であった。但し桃を栽える一画を桃園と称したという確証はない。ともかくこの園地が縮少あるいは廃止され、やがて貴顕の宅地に変じたと見るのが通説のようであるが、実情は必ずしも明らかでない。

桃園に邸宅を構えて、桃園の某と呼ばれた人物を数えれば十人を超える。早くは延暦十六年（七九七）に没した藤原継縄《つぐただ》が桃園右大臣と号したとされるが、これにはいささか疑問がある。延喜十六年（九一六）に没した清和天皇の皇子で清和源氏の祖とされる貞純親王が桃園親王と呼ばれた。おそらくこの人をもって桃園の先住者とすべきであろう。

桃園と称する一構えの邸宅があって、これを次々に伝領したと見るのは、桃園の某が十指に余る実態からして無理である。桃園と呼ぶ相当広い地域があって、そこにいくつかの邸宅が同時に存在したと解する方が妥当であろう。したがって、『源氏物語』の準拠するのが誰の邸宅とは、遽に定めがたい。桃園に住んだ前斎院についても、何人かが考えられるけれども、この人と確定することはできない。

藤原行成が世尊寺を開創し、長保三年（一〇〇一）二月二十九日に供養を行ったことが『日本紀略』に見える。これは、行成の外祖父に当る桃園中納言源保光の邸を寺としたものであった。ここに桃園は世尊寺に収斂した感がある。

仔細に考えればなお疑問が残るものの、世尊寺は、一条大路の北、大宮大路の西にあり、平安京の外である。ほぼ現在の一条通の北、大宮通の西に相当すると見てよい。ここから首途八幡宮まで四百メートル以上も離れている。しかし、桃園というのがもともと広い地域の名だったとすれば、首途八幡宮が桃園親王の跡だとすることも、咎めるに及ぶまい。因に、首途八幡宮の向い側にある西陣中央小学校、数年前に他校と合併して名を変更したのだが、それまでは桃薗《とうえん》小学校であった。園に草冠をつけるのは、桃園天皇に憚ったものらしい。

世尊寺がいつ退転したかは明らかでない。鎌倉時代、その地に仏心寺と号する禅刹が開かれた。『応仁記』に、兵火に罹った名所を枚挙して「一条大宮ニ円弘寺仏心寺、此寺ト申スハ賀茂ノイツキニ備ハリ給フ朝顔ノ更衣ノ墳《ハカ》アリ」と記す。この朝顔の更衣についても説があるが、判然としない。

私案では、朝顔の更衣も、その墓も実在しなかった。『応仁記』の文は謡曲「朝顔」に拠ったと推測する。謡曲の詞章は、「このあたりをば一条大宮、この御寺を仏身寺とかや申すげに候」とて、ワキの僧が雨宿りをするところに、朝顔の花の精が現れて語る、「抑この寺と申し奉るは、桐壺帝の御弟、式部卿と申し、人の住み給ひし桃園の宮の御旧跡、その御息女のましましは賀茂の斎にそなりて、朝顔の斎院《いつきゐん》と申し、なり」と。

謡曲では、更衣だとも、墓があるともいっていない。これは明らかに『応仁記』の勇み足である。虚構の上にさらに虚説が重ったものを、実在と信じこんで頭を捻った人たちは、ご苦労なことであった。

桜井の辻子《ずし》について一言。近世の地図では確め得ないが、首途八幡宮のところに東西の抜け路があったものと察せられる。『山州名跡志』などに、ここに桜井基佐《もとすけ》の家があり、桜井と称する名水があったと伝える。

桜井基佐といえば、高名の歌人、連歌師であるが、「あしなうてのぼりかねたる筑波山和歌の道には達者なれども」の狂歌によって知られる。宗祇との不仲により『新撰菟玖波集《つくばしゅう》』に一首も入集しなかったため、「あし」に足と銭《あし》とを掛けて皮肉ったのだという。但し、島津忠夫氏の説では、宗祇よりも兼載との確執があって、入集しなかったのであろうとされる。歌はもとより後人の作った狂歌咄である。

このあたりを桜井町という。近ごろ神社の北隣に桜井公園を造った。池泉を設け、四季の花を咲かせている。

36　文殊堂智恩寺・籠《この》神社・浦嶋神社・大宮売《おおみやめ》神社

文殊堂智恩寺

丹後半島の旅に参加しなかった人たちへのみやげに、参加した人たちの想い出ぐさに。

五月二十九日正午過ぎ、宮津市字文殊の文殊堂に到着。文殊様御免なさい、お参りはあとにして、門前の松吟にてまず腹の虫を養う。宮津市は最近観光客が減り、財政難に苦しんでいると聞き案じていたが、一見するところ、食堂、土産物屋、宿屋など、門前町は健在のようすに一安心。

近世の宮津は、細川、京極、永井、阿部、奥平、青山、本庄、と目まぐるしく領主が入れ替った。政状不安定でも、港と縮緬《ちりめん》という強い味方がある。昭和になって舞鶴が急速な膨脹を遂げるまでは、丹後第一の繁昌を保っていた。来る人の財布が空になるほどに、金が落ちたのであろう。

二度と行くまい丹後の宮津　縞の財布が空になる　丹後の宮津
でピンと出した

丹後の縮緬加賀の絹　仙台平やら南部縞　陸奥の米沢江戸小倉

丹後の宮津でピンと出した

周知の歌ながら、解ったようで解らぬ歌である。『丹後宮津志』によれば、文化八年（一八一一）以来処々にあった遊女屋を、天保十三年（一八四二）魚屋町新地、今の新浜に移した。その当時、医師小林江山がこの歌を作り、廓繁栄の一策として自分も歌い、妓に歌わせたという。但しこれは一説で、異説もいくつかある。ピンと出したのピンとは何か。三味線のピンシャン、下級武士の蔑称サンピン、賭博用語の一《ピン》など、いろいろに言われて定説がないよし。二度と行くまいと、と宮津の人が歌うはずはない、これはよその国の歌だろうと結論めいたことを言うが、さてどうか。財布が空になるこわいもの見たさの心理を狙ったと考えれば、実におもしろい歌ではないか。

閑話休題、寺に戻ろう。黄金閣と号する楼門、宝形造の文殊堂、重要文化財の多宝塔、いずれを観ても、宮津の豊かさ、信仰の篤さが感じられる。この寺、世に九世戸《くせど》の文殊あるいは切戸《きれと》の文殊と呼ばれる。門前から天の橋立に廻旋橋が架けられており、そこが九世戸、切戸だと解せられているが、もとは文殊堂一帯の地名であったらしい。

寺号は智恩寺、山号は五台山、また天橋山、文殊菩薩を本尊とする。大同三年（八〇八）平城天皇の勅願により建立、延喜四年（九〇四）醍醐天皇の勅額を賜ったと伝えるが、古いことは明かでない。嘉暦年中（一三二六―二九）嵩山禅師が入寺して、真言宗から禅宗に変り、寛永年中（一六二四―四四）中興別源禅師により京都の臨済宗妙心寺末となる。

大同、延喜の代はおろか、もっともっと古いことをいえば、当寺の縁起は神代にまで溯る。謡曲

「九世戸《くせのと》」に、シテの漁翁が由来を語る。「まづ九世の戸と名づけし事、忝くも天神七代地神二代の御《おん》神《がみ》、この国に天降り、ここにて天竺五台山の文殊を勧請し給へば、天《てん》の七代地《ぢ》の二代を、これ九世の戸と名づけしなり。されば菩薩の像体もこれ帝釈の御作《ごさく》とかや。其後龍宮に入り給ひ、法《のり》を弘めて程もなく、又この島に上り給ふ」と。つまり当寺の文殊菩薩は、天竺よりの渡海の仏なのである。

寺の傍の船着場に、輪の上に宝珠をつけた石造物が建つ。俗に智恵の輪と呼び、文殊の智恵のシンボルとなっている。実は船のしるべの燈籠らしい。天の橋立の松にいろいろ名をつけている中に、文殊の松というのがある。根元で三本に岐れている。心は三人寄れば文殊の智恵。

寺の境内に和泉式部の歌塚と称する宝篋院塔がある。夫の藤原保昌が丹後守となり、彼女も任国に下ったらしいから、このあたりにゆかりの地や記念物があっても不思議はない。しかし史実とは別に、いつの頃か和泉式部信仰が処々に流伝したと思われる。宮津の市街から東方の山道に入った山中という聚落に、和泉式部の庵跡と伝える所がある。私が尋ねて行ったのは数十年も前のことで、記憶も霞んでいる。道端の畑の一隅、一畳分ぐらいの地に古い小さい石塔がいくつか並んでいた。花が供えられていたように思う。村人に問うても、答は甚だ曖昧で、なんでも和泉式部と呼んでお守りをしている、特別の行事などはないとのことであった。歌人和泉式部その人とのかかわりは、全く意識されていない風に思われた。

籠神社

切戸から対岸の江尻まで一里と称していた天の橋、実際は一里にすこし足らず三・六粁。宮津市の陸岸部は岩滝町によって分断されているが、地図を見ればこの砂嘴が南北をちゃんと繋いでいる。陸前の松島、安芸の宮島とともに日本三景に数えられる景勝、いにしえは籠神社の神域であり、後には参道であった。それもそのはず、『丹後国風土記』の逸文に「国生みましし大神、伊射奈芸命《いざなぎ》、天《あめ》に通ひ行《い》でまさむとして、椅《はし》を作り立てたまひき。故《かれ》天の椅立と云ひき。神の御寝《みね》ませる間に仆《たふ》れ

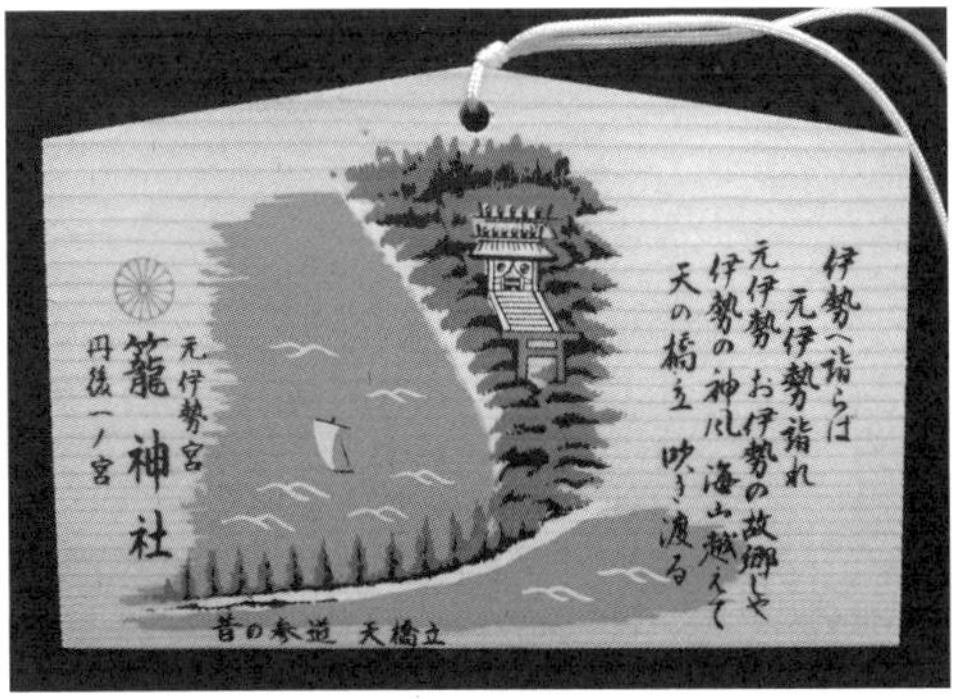

伏しき」とある。すなわちこれは神の通い路なのである。因みに「長さ一千二百廿九丈」と注する。これは今の計測とほぼ一致する。

天の橋立の北、宮津市字大垣に鎮座する籠神社、吉佐宮《よさのみや》、式内名神大社、元伊勢、丹後国一の宮、旧国幣中社とものものしい。祭神は諸書に記すところまちまちである。当社の御由緒略記によれば、奥宮真名井神社、主座は豊受大神、西座は天照大神、伊射奈岐《いざなぎ》大神、伊射奈美《いざなみ》大神。本宮籠神社、主神は彦火明命《ひこほあかり》、相殿は豊受大神、天照大神、海神《わだつみのかみ》、天水分神《あめのみくまりのかみ》、そのほか摂社、末社がある。これらの神々に別名、別伝があり、極秘伝まであって複雑怪奇を極める。

御由緒略記に記すところでは、真名井原に豊受大神が祀られてい

たのが元初であり、崇神天皇三十九年（前五九）天照大神が大和国笠《かさ》縫邑《ぬいのさと》からここに遷座した。「天照皇大神は与佐宮に四年間御鎮座の後人皇十一代垂仁天皇の御代二十五年に倭姫命を御杖代として伊勢国伊須須川上へ御遷宮になり、豊受大神は人皇二十一代雄略天皇の御代に至るまで当地に御鎮座あらせられ、同天皇の御代二十二年（四七八）に伊勢国度会郡の山田原に遷らせられた」。天照大神が垂仁天皇二十五年（前五）に伊勢に遷ったのなら、与佐宮に鎮座したのは五十四年間であり、年数の合わぬのが不審であるが、ともかくこれが元伊勢と称する所以である。伊勢の内宮は天照大神、外宮は豊受大神を祀る。豊受大神は農作、穀物の神とされ、小絵馬はその徳を描いたものである。

養老年中（七一七―二四）に本宮の主神となった彦火明命、又の名饒《にぎ》速日《はやひ》命と市杵島姫《いちきしまひめ》命とを夫婦とする秘伝もあるよし。小絵馬の図は夫婦の神が籠船に乗って高天原から降るところである。天橋立の手前に冠島と沓《くつ》島とを描いているのに注意ありたい。男神は冠島に、女神は沓島に天降るのであろう。この二島、実はここから二十五粁ほども離れた海上の無人島で今は舞鶴市に属し、おおみずなぎどりの蕃殖地として知られている。それにもかかわらず、雪舟の天橋立図にも近くに描かれている。

当社では、この二島が海の奥宮だったからだと解している。なお、文殊菩薩が冠と沓とを脱いだ跡とする伝えもあるそうな。

当社は、その立地からしても、伝承からしても、海の神、航海漁撈の神の一面をもっている。彦火明命を祖とする海部《あまべ》氏が太古より宮司を勤めてきたという。

海亀の背に乗った倭宿祢《やまとすくね》命の銅像、これは海部氏の四世で、又の名を珍彦《うずひこ》、椎根津彦《しいねつひこ》という。神武天皇東征の海路、「亀の甲《せ》に乗りて釣しつつ打ち羽挙《はぶ》き来る人」に出遇い、これを水先案内とし、槁根津日《さおねつひ》子《こ》の名を賜うたと古事記にある。日本書紀では、艇《おぶね》に乗っており、名を珍彦といい、椎根津彦の名を賜わる。

鎌倉時代の作で、重要文化財の狛犬、口をあけた阿の方は、小絵馬では隠れて見えぬが、右前足が割れて鉄の輪をはめている。そのわけは、夜な夜な橋立に出て暴れるので、岩見重太郎が斬ったのだ。籠神社を拝んで、西国二十八番成相寺《なりあいじ》に急いで参ろう。

浦嶋神社

三十日、早起き。栗田《くんだ》半島田井にある宮津ロイヤルホテルから宮津湾岸を一周して伊根に到る。お目当ての舟屋は、バスが漁港の方に入らぬため、遠望で我慢せねばならぬ。バスは便利なようで不便

なもの。

徐福渡来の地、新井崎《にい》の新井神社に敬意を表する。ここに立つと冠島、沓島も近くに眺められる。とはいえ、東方約十粁、おおみずなぎどりなど見えるはずがない。

浦嶋神社に着く。当社のことは、すでに17 浦嶋神社に書いたが、以後変わったこと三つ。神社に隣して浦嶋公園、浦嶋館が新設されたこと。郷土振興の工夫であるが、のどかな田園風景が損われた。もとから長かった神主の談義が、さらに三倍ほどに延びたこと。前途を思うと臀が落着かぬ。烙印のえとの小絵馬ができたこと。これは嬉しい。

神社を辞して龍穴《りゅうけつ》を見る。道端の山の下にあって、貉《むじな》でもなければ出入りできそうにない。浦島子がこの穴から還って来たのだという。異界は、われわれの棲む世界と同一平面には存在しない。穴の道によって通じているとする思想からきた伝承がおもしろい。

大宮売神社

バスは丹後半島の北岸沿いに走る。山側には、うつぎ、梅花うつぎが車窓に触れんばかりに咲いている。経ヶ岬より京丹後市に入る。

丹後、弥栄、網野、久美浜、峰山、大宮の六町が合併して、京丹後市となったのが平成十六年四月

一日。いわゆる平成の大合併の京都府における一番手である。十八年三月一日、岩滝、野田川、加悦《かや》の三町が与謝野町となって、合併は一段落ついた。合併は強制するものでないと言いながら、金で圧力をかける。いやな時代になったものである。もう一つ気にくわぬのは、新発足した市町の名が味もそっけもないものに変わることである。丹後町とて、昭和三十年の合併の前には竹野《たかの》、間人《たいざ》、宇川《うかわ》など歴史を負った名であった。

大宮売神社は式内名神大社、丹後国二の宮、大宮町字周枳《すき》に鎮座する。周枳は平安時代以来の郷名で、大嘗会の神穀作りに卜定される主基《すき》の田に由来するとの説もある。

祭神の一座は大宮売神。これは天鈿女命《あめのうずめ》とされ、小絵馬の図のように、天の岩戸に隠れた天照大神を誘い出す神事の立役者となった。その子孫と称する猨女《さるめ》の君氏は大嘗会の神事に奉仕した。また一座若宮売神は、豊受の神、保食《うけもち》の神とする。古代の農耕に関する祭祀であったことは、これによって察せられる。

小野道風真筆と称する神額を蔵する。「正弌位大宮賣大明神／従一位若宮賣大明神」と二行に書く。名人の筆の誤りか、末代のひが目か、大宮売が大宮宜と読まれて、近世の一時期、大宮宜神社と書いたこともあるという。

神前の石燈籠二基は重要文化財。右の一基に「徳治二年丁未三月七日大願主……」の銘が読まれるという。左の一基は無名。

奉納した金額、氏名を刻んだ石が立ち並ぶ。金壱千円、金五百円など、この町が縮緬で栄えた時勢が偲ばれる。神社の向いの家から機《はた》の音が洩れ響く。なつかしい音に誘われて、野田川の丹後ちりめん歴史館を見学する。加悦のちりめん街道は時間の都合で割愛。

37　醍醐寺

明治初めに吹いた神仏分離の嵐に遭い、修験道当山派の本拠をなしていた醍醐寺は、修験宗廃止となって真言宗に帰入させられ、多くの末寺も廃せられる憂き目を見た。それでもなお、広大な寺域と多数の堂塔とを擁し、真言宗醍醐派総本山として、京都随一の偉観を誇っている。

旧奈良街道に面した総門を入ると、西大門すなわち二王門に向って広い参道が通じている。これを桜の馬場という。その左手に三宝院、右手に霊宝館がある。二王門の内には、金堂、五重塔をはじめあまたの堂舎が列なる。この一帯を下醍醐と称する。

下醍醐のいちばん奥に女人堂があり、これより先、昔は女人禁制であった。しかし、さほど厳格でもなく、臨機に女人の入山を許したらしい。山上まで、急ではないが長い長い坂道が続く。行程三十七町と称し、一町ごとに町石卒都婆が立っている。それに刻んだ梵字は権僧正成賢の筆蹟だという。また途中に槍山、一名花見山があり、その頂部を千畳敷と呼ぶ。太閤花見の故地である。

醍醐山、標高四百五十メートル、頂上付近に諸堂の点在するのが上醍醐である。一番に拝むのは清《せい》滝《りょう》権現を祀る清滝宮、その拝殿が珍しい。正面三間、側面七間、入母屋で正面に唐破風をつけ、舞台造とする。その傍に醍醐水と号ける閼伽井がある。伝える所によれば、これが醍醐寺の発祥である。『山城名勝志』に引く醍醐寺縁起によれば、当寺根本尊師、弘法相応の霊地を求めて七箇日祈念するに、当山すなわち笠取山の峰に五色の雲が立った。尊師峰に登るに、谿に一老翁あり、泉水を嘗《な》めて醍醐の味なるかなと褒めている。尊師、精舎を建て仏法を弘めるに久住の地なりやと問う。老翁、この山の霊地なることを説き、我は此の所の地主《じしゅ》なり、永くこの地を和尚に献ぜん、仏法を弘め広く群類を利せよ、我倶に衛護せんと言って、姿を消す。梢の鳥は三宝を唱える。尊師感涙を流し、この由を上奏する。延喜帝、殊に叡感あって、除病延命のために根本の堂舎を造営し給うと。

開山の尊師とは、空海の孫弟子の聖宝、理源大師と諡《おくりな》される。この山の地主神とは横尾明神、清滝宮の近くに社がある。さて、醍醐味だが、もとは仏典中の用語である。牛馬羊などの乳、わけても牛乳を善しとするが、これから酪《らく》を製し、酪から酥《そ》を製し、酥の精液を採ったものが醍醐であり極甘美なりという。李時珍の『本草綱目』にそれぞれの製法、効能を記すけれども、解るようでよく解らない。小野蘭山の『本草綱目啓蒙』によれば、酪は蛮語でボウトル、今云うバターであり、酥は酪のうわずみを取って製する。「酪より酥をとり、酥より醍醐をとる。その味漸上品となる、故に仏家に法の極意を醍醐味と云」とある。ともかく醍醐水は寺名の起源であり、寺名から中世以後郷名、村名ともなる。

『元亨釈書』には、貞観の末醍醐寺を闢《ひら》く、延喜九年（九〇九）醍醐の号を賜わって官寺と為すとある。或は草創を貞観十六年（八七四）とし、延喜七年に勅願寺となったともいう。

延喜九年聖宝寂後、その弟子で初代座主《ざす》となった観賢が大に経営に努めた。堂舎は初め上醍醐に造営されたのであるが、次第に山下に伽藍を造り、下醍醐が形成されてゆく。寺観が整うにつけ、塔のないのを遺憾とし、承平元年（九三一）に発起し、天暦五年（九五一）五重塔竣工、翌年落慶供養が営まれた。後世修復の手は加えられたものの、創建時の姿を伝える唯一の遺構であり、醍醐寺の象徴的存在となっている。

　醍醐寺は皇室と固く結びつくことによって栄えた。室町時代に至って、足利義満の猶子《ゆうし》として三宝院に入った満済《まんぜい》がやがて七十四代座主に就任する。将軍の猶子となるということは、いつか醍醐天皇流の源氏が多く座主を占めるようになったからである。満済はさらに太皇太后、皇太后、皇后に准ずる待遇を受ける准三后《じゅさんごう》となり、黒衣の宰相と呼ばれる。これより座主は三宝院門跡によって独占される。将軍家の尊信を得たことは、当寺の益々の繁昌を約束する。

　しかし、これをもって仏法の興隆といってよいか。俗世の政治権力には必ず隆替があり、抗争がある。争いが昂ずれば兵乱に至る。政治権力と結託しているからには、寺もその災禍を免れることはできない。醍醐寺は南北朝の乱に際し、一部の建物が焼かれたが、決定的な打撃をうけたのは、応仁文明の乱の時であった。堂舎の大半が灰燼に帰してしまった。

　それが今日見るまでに復興したことについては、八十代座主義演と豊臣秀吉との結びつきを考えねばならない。義演は関白二条晴良の子で、将軍足利義昭の猶子となって醍醐寺に入り、十九歳で座主

となった。それから九年後、准三后、略して准后の宣下を受けた。二十八歳にして位人臣を極めたのである。それが天正十三年（一五八五）七月。同年同月、秀吉が関白となっている。これは偶然ではあるまい。義演の同母兄二条昭実《あきざね》が、三月になったばかりの関白を辞し、秀吉に道を譲ったのである。秀吉と二条家との貸し借りの関係が、やがて秀吉と義演との相互援助、相互利用へと進んだように思われる。その一端が醍醐の花見に如実に現れている。『義演准后日記』というのがある。原本六十二冊は醍醐寺に蔵せられており、「史料纂集」に翻刻を収めている。この日記に就いて花見の顚末を見よう。

慶長二年（一五九七）二月十七日、当寺塔婆修理を太閤御所より仰せ出さる。五重塔の破損を心配していたところゆえ、珍重。

三月八日、太閤御所俄に当寺の花御覧にお成りとのこと、仰天して掃除をさせる。巳の刻渡御、馬場の花を御勝美あり、塔婆破壊の躰を具に御覧あり、費用として先ず千五百石を仰せ付けらる。珍重々々。徳川家康ほか諸大名御供にて上醍醐に登る。太閤の胸中には、おそらく花見の構想が描かれていたのであろう。五重塔修理の沙汰も、俄の花見も、来年のための布石であったに違いない。

慶長三年正月五日、五重塔釿始《ちょうなはじめ》。つまり起工式である。「寺中繁昌、満足不過之」。

二月九日、太閤突然お成り、金剛輪院を具に検分、泉水ことのほか御勝美。因に金剛輪院が三宝院門跡の法燈を嗣いでおり、現存の三宝院がこれである。北政所をはじめ秀頼様の花見に先立ってのお成りであった。五重塔に加えて二王門の修理を命ぜられる。やり山の景がもっての外に御意に入り、ここに御殿数宇を、花見の前に悉く造れと、奉行に仰せつけらる。清洲城修復以来、突貫工事は秀吉の得意とするところであるが、なんとも彼らしい性急さではある。

二月十三日、桜植奉行来る。馬場からやり山まで三百五十間、左右に七百本の桜を植えるのだという。江州、河州、和州、当国城州、四ヶ国の桜を掘って来て植え、吉野の景をここに移すのだそうな。花見といっても、馬場や寺内にある桜を賞翫するのではなかった。既存のものに満足せず、新しく桜の世界を造って見せようという。なるほど秀吉らしい奇想天外の着想である。しかも桜だけでは満足しない。堂塔の修復、御殿の新築、すべて花見のための趣向であった。

二月十六日、太閤お成り。山号を深雪山とすべしとの仰せ、珍重々々。御詠歌あり、「相おひの松に花さく時なればみ雪の桜千世や経ぬらん」これは若君秀頼のこと。すると、花見はもとより、醍醐寺への力添えも、魂胆は六歳の秀頼の将来にありと察せられる。

二月二十日、太閤お成り、直にやり山に登らる。その後門跡に渡御。泉水の縄張り、すなわち庭の設計について細かい指示がある。中島に檜皮葺きの護摩堂を建てる、橋を架け、滝二筋を落す、聚楽第より名石を運ぶなど。また二王門は馬場通に建てよとも。

二月二十三日、太閤御入寺、伽藍再興を仰せ出す。二十八日にもお成り。

三月三日、「太閤御所渡御、御機嫌快然」。作業が進捗しているのであろう。

三月五日、塔は五重まで完成、「早速奇妙々々」。

三月六日、花少々咲く。九日、花漸く咲く。やれやれと、胸を撫で下ろしたことであろう。

三月十一日、太閤渡御。「行幸来年ナルベキ由仰」。そうか、秀吉の本意はそこにあったのか。そういえば、深雪山と号したのは、行幸《みゆき》を掛けていたのだな。天正十六年（一五八八）四月、後陽成天皇を聚楽第に迎え、秀吉至上の面目を施した。再度の行幸をもくろんでいたのだ。おそらくは秀頼のために。柳の下に泥鰌がおるかどうか。「御女房衆御花見」は十四日、十五日のいずれかとの御意。この催しは女の花見なのである。妻妾侍女たちを引き連れての遊興。女の先頭に立つのはもとより北の政所であるが、義演は秀頼御袋様、すなわち淀殿にもずいぶん気を遣っている。

三月十三日　午の刻大風雨。花見は十五日と決定。お天気ばかりは太閤御所の威勢でも、座主義演の法力でもどうにもならぬ。

三月十四日、太閤渡御。よほど気にかかると見える。日本国諸大名より金銀の折、島台、樽進上。二条家、鷹司家よりも金銀の折が届く。

三月十五日、晴。よかった、よかった。「今日太閤御所渡御、女中各御成、終日花御覧、路次茶や以下結構、難筆舌尽」。何一つ障碍無く、無事還御。「一寺之大慶、一身之満足也」。当門跡へ銀百枚、寺中へ鵝眼すなわち穴あき銭万疋、菓子折を下さる。因に、この日は太陽暦で四月二十日に当る。ずいぶん遅い桜であった。

三月十六日、「雨降、今日風雨、昨日天晴、太閤御所御威光顕然、奇特々々」。御礼のため伏見城に参上。

四月八日、金剛輪院の池に大石を引き入れるとて、三百人ばかり来る。

四月九日、泉水に「フヂト大石」を据える。ほかに大石三つを立てる。手伝三百人来る。

四月十二日、太閤突然にお成り。まっさきに泉水を御覧になり、普請についてなお仰せつけらる。

庭園の改造は花見までに終らなかった。来年の行幸を予定して、秀吉は特に念を入れたのであろうか。謡曲「藤戸」に由来するとされる天下の名石藤戸石を聚楽第から曳かせた。聚楽第そのものは文禄四年(一五九五)関白秀次の切腹に絡んで破却されているので、聚楽の夢を醍醐に再現しようと考えたのであろうか。現三宝院庭園の中央に立てる三尊石組の中心の石がそれである。石組は造庭の骨幹をなすものであり、また石は霊を有するので、誤って立てると祟りが恐ろしい。それゆえ庭造りの伝書でも、石組を肝腎の大事としている。桃山時代の好みもあって、石を多く使っているから、工事に日子を要するのであろう。建物の修理や植樹のように突貫工事とはゆかない。

さて、十五日の花見について、義演の記述はさほど詳しくない。ほかにも花見の記録や考証は少なくない。とにかく豪奢にして奇抜を極めたものであったらしい。しかも、あるがままを観賞するのでなく、桜花爛漫の歓楽世界を創成演出したところが、秀吉の面目というべきである。

歴史に残る花見の遊興から何が見えてくるか。思い合されるのは天正十五年(一五八七)十月一日に催した北野の大《おお》茶の湯である。これとて権勢を誇示する意図から出たものであり、黄金造りの茶室を造るなどして人目を驚かした。しかし、この時は「茶湯執心に於ては、又若党、町人、百姓已下によらず、釜一、つるべ一、のみ物一、茶こがしにてもくるしからず候条、ひっさげ来仕候べき事」と、貴賤貧富のわかちなく来会を呼びかけた。あるいは太閤参内の途上、赤前垂の下女四五人に、これから内裏で能をするから、みんな見物に来いと誘ったとか、そんな話も『老人雑話』に見える。人を身分によって差別せぬ気さくさが太閤の人気のもとであり、それが人心収攬の術でもあったはずである。

醍醐の花見は秀吉の妻妾、侍女、また縁ある武将の妻女を客とした。奉行を勤める武将は別として、客人として招かれた大名は前田利家ただ一人であった。秀吉、秀頼父子が女たちに囲まれる、いわば豊臣一家の花見である。しかも沿道や会場周囲には、武装した兵士によって厳重な警固が布かれている。朝鮮出兵中という事情はあったにしても、秀吉の視野から天下万民が脱落してしまっている。

そういえば、義演は三年正月十八日に、「伝聞、於高麗国、去四日大唐ヨリ六十万騎兵蜂起、日本人ト合戦」と記している。だからどうと批判的な言辞は挿んでいないが、義演はひとかたならず心配しているのにちがいない。第一次出兵に際して、戦勝祈願をした縁もあり、朝鮮の形勢には関心を寄せずにおられない様子が、日記から窺われる。

かかる危急をよそに、花見のことにかまける秀吉は、一体なにを考えているのであろうか。花見の及す経済効果を挙げて、秀吉を弁護するむきもあるが、それなら戦役が終ってからでも遅くはあるまい。

当時秀吉の念頭を占めていた最大事は、おそらく自分と秀頼との長寿であろう。秀吉はこの頃おのれの体力の衰えを自覚していた。また淀殿の産んだ長子鶴松が夭折しているので、次子拾《ひろい》改め秀頼はなんとしても健康に育ってもらわねばならぬ。醍醐寺の復興に力を尽したのにも、御加護を願う執念があったと見なければなるまい。

さらに注目しなければならぬのは、三宝院の庭園改造である。古来庭園には蓬萊神仙の思想が流れている。また仏教の影響により、浄土曼荼羅《まんだら》の顕現とも考えられた。不老不死を願うのは無理にしても、延命息災、子孫安泰の心願が、庭園には罩《こめ》められているのである。花見は花見として、それが終った後に庭園の本格的工事にかかっているのはそのためであろう。造作好きは秀吉の性《さが》であるが、今度の場合は、趣味を越えた意味が秘められていたと考えて誤りなかろう。

このように見れば、秀吉の志も卑《ひく》くなったものといわざるを得ない。天下のことを忘却しては天下人も終りである。果して、その年八月十八日溘焉《こうえん》として世を去った。八月七日義演は「太閤御所御不例不快」を伝え聞き、ひたすら祈念をしている。しかし薨去の記事は日記に見えない。おそらく太閤の死は秘せられており、義演も知らなかったのであろう。

秀吉亡き後も、遺志を継いで建築、造庭の工事は続けられた。例えば、金堂、これは紀州有田郡湯浅の満願寺本堂を移建する予定であった。本尊薬師如来ともども移転が完了したのは、慶長五年（一六〇〇）のことであり、秀頼が寄進をしている。

毎年二月二十三日、仁王会を修し、金堂前で柴燈大護摩を焚く。本来は鎮護国家を祈るものであったが、庶民化して災難身代り、盗難除けのお札を授けるので、御利益に与ろうと諸人群参する。わけ

てもこの日人気を呼ぶのは力競べである。紅白重ねの大鏡餅、百五十瓩もあるのを台ごと持ち上げて時間を競うのである。近ごろは女力者の参加もあるらしい。この法会、五大力さんと愛称されるように、もとは上醍醐の五大堂で行われていた。この堂は昭和七年に焼失し、十五年に再建された。それまでは火難除けのお札も出していたが、火に遭ってから止めたよしである。

五大力は五大明王と混同されるが、元来は別である。五大力菩薩は、金剛吼、竜王吼、無畏十力吼、雷電吼、無量力吼の五菩薩をいう。いずれも忿怒相である。五大明王は不動、降三世、軍荼利夜叉、大威徳、金剛夜叉の五明王をいう。小絵馬の像は明王のように見える。いかがなものか、私も詳しいことは存ぜぬが。

上醍醐でもうひとつ信心を集めているのは、准胝《じゅんてい》観音を本尊とする准胝堂である。西国三十三所十一番の札所だからである。これも昭和十四年に焼けて四十三年に再建された。

こうした信仰と観光とが相俟って、醍醐寺は都の巽にあって善男善女群集の地となっている。太閤秀吉も准后義演も、さぞ満足なことであろう。

38 積善院準提堂《しゃくぜんいんじゅんていどう》・御辰《おたつ》稲荷神社・岡崎神社

積善院準提堂

聖護院と聞けば、他郷の人の頭にまず浮ぶのは聖護院蕪、聖護院大根、さては聖護院八つ橋であろう。今左京区南西部の地域名となっている聖護院は、もと愛宕郡聖護院村、明治二十一年京都市に編入されて上京区聖護院町となった。

地名の起りとなった寺刹聖護院は、春日通東大路東入聖護院中町に健在である。智証大師円珍を開祖とする天台宗寺門派の門跡寺院で、今は修験宗本山派の総本山を称している。

寛治四年（一〇九〇）、円珍の法脈を承ける増誉が、白河法皇熊野参詣の先達を勤め、賞として修験の先達、検校の職に補せられた。その法務のために営んだ白河の御房というのが、当院の直接の開創であり、おそらく現在地付近に在ったと推測される。三世覚忠「護持僧と為り、聖体を護持するを以て、聖護院と改む」と『京都坊目誌』にいう。

応仁の乱の兵火はここにも及んだ。『応仁記』に焼亡の寺院を枚挙する中に、「三井ノ御門徒ニハ円満院聖護院花頂実相若王子」云々とある。罹災ののち岩倉長谷《ながたに》に移った。降って、豊臣秀吉により現上京区烏丸上立売御所八幡町に再転し、延宝三年（一六七五）近火に類焼して、翌年旧地の聖護院に戻ったという。

天台修験道の聖護院は本山派、これに対し真言修験道の醍醐三宝院は当山派と称する。峰入りには、本山派の山伏は熊野から大峰山に入る。これを順の峰入りという。当山派は逆の峰入りといって、先ず大峰山に登り熊野へ抜ける。本山、当山、久しく対立抗争を続けていた。

さて、聖護院境内の東端に積善院準提堂がある。もとは積善院と準提堂と別であった。積善院は聖護院門跡の院家の一つで、地方山伏に関する事務を代行したという。所在地は聖護院村字出口。出口という地名は今残っていない。熊野神社の西北方、京都大学医学部附属病院、手短にいえば京大病院の敷地の内になっている。

準提堂は准胝観音を安置する堂で、熊野神社の境内にあった。今の熊野神社は東大路丸太町の西北角に小さくなっているが、昔は広大な境域であった。明治の神仏分離で堂は境外の東大路丸太町東南角に移された。そして積善院がこれに合併し、大正三年に現在地に移転したのである。

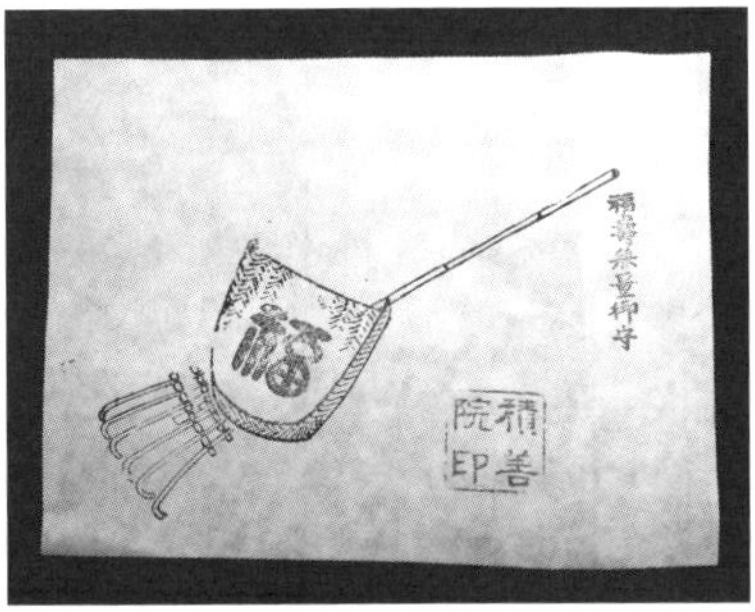

今は旧準提堂を本堂として、准胝観音と積善院本尊不動明王とを祀っている。それに並ぶ積善院旧本堂には役行者《えんのぎょうじゃ》の像などを安置する。

当院最大の行事は、二月二十三日に行われる五大力尊法要である。秘仏の五大力菩薩を開帳し、午前は大般若経の転読、午後は山伏の柱源《はしらもと》護摩供を行う。御利益に与ろうと、多数の参詣者が集る。

当院では紙絵馬を授ける。熊手と箕は福を掻き集めようとの心であ

ろう。左馬については懇切な注意を受けた。戸口に貼るとき頭を内に向けるように、頭を外に向けると家内の福が出て行ってしまう。決して間違えぬようにと。

境内の奥に、人喰い地蔵という物騒なものが祀られている。祠の中を覗くと、花崗岩厚肉彫りの地蔵尊の上半身が見える。実は崇徳院地蔵で、讃州白峰の配所で憤死した崇徳上皇を慰めるためのものだという。崇徳院が訛って人喰いとなったとか。そういえば、『拾遺都名所図会』に、崇徳上皇の御霊を鎮めるための粟田社の旧地は聖護院の森の西北にあり、「今旧地の字をヒトク井《ゐ》といふ。土人崇徳《しゅとく》院を謬り唱ふるにや」とある。私按えるに、京都でも「人」をシトと訛ることがある。すなわちシュトクイン、シトクイ、ヒトクイと転じたのであろう。

崇徳院の御霊は早くから畏れられていた。『平家物語』巻十の三日平氏に、寿永三年（一一八四）四月三日「崇徳院を神とあがめたてまつるべしとて、むかし御合戦ありし大炊御門が末に社をたてて、宮うつしあり。院の御沙汰にて、内裏にはしろしめされすとぞきこえし」とある。大炊御門《おおいのみかど》大路というのは、ほぼ今の竹屋町通に当る。その一筋北が春日小路、今の丸太町通である。大炊御門の末というのは平安京の外の部分で、鴨川の河原に近い。その地を「春日河原」とするものもあり、いずれにしても鴨川東岸の丸太町通に近いあたりに崇徳院の社があったと考えられている。人喰い地蔵が崇徳院社のものかどうかは判らない。崇徳院地蔵のほかにも聖護院村の各所に散在した石仏を、当院に集

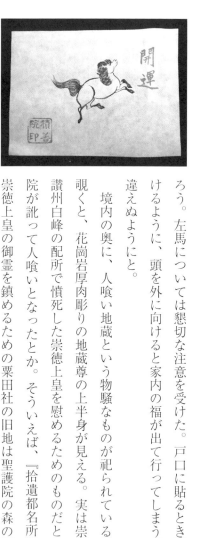

めて祀っている。

境内でもうひとつ目にとまる五輪塔がある。傍の石碑に「お俊伝兵衛恋情塚」とあり、「やつす姿も女夫連名を絵草紙に聖護院森をあてとにたとり行く」と刻む。昭和二十七年十一月、豊竹山城少掾、吉田文五郎らが建立した。

浄瑠璃『近頃《ちかごろ》河原《かわらの》達引《たてひき》』のお俊伝兵衛、文楽や歌舞伎を観たことのない人でも、「そりゃ聞えませぬ伝兵衛さん」というせりふは知っていよう。もっぱら上演されるのは「堀川猿廻の段」で、聖護院の森での心中は私も観たことがない。寺で発行する略誌に、心中をしたと書いているけれども、実は寸前に助けられ、二人はめでたく夫婦になるのである。

因に、お俊長屋と称するところが、堀川通下立売下ル東側にある。灰屋の路地といって、奥に大銀杏があった。今は往日の面影は失せてしまった。

御辰稲荷神社

積善院準提堂の向いが須賀神社。この界隈にあって西天王社といったが、夙く吉田山に遷され、大正十三年に御旅所のある現在地に還って来た。京の元旦風俗であった懸想文売りを復活し、節分の日に当社で人気を呼んでいる。

須賀神社東側の細い道路を南行すると丸太町通に出る。その西北角に鎮座するのが御辰稲荷である。『拾遺都名所図会』に「飯成社《いなりのやしろ》」として挙げ、「世にお辰狐といふ、御所稲荷の川上氏これを守る、

霊験いちじるしくしてつねに詣人《けいじん》多し」と記している。当社の由緒書によれば、「宝永年間、東山天皇の典侍、新崇賢門院の創祀である」とし、門院の夢枕に白狐が立ち、禁裏の辰の方角に森があるから、そこに私を祀っておくれと告げた。翌朝尋ねると、なるほど聖護院の森がある。さっそく小祠を建てる。辰の方だから祠を御辰稲荷と呼んだ。「辰」は達成の「達」に通ずるとて願望成就の信仰を集めたとか。あるいは、その白狐は琴が上手だったそうで、芸能上達を祈願する人も多いという。

　また福石を授って幸運を摑んだ伝説もあり、本殿の横に福石大明神を祀る。黒褐色の三尺もあろうかという石で大小二つの瘤がついた奇怪な形である。ほかにやや小ぶりで縦長の石を二つ立て、これも福石大明神と崇めている。

　今は猫の額ほどの社地であるが、昔は広く、鬱蒼たる森をなしていた。市街電車を通すために丸太町通を拡幅し、社地が削られたのである。

　小絵馬の一枚は、作りが凝っている。狐とお多福の土鈴、御幣、稲穂、笹をつけたもので私の蒐集の中でも珍種に属する。

　このあたりに関する資料を見ると、聖護院の森というのにしばしば出会う。院政期に栄えた堂宇の退転とともに、跡地が広大な森に変じたものであろう。近世に入り聖護院が旧地に復興し、寺坊、民

家などがふえるにつれ、森は寸断されたと思われる。いつか聖護院の森とは、熊野神社の森だと理解されるようになったらしい。『拾遺都名所図会』には「惣じて此の杜《もり》は方境広からすといへども老樹森々として木陰蓊鬱とし炎暑の時納涼《だうりやう》の地也」といっている。それでも熊野神社の現状に比べれば広いものであった。

岡崎神社

御辰稲荷から丸太町通の北側を東へ歩む。広道、一名岡崎通の手前、山崎歯科の前に小沢蘆庵宅址の石標が立つ。蒲生君平先生仮寓の石標も並んでいる。広道を渡って進むと、築地塀に聖窓《ひじりまど》を二つ取付けた家がある。聖窓というのは、細い竹を連子《れんじ》にした箱形の出窓である。燈火を入れて外燈としたもので、今日では珍しい遺構である。この家は香川景《かげ》柄《もと》の旧宅であった。

近世末葉、聖護院、岡崎のあたりは、文人画人の居を構える者多く、文士村の観を呈した。中島棕隠《そういん》、貫名《ぬきな》海屋《かいおく》、高畠式部、大田垣蓮月、税《さい》所《しょ》敦子、梁川星巌などと数えれば、賑かな顔ぶれではないか。

景柄旧宅の東は東本願寺の岡崎別院、もと岡崎御房といった。そのま

た東が岡崎神社である。

岡崎神社は、もと東天王社と称し西天王社と対をなしていた。天王とは、素盞嗚尊と習合した牛頭《ごづ》天王である。崇徳天皇のような御霊神が祀られれば、それを鎮める神もなければなるまい。慶応末年に、本地垂迹の名を嫌ったのか、岡崎神社と改称した。けだし神仏分離の走りであろう。しかし、旧名は地名として残り、ここを岡崎東天王町という。

これは西天王の須賀神社と異なり、境内広く、本殿、拝殿は堂々たる構えである。末社、絵馬舎、さらに能舞台まで備わっている。

主祭神はもとより素盞嗚尊。小絵馬は八岐大蛇《やまたのおろち》と闘う図、ご丁寧に大蛇の八頭を描く。絵馬舎に掲げる一枚には、酒甕を前にして、剣の柄《つか》に手をかけ、大蛇の到来を待ちうける姿が描かれている。

39 随心院

仁海《にんかい》が宇治郡小野の地に牛皮山曼荼羅寺《まんだらじ》を開いたのは、一条天皇の正暦二年（九九一）のこととしている。随心院はその子房として建立されたものであるが、寛喜元年（一二二九）門跡の宣旨を蒙り、真言宗小野派の中心をなした。その後変転あって、昭和六年以来善通寺派に属し、大本山を称している。

小野密派の祖で、小野僧正と呼ばれる仁海、俗には雨僧正として高名であった。『元亨釈書』によれば、寛仁二年（一〇一八）六月の旱《ひでり》に際し、勅によって神泉苑で請雨《しょうう》経法を修し、大雨を降らせた。それからも長元年中に五度、長久年中に四度、仁海が祈れば必ず雨が降った。長暦二年（一〇三八）僧正となったので、時の人は雨僧正と呼んだという。

寛仁二年の祈雨のことは『日本紀略』にも見えている。この年五月下旬から祈雨が始った。丹生《にぶ》、貴船両社に奉幣したり、大極殿で仁王経を読ませたりした。六月四日阿闍梨仁海が起用され、請雨経法を七箇日修した。神泉苑は古来祈雨の霊場であった。六日雷鳴り、北山に雨降り、鴨川に僅に水が出、八日細雨降るが、焼石に水のようなもの。仁王経転読を三日、請雨経法を二（三の誤か）日と日延べする。それでも感応なく、伊勢大神宮に奉幣使を立てる。七月一日以来、陰雲久しく凝り、暴雨頻に降る。十九日には丹生、貴船に晴天祈願の奉幣をする。八月十六日、仁海は権律師に任ぜられる。

請雨の賞である。

随心院には数十年来たびたび足を運んでいるけれども、ついぞ小絵馬を見かけなかった。昨秋（平成十八年）源氏の会で参詣して、初めて小絵馬にお目にかかる。描くのはうつむき加減の小野小町、目鼻立ちなどはよくわからない。本朝一の美貌は、とうてい筆も及ばじと遠慮したのであろうか。

かつては荒れていた文塚や化粧井を修復し、小野小町のゆかりを前面に押し出した。その商略が図に当ったか、絵馬掛に小町の絵姿が隙間もなく掛っている。願意を一々確める余裕がなかったが、おそらくは才色兼備のこの人に肖《あやか》らんとする善女たちの発願であろう。しかし小町の晩年を知れば、憧憬の念も冷めるのではなかろうか。

絶世の美女にも、否絶世の美女なればこそ、「花の色はうつりにけりな」の嘆きあり、さらには老衰流浪の悲運があった。盛者必衰は人の世の常だからである。

昨年九月三十日、味方健氏の勧める「卒都婆《そとば》小町」を観た。老女物の秘曲とされる能である。老窮の悲酸のうちに、盛年の自負のなごりを見せねばならぬ。

百年《ももとせ》の姥《うば》、揚幕より出るからに歩行もままならぬ体にて、「あまりに苦しう候ふほどに、これなる朽木に腰をかけて、休まばやと思ひ候」。高野山から都に上る僧、これを見咎めて、「いかにこれなる乞丐人《こつがいにん》、おことの腰かけたるは、かたじけなくも仏体色相の卒都婆にてはなきか、そこ立ちのきて余の所に休み候へ」。それより卒都婆問答となり、老女の舌鋒鋭く、ついに僧は言いこめられ、頭《こうべ》を地につけ三度礼《らい》する。

なりは乞食にやつれても、往年の才気驕慢は衰えない。この老女こそ「小野の小町のなれる果て」であった。さすがに老残の身を愧じるが、「今日も命は知らねども、明日の飢ゑを助けんと」、命のある限り衣食を断つことはできない。「なう物給べなう御僧《おそう》なう」。「小町がもとへ通はうよなう」と、ようやく狂乱の態が現れる。

「かきくれて降る五月雨の」ごとき男たちの恋文に、一度たりとも返しをしなかった。ことに深草の少将に百夜《ももよ》通わせて、九十九夜目に死なせてしまった。その怨念が憑いて放れぬのである。狂うは小町か少将か。「あら人恋しや、あら人恋しや」、口ばしるのは、寄る宿なき小町と妄執を離れぬ少将と、二人絡みあった声である。

伏見区墨染に欣浄寺《ごんじょうじ》という曹洞宗の寺がある。少将小町の塔や涙の水とも呼ぶ墨染井などがあり、この地を深草少将の邸址と伝える。ここから小野の里へ行くには山を越えねばならず、雨の夜も風の夜も、また雪の夜も、九十九夜よくぞ通い続けたものよ。その執念の深さからすれば、死んでも小町につきまとうのも、もっともなことと同情を禁じえない。

随心院曼荼羅寺の周辺には、早くから小町伝説にまつわる遺跡が伝えられていた。『名所都鳥』に「宇治の郡の小野には、小野小町がやかたの地あり。今樹木しげりて森々たり。されども里人柴の枝を切事なし。もしあやまっても伐れば一村祟をなす。其所に往《ゆく》道に竹あれど今に笋《たけのこ》を生せず。これ四位の少将が、百夜に一夜たらぬまで通ひし道也」とある。

『山州名跡志』によれば、深草の少将の通路《かよいじ》というのは小野から深草に通じ、墨染欣浄寺に至る。秀吉公の代に伏見城に訴えをする者がこの路を通ると本懐を遂げられぬという。また、小町が愛用した小町が水、雨の降るが如き艶書を収めた桜塚一名文塚、少将が毎夜の数をかぞえた計塚《かずえつか》を挙げる。『都名所図会』は、小町の水のある所は小町の父出羽郡司良実《よしざね》の宅地だとし、厨《くり》の前にある栢《かや》の樹は深草少将が植えおいたものだという。

こうして見ると、この地の小町遺跡は深草少将の百夜通いと不離の関係にあり、近世にはなおその怨念を恐れていたことが知られる。小野という地名は愛宕郡（現左京区）にも葛野《かどの》郡（現北区）にもあるのだが、宇治郡（現山科区）の小野が小町伝説に最も強く結びついたのは、一山越えれば深草の里という地理的関係によるのであろう。

40 禅林寺永観堂

「秋風を耳に残し、紅葉を俤にして、青葉の梢猶あはれ也」とは、『おくのほそ道』の白河の関での感懐である。永観堂は昔も今も紅葉の名所とされるが、紅葉によければ、青葉もまたよかろうではないか。「忍び音もおとなかりけり時鳥こやしづかなるはやしなるらん」（新拾遺和歌集・巻十九）と永《よう》観《かん》律師が詠んでいる。青葉に添えて、もし時鳥《ほととぎす》を聞くことができたなら、もっけのさいわいではないか。

当寺の楓樹を岩垣もみじと称している。それは藤原関雄の歌「おく山のいはがき紅葉ちりぬべして る日のひかり見る時なくて」（古今和歌集・巻五）に由来する。奥山といっているけれども、東山の山荘に籠って詠んだもので、岩が垣のように繞って日光を遮っているのであろう。君の恵みを蒙ることなく世を終えるであろう我が身を紅葉に喩えたのであるが、実情は必ずしもそうでない。

『文徳実録』によれば、仁寿三年（八五三）二月十四日「治部少輔兼斎院長官従五位下藤原朝臣関雄卒《シュッ》ス」「性閑退ヲ好ミ、常ニ東山ノ旧居ニ在リ、林泉ヲ耽愛ス。時人呼ビテ東山進士ト為ス」（原漢文）。天皇の寵遇を受け、官途に就いても、劇務を厭うて閑職に遷ったり、病を理由に辞退したりした。享年四十九であった。

関雄の没した年の十月、空海の弟子真紹がその家を買い取って真言の道場とした。それから十年

たって貞観五年（八六三）九月六日、真紹の願いが許されて、定額寺となり、禅林寺の名を賜ったのである。

そのことは『三代実録』に見える。真紹の申し分はこうである。仁明天皇の聖恩に報じ、国家を護持せんがために、毘盧遮那仏《びるしゃなぶつ》および四方仏像を造らんとしたが、資を得ず、河内の観心寺において三年かかって功を畢《お》えた。しかしながら山中では住持困難であり、後代に頽れることを恐れ、京のほとり東山に藤原関雄の家を買い、一堂を建て五仏を安置した。ただし僧が俗家を買うことは律令の制するところであり、私に道場を立てることは格式の禁ずるところである。禁制を犯すことは望むところでないので、定額寺として公認を得たいというのである。

真紹を開山として、禅林寺は幾変転、幾盛衰を閲《けみ》するのであるが、すべてを語れば夏の夜が明けてしまうであろう。前後を略して、当寺中興とされ、永観堂の堂号ともなった七世永観《ようかん》の話をしよう。当寺は毘盧遮那仏を本尊とする真言密教の寺刹であるが、永観律師の入寺より、阿弥陀如来を本尊とする浄土念仏の道場となった。毎日仏前に一万遍、二万遍の念仏を唱え、また声を惜まぬ行道《ぎょうどう》念仏が響いた。

永保二年（一〇八二）二月十五日寅の刻、例によって行道をすると、本尊が壇から降り行道を共にされる。永観信感のあまり、乾《いぬい》すなわち西北の方に向いて躊躇した。すると本尊は左に振返って、永観遅しとおっしゃる。しかも像の首は左を向いたままで、元に復しない。これぞ末世の衆生を摂取《しょうじゅ》引接《いんじょう》なされる証なりと、永観感涙を流して、そのよしを筆記したという。その像を今にみかえり阿弥陀如来と呼ぶ。

諸書に記すところは大同小異であるが、なぜ乾に向いて躊躇したのか、よく解らない。『洛陽名所集』は、襪子《したうず》、すなわち足袋の紐が解けたのでうつむいて結んだと書いている。躊躇の理由を解りやすくしたものか。『出来斎京土産』もこれを踏襲し、「跡を見かへり給ふは中品上生の弥陀の浄土引接の御すがたなりとにや」と言い添える。

みかえり阿弥陀、私も一度拝んだことがある。遅いぞと、人を咎めたり促したりするような表情ではない。極楽へ導くのに、遅れる者がおらぬかと、振り返られる慈悲を湛えた相好と、私は拝した。

鴨長明の『発心集』に永観の行跡を語っている。見返り阿弥陀の話はないが、悲田梅《ひでんばい》の話がある。「この禅林寺に梅の木あり。実なるころになりぬれば、これをあだに散さず、年ごとに取つて、薬王寺といふ所におほかる病人に、日々《にちにち》といふばかりに施させられければ、あたりの人、この木を悲田梅とぞ名づけたりける。今もことのほかに古木になりて、花も僅かに咲き、木立もかしげつゝ、昔の形見にのこりて侍るとぞ」。何代目になるのか、今も古方丈の庭に植え継がれている。

本堂阿弥陀堂の前に来迎松《らいごうしょう》というのがある。寛治二年（一〇八八）九月八日夜、永観が声を励して念仏を唱えていると、聖衆来迎して、星の如く樹上に集会したという。『山州名跡志』に「今亡《ナシ》」というが、『都名所図会』には、本堂の前に来迎松と悲田梅とを描いている。なお当寺の山号を聖衆来迎山と称するのはこれに由来する。

因に、永観は呉音でヨウカン（ヤウクワン）と読んでいる。したがって、永観堂もヨウカンドウ（ヤウクワンダウ）となるはずで、近世の名所記の大方はそのように振仮名をつけている。しかしエイカンドウと漢音で読んだ例も稀にある。今はもっぱらエイカンドウと呼び、ヨウカンドウといっても通じまい。疲れて、ああしんど、とぼやく時に、「ああしんにょどう（真如堂）、ここらで一服えいかんどう」と言う。近ごろそんな地口も聞かれまいが。

なお、法然に帰依した十二世静遍を浄土宗中興とする。あるいは十七世浄音の時、浄土宗西山派に正式に転宗したので、これを浄土宗中興とする説もある。ともかく当寺は浄土宗西山禅林寺派の総本山となっている。

41 熊野若王子《くまのにゃくおうじ》神社・大豊《おおとよ》神社・彌勒院

熊野若王子神社

永観堂に詣でたなら、その鎮守であった若王子さんにも参らずばなるまい。門前の鹿《しし》ヶ谷通を北へ、最初の辻を東、すなわち右に折れる。爪先上りの道を行くことしばし、若王子橋がある。ここが哲学の道の起点である。

橋を渡れば熊野若王子神社、京の人は若王子と短く呼ぶ。鳥居の前に小さい石の反り橋が架る。明暦二年（一六五六）七月吉良家よりの寄進とか。三百五十年の劫とはかかるものか。

橋の手前に一本の梛《なぎ》の木が立つ。目通り百四十七糎、高さは二十米もあろうか。樹齢推定四百年と称する。「受験・結婚・その他すべての苦難をナギはらうお守りです」と言って、梛の葉のお守りを授与する。効能書を読んで、そんなことができたらこの世に苦労なんかないわ、と毒づくおばさん。良人は無言。

効能書があまりにも卑俗に堕ちるゆえ、罰当りの悪態も出るのであろ

う。そもそも梛は暖地性の植物で、熊野三山の神木である。だから熊野を勧請した社には梛が植えられる。小絵馬の神使の烏が咥《くわ》えているのが梛の枝である。

本社の拝殿に掲げる「熊野大権現」の額の文字は烏で出来ている。烏は何羽いるか。「三羽という人もあれば、二十羽と言う人もいるでしょう。すべてにおいていずれも正しく、物事を色々な視点から見なければならないという教えの一説が込められています」とは、当節の画一主義への誓《いまし》めであろうか。

若王子とは若一王子ともいい、熊野権現の若宮の意である。その祭神を天照大神とし、本地は十一面観音であった。若王子は、近世には若王寺と書かれることも多く、正東山《しょうとうざん》若王寺と号し、三山の那智に当たるとされた。

明治の神仏分離により、仏教色を排除し、国常立神《くにのとこたち》、伊佐那岐神、伊佐那美神、天照皇大神を祀ることとした。本殿はもと四棟に分かれていたが、今は四座相殿の一棟となっている。なお、社務所の背後に、宝形造の屋根の見えるのが珍しい。これは本地堂の遺構である。

由諸については、「当社は永暦元年（一一六〇）後白河法皇が熊野権現を禅林寺（永観堂）の守護神として勧請せられ祈願所とされた正東山若王子の鎮守であったが」云々と、由緒書に記す。諸書に云うところも概ね同じである。ただし『山城名勝志』に、『元亨釈書』或注に云うとして、今の若王子は昔真紹禅林寺建立の時の鎮守、とあるのを引く。そうだとすれば、若王子の歴史は二百年ほど溯ることになろう。

『応仁記』に、将軍義政、仁政を忘れ、世の費え、民の苦しみを顧みなかった例として、寛正六年（一四六五）三月「花頂若王子大原野ノ花御覧」を挙げる。義政の蒙昧はさておき、若王子山は花の名所でもあった。それも応仁の兵火に罹り、灰燼に帰してしまった。

近世には聖護院門跡の院家として、熊野の入峰の先達を勤めた。『都名所図会』には、現存の境内の西南に接して、建物を描き「大先達」と記す。

ここは信仰とともに春秋を通じて清遊の地でもある。昭和三年刊の『京都名勝誌』に、「又山中には瀑布多く、一の瀧を十一面瀧、二の瀧を千手瀧、三の瀧を如意輪瀧といひ、皆観音菩薩の名号を附す。いづれも岩石壁立の間にかゝり、老樹陰森として上を蔽ひ、三伏の盛夏もこゝに臨めば、忽ち苦熱を忘る」とある。因みに、この滝を那智の滝に擬するが、大きさは比ぶべくもない。

本社に並んで夷川恵比須社を新築し、等身大の立派なえびす様を安置する。この像は、もと市中の夷川通に祀られていて、通の名となったものという。しかし宝暦十二年（一七六二）の『京町鑑』には、西洞院夷川付近に川が流れ、蛭子《えびす》社があったが、「応仁乱に此の社亡滅し川も埋れ侍りしが不思議に蛭子の尊像残り今六角堂の西隣不動院といへる寺に伝はり有」と異伝が見える。寺社の縁起というものは判ったようで、判らぬものである。

大豊神社

哲学の道を北へ、大豊橋を渡った奥に大豊神社が鎮座する。背後は椿ヶ峰である。以前は人の姿を見かけなかったのに、近ごろは参拝者が絶えない。異国の遊客も訪れる。神様が哲学の余恵を受けているということか。

近世には大豊《だいほう》明神社と称したらしい。当社を記録したものは少ない。『拾遺都名所図会』に「祭神牛頭《ごず》天王ならんか土人生土《うぶすな》神とす」とある。近代『京都坊目誌』に至って、「祭神少彦名命、菅原道真とす。往昔如意山椿か峰に鎮座す。故に椿峰山天神と称す。寛仁年中今の地に遷し、大豊明神と号す。或云円城寺の鎮守なりと。応仁元年兵火に罹る」「鹿ヶ谷一円の産土神とす」と記される。

現在の本社は簡素なものである。末社がおもしろい。稲荷社の前に狐が居るのは常のこととして、大黒社の前に据えるのは狛《こま》鼠である。小絵馬に描くように、一匹は宝珠を、一匹は巻物を抱えている。また、日吉と愛宕と小さい祠が並ぶ前には、狛猿と狛鳶とが相対している。それぞれの神の使いを狛犬の代りとした工夫を買いたい。

お守り、小絵馬も色々に造っている。環の中に人形《ひとがた》をつけて、六月祓の茅《ち》の輪潜りを象ったもの。小絵馬の部類に入れ難いかもしれぬが、厄除けのまじないである。

椿ヶ峰の名水を引いたり、草木にいちいち名札をつけたり、努力のほどを褒めねばなるまい。

彌勒院

大豊橋から哲学の道を北に歩く。鹿ヶ谷を過ぎ、浄土寺南田町、銀閣寺に近くなって祥雲山彌勒院がある。修験系の単立寺院だが、当寺について記したものは、管見に入らない。

どこにでもありそうな小寺である。門の傍に地蔵堂を作り、幸せ地蔵と号している。派手に彩色を施した地蔵菩薩像が厨子の中に立っている。

哲学の道とはいいながら、思索に耽っているような顔にはめったに出会わない。桜にカメラを向けるか、土産物屋、食べ物屋を覗くか、さもなければ、つまらぬ顔してただ歩いている。そんな時に、幸せ地蔵の提灯や幟がいやでも目を惹く。

元気、力、癒し、なんでも人から貰いたがるこの頃の世相、些少の賽銭で幸せが貰えるなら、結構至極ではないか。絵馬掛に何重にも小絵馬が下がっており、地蔵様大繁昌のご様子。

42 大報恩寺

『徒然草』で一寸変った体験を吹聴している。「二月《きさらぎ》十五日、月あかき夜、うちふけて千本の寺にまうでて、うしろより入りて、ひとり顔ふかく隠して聴聞し侍りしに、優なる女の、姿にほひ人より殊なるが、分け入りて膝に居かゝれば、にほひなども移るばかりなれば、びんあしと思ひて、すりのきたるに、猶居寄りておなじさまなれば、立ちぬ」。後に聞けば、さるお方が女房を使って私を試されたのだった（二三八段）。美女の誘いに乗ったら、笑い者にされるところであった。女難を斥けた賢明さを自慢した話であろう。

ところで、二月十五日は釈尊が涅槃に入った日である。二月九日から十五日まで、涅槃の像を安置して遺教経《ゆいぎょう》を講ずる。これを涅槃会《え》とも遺教経会ともいう。『徒然草』に「千本の釈迦念仏は、文永の比《ころ》、如輪上人これを始められけり」（二二八段）ともある。だが、文永（一二六四～七五）より百年ほど降って、貞治二年（一三六三）足利尊氏の命により涅槃講を行い、以来常典となったとされており、その創始は明かでない。

千本の寺とは、今いう新義真言宗智山派瑞応山大報恩寺である。所在は上京区五辻《いつつじ》通七本松東入北側。一条通より北の千本通一帯を古くは千本と称した。だから、嵯峨釈迦堂清凉寺に対して、こちらを千本釈迦堂と呼ぶ。

彦龍《げんりょう》周興の『半陶藁』に縁起譚を記す。本寺は、求法《ぐほう》上人義空の開創で、倶舎天台真言三宗弘通の霊場である。上人は出羽の産、志学すなわち十五歳にして、精舎を創って四恩に報ぜんとの大願を発した。猫間中納言光隆の家卒に岸高という信男あり、千本に土地を喜捨して、承久三年（一二二一）仮に小堂を構え、一仏十弟子の像を安置した。

貞応二年（一二二三）大堂を建てんとしたが、大光柱とする材が得られない。おりしも摂津尼崎に材木を売る富商、成金という者が夢を見た。金色白眉の老杜多《ずだ》、すなわち老いたる僧が現れて曰く、洛陽の北隅に精舎を創るのを見るに、汝の所の巨材に大光柱にできるものがあるから、これをわしに売ってくれと。成金承諾すると、材木の頭に大報恩寺の印を刻んで去った。覚めて視るに、材木に印文がはっきりと残っている。感歎した成金、京に行き大報恩寺を尋ねると、全く夢に見たとおりで、老杜多は十弟子の第一迦葉《かしょう》尊者と容貌が一致する。成金喜躍にたえず、約束した材を悉く寄進した。ここに大堂は日ならずして完成した、という話である。

もっとも創建については異伝もある。義空の甥にあたる奥州の藤原秀衡が、上人のために大堂を建立したともいう。ただし秀衡は文治三年（一一八七）に没しており、年代が合わない。遥に遡って、用明天皇の開創だとか、本尊は天皇の念持仏だとかいう伝えもある。寺坊を養命坊と号したので、あるいはその名に付会したのかもしれない。

昭和二十六年、本堂解体修理のさい、安貞元年（一二二七）十二月二十六日の願文の墨書が棟木に残っているのを発見した。これは上棟のおりに書かれたものにちがいない。

「此地度々軍卒ノ居所トナレリ。然レドモ火災ヲノガレテ存セリ。古代ノ躰也」と『山州名跡志』にいう。いかにも、安貞以来兵乱、大火により京が焼けたことは数えきれない。他の堂舎や門などは類焼したが、不思議に釈迦堂だけは火に罹らなかった。よって本堂は、京都に現存する木造建築の最古のものであり、国宝に指定されている。

洛中洛外図で見ると、本堂は本瓦葺に画かれている。それを創建時に戻したということであろう、今は檜皮葺になっている。単層入母屋造で、正面に向拝《ごはい》を設ける。王朝の寝殿を思わせ、優美そのもののたたずまいである。

飾らぬ外観に比して、内部はさまざまに意匠を凝らしている。内陣、中陣、外陣に分け、それぞれに天井の造りを変える。内陣の柱と板壁とに、来迎図や付近の景観図を画く。『京都坊目誌』には、「正面左右の丸柱は山茶花の木を用ゆ。其他奇木多し」とある。

造作の妙もさることながら、参詣者をして瞠目せしめ、息を呑ませるのは、なんといっても仏像群である。行快作の本尊釈迦如来が中心にいます。これをとりまいて、快慶作の十大弟子、摩訶迦葉《まかかしょう》、阿難陀《あなんだ》、舎利弗《しゃりほつ》、目犍連《もくけんれん》、阿那律《あなりつ》、須菩提《すぼだい》、富楼那《ふるな》、迦旃延《かせんねん》、優婆離《うばり》、羅睺羅《らごら》が勢揃いする。写実的に造られ、どこかで会ったような面相もある。うちの宿六にそっくりというのもあろう。

聖、千手、十一面、馬頭、准胝《じゅんてい》、如意輪の六観音は、貞応三年（一二二四）定慶の作。素木造で、優しさが溢れている。像はもとより、檜の一枚板を透彫にした船形の光背まで、寸毫たりとも欠損なく保たれている。奇蹟というべきか。仏、菩薩、尊者、一堂に聚る盛観は、信不信を問わず、詣でる者の心を奪う。

かく言うのは、何十年も前の昔話である。今はさような盛観に遇うことはできない。霊宝殿が完成して、観音様も十弟子もそちらに引越してしまった。本堂にはお釈迦様だけが取残され、つくねんとしておわす。霊宝殿の仏たちも、魂の抜けた美術品のように見えてならない。仏像は、やはり仏殿の内で拝みたいものである。重要文化財保護の主旨はわかっているのだが。

当寺については、歴史や行事など話したいことは山々だが、きりのない長談義になるので、端折って小絵馬の由来にだけ触れておこう。

近ごろはおかめ寺などと称して宣伝に努めているが、それにはこういう話が伝えられている。長井飛騨守高次は世に聞えた工匠であった。釈迦堂造営の棟梁を勤めたが、千慮の一失というか、一本の柱を短く切ってしまった。弱りきっていたところ、妻の阿亀《おかめ》が枡組を考案して、寸法の足らぬところを補ってはと言う。内助の功により、上棟も無事に行われた。ああそれなのに、その日を待たず、阿亀は死んでしまった。妻の助言で棟梁の任を果したと世間に聞えては夫の恥と、自らの命を断ったのだという。

由緒書に「口碑によれば高次は、亡き妻おかめの名に因んだ福面を扇御幣につけて飾り、妻の冥福と大堂の無事完成、永久を祈ったと云われている」とある。京都では、今も棟上げの時、お多福の面を棟札につける風習がある。釈迦堂のおかめ伝説に繋っているのかもしれない。

境内東側に花崗岩の宝篋印塔《ほうきょういんとう》が建ち、これをおかめ塚と呼んでいる。「享保三戊戌年孟冬吉旦」の銘があり、施主は三条通菱屋町池永勘兵衛。塔身に刻む願文を見ても、おかめ供養と関係なさそうだが、いつかおかめ伝説と結びついたのであろう。

昭和五十四年、塔に並んで、大きな阿亀多福の銅像が建立せられた。正座して、両手に枡組を持ち、その上に宝珠を置いている。なお説明板には、義空上人は藤原秀衡の孫だと記す。

当寺の節分会をおかめ節分と称している。おかめ姿の豆撒き、上七軒のきれいどころのおかめ音頭などで賑わう。

43 水火《すいか》天満宮

天満社、八幡社、稲荷社などは各地に勧請され、どこへ行っても見ることができる。宗教法人として登録されている神社を、京都市について調べると、八幡社が断然多く二十六社、次いで天満社が二十社、稲荷社は多いようだが十三社にすぎない。

京都市全体ではそうだが、洛中に限って見ると、天満社八社、稲荷社七社、八幡社二社と順位が変る。つまり天満社は洛中に多く、八幡社は洛外に多いということである。なにゆえかような分布を示すのか。天満天神は文の神、八幡明神は武の神。公家と町人との町であった京都市中では、武よりも文の神が貴ばれたのであろうか。

上京区堀川通鞍馬口下ル東側に水火天満宮がある。古くは水火の天神といった。堀川通はここまで通じておらず、神社の西側に折れ曲った細い道があり、天神の辻子《づし》と呼ばれた。昭和二十七年に堀川通が延長拡幅され、神社は東に移されたのである。

『京都坊目誌』に、「近時祭神の千年祭を行ひ、社殿に修飾を加へ壮観なり」とあるが、これは大正十一年後の話で、現状は境内も狭く、社殿も小さく、壮観といえるような姿ではない。

当社については、近世の名所記の記述がいずれも簡略で、詳しいことは判らない。『都名所図会』に絵があるが、社殿は小さく、現存のとさして変らないように見える。立派な松の樹を画き、これを

影向《ようごう》の松としている。「祭る所水火の霊神なりといふ一説には天満天神なりとぞ」とあって、祭神も明かでなかったらしい。そもそも天神というのは雷神や疫神の称であるが、いつか天満天神、すなわち菅原道真と考えられるようになることが多い。当社もおそらくその例であろう。

それにしても、西側の鳥居の傍に建てた石柱に「日本最初　水火天満宮」と刻むのは何ゆえか。そのわけは登天石に訊かねばならぬ。南側の鳥居の内に、ねじれた形の奇怪な石が台座の上に据えられている。これを名づけて登天石と称する。

伝えて謂う。菅原道真の死後、京に落雷が頻《しき》る。これは道真の怨霊のなす業だとして、比叡山法性坊の尊意大僧正に祈禱の勅命が下る。尊意が参内しようとすると、鴨川がみるみる氾濫して渡ることができぬ。尊意、神剣をささげて祈るや、河水二つに分れ、中の石の上に道真の姿が現れ、忽焉として天に駆け登った。その時の石の一片がこれなる登天石にございい、ということになっている。

石標を立てて、「天満宮御臨降登天石／鎮座一千年記念　大正十一年九月吉辰」とある。大正十一年（一九二二）より千年の昔といえば、醍醐天皇の延長元年（九二三）のこと。この時をもって当社の創祀とする。

なるほど延喜二十三年（九二三）に皇太子保明親王が、二十一歳の若さで薨じた。『日本紀略』に「世を挙げて云ふ、菅帥霊魂の宿忿の為《な》せる所なりと」（原漢文）とある。天皇は、道真を本官の右大臣に復し、正二位を贈り、左遷の詔書を破棄した。さらに延長と改元した。しかしながら、道真御霊の祟りは歇《や》まず、宮廷の不幸、天下の災厄が続いた。終に延長八年（九三〇）六月二十六日、清涼殿に落雷して死傷者が出た。その日から天皇は病み、祈禱の効なく、九月二十九日に崩じた。

　延喜三年（九〇三）大宰府の謫居に怨みを呑んで逝った道真の「宿忿」が、はっきりと認識せられたのが延長元年である。この際に御霊神として祀られることも、ありえぬ話ではない。とすれば、北野天満宮の創祀がずっと降って天暦元年（九四七）のことであるから、ここ水火天満宮が「日本最初」を号するのも故なしとはいいがたい。

　それはそれとして、登天石なるものが、いつからここに存在したのか、確なことが判らない。近世にこれを記録したものが見当らぬ。しかし、大正十一年の一千年祭に、こんなものを持ち出したということではないらしい。明治二十五年から大正六年にかけて京都を巡遊して、『旧都巡遊記稿』を遺した秋元興朝が、「本社の前に菅公渡天石と云あり」と書いている。一字ちがうけれども、実物はおそらく同じであろう。

登天石の傍に、御影石の柱が立てられ、「是より洛中荷馬口付のもの乗へからす」と彫ってある。洛外から荷物を運んで来る馬方に、洛中に入ったら馬に乗ることを禁じた交通標示である。人家が密集し、往来頻繁な洛中では、交通安全のため、しっかりと馬の手綱をとって歩けというのである。

洛中の入口にあたる木戸や橋や御土居《おどい》に、こうした標示が立てられていた。享保二年（一七一七）ごろにほぼ形を整えた『京都御役所向大概覚書』によれば、元禄八年（一六九五）に木杭を立てたが、朽ちやすいので追々石杭に替えたという。東西南北、洛中の入口三十ヶ所に立てられていた。覚書にその場所を記す中に、「水火天神図子《づし》　木戸之外東側」というのがある。これがおそらく当社に残っている石杭であろう。

洛中の入口を京の七口《ななくち》というが、それには出入りがあって、必しも一定しない。実際にはもっとたくさんの入口があった。御役所が管理するもので、三十の入口があるということである。

洛中洛外の境界は、北が鞍馬口通、東が鴨川、西と南とが豊臣秀吉の築いた御土居の線と思ってよい。鞍馬口通と交叉する箇所で、室町《むろまち》通が小山口、新町通が清蔵《せいぞう》口、天神辻子が能成寺口、大宮通が安居院《あぐい》口と呼ばれた。ただし、天神辻子は現在の広い堀川通に呑まれ、鞍馬口通は水火天満宮の北のあたりで紫明通と一つになっていて、昔の様子を偲ぶことはできない。

44　菅原院天満宮神社

菅原道真誕生の地と伝えるところが京都市内に二ヶ所ある。一つは下京区西洞院通仏光寺下ル東側菅大臣町の菅大臣神社、近隣の人はカンダイシと呼んでいる。境内広く、社殿も大きい。ここに天満宮誕生水と称する井戸がある。

この地は菅原家の白梅殿の址であり、仏光寺通を挟んで北側が紅梅殿の址である。「東風《こち》吹かば匂ひおこせよ梅の花あるじなしとて春なわすれそ」と詠みおいて大宰府に下った道真の跡を慕って、梅の片枝が飛んでいったという。飛び梅伝説の梅は、紅梅殿の樹だという。紅梅殿址には、北菅大臣神社がささやかに祀られている。

　ともかく菅大臣の誕生水は、まことらしく思わせるものものしさがある。なお近世の名所記にも記載されている。

　いま一つは、上京区烏丸通下立売下ル西側堀松町に鎮座する菅原院天満宮である。境内も狭く、社も小さいが、そこに菅公御初湯の井と称するものを伝える。古めかしく見えるのだが、いつ頃作られたのか判らない。何でも書き留める秋元興朝の『旧都巡遊記稿』にも、井戸の記録は見えない。

しかし、菅原院と号する邸宅は、この地に存在したらしい。『拾芥抄』に「菅原院　勘解由小路南、烏丸西一町、菅贈太政大臣御所、或云参議是善家也、当時号㆓歓喜光寺㆒、北野祭日神氏来㆓此所㆒、取㆓枇杷㆒供㆑神云云」とある。後世の名所記など、大方は此の記事に従っている。

勘解由《かでの》小路というのは、ほぼ今の下立売通にあたるから、確かに現天満宮が旧址の一部になる。是《これ》善《よし》というのは道真の父であるから、ここに初湯の井があってもよかろう。もっとも、道真の母が里に帰って出産したとしたら、誕生水も初湯の井も意味を失うのだが、そこまでは穿鑿しないでおこう。

道真は菅三と称し、菅原家の三男坊ということになっているけれども、天神伝説では是善の実の子ではないとされる。すると、菅大臣の誕生水も、菅原院の初湯の井も、甚だ困ったことになる。『山城名勝志』は「大江佐国元永元年八月七日記云」として、こんな話を引用する。菅原院は是善卿の家である。そのかみ南庭を見ると、五六歳ばかりの童児がいる。そなたはどこの家の子かねと、是善が問うに、童児答えて言う、僕には住みかも父母もありません、あなた様を親としたいのですと。是善は、童児のただ人でないことを知って、その願いを許した。これすなわち菅丞相である。

元永元年（一一一八）といえば、道真死後二百年以上もたっている。雷になって暴れまわる畏しい神から性格を変えて、道真を学問文芸の神様として崇める風が生じていた。されば、このような霊妙不思議な伝説が世に流れることも、異とするに足らぬであろう。

菅原院の跡は歓喜光寺になったという。この寺は、一遍上人によって六条河原院の跡地に移され、後に四条京極の東北に再転した。現在、新京極通錦小路に鎮座する錦天満宮がそのなごりである。

また北野天満宮の祭日に、神職来って枇杷を供えるというのは、ここが御旅所となっていたのであろうか。それもいつのことかはっきりしない。近世の名所記のたぐいには、ここが菅原院の故地だというのみで、現在どうなっているのかを記さない。地図を見ても、この地に何の記入もない。つまり取り立てて見るべきものはなかったということであろう。もっとも当社の由緒書には、「そのかみ此地に社殿を存し菅原道真公を本座とし相殿に御父是善卿を奉祀して古より断ゆること無く今に至れり」と書いてはいるのだが。

平安遷都千百年の明治二十八年、京都市が編纂刊行した『京華要誌』には、「後天満宮を此地に祭れり中世以降漸次縮小し僅に小祠を存するのみなりしか弘化年中修造せり」とある。なるほど、弘化年中（一八四四―四八）より前は、取るに足らぬ祠だったということか。弘化以後神社らしくなって、『京都坊目誌』によれば、「明治六年村社に列す」ということになる。

事情は解った。だがこれで満足することはできない。『京華要誌』も『京都坊目誌』も何十年も後に書かれたものであるから、三等資料としか見ることができない。一等とまでいかなくとも、せめて二等資料ぐらいはほしい。

埃にまみれつつ探す、探す。遂に見つけたぞ。文久二年九月再板、三橋楼書房板の『京都御絵図』、彩色の絵地図である。烏丸通の西、下立売通の南の一劃に朱色を塗って「天神」と記入がある。これ、これ、これに違いない。文久二年（一八六二）当時、地図に載る程度に体裁を整えた神社が存在したことは疑いない。こうした地図は、地理、状況、景観等の変化に対する即応性が命なのである。

　幕末から明治初期にかけての京都の様子は案外に判っていない。名所記や地図のたぐいもあまり流布していない。動乱変革の時代で、それどころでなかったのかもしれぬ。今時の研究家も、坂本龍馬や新撰組については詳しいが、寺社などにはあまり関心をもたない。弘化から明治六年まであたりは、空白期といってよい。

　菅原院天満宮の文久二年における存在を確認したからとて、自慢にも手柄にもならない。腹の足しになる話でもない。実効性を偏重する当節からみれば、こけのわざかもしれぬ。

　昨今、京都検定とかいって浮かれ騒いでいる。その種の検定が各地各方面に拡散する勢である。それらの一見専門的な知識の集積も、いちいち裏付がとられていなければ、砂上に築いた楼閣みたいなものである。当節インターネットでいろんな知識を呼び出すことができる。便利至極といえばいえるが、それらにどれほどの裏付があるのだろうか。人さまの知識の借物ですます風潮が、どこまで瀰漫するのか、そら怖しい。
検定にも出題されない、インターネットでも検索できない、例えば菅原院天満宮の存在確認の如き些事をこそ大事と心得ねば、本当の進歩はないと思う。菅原道真の学問は、短札、つまりカードを用いて資料を整理し、実証することを大切にした。今どきの軽佻浮薄のやからに、本当の天神様を拝ませてやりたい。

注　阪急電鉄烏丸駅の改札口付近に駅近辺の案内図を掲げる。それに菅大臣神社を記入し、Kandaishi-Shrineと書き添えている。地元の呼称に従ったものである。

45 文子《あやこ》天満宮

天満宮巡拝の続きに、もう一社に参ろう。下京区間之町《あいのまち》通花屋町《はなやちょう》下ル天神町西側に文子天満宮が祀られている。いかにも市井のお宮といった風情である。

このあたりは東本願寺の門前町である。花屋町通の一筋南が上珠数屋町《かみずずやちょう》通、佛具、法衣などを商う店が多い。旅館、詰所、あるいは門徒寺院も集っている。天満宮の南東は東本願寺の渉成園枳殻《きこく》邸である。

当社本殿に菅原道真を祀り、相殿に文子比売《あやこひめ》、道真の母伴氏《ともうじ》、父是《これ》善《よし》公を祀る。近年、御幣を捧げる文子の銅像を建立した。

文子とは如何なる人ぞ。当社発行の縁起によれば、「道真公が五十九才で世を去った後、乳母である多治比《たじひ》の文子は庭前に小祠《ちいさなほこら》をもうけて道真公の霊をまつり拝んでいた。（これが当神社のはじまり）」という。また「当神社は菅原道真公を天神様として、日本で一番最初に信仰の対象におまつりした次第から《天神信仰発祥の神社》の由縁であり、《北野天満宮の前身神社》と言われる由縁であります」ともいう。

当社の縁起は、概ね「北野天神縁起」や「創建縁起」に拠って書かれており、その間に右のような当社にかかわる由来を挿入したのである。そのために自家撞着を起している。

「北野天神縁起」に記すところはこうである。「天慶五年七月十二日、西京七条二坊に住せりし多治比の女《むすめ》あやこといふ者に託宣しき」、われ在世の時は、しばしば右近の馬場に遊んだ。ここは都のほとりの閑勝の地である。大宰府に来てからも、かの馬場を思うと胸の炎も少し鎮まった。そこに祠を構えて、わが立ち寄るたよりとせよ、と。文子「身の程のいやしさにはゞかりて、右近馬場には社をつくらずして、柴のいほりの辺りにみづがきをむすびて、五ヶ年があいだはあがめいはふといへども」、神慮にかなわなかったので、「天暦元年六月九日、北野には遷したてまつるところぞ、日記には侍れ」。一方、天慶九年（九四六）、近江国比良の宮の禰宜神良種《みわのよしたね》の七歳になる息子に神託があった。やはり、右近馬場に遷るから、そこに法華三昧堂を建てよと言うのであった。良種は右近馬場に来り、朝日寺の僧最鎮らと謀り、文子らとも協力して祠を建立した。

それが天暦元年（九四七）のことである。右近の馬場というのは、現在の北野天満宮の東端に当ると考えられる。

さて、文子の住居が西京、すなわち右京の七条二坊であるなら、今の西大路七条の北あたりとなり、平安時代には西の市があった。「創建縁起」では右京七条二坊十三町とあるらしく、それならばもっと限定できる。七条通西大路西入北側、佐井通より東の地である。そこから三キロメートルほども離れた天神町の当社を以て発祥の地とするのは何故か。地理を超越した話で腑に落ちない。

道真は承和十二年（八四五年）に生まれ、延喜三年（九〇三）五十九歳で死んだ。文子の年齢は判らないが、乳母だとすると、道真よりすくなくとも二十歳前後上だと見なければなるまい。すると、託宣のあった天慶五年（九四二）には百十八歳前後、北野に祀った天暦元年（九四七）には百二十三歳前後という勘定になる。神武天皇の時代ならともかく、平安時代にそれほど長生きした話は聞かない。そもそも文子が道真の乳母だということは、旧記には見えない。いつからそんなことを言い出したのであろうか。

ここの町名は早くから天神町であり、天満天神とのかかわりがありそうなのに、近世の名所記の類に文子天満宮の存在を確認することができない。文子天神と称する社の一つは西の京の大将軍村にあった。これは明治六年北野天満宮に遷され、境内の東北隅に文子天満宮として現存する。いま一つは岡崎法勝寺《ほっしょうじ》町の満願寺境内にあり、北野から遷したという。ともかく下京間之町通にそれらしいものは記録されていない。

幕末に至って『花洛羽津根《はつね》』（外題京羽津根）という名所記が板行された。文久三年（一八六三）板を初めとし、元治元年（一八六四）、慶応三年（一八六七）、明治四年（一八七一）と改正版が出ている。これに当社が現れる。「文子《あやこ》天神　間之町万年寺通南　人家の裏ニ在　伝言　文子へ御形見として賜りしとも又文子感得の神影ともいへり　勧請の初詳ならす」とある。万年寺通というのは今の花屋町通に当るから、現在の地と見て間違あるまい。なるほど、人家の裏に在ったから、従来の名所記には見落されていたのであろう。

元治元年（一八六四）七月十九日、蛤御門の変の兵火が市街の大半を焼き尽した。どんどん焼けとも、鉄砲焼けとも俗に云う。東本願寺も焼け落ち、あたり一帯灰燼となった。文子天神も火難を免れなかったにちがいない。

「明治十年十一月十八日社格定まり村社に列す」と『京都坊目誌』にある。すると元治甲子の大火以後、明治十年までに通の表に出て、神社の体を整えたのであろう。また格付けのために、然るべき由緒が案じ出されたものと思われる。

社殿の裏に菅公腰掛石というものが据えてある。道真左遷の際にこれに腰掛けたという。上面が平で、腰掛に都合よくできている。『旧都巡遊記稿』に記されているから、近ごろ持ち出したものでないことは解る。

主祭神が天神様ゆえ、学業成就の小絵馬があることは勿論、最近は安産祈願や諸願成就の小絵馬も作られ、その他もろもろの御利益を並べている。

46 上徳寺

浄土宗上徳寺の所在、下京区富小路《とみのこうじ》通五条下ル西側といっても、京都の人にはぴんとこない。富小路通は、五条通以南で西の方へ斜に折れている。このあたりの道路が東西または南北に通らず、斜に歪んでいるのは、おそらく鴨川が西に偏って流れるせいであろう。

富小路通はもともと丸太町通から五条通までの直線道路の称であり、五条通以南の斜の道路は下寺《しもてら》町《まち》といった。その名のとおり、今でも多くの寺が残っている。東側に本覚寺、新善光寺、極楽寺、蓮光寺、長講堂、万年寺が連なり、西側に上徳寺、白毫寺がある。それぞれに曰くのある寺である。

上徳寺で貰った案内書に、「当山由来は、慶長八年（一六〇三年）徳川家康公によって建立された。開基は、上徳院殿（のち雲光院殿と号した阿茶局）であり、開山は伝誉蘇生上人（雲光院殿一位尼公の叔父）である。当山建立にあたり、家康公は、本尊に、江州鞭崎八幡宮の中尊である安阿弥快慶の作、阿弥陀如来を招来し本尊とした」とある。また上徳院は、家康の息女泰誉院の生母であるとも伝える。

しかし、確なことはよく判らない。泰誉院というのも、『京都坊目誌』によれば、徳川系譜に見えぬよしである。近世の名所記も、『都名所図会』に簡単な記述があるほかには、当寺を取上げるものを見ない。天明八年（一七八八）と元治元年（一八六四）と両度の大火に遭い、古い文書を失ったことも不運であった。

当寺は近年境内を整備した。駐車場を設けていないところが、今時奇特というべきであろう。明治三十年以後の再建という本堂は堂々と構えている。だが、参詣人の足はみな地蔵堂に向う。六尺余の石の地蔵尊は世継《よつぎ》地蔵と呼ばれる。家の跡継を授かりたいとの祈願に、霊験あらたかなりと信ぜられている。

寺伝によれば、明暦三年（一六五七）八幡の清水氏なる者が、世継を得んと当寺に参籠して、霊夢により石地蔵を刻み一堂を建立し、願叶って子を授かり、子孫繁栄したという。その後も、地蔵尊を信心する人々にしばしば奇瑞が現れた。

それほど有難い地蔵様なのに、近世の名所記に世継地蔵の名が出てこない。『京羽二重』の名地蔵の数にも入らない。

古いことはともあれ、近代の繁昌ぶりがめでたい。地蔵堂の簷下《のきした》に、古色を帯びた祈願絵馬や「ありがたやめぐみふかきを千代かけて家の世つぎをまもるみほとけ」という御詠歌の額が並んでいる。明治十一年から昭和十一年までのものである。

堂の三方は、昨今の小絵馬と涎掛とで埋められている。小絵馬の絵は朱色の鬼灯《ほおずき》である。何故か、昔からこの図が用いられている。萼に包まれた朱い実が、大事に育てられる赤ん坊を聯想させるのであろうか。また絵馬の形が通常の反対向きになっている。これは涎掛を形どったのである。

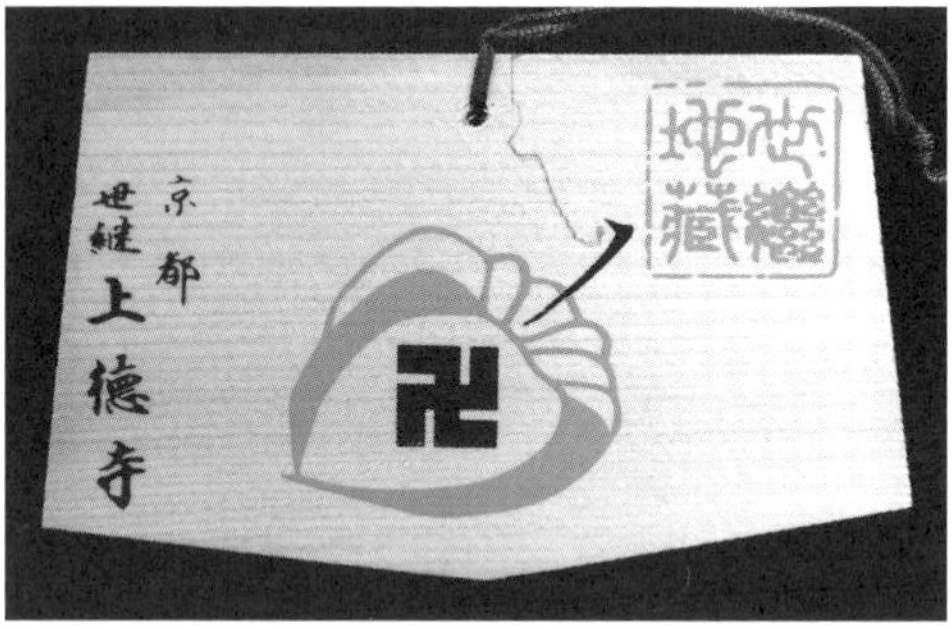

小絵馬や涎掛に書かれた願意を見るに、大方は元気な子を授かりたいとある。男の子とか女の子とか指定したのもあり、二人目がほしいというのもある。英語で書いたのも数枚混り、children と複数形で書かれたものもある。七十二歳の翁のごときは、世継を授かるために酒類を断ちますと書いている。涙ぐましい。そういえば、老男老女の代参の姿がしばしば見られる。

安産祈願や願い叶ったお礼の絵馬が何枚も掛けられているのは悦ばしい。なお子授けとは反対に、お預け、すなわち自然流産の願も叶えられるとか。勿論そんな御利益を表向きに言うはずはないが。一枚でも子おろしの絵馬がないかと探してみたが、むだな努力であった。当節そんなのは地蔵様に願うこともないのであろう。

地蔵堂の背後に、歯固め地蔵、水子地蔵、延命地蔵が並ぶ。水子地蔵の前に、沢山の塔婆が上げられている。悲しみの人も少なくないということであろう。また身代り地蔵の小堂があり、これに掛けた小絵馬は、病患治癒を訴えるものである。

世継地蔵の功徳日というのが、十二箇月のそれぞれに定められている。その日に参れば、何千日、何万日に向うというのである。中でも二月八日は一億劫日に向うとされ、当日は大祭護摩供が修せられる。

当寺の山号を塩竈山《えんそうざん》と称し、下寺町の一帯を本塩竈町《もとしおがまちょう》と呼ぶ。ともに、邸内に塩を焼いたと伝える源融の河原院に因む名である。今の五条通は平安京の六条坊門小路に当り、それより南、また万里《までの》小路《こうじ》に当る柳馬場《やなぎのばんば》通より東は、鴨河原にかけて河原院の故地である。そのため、河原院や源融に因縁づけた遺跡と称するものがあちらこちらに残っている。上徳寺の裏の地を生薑畠《しょうがばたけ》と呼び、河原院の池水の跡だともいう。なるほど、寺の後方の墓地が周囲より数米低く窪んでいる。もっともらしくはあるが、責任のもてぬ口碑にすぎない。

河原院の東京極大路より西四町は、光源氏の六条院に想定された地でもある。だが、今のところ、『源氏物語』の文学遺跡だと宣伝する様子は見られない。

なお、門内に「日のめぐみうれしからずや夏木立」と刻んだ句碑が建てられている。作者は堀内雲《うん》鼓《こ》。京の人、元禄から享保にかけての雑俳の点者で、冠句を提唱した。冠句とは、点者が出す上五に、中七、下五をつけて一句に仕立てるものである。京都では、今なお根強い人気を保っている。墓地の中央に「雲鼓親族墓」がある。

47 市比売《いちひめ》神社

上徳寺門前から下寺町を南へ下り、一筋目を東に折れて百メートルほど行くと、市比売神社がある。それよりも、河原町通五条下ル一筋目西入南側といった方が解りやすいか。とにかく、近ごろは市比売神社の幟や看板をあちこちに立てているから、尋ねるのに苦労はいらぬ。

女人守護の神様として宣伝に努め、派手な朱塗の門を構えた効果があったのか、老若の女人の参詣が絶えない。男は、大かた細君やガールフレンドに牽かれての参詣と見受けられる。

当社が女人守護を表看板に掲げ、良縁、子授、安産、厄除に御利益ありと称するのは、祭神五座が悉く女神だからである。すなわち祀るところは、多紀理比売《たぎりひめ》命、市寸嶋《いちきしま》比売命、多岐都《たぎつ》比売命、神大《かみおお》市《いち》比売命、下光《したてる》比売命。いずれも『古事記』に見える神々である。

天照大御神と速須佐之男命との姉弟が、天《あめ》の安河《やすのかわ》を中に置いて「うけひ」をした。「うけひ」とは、須佐之男命に邪心なき証《あかし》を立てるための占いで、『日本書紀』には「誓約」と書いている。

先ず姉が、弟の剣を取って三つに折り、天《あめ》の真名井《まない》に清めて嚙み砕き、吐き出した。その息の霧によって、多紀理毘売命、またの名は奥津島《おきつしま》比売命、市寸島比売命、またの名は狭依毘売《さよりびめ》命、多岐都比売命の三柱の女神が生れた。ついで弟が、姉の身につけた五つの珠を取り、同じようにして吐き出すと、五柱の男神が生れた。そこで、男神は姉の子、女神は弟の子と決めた。つまり女の子を得たことによって速須佐之男命の心の清さが証明され、「うけひ」に勝ったのである。この女神を胸形《むなかた》（宗像）の三神という。

多紀理毘売命は大国主神と結婚して、下光比売命を産んだ。また神大市比売命は大山津見神の女で、須佐之男命と結婚して、大年神と宇迦之御魂《うかのみたま》神とを産んだ。ともに穀物の神で、宇迦之御魂はのちに稲荷大明神と崇められる。

当社の内々陣に秘蔵する神像は、多紀理比売が下光比売を抱いている姿である。まことに珍しい像で、花山天皇の勅作と伝える。『雍州府志』に、「一説ニ市姫明神、今見二其神体一則鬼子母神乎」という。嬰児を抱く様から鬼子母神かと考えたのであろう。

近ごろその神像を写した小絵馬を作り、結構人気を呼んでいる。女人守護が桃色、女人厄除が朱色、諸願成就が紺色と色別けをしたところが、女人の好みに合《かな》うのであろうか。

当社の御利益で、もう一つ忘れてならぬのは市場守護である。実はこちらが当社を祀った本来の目的であった。『山城名勝志』に引

く「金光寺縁起」によれば、延暦十四年五月七日、藤原冬嗣が宗像三神を東西の市に祀り、守護神とした、よって市姫と号すとある。

しかし延暦十四年（七九五）というと、冬嗣（七七五―八二六）はまだ二十一歳で部屋住みである。ここは、冬嗣は誤りで、右大臣継綱（正しくは継縄《つぐただ》、七二七―七九六）とする『京都坊目誌』の説に従うべきか。

東西の市とはなんぞや。『日本紀略』に、延暦十三年七月一日、東西の市を新京に遷し、廛舎《てんしゃ》を造り、市人《いちびと》を遷したとある。すなわち十月二十二日の遷都に先立って市場を設置したのである。都会の生活は自給自足とはいかぬから、必需品を買う設備がなければ、その日から困ることになる。早々と市を遷したのは妥当な措置であった。

左京の東市は今の西本願寺のあたりに、右京の西市は今の西大路七条のあたりに、それぞれ広大な地を占めていた。都の生活に欠くべからざる市は、官の統制監督の下に運営されたから、規則ずくめで、不自由な面も多々あった。だが一方で、商品に値段の標示が義務づけられており、正価販売を励行したので、不当な値を吹っかけられることもなく、安心して買い物ができた。

右京は都市としての発展を見ず、したがって西市は次第に廃れ、東市がもっぱら繁昌する。市に集るのは買物客ばかりとは限らず、いろいろの目的をもった連中がやってくる。貴賤群集の巷となれば、布教活動にも恰好の場であろう。

天慶元年（九三八）に入京した空也《こうや》は、浄土教の弘通《ぐづう》に熱心であった。衆生に念仏を勧めるのに、やはり東市に目をつけたらしい。「市門にかきつけて侍りける　一たびも南無阿弥陀仏といふ人の蓮《はちす》の上にのぼらぬはなし」（拾遺和歌集・哀傷）と詠んでいる。やがて市比売の神託によって、東市に市堂を開いたという。市聖《いちのひじり》とも市上人とも呼ばれるゆえんである。その地は西本願寺の南、興正寺の城に当る。

降って弘安七年（一二八四）、或は九年、市堂の住持俊暁が、一遍に帰依して作阿と号し、堂を時宗の道場に改めた。これが市中山市屋道場金光寺である。市比売の社はいつか衰えて、寺の鎮守となったらしい。またそこには、天の真名井と称する井戸があったらしい。

中世、商業の主導権が民間に移るとともに、東市そのものも廃頽する。しかし、市屋道場は残っていたのであろう。天正末年、豊臣秀吉の都市改造によって、下寺町に移転した。現在、市比売神社の西に並ぶ時宗金光寺がそれである。

近世の名所記に記すところでは、市姫社は金光寺に属し、その域内にあった。天の真名井も寺内にあり、「洛陽の名水也」と『都名所図会』に見える。

明治の神仏分離により、今見るように寺と神社とが別れたのである。天の真名井は神社の所有となり、今も清泉を湧出している。昔は皇子皇女の誕生に際し産湯に用いられたという。今は一願成就の井戸と称している。あれもこれもと慾ばるのはよろしくない。

因に市比売神社、金光寺の前の百メートル余の路を、近世には市姫辻子《いちひめのづし》と呼んだ。ということは、金光寺よりも、市姫社の方が、住民に親まれていたのであろう。

48 松ヶ崎大黒天・新宮神社

松ヶ崎大黒天

松ヶ崎の名が最初に確認できるのは、『日本紀略』弘仁元年（八一〇）十月二十七日「禊二於松崎川一。縁二大嘗会事一也」の記事であるとされる。降って天暦元年（九四七）六月二十七日にも「太上皇禊二松崎川原一」とある。これを川の名として松崎川《まつがさきがわ》と読んでよいのか、あるいは松ヶ崎の地を流れる川で松崎の川、松崎の川原と読むのがよいか、何とも解らない。いずれにせよ、今いう高野川のことであろう。

松が崎はまた、紀貫之らが歌に詠んでおり、歌枕でもあった。『源氏物語』夕霧の巻にも、松が崎が現れる。夕霧の大将が、落葉宮の籠る小野の山荘に忍んで行く。「ことに深き道ならねど、松が崎の小山《をやま》の色なども、さる巌《いはほ》ならねど、秋の気色づきて、都に二なくとつくしたる家居には、なほあはれも興もまさりてぞみゆるや」。

これは、松が崎の里を通ったとか、松が崎の山を越えたとかいうのではあるまい。おそらく高野川の東岸の道を行き、対岸に松が崎の山を眺めたのであろう。小野に到る途中の景を叙して、歌枕として知られる松が崎の小山の秋色を点じたものと思う。松ヶ崎山の東崖は、高野川に逼って、一景勝をなしている。松ヶ崎の地名もこれに由来すると見られる。

話かわるが、八月十六日の夜、五山の送り火で、京都は熱鬧《ねっとう》の巷となる。旧暦では七月十六日の行事であり、盆に迎えた精霊を送る火なのである。点火する山は、時代により増減があったが、今は大文字、妙法、船形、左大文字、鳥居の五山に落着いている。松ヶ崎西山に妙を点じ、松ヶ崎東山に法を点ずるのだから、実際は六山なのだが、妙と法とは一体のものと見て五山と数えるのである。

ところで不審なことがある。西山の妙、東山の法、それぞれ山の南面に点火し、京の人々は南にいて、北に向ってこれを眺めるのだから、妙法が左横書に見えることになる。左横書に慣れ切った現代人には、何の不思議もないかもしれぬけれども、考えてみれば変ではないか。

左横書というのは、近代になって西洋語の影響により発生したもので、第二次大戦後はそれが普通のことになってしまった。しかしながら、日本語を横書にする場合は、右から左へ書くのが古来の定法であった。さらに極言すれば、日本語には元来横書という書法はなかった。一見横書と思われる額の字などは、実は一行一字の縦書である。それが証拠に、年月日、署名などは縦に書くではないか。そもそも漢字も仮名も、縦に書く文字として発達したものである。

こう考えれば、送り火の妙が左に、法が右に並ぶのは、まことに奇妙な配置といわねばならぬ。伝えるところによれば、日像が妙の字を書き、それより三百数十年後に下鴨大妙寺の日良が法の字を書いたという。それなら話は解る。伝承の真偽は別として、初めに妙の字を西山に作ったから、後で法の字を追加するのに東山に場所を求めざるを得なかったのである。

送り火の起源についての説は、そのままに信じがたい。妙法は法華信仰によって作られたものにちがいないが、鎌倉時代末の日像をかつぎ出すのは、あまりにも古すぎよう。万治元年（一六五八）山本泰順著す『洛陽名所集』に、「そのかみより七月十六日の夜、四方の山に松明《たいまつ》にて妙法大の三字、或は舟のなりなど、つくる事也」とあるのが最も早い記述である。

なお松ヶ崎山は、東山一八六・五米、林山一七〇・七米、西山一三三・三米の三峰が東西に連なる。「総称して虎ノ脊山といふ蓋し其形に因るなるべし」と『愛宕郡志』にある。一番高い東山が虎の頭になるのであろうか。

松ヶ崎小学校の前を過ぎて、坂道を上ると、東山の西南麓に日蓮宗立本寺《りゅうほんじ》末の涌泉寺《ゆうせんじ》がある。ここはもと本涌寺の寺地であり、大正七年小学校の地にあった妙泉寺と合併した。両寺の寺号の一字ずつをとって、涌泉寺と号したのである。

妙泉寺は、もと天台寺院であったが、日蓮宗の僧日像の布教に帰依した住職実眼が、徳治二年（一三〇七）に改宗し、名も妙泉寺に改めた。しかも松ヶ崎一村挙げて日蓮信徒となったという。そのため天文五年（一五三六）の法華法乱の中で、山門衆徒の焼打ちに遭った。

本涌寺は、天正二年（一五七四）日生を開基として創建された。法華宗の檀林、すなわち学問所の一つとして、学僧がここに参集した。いま涌泉寺の門前に「法華宗根本学室」の石碑が残る。現存の本堂は、檀林講堂の遺構であるとされる。

八月十五、十六日の夜、涌泉寺境内で題目踊が行われる。旧暦では七月。徳治二年一村改宗の時に始ると称するが、起源は明かでない。元禄十七年（一七〇四）正月板『花洛細見図』に、「松か崎本《ほん》涌寺《ゆじ》の堂のまへにて法花経の題目にふしをつけて拍子にあはせて老若男女うちましはりとうろうをかつきておどる事なり」とあり、絵には、笛、太鼓、鉦に合せ、草木を飾った四角の燈籠を頭に被き、扇を持ち、輪になって踊っている。数十年前、私が見た時分には、燈籠はなく、扇を上げ下げするだけの単調な踊りであった。踊り手たちは、信仰の法悦に浸り、あるいは民俗文化を維持する誇りを担っているのであろうが、見る方には甚だ退屈な踊りといわねばならぬ。見るあほうということか。

松ヶ崎小学校から東へ、法の字の真下あたりに松ヶ崎大黒天がある。参道入口に堂々たる石鳥居、石燈籠が建てられており、神社かと思い、木燈籠に導かれて坂を上ると意外や、寺らしい門にぶつかる。実は日蓮宗立本寺末の妙円寺なのである。

元和二年（一六一六）、学堂本涌寺の僧本覚院日英の隠居所が営まれ、日英の法徳を慕う住民たちによって一寺となった。昭和四十四年、本堂以下焼失、四十七年鉄筋コンクリート造の堂が再建された。

京都で妙円寺を尋ねてもおそらく通じまいが、松ヶ崎大黒天といえば誰でも知っている。『愛宕郡志』に、「大黒堂あり勇猛庵主日量の遺仏にて伝教大師の作なりといふ信仰最も多く甲子の日遠近参詣群をなす松ヶ崎大黒天とて其名尤も高し」とあるとおり。近ごろは七福神巡りの一としても参詣が多いようである。また水子観音像

を建立し、水子永代供養でも人を呼んでいるらしい。観音像の前に、セルロイド製の風車がずらりと供えられている。

なお大黒天の表参道をまっすぐに進むと、白雲稲荷神社が鎮座する。社殿は極めて小さいけれども、御所の能舞台を下賜されたという拝殿は立派なものである。祭神は、稲荷尊、鬼子母神、牛の宮。安産、火の用心の御利益があるそうな。

牛の宮の神託により、東松ヶ崎では井戸掘、牛飼が禁ぜられているとか。したがって農家では馬を飼い、昭和初期まで、現参道を馬場と称し、祭の日に競馬が行われたよしである。

井戸は妙円寺西参道下に一つあるのみで、大正十五年上水道が敷設されるまでは、これを村の生活用水としたという。町内は細い道が曲り曲っていて、その井戸に辿りつくのはむずかしい。妙円寺の西門から急な石段を降れば、段の尽きたところに井戸跡が見つかる。牛は馬をもって代えるにしても、井戸が一箇所では、さぞ不便至極であろう。だが、案ずるに及ばない。東松ヶ崎では、道沿いにきれいな水が流れている。数十年前には、もっと水量が豊かだったように記憶する。この流れが、飲用以外の使い水とされたことであろうと察する。

新宮神社

松ヶ崎小学校の西、林山南麓に鎮座する。祀る所、猿田彦神。石段の上り口に見事な樅の巨木が樹つ。本殿、拝殿、末社備わり、拝殿には古色を帯びた絵馬が掛けられている。五条橋の牛若と弁慶、加藤清正虎退治など絵柄もおもしろい。

『山州名跡志』によれば、「所レ祭法華一乗ノ守護大比叡神。改宗ノ後法華経一部幷ニ日像ノ曼荼羅ヲ以テ神体トナス。土人為《ナス》二産沙《ウブスナノ》神一也」。明治の神仏分離により、社号を白鬚神社と改めたが、明治二十年旧号に復した。

なお、当社の西に岩上神社がある。社殿を設けず、岩を神体とする。岩座《いわくら》信仰を伝えるものであろう。延喜式の末刀《まと》神社に比定して、式内末刀岩上神社と称したこともあるが、式内社と見なす確証はない。

松ヶ崎の社寺を巡るには、地下鉄烏丸線の松ヶ崎駅で降りるがよい。広い北山通より一筋北の旧道を東へ歩く。岩上神社、新宮神社、涌泉寺、妙円寺、白雲稲荷神社と並んでいるのだが、それぞれが道路に面していないから、細い道を山の方へ入ったり、出たりしなければならない。石段も坂道もある。脚の鍛練と思っていただこう。

49 白峯《しらみね》神宮

神武、綏靖、安寧、懿徳、孝昭、孝安と、歴代天皇の名を、むかし諳誦した人は少なくないであろう。天皇を呼び捨てにしては畏れおおいと、神武天皇、綏靖天皇、安寧天皇と唱えたむきもあるらしい。私も、小学校五年生で国史の授業が始った時、それをやらされるものと思っていた。ところが案に相違して、先生は、教科書に書いてあるから諳誦せんでよいと言う。どうせおまえたちはまちがえるだろうから、それでは不敬にあたるという理由であった。おかしなりくつだな、先生の真意はほかにありそうだと思ったりした。先生は丸諳記を嫌ったのか。ほかの組でどうだったのか知らぬが、友だちで神武、綏靖と唱えているのを聞いたことがないから、或は学校の方針だったのかも知れぬ。

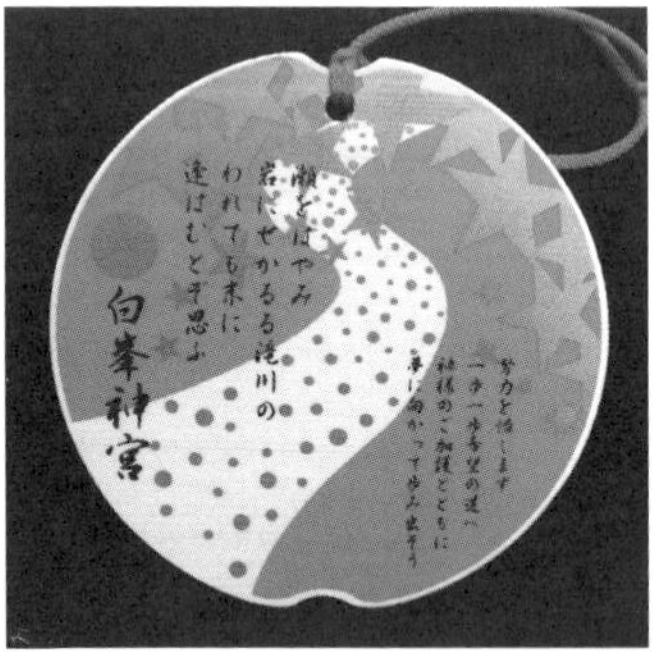

　おかげで私は、歴代天皇名を知悉せぬままに学校時代を過ぎてしまった。国文学を業とするようになると、天皇の名を知らずにすますことはできない。必要に迫られおいおい覚えたけれども、さて神武天皇以下正確に唱えよといわれると、自信がもてない。

　ところで、歴代天皇名が今のように整えられたのは、明治に入ってからである。それ以前は今と違っていた。試みに明治に近い『永代節用無尽蔵』の文久四年（一八六四）板を見よう。神功皇后が歴代に加わり、弘文天皇、仲恭天皇が見えぬ。淳仁天皇が「廢帝」となっている。

神功皇后を天皇として扱い、天智天皇の皇太子大友皇子、すなわち弘文天皇を天皇の列に加えぬのは『日本書紀』の方針であった。これを修正して、歴代から神功皇后を除き、大友皇子を加えたのは、水戸光圀の命によって編纂された『大日本史』である。

ひとたび皇位に即《つ》き、退位すれば、自動的に天皇として諡号《しごう》が贈られるというものではない。時の政治的な事情により、天皇と認められぬ場合もある。弘文天皇は壬申の乱に敗死して、勝者の天武天皇が位に即いた。淳仁天皇は藤原仲麻呂の乱に連座して淡路に流され、のち淡路の廃帝《はいたい》と呼ばれた。仲恭天皇は四歳で践祚、承久の変により七十七日で廃せられ、九条の廃帝と呼ばれた。

こうした政治の力学に依らず、歴史の理に立とうとするのが『大日本史』であり、その史観を承けたのであろうか、明治三年に弘文、淳仁、仲恭の諡《おくりな》を定め、正式に天皇の列に加えたのである。

新院と称した崇徳院は、保元の乱に敗れて讃岐の松山に流された。それで正式の諡がなく、讃岐院と呼ばれていた。安元三年（一一七七）京都の大火、鹿ヶ谷事件など不祥事があいついだので、怨霊を畏れて崇徳院の号を贈ったのである。長寛二年（一一六四）院崩じて十三年目のことである。

讃岐院は、京に帰ることが許されぬなら、せめて自分が写した大乗経の経巻なりと、都に近い鳥羽、あるいは八幡のあたりに納めたいと嘆願した。それも拒絶されるや、「われ生きても無益也」といって、「生きながら天狗の姿に」なり、「日本国の大魔縁となり、皇を取って民となし、民を皇となさん」と誓った。そんな恐しい話が『保元物語』以下諸書に伝えられている。

その怨念は諡号ぐらいでは収らなかった。例えば、『太平記』巻二十七に世にも恐しい光景を語る。出羽国羽黒の山伏雲景なる者が、諸国一見の途次、誘われて愛宕山に登る。そこで目撃したのは天狗の集会であった。金の鵄《とび》の姿に変じた崇徳院を上座に、天狗と化した代々の帝王、僧綱たちが並み居る。その中に淡路の廃帝の姿も見える。崇徳院の傍に控えるのは大弓大矢を持った八尺の巨漢、八郎為朝である。「今爰ニ集リ、天下ヲ乱候べキ評定ニテ有」という次第である。

御霊の中でも最も怖れられた崇徳院が、強力な天狗集団を率いて、都の西北愛宕山まで進出したとあっては一大事である。院の御霊を宥め鎮める事はしばしば行われたけれども、概ね姑息なものにすぎなかった。

明治二十八年京都市参事会編纂発行『平安通志』に、白峯宮について次のように記す。「初孝明帝崇徳天皇ノ神霊ヲ慰メン為、京都ノ地ニ還シ奉ランノ叡慮アリ、幕府ニ命シ下鴨川合社ニ擬シ、新ニ宮殿ヲ造立セシメ、未タ祀典ヲ挙ケスシテ崩ス、今上天皇先帝ノ遺志ヲ継キ、慶応四年八月、正三位行権大納言中院通富等ヲ讃岐国阿野郡綾松山白峰御陵ニ遣シ、陵傍頓証寺に斎祀スル神体ヲ奉迎シ、同年九月六日新宮に鎮坐シ、明治六年十二月十八日、式部助従四位五辻安仲ヲ淡路国三原郡加集中村天王森山陵ニ遣シ淳仁天皇ノ神霊ヲ奉迎シ、仝月二十四日合祀シ、仝年官幣中社ニ列セラル」と。因に官幣大社に昇格し白峯神宮と改称したのは昭和十五年のことである。

察するに、幕末の動乱は、孝明天皇の宸襟をいたく悩ませたにちがいない。そういう際に、気にかかるのは崇徳天皇の御霊であった。明治天皇もまた、崇徳、淳仁天皇が維新の大業に祟ることを惧れたのである。

新しい宮は、崇徳天皇の白峯《しらみね》御陵に因んで、白峯宮と号した。鎮座地は、上京区今出川通の北、油小路通の西である。町名を飛鳥井《あすかい》町という。近世の京都の絵図に、「あすかい殿」と記入したものがあるように、ここは飛鳥井家の屋敷であった。後に現京都御苑内、御所の東北に邸を移すけれども、旧地はそのまま飛鳥井家の所有であった。それを白峯宮造営のために寄附したのである。

境域広大とはいいかねるが、樹齢数百年と称するおがたまの巨木をはじめ、種々の木が繁りあって、鬱蒼たる森をなしている。また、左近の桜、右近の橘、昭和天皇お手植の松、三葉の松など、いろいろの樹を植え継いでいる。

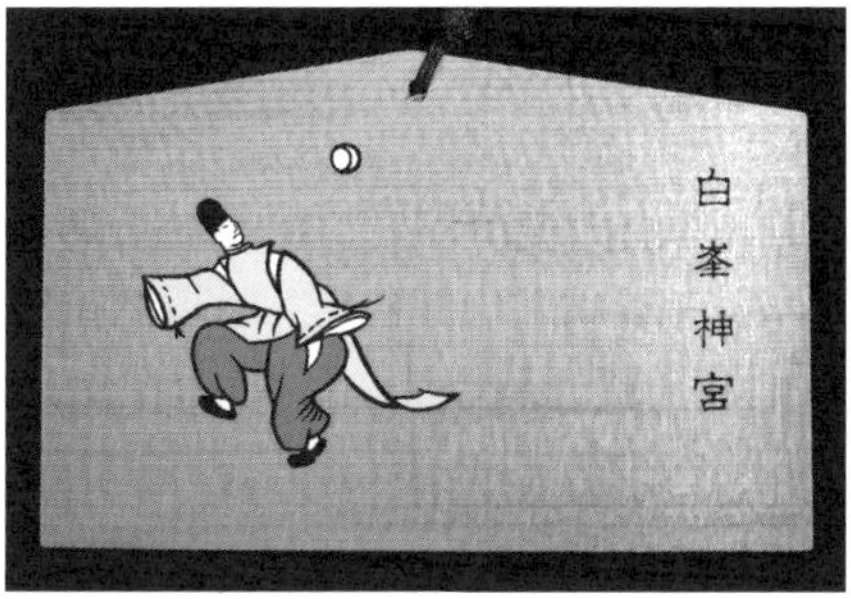

規模は中ほどながら、本殿、拝殿の整っていることはいうまでもない。
末社の一つに伴緒《とものお》社がある。祭神は源為義、為朝父子。保元の乱に、新院方に与《くみ》して敗れ、為義は斬に処せられ、為朝は伊豆大島に流された。「神体は為義為朝の画像にして、崇徳帝の宸筆と云ふ。元安井門跡に伝へしものなり」と、『京都坊目誌』にある。
伴緒社に並んで地主社が建つ。飛鳥井氏の勧請したもろもろの神を祀る。住吉神、玉津島神は和歌の神、飛鳥井氏が和歌の家であるから、当然祀らねばならない。また精《せい》大明神というのを祀る。これは鞠の精であり、飛鳥井氏が蹴鞠を家の芸としたことに因る。

近年和歌の神を押しのけて、精大明神が前面に出てきた。サッカー、ラグビー、野球、その他球技全般の守護神として宣伝し、信仰を集めたからである。闘魂守というのを授与している。本殿にも末社にも、さまざまのボールが奉納され、祈願の札が並ぶ。小絵馬を見ても、何々の選手になりたいとか、優勝できますようにとか、球技の願を託したものばかりである。

近ごろ蹴鞠の碑と称するものを建てた。石碑に、くるくる廻る石の球を嵌め込んだもので、一回転するごとに御利益があるそうだ。さらに飛鳥井の清泉を復活し、歌碑を建てている。経営熱心なのは結構だが、神様が参拝者に迎合しすぎるのも、褒められたことではない。

最近、王朝の男女の寄り添う艶《つや》めかしい小絵馬を作った。崇徳院の歌の「瀬をはやみ岩にせかるる瀧川のわれても末に逢はむとぞ思ふ」に因んで、恋愛成就、縁結びの祈願を籠めたらしい。それもよし、もうひとつ末社に潜龍社というのがあり、これは悪縁を断つ験がある。用意のよさに感心させられる。

因に、仲恭天皇は若宮八幡宮社（23）の相殿に祀られている。いかなる縁か判らない。

50　厳島神社・宗像神社・白雲神社

厳島神社

東京は首都にあらず、日本の首都は京都なりとする論がある。慶応四年（一八六八）八月二十七日紫宸殿において即位の大礼が行われ、九月八日元号を明治と改めた。いよいよ茲に復古にして且つ一新を標榜する政が肇められると思ったら、二十日天皇は東京に下ってしまった。十二月に還幸、立后の儀があったが、二年三月七日再び天皇東下り。太政官も皇后も後を追った。皇后の去る時には、これを押し止めようと、石薬師御門に数千人が集り、騒然となったという。遷都ではない、明年還幸あって大嘗祭が行われる予定だといって、官辺は群衆を宥めた。

ところが、年が明けると還幸延期の報せが届く。天皇が京都に戻ったら、また東京へ行くのに悶着が起ると予測したのであろう。とうとう明治天皇は大嘗祭を行う機会を逸してしまった。

都を遷すとならば、遷都の詔が発せられねばならぬ。それがなかった。慶応四年七月十八日、江戸を東京と改称するの詔に「宜しく親臨以って其政を視るへし」とあったけれども、都を遷すとは一言もいっていない。よって首都は依然として京都であり、東京の皇居は行在所、一時の出張所にすぎぬと、京都人の負け惜しみの強いのが言い張る所以である。しかし、もうそんな頑固爺も残っていまいが。

とにかく遷都といわずに、なし崩しに都遷りが行われたのである。天皇が還らないとなると、宮様、公家衆もおいおい東京へ引越して行った。

禁裏の周辺に皇族、公家の邸を集めたのは、豊臣秀吉の政策であった。近世の京都絵図や内裏図を見れば、禁裏を中心に一大公家町が形成されていたことがよく判る。主がいなくなった邸宅は次第に取壊されて、跡に樹木や築山や池が残った。

跡地の利用については幾変転があったけれども、整備されて今日の国民公園京都御苑となった。北は今出川、南は丸太町、東は寺町、西は烏丸の通を限り、東西約七百米、南北約千二百八十米という広袤《こうぼう》である。

石垣で囲ったこの区域を俗に御所と呼んでいる。厳密には、元内裏が京都御所であり、その南東に仙洞御所、大宮御所がある。公園として開放されている部分は京都御苑である。しかし京都市民にとっては、京都御苑などとはよそよそしい。やはり御所の方がなじみがあってよいのであろう。

さて、丸太町通に面して南に開く堺町御門を入って、西側すなわち左手に嘗て九条家の邸宅があった。九条家は、一条、二条、近衛、鷹司とともに五摂家の一つというだけあって、広大な地を占めていた。敷地一万七百坪、最盛期の建坪は三千八百坪あったという。今になごりを留めるのは、池と西畔の拾翠亭のみである。数奇屋造の拾翠亭は茶や歌の会に使われたものである。三月から十二月まで

の金曜、土曜、九時半から三時半の間に参観できる。

勾玉《まがたま》形をなす池は大きなもので、今は中央に橋を架け、旧に因んで九条池と呼んでいる。池の北辺の中島にささやかな社がある。厳島神社である。この島にも小さい橋が架けられている。

平清盛が安芸国佐伯郡の厳島大神を尊崇し、摂津国兵庫の築島に勧請した。そして母の祇園女御を合祀したという。いろいろ伝えがあり、廻り廻って九条邸の鎮守となったよしであるが、その時期を明かにしない。

小絵馬に描かれているように、社前に大きからぬ石鳥居が建つ。笠木と島木とが唐破風形に造られた珍しいもので、京都三珍鳥居の一つとされる。重要美術品。清盛が築島の厳島社に建ててから、ここに移されるまでの経歴が、由緒として社殿に掲げられている。ただし実否のほどは知らない。

当社の主祭神は市杵島《いちきしま》姫命、田心《たごり》姫命、湍津《たぎつ》姫命とある。宗像三神と同神である。当然ながら安芸の厳島神社と同じである。しかしながら、『延喜式』神名帳に見える神名は「伊都伎嶋《いつきしま》神社」である。それがいつか厳島《いつくしま》と呼ばれるようになり、祭神も市杵島姫ら三神に変った。イツキシマと音が近いところからそうなったのか、それとも内海航路に当るところから宗像大神信仰に変ったのか、確かなことは判らない。清盛が信仰したころにはどうであったか、それも判然としない。さら

に時代が降ると弁財天女だと言われるようになった。当社も池の弁財天とも呼ばれ、その姿が大絵馬、小絵馬にも描かれている。

今、社務所は閉じられ、社務は菅原院天満宮神社（44）に委ねている。そこまで足を運ぶのも面倒なことだが、それを厭わず小絵馬がたくさん掛けられている。信心のほどに感心する。

宗像神社

堺町御門の西に間之町《あいのまち》口が開いている。そこを入った右手が拾翠亭、それから真直北へ歩むと宗像神社がある。築地に囲まれて、かなり広い地を占め、立派に神社の体を保っている。

社号どおり祀るところは宗像三神。ほかにいくつもの末社が祀られている。ここは花山院家の邸跡であり、鎮守の社が残ったのである。境内北に樹齢六百年、南に樹齢四百年と称する樟《くすのき》の巨木が繁っている。

平安時代の花山院は、当社よりすこし北に位置し、その西隣が小一条院であった。

『三代実録』天安三年（八五九）一月二十日、筑前国の宗像三神と太政大臣東京一条第の宗像三神とに正二位を授ける。貞観六年（八六四）十月十一日、太政大臣東京第に坐す宗像三神を従一位に進める。太政大臣というのは藤原良房である。東京一条第または東京第は、忠平の代に小一条殿と呼ぶようになり、後に道長の迫害により東宮を辞した敦明《あつあきら》親王の御所となって小一条院と称した。東隣の邸も東一条第と称していたのを花山院に改めた。花山天皇はここに住み、ここに崩じた。

『大鏡』の太政大臣忠平伝にこんな話がある。忠平の息子、実頼、師輔、師尹《もろまさ》の三人の大臣が父の家に参上するために、小一条の南の勘解由小路《かでのこうじ》（下立売通）に石畳を舗いた。宗像の明神がいらっしゃるゆえ、東洞院大路または子代《こしろ》小路（烏丸通）の辻で車を降りて歩いたので、雨の日のために石畳を舗いたということだ。昔は小一条の一町は、人も通らなかったものだが、今は馬、車に乗って平気で通っている。畏しいことだ。

また宗像明神は現《うつつ》にも、忠平に物を申されたという。「我よりは御位高くて居させたまへるなむ苦しき」とおっしゃったので位を進めた。忠平が従一位に陞《のぼ》ったのに、われが正二位では気にくわぬということであろう。とにかく気むずかしい神様だったらしい。道長は、先祖のものは何でもほしいけれど、小一条だけはいらぬと言ったそうだ。

何かと扱いにくい宗像明神が、いつか隣の花山院に移ったのであろうか。子孫の花山院家に引継がれ、今に至ったのである。

白雲神社

宗像神社前から更に北へ歩くと白雲神社がある。このあたりは西園寺家の邸跡である。祭神は市杵島姫命で、妙音弁財天あるいは妙音天と称する。

西園寺家の祖公経《きんつね》が北山第を造った時、そこに妙音堂を建てたという。琵琶を家職とするところから、音楽の神を祀ったのである。その後、北山第は足利義満の有となり、その遺構が今の金閣寺であるが、妙音堂はどうなったのか。社前に建てる駒札に曰く「その後同家の盛衰に伴い変遷あり近古には赤八幡京極寺に鎮座されたと伝えられる」と。

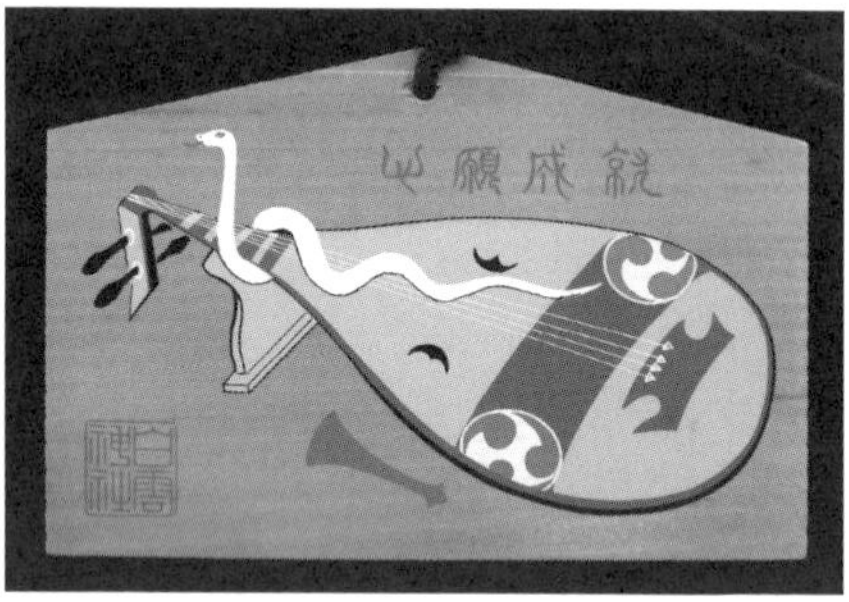

赤八幡京極寺といっても、今は知る人もない。桓武天皇第七皇子高陽親王《かやのみこ》が三条京極に京極寺を創建した。それが応仁乱以後、上御霊神社の西に遷ったという。境内に朱塗りの八幡宮があり、京極八幡とも赤八幡とも呼んだ。大きな寺だったらしいが、市電烏丸線を敷設する際に取壊してしまったそうだ。今は烏丸通鞍馬口上ル三筋目東入北側、北区小山下総町の民家にひっそりと祭られている。六畳ほどの堂に、後水尾天皇の位牌や、薬師如来、大日如来、弘法大師の像が安置されている。その存在は隣近所の人々すら知らない。そこに妙音天が祀られていたかどうか、知るよしもない。

西園寺邸に妙音堂を復興したのは明和六年（一七六九）のことという。明治に至り、神仏混淆を廃し、付近の地名白雲村に因んで白雲神社と改めた。

当社信仰の人が多いと見えて、茂山千五郎を推進会会長とする平成大修復が平成二十年十月にめでたく完了、殿舎の屋根が葺替えられて面目を一新した。絵馬掛には、いくつとなく小絵馬が掛けられている。宮司謹写になる妙音弁財天像の小絵馬千五百円也、琵琶の小絵馬千円也。よそに較べて三倍ほど高いが、信心の人々には何のその。

なお絵馬所に古い絵馬が奉納されている。中で興味を惹くのは、明治廿九歳一月吉日、上第二部消防南組人名中とした一面である。消防出初めの図であろうか。ポンプ車、梯子、纏、旗、鳶口などを持った消防夫がずらりと並んでいる。風俗画としてもおもしろい。

51 九頭竜大社

八瀬大原の街道を通るたびに、いつのころからか九頭竜大社の看板が目につくようになった。八瀬近衛町の山際に鳥居が建ち、社殿らしいものが見える。だが、いつも素通りときめていた。何となくいかがわしい新興宗教の雰囲気が感知されたからである。敬して遠ざくるに如かず。

どうした風の吹きまわしか、近ごろふと気が向いて寄ってみた。別段ものおそろしげな様子もない。神域は掃き清められ、本殿、参籠殿兼社務所、舞楽殿、儀式殿などが具《そなわ》っている。

縁起を刻んだ石碑を見るに、「昭和廿九年十一月廿四日是の地に於て暁闇のうちに霊夢を以て御神託を賜り謹みて九頭龍弁辨財天大神をこの地に祭祠し奉る」とする。御神託は「汝の身を社にする千人万人無限に人を救う　奇蹟を以て速座に守護を与える　神は人を救つて神界に上る」というものである。弁財天の功徳を説き、「昭和三十年三月九日御鎮座　開祖大西正治郎」とある。

宗教法人の登記は昭和三十一年十二月二十七日になされている。縁起の碑に、既に数十万人に大慈悲を垂れ給うたとあり、現在では参詣記帳延べ五百三十万人に上るという。その数はともあれ、すでに半世紀以上の歴史をもっているのだから、もはや新興教団ともいえまい。しかしながら、京都の事典や名所記の類に登載したものを知らない。京の一名所として認知される日はなお遠いようである。

裏山に展望台があり、途中に帝釈天の社がある。その近くに発祥旧本殿が祀られている。本殿といっても、手で持ち上げられそうな小さい祠である。それから出発して、今の堂々たる本殿、諸殿に至るには、並々ならぬ信者の数に支えられたであろうと察しがつく。

写真機などを持って徘徊しているのは私だけ。ほかの参詣者は、誰も敬虔な祈りを捧げている。礼拝順序は、先ず御手洗《みたらし》、線香、蠟燭を一本ずつ上げる、拍手を四回打って、南無九頭竜弁財天大神様と三回唱え、おんそらそあていえいそあかと陀羅尼を七回唱える。竹串を九本とって、時計廻りに本殿を九周し、一本ずつ返す。九という数は、九頭竜に因むのであろうか。

こうしてみると、建物は神社の形式をとっているものの、神仏混淆というか、神仏融合というか、神社とも寺院とも判然とせぬ状態である。石段の傍にも、大日如来、子安地蔵、延命地蔵、身代地蔵の小さい祠が並んでいる。

明治以来、神仏分離の政策により、われわれは神と仏とは別物という考えに馴されてきた。しかしながら、われわれの家には神棚があり、仏壇があり、われわれ自身も宮参りをし、寺参りをする。それで何の奇異も感じない。日本人の大方のそうした生活からすれば、神と仏とを分ける方に無理があったのであろう。戦後は、神仏混淆が徐々に復活する傾向が見られる。神と仏とは排斥し合うものではない。そう考えるのは、日本人の信仰心が薄いせいだとする意見もあろう。だが、神か仏か、どちらか一方に凝り固らないからこそ、宗教上の軋轢、ひいては宗教戦争もなく、安穏を保ちえたと考えるべきではないか。

そもそも弁才天は、インド古代の信仰で河の神であった。それが仏教にとり入れられて軍神となり、

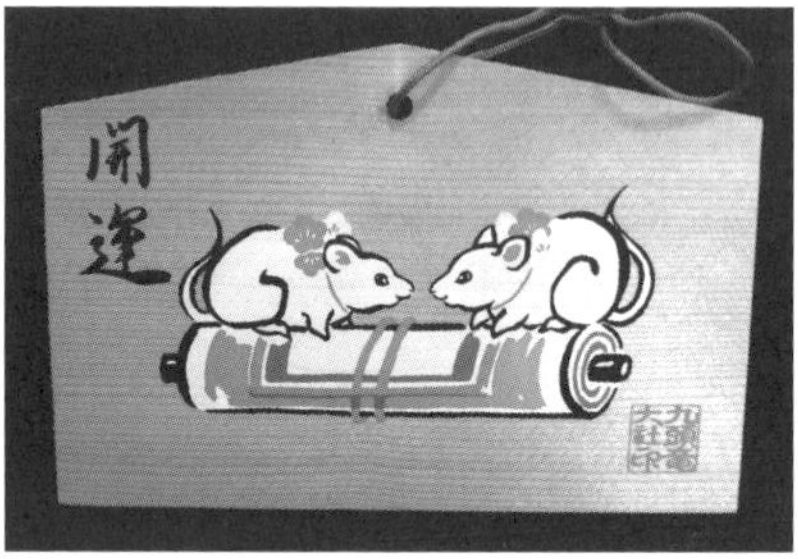

また琵琶を抱いた音楽の神ともなった。日本では、一般に後者の性格が信ぜられ、また水神としても信仰された。それゆえ宗像三神と習合して、神社に祀られることが多い。弁才天の社が川、池、海など、水のほとりに営まれることの多いのもそのせいであろう。弁才天の使いが白蛇であるのも水との縁であろう。インドの蛇信仰とかかわりがあるのかもしれぬが、龍も蛇と同類で弁才天と因縁が深い。九頭龍は密教で守護神とされる。

弁才天信仰が日本で普及するのは中世からのようである。福神とされて、弁財天と書くことが多くなる。七福神に数えられるけれども、中で最も親しまれ、神社に祀られるのは弁天さんである。

因に、当社から俯瞰すれば、高野川の流れがある。弁天さんが鎮座するに好適の地といってよかろう。なお、すこし下流の八瀬野瀬《のせ》町に碊《かけ》の観音と呼ばれる小さい寺がある。ここにも本堂の傍に碊《かけ》弁財天大神を祀っている。由来高野川流域には蛇伝説が多い。

52 賀茂《かも》別《わけ》雷《いかづち》神社

賀茂別雷命を祀るがゆえにものものしい名がついているけれども、世間には上賀茂神社で通っている。賀茂御祖《みおや》神社の下鴨神社と併せて賀茂の社《やしろ》、賀茂神社という。上賀茂神社を上の社、下鴨神社を下の社とするが、社格に上下があるわけではない。鎮座する地が、川の上流の上賀茂か、下流の下鴨かによったものである。賀茂と鴨と漢字を書き分けるのも深い訳があってのことではない。かも川が下鴨神社の南で高野川と合流する。その地が河合であり、これをただすとも読む。合流点より上流を賀茂川、下流を鴨川と書き分けるのだと物識りは言い、それが現代の慣用になっている。だが、昔は賀茂、加茂、鴨と自由に書き、厳密な区別はなかった。今も、賀茂川の西の堤の道を加茂街道と書く。加茂川中学校というのもある。宛てた漢字に囚れすぎるのはよくない。

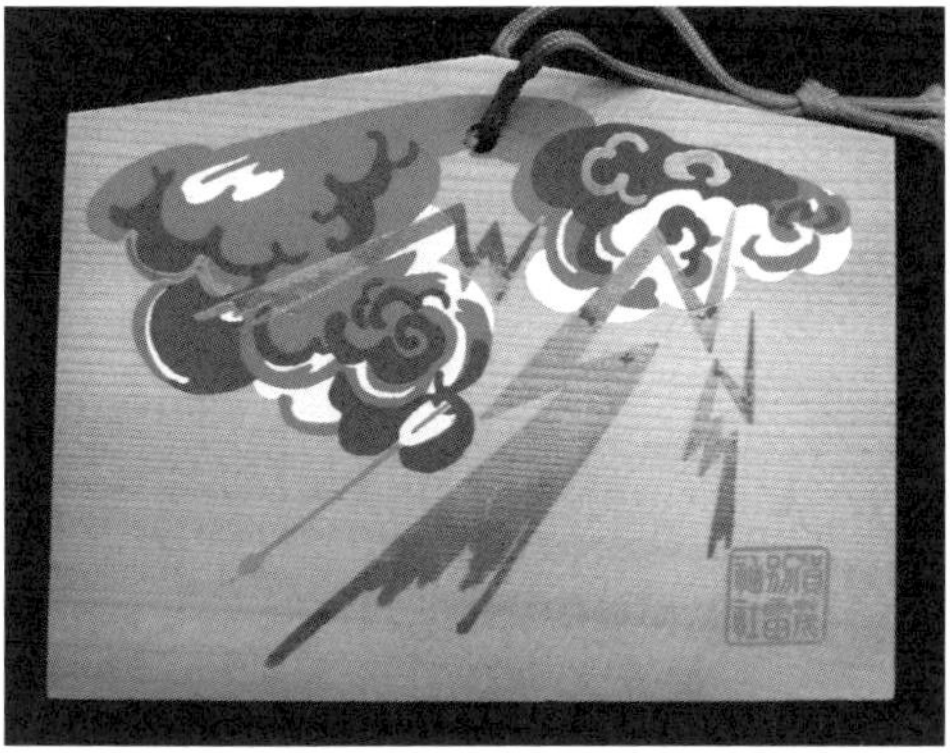

①

当社の由緒については、19 賀茂御祖神社で、『山城国風土記』逸文を引いて書いておいたので、そちらに譲るとして、ここでは種々の小絵馬に即いて話を進めよう。

①は当社の起源を画くもので、雷神が虚空に閃き、丹塗の矢

②

が飛ぶ。この矢を拾った玉依姫《たまよりひめ》が孕み、産んだのが別雷命である。丹塗の矢に化したのは乙訓《おとくに》郡の火雷神《ほのいかづち》だという。

当社の祭神が雷の子だということは、農耕神の性格を有したものと見られる。

賀茂の祭の由来は古く、昔も今も都下の大いに賑う日である。因に、『源氏物語』で車争いの起ったのは、祭に先立つ御禊の日、一条大路でのことである。昔は四月の中の酉の日、今は五月十五日に行われる。これを葵祭と呼ぶのは、二葉葵、一名加茂葵を縁起の物として用いるからである。山間の日陰に自生しているが、今は採取困難となり、栽培に頼っている。私も三四十年前に野生を見たことがあるが、それ以後見ていない。自然環境の悪化も大きな原因にちがいないが、それ以上に、野草を片端から採って歩く輩の横行しているのが禍をなしていると思う。

葵祭の絵や写真といえば、たいてい牛に牽かせる御所車に焦点を当てる。②もその例に洩れない。②は橋を渡って上賀茂神社に向うところである。但し今の御薗《みその》橋はコンクリート橋である。
競馬《くらべうま》は五月五日、端午の日に昔も今も行われる。一の鳥居と二の鳥居との間の広い芝生に埒を設け馬場を作る。馬は十頭ずつ左右に分け、二頭一組で十番勝負を競う。騎手を乗尻《のりじり》といい、左方は赤、右方は黒の闕腋《けってき》の袍《ほう》を着ける。最初の一番は赤の勝ちときまっており、二番以下が必勝を期して走ることになる。③がその図で、この絵馬は烙印である。賀茂競馬図屏風というものが中世以降作られており、平成十四年四月十九日発行の切手趣味週間の切手にその図を取っている。袍の色の赤、黒がよく解る。

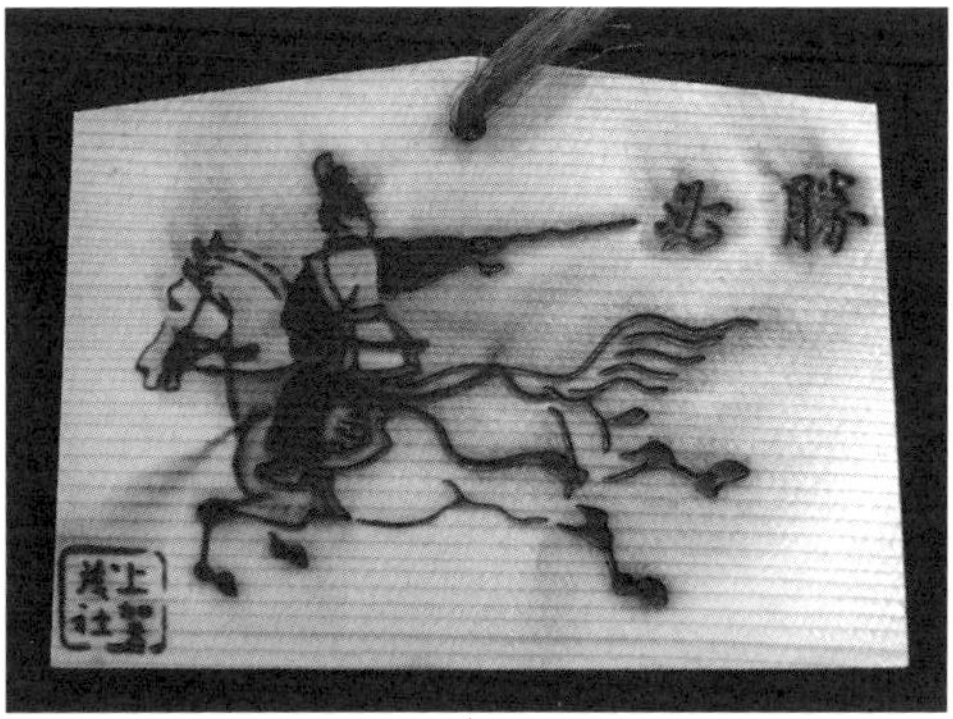

③

『続日本紀《しょくにほんぎ》』の文武天皇二年（六九八）三月二十一日に「禁㆓山背《やましろ》国賀茂祭日会㆑衆騎射㆒」とあり、以後も何度か禁令が出ている。禁止の理由は分明でないが、勝負に亢奮するのか、乱闘事件が起ったようである。このことによっても、賀茂の祭が夙くから盛大であったことが知れる。今、上賀茂神社は競馬で、騎射は下鴨神社で行っている。

六月晦は夏越祓《なごしのはらえ》。処々の神社で大きい茅《ち》の輪を拵え、これを潜ると厄を除けることができるとされる。当社でも然り。④の図のごとく、夜の八時から神職が茅の輪をくぐり、次いで橋殿から楢《なら》の小川へ人形《ひとがた》を流す。紙の人形には、諸人の氏名、年齢が記してある。つまりこれに罪穢れを託して流そう

④

というのである。

　楢の小川といえば、百人一首の従二位家隆の歌「風そよぐならの小川の夕ぐれはみそぎぞ夏のしるしなりける」が人口に膾炙する。これも夏越の祓を詠んだものである。因に楢の小川とは、本殿東を流れる御物忌《おものい》川と本殿西を流れる御手洗《みたらし》川とが合流して橋殿の下を潜る、その合流点より下の称である。

　上賀茂神社は境内境外に多数の攝社末社を擁する。境内攝社はいずれも小さい祠のようなものである。小さいけれども、それぞれに由緒が深い。中で社殿らしい体裁を保っているのが、御物忌川を挟んで本殿楼門に対する片岡社、片山御子《みこ》神社である。もとは式内の大社であった。

　今年初詣に行ったら、片岡社にハート形の縁結びの絵馬（⑤）がたくさん掛けてあった。下賀茂神社の相生《あいおい》社で、大分前から縁結び祈願を始めたが、こちらもそれに倣ったのであろうか。両社ともに若い衆の人気を集めている様子である。

　ハート絵馬の歌は、「ほととぎす声まつほどは片岡のもりのしづくに立ちやぬれまし」。『紫式部集』にあり、『新古今集』の夏の部に入集している。すると、枝に止るのは杜鵑、後姿の女性は紫式部ということであろうか。泣いて血を吐く杜鵑や宣孝に早く死に別れた紫式部が何故縁結びの頼りに

⑤

なるのか、私にはよく解らない。

片岡社が背にするのは片岡である。片岡山、片山ともいう。『枕草子』に「岡は、船岡、片岡」とある。もっとも、この片岡は大和国北葛城郡にありとする説もあって、上賀茂の片岡と断定することは控えねばならぬ。しかしこちらの片岡も歌枕であったことはまちがいない。

そもそも、片岡が片岡社の神体であったと思われる。そういえば、上賀茂神社の神体も、ここから二粁ほど北にある神山《こうやま》であった。標高三百米余、円錐形をなし、山頂に磐座《いわくら》らしきものがあり、降臨石というものもあるという。あるという、というのは、そこが禁足地であり、たやすく踏み入ることができぬからである。

賀茂神社が平安京の鎮護として、官によって管理されるより、遥か昔は、山や川そのものを神と崇めて斎く古代信仰から発したものであろう。つまりこの地に農を営む人々の信仰が、山や川を祀り、雷を祀ったのである。社殿が造られると、それが忘れられ、信仰の姿も変化する。

53　貴船神社

貴船神社は、貴船川右岸に貴船山を負うて本社、奥宮、末社が窮屈そうに建っている。狭い道の両側に宿屋、料理屋、土産物屋などが軒を並べ、自動車の往来が難渋する。貴船は京の奥の別天地のように言われるが、来て見てびっくり、俗塵の巷と化している。その上、料理旅館の値段がべらぼうに高い。

貴船は、貴布禰とも木船とも書いた。その名は木生根《きふね》、木生嶺《きふね》から来たとする語源説もある。しかしそのように書いたものがあるのかどうか。『日本紀略』弘仁九年（八一八）五月八日に「山城国愛宕郡貴布禰神為㆓大社㆒」とあり、六月二十一日に従五位下を授くとある。その前年にも祈雨が行われたが、この年は三月ごろから旱《ひでり》のため農業に被害が出ていた。夏四月より諸方の神へ祈雨の使が遣された。貴布禰へは七月十四日に差遣された。そして十月九日、祈雨の験があったとして、貴布禰の神に御礼の使を立てている。

賀茂川の水源の一つである貴船川のほとりに鎮まるこの神は、

水を司る神として崇められた。旱天にも霖雨にも祈願が行われた。請雨のときには黒馬を、止雨のときには白馬を献ずるという。小絵馬に白黒二頭を画くのはその故である。山中に龍王瀧というのがあり、ここが雨請いの場とされる。

祭神については闇龗神《くらおかみ》とも高龗神《たかおかみ》とも、また罔象女《みずはのめ》ともいう。これらは記紀の神話に見える水の神である。

伊弉冊尊が火の神である軻遇突智《かぐつち》を産んで、陰《ほと》を焼かれ神避《かみさ》り給うた。その時尿《ゆまり》から生れたのが罔象女である。伊弉諾尊は悲しみのあまり、愛妻の屍のまわりを匍いもとおり、泣き叫んだ。それでも収らず、十拳《とつか》の剣を抜いて、妻の死亡の原因となった軻遇突智を三段《みきだ》に斬った。すると、剣についた血からもろもろの神々が生れる。そのうちの一柱が闇龗である。『日本書紀』の別伝では、三柱の神が生れ、その一柱が高龗だとする。水神は龍神でもある。小絵馬に龍の姿を画くのが、それである。

黒川道祐の『雍州府志《ようしゅうふし》』には、祭る所の第一は高龗、第二は別雷神、第三の奥宮は地主の神であるが、社家は秘して之を言わずとある。

近世以来の名所記には見えぬけれども、近年のものには、社伝によればとして、ほぼ同じことを記している。すなわち、玉依姫《たまよりひめ》が黄船に乗って、淀川、賀茂川を溯《さかのぼ》り、この地に上って社を営んだ、それが当社の始りだという。奥宮に船形石というのがある。大きい船の形に石を積んだものである。玉依姫の船を、人目を忌んで、積石で隠したものと伝えている。

この玉依姫を神武天皇の母と書いたものもある。だが、たまよりひめと名づける人は何人もあり、ここは寧ろ賀茂別雷神の母、下鴨神社に祀る玉依姫と考える方がよいのではないか。貴船神社と賀茂神社とは因縁浅からぬものがある。悪縁というべきかもしれぬが。

貴船神社はもともと独立した神社であったにもかかわらず、平安中期ごろから賀茂神社の末社と見做され、賀茂の社人の支配するところとなった。そのため両社の間に確執紛争が絶えなかった。元和

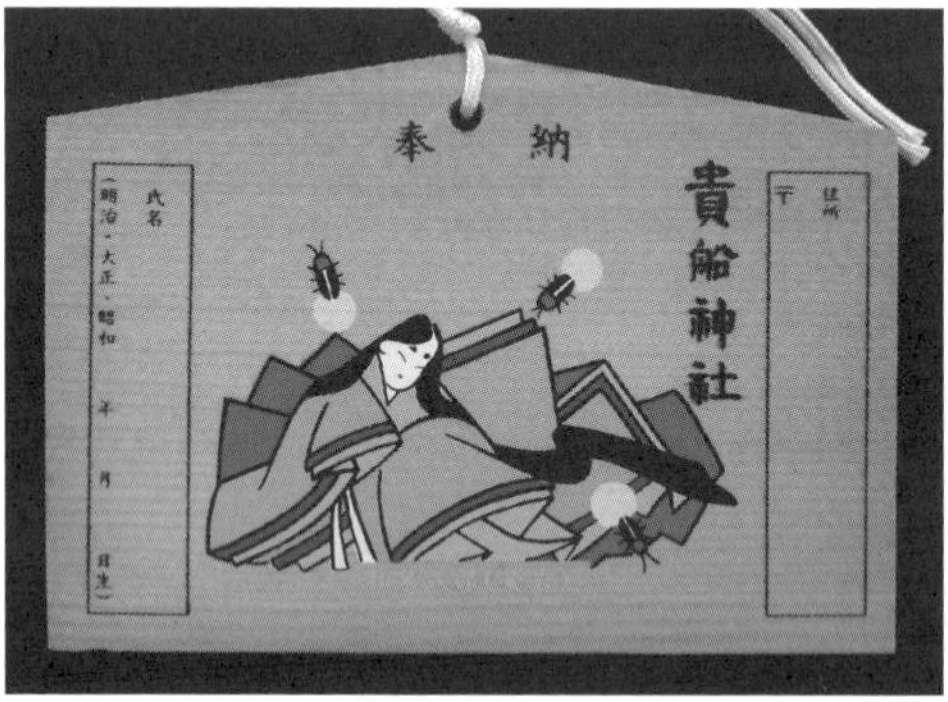

二年（一六一六）社田の朱印を廻る争いが起り、貴船社が幕府に訴えを起した。すると賀茂社もまた訴え出た。寛文四年（一六六四）に裁決が下ったが、貴船は古来賀茂の攝社であり、賀茂の支配に従うべしということになってしまった。近世の名所記に、貴船は上賀茂の攝社と書かれているのは、そうした理由による。貴船神社が宿願の独立を恢復するのは、明治四年のことである。
貴船川と鞍馬川との合流点を貴船口という。そこは鞍馬街道と貴船街道との分岐点でもある。一の鳥居を建て、傍らに玉依姫の船に因む楫取《かじとり》社を祀っている。
貴船口から貴船川沿いに往くと、道の右端に蛍石というのが蟠居

している。何のへんてつもない大岩である。北村季吟の『菟芸泥赴《つぎねふ》』に、「蛍おほくあつまる所のゆへとぞ」とある。但し『都名所図会』には、貴船川と鞍馬川との落合より南、すなわち下流にあるとしている。蛍石とは、おそらく和泉式部の有名な歌に因んだもので、どちらがまことと穿鑿しても始るまい。

『後拾遺和歌集』の神祇の部に次のような歌がある。

男に忘られて侍りけるころ貴布禰にまゐりてみたらし河に蛍のとび侍りけるをみてよめる

物思へば沢の蛍もわが身よりあくがれ出づる玉かとぞみる

御返し

奥山にたぎりて落つる瀧つ瀬の玉ちるばかりものな思ひそ

この歌は貴布禰の明神の御返しなり　男の声にて和泉式部が耳に聞えけるとなんいひ伝へたる

つまり和泉式部の歌に貴布禰明神が感じ給うたのである。歌の力によって神明の加護に与り、夫保《やす》昌《まさ》の愛を取戻したとして、『十訓抄』、『古今著聞集』、『沙石集』などの説話集に採られ、広く知られる話となった。

人魂が化して蛍になるなど、不気味ではあるが、こんなことから貴船が縁びの神とも信ぜられる。良縁祈願の小絵馬に結び紐と薄の穂とを画く。いわれを言えば、本社と奥宮との中間に結社《ゆいのやしろ》と称する末社がある。これが結びの神で、境内の薄を結んで祈ると願いが叶うという話である。祭神は磐長《いわなが》

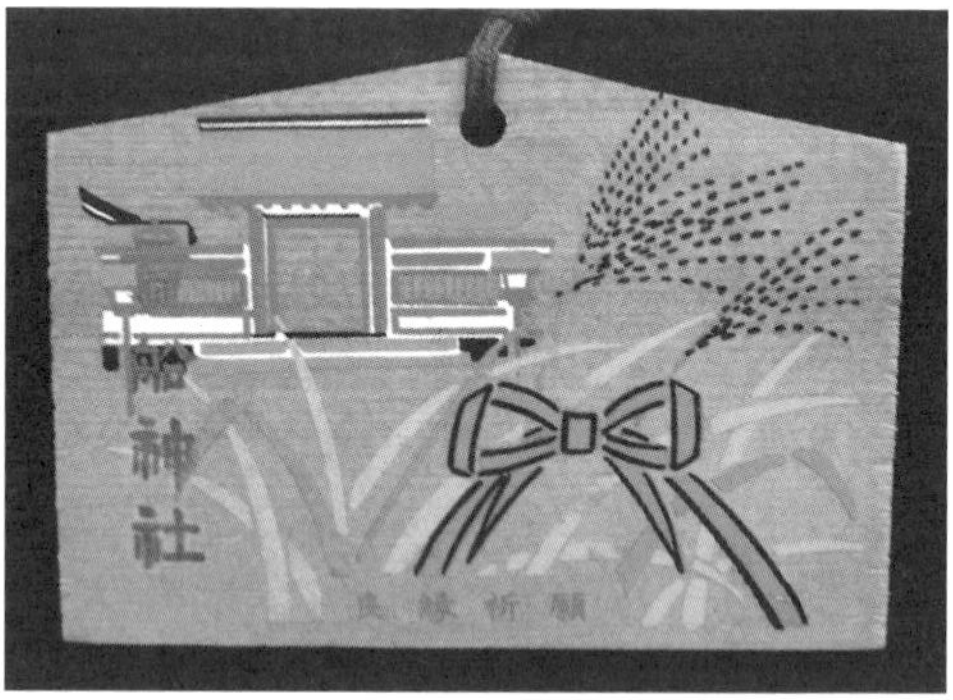

姫とされる。

瓊瓊杵《ににぎ》尊の求婚に対して、大山祇神《おおやまつみ》は、磐長姫と木花開耶《このはなさくや》姫と、二人の姉妹を送った。ところが、瓊瓊杵尊は、美貌の妹を娶り、醜女の姉を父の許に返した。磐長姫の怒りによって、人の命は木の花の如くうつろい衰える定めとなった。これも記紀に語るところであるが、男に嫌われて不縁となった磐長姫が結びの神とは。わが身の不幸を人に繰返させまいとの悲願であろうか。

縁結びの神は、また縁切りの神ともなる。神が相反する双面を持つことは珍しくない。貴船の神は、あだし男への呪いをも聴きとどけて下さるらしい。貴船の神は丑の刻《とき》参りでも知られる。謡曲「鉄《かな》輪《わ》」では、夫に捨られた妻が貴船の宮に丑の刻参りをする。宮に仕える者が言うには、「我が屋へ御帰りあって、身には赤き衣を着、顔には丹を塗り、頭《かうべ》には鉄輪を戴き、三つの足に火をともし、怒る心を持つならば、忽ち鬼神と御なりあらうずるとの御告げにて候。急ぎ御帰りあって告げの如く召され候へ」と。一方、下京に住む夫は、夢見が悪いとて、安倍晴明を尋ねて、占ってもらい、鬼神の調伏を頼む。それとは知らぬ本妻は、「我は貴船の川瀬の蛍火、頭に戴く鉄輪の足の、炎の赤き鬼となって、臥したる男の枕に寄り添ひ」、声をかけて、今や取り殺そうとする。その寸前、晴明の術に調伏せられて消えてゆく。

また宇治の橋姫が嫉妬に狂って、貴船明神に詣り、鬼となったという伝説もある。そうした伝説や謡曲を実在らしく考えて、まことしやかな遺物を伝えている。橋姫が丑の刻参りをした際に石が牛となったという牛石、橋姫が足をすすいだという足洒石《あしすすぎいし》、鬼女が鉄輪を置いたという鉄輪掛石などがそれである。しかしながら、蛍石とちがって、この種のものは、宣伝されることもなく、忘れられた存在となっている。

なお、下京区堺町通松原下ルに、命婦《みょうぶ》稲荷社と同居して鉄輪の井と称する井戸がある。この水を汲めば縁切りの験があるという。ただし私が調べたのは何十年も昔のことで、今はどうなっているか知らない。

54 福王子神社・西寿寺《さいじゅじ》・三宝寺・平岡八幡宮

福王子神社

御室仁和寺《おむろにんなじ》前から西へ行くと福王子の交叉点。ここは五辻になっているため信号待ちが長く、いつでも車が渋滞する。辻にある福王子神社が心なしか煤けてみえるのは、年中排気ガスを浴びていせいではないかと思う。

『雍州府志』によれば、当社はこのあたりの地主神で、仁和寺の鎮守である。祭神は光孝天皇の后、宇多天皇の母である班子とする。『日本紀略』昌泰三年（九〇〇）四月一日、皇大后班子女王崩ず、年卌八。四日、大后を葛野郡頭陀寺《づだじ》辺に葬り奉るとある。その陵墓が当社の地にあたるとも言われるが、詳かでない。

因に、当社の横の道を北へ行くと円融天皇後村上陵があり、さらに北へ行くと村上天皇村上陵がある。してみれば、このあたり一帯が送葬地とされていたことが知られよう。

本殿に並んで、一まわり小さい社殿がある。夫荒社《ぶこう》という。『雍州府志』に、伝えて言うとして由来を記す。古え六月朔日、丹波国の氷《ひ》室《むろ》より禁裏に氷を運んだ。遅れたならば氷が解けるので、疾走しなければならぬ。ある時、一人の役夫が、ここに到って気息断絶して死んだ。爾来その霊が妖怪をなすので、社を建ててこれを祭った。ただし一説に、夫荒神というのは謬伝で、実は摩利支天王の社であるともいう。未だ孰《いず》れが真なるかを知らずと。

本殿は寛永二十一年（一六四四）の造営。拝殿、石鳥居とともに重要文化財に指定されている。

前頁の小絵馬の宝船入津の図は富岡鉄斎の筆である。帆に寳の字が書いてある。

西寿寺

福王子交叉点から、高雄に通ずる周山《しゅうざん》街道、国道一六二号線を西へ。道路の右側に気をつけながら進むと、ほどなく一つ目の信号のところに「いずみ谷西寿寺」と刻んだ石標が見える。そこを右に曲り、坂道を上れば、やがて案内の看板があり、その先が泉谷山《せんこくざん》西寿寺である。

寺の案内書によれば、寛永四年（一六二七）に岱中《たいちゅう》良定上人によって開かれた、浄土律捨世派の寺である。すなわち俗塵を去って、念仏三昧の修行をする道場なのである。

私が泉谷を訪うたのは学生時代、昭和二十五、六年のころであった。山路を辿ると、ぽつんとお堂が建ち、尼僧に迎えられた。いかにも俗世を遺《わす》れた幽境であった。そして泉谷を彩る紅葉が印象に残っている。今尋ねてみると、山門の前まで民家が建ち並び、紅葉の谷というような俤はない。山門を潜ってからは、数少ないながらも楓の紅葉が鮮かであるけれども。

本堂は重層、本瓦葺の堂々たる建築である。草深い中の小堂といった趣は、どうやら私の脳裏に造形された幻影であったらしい。六十年を経るうちに、記憶がかってに変容するのであろう。

本堂内は拝観できないが、丈六の阿彌陀坐像を本尊とする。万治元年（一六五八）現滋賀県甲賀市甲南町の新宮神社の本地仏を遷したものとか。平安後期の作で、上品上生の印を結んだお姿だという。

鐘楼、庫裡も備わり、これに対して阿育王塔《あしょかおう》もある。江州石塔寺《いしどうじ》のに模して、明治十三年に建立した。その左右には、岩壁を鑿って石仏、石塔を据えたのがある。鎌倉のやぐらに及びもないが、羊歯《しだ》が一面に蔽って蒼然たる趣を成している。

阿育王塔の背後の山は墓地になっており、大きい薬師如来が、永遠の眠りについた人々を見護っている。また三光石神社があり、ぼけ封じの御利益があるという。小さい祠であるが、屋根が木賊葺《とくさぶき》になっているのが珍しい。柿《こけら》よりも厚い木賊板を重ねて葺いたもので、稀少価値の高い屋根を保護するために、覆屋を掛けている。神体の三光石とは、日月星辰の三光が彫られたもので、本堂建立の時に出現したと伝える。

当寺では、平成二十一年から桜散骨しだれの杜と称して、自然葬の散骨場を設けた。またグリーフサポートセンターというのを開いた。大切な人に死なれて、グリーフすなわち悲嘆にくれる人々のために、相談にのり、慰撫しようという試みである。

広い駐車場を設けたり、杉林の中に紫陽花を植えたり、寺域全体の整備に力めている。六十年前の記憶とは、様相が一変していることは確かである。

西寿寺の手前で、道を左に岐れると黄檗宗の海雲山法蔵寺がある。寺らしからぬ、住宅風の造りである。尾形乾山がここに住んで窯を築いたという。また陽明学者で尊王家の春日潜庵の墓がある。

三宝寺

周山街道に戻って西へ行く。三宝寺川に架る橋を過ぎると、右側に三宝寺の大きい石標が目につく。そこからまた上り坂である。

日蓮宗金映山《こんえいざん》三宝寺。寛永五年(一六二八)右大臣今出川経季と中納言今城為尚とが後水尾上皇の内旨を受け、中正院日護上人を開山として創めた。最盛期には十二の塔頭を擁したという。また茶道宗偏流の祖、山田宗偏が当山の東谷に茶室を建て、四方庵と号した。

白砂山の山腹を寺地とし、さまざまの草木を植え込み、案内板を立て、手入れが行き届いている。まず門の傍の楓の大木が、照り映える錦繡をもって迎えてくれる。門に入れば、楊梅《やまもも》の老巨木が目を驚かす。今出川家との縁で、同邸から移植したという車返しの桜もある。妙見宮の石段を上れば、楓と榠樝《かりん》とを植え、紅葉と黄いろの実との取り合せが妙である。そのほかいろいろ、四季の彩りに気を使っている。観光客の訪れは殆どなく、信心の人々を遇する心遣いと見た。

本堂前に置かれた小さい達磨、尻に孔をあけてみくじが差し込まれている。みくじにあまり興味はないが、達磨がおもしろいので引いてみる。半凶と来た。この人「信心なければ願望を成就しがたし」、図星をさしているではないか。畏れ入谷の鬼子母神、おっとちがった、南無三宝寺の達磨さん。みくじを引いても、それを持ち帰る酔狂の仁は少ないとみえる。手水舎の柱の貫《ぬき》の上、石燈籠の火袋の周りに達磨がいっぱい並べられている。くじは傍の十月桜の枝に結びつけてある。せっかく咲いている花がかわいそう。一つ捨ててあるくじを拾って見たら、私と同じく半凶であった。

赤地に「奉　洛陽十二支　戌　妙見大菩薩」と染め抜いた幟を両側に立て連ねた石段を上る。途中にいくつも見どころがある。千体仏堂、釈迦の六尺坐像一体と三寸立像千体とを安置する。彫刻を能くした開山日護上人の作と伝える。忍《にん》辱《にく》の鐘、頭に焼け鍋を被せられるような足利幕府の拷問に耐えた日親の作とされる古鐘で、当寺三世日湜が本山本法寺から譲り受けたとか。小ぶりながら風格を感じさせる。三十番神堂。大黒堂、ここには大黒さまのみくじがある。犬の親子の石像。縁結びの塔、豊臣秀頼、国松丸、淀の方の供養塔で、撫でさすると良縁に恵まれるそうな。

一番上が妙見宮。小絵馬に犬を描くのは、戌歳に当たるというのではない。洛陽十二の妙見宮のうち、ここが都の西北、戌の方角に位置するからである。小絵馬の図柄は何年も変っていない。

当寺で土用の丑の日に行われる焙烙《ほうろく》灸に、信心の老幼男女が遠方からも集るという。呪文をかいた焙烙を頭に載せ、その上に灸を据えるそうで、暑気払い、頭痛封じ、中風封じに験があるとか。

なお三宝寺の手前に、浄土真宗本願寺派の順興寺がある。『拾遺都名所図会』に「丸太町通堀川の西にあり」と記すが、天明八年（一七八八）の大火で焼亡した。その後再興、昭和四十九年四月ここに移転した。旧地は丸太町通堀川西入北側、西丸太町。

平岡八幡宮

またまた周山街道を西へ。三宝寺登口から目指す平岡八幡宮まで千七八百メートルもあろうか。西寿寺、三宝寺は旧鳴瀧村、平岡八幡宮は旧梅ケ畑村となる。平岡はこの地の名である。足が疲れたという人はバスに乗ったらよかろう。

当社がしばしば新聞に紹介されるのは、椿の記事である。境内におよそ二百種、三百本の椿の樹があるといい、十一月頃から五月頃まで咲き変わる花を楽しむことができる。花もさることながら、葉の先が金魚の尾のように三つに岐れていて、金魚椿と称する変り種もある。色々数々ある中でも、白玉椿が長寿、招福、吉兆の木として貴ばれる。ただし小絵馬にも一願成就とあるように、あれもこれもと慾ばった願いは受納されない。

縁起書に「当社は高雄山神護寺の守護神として弘法大師（空海）が平安初期、大同四年（八〇九）、十二月十日、自ら描いた僧形八幡神像を御神体として、宇佐八幡より勧請、創建された、山城国最古の八幡宮である」と誌す。これは『神護寺略記』や『諸社根元記』に拠ったものである。

すなわち神護寺の鎮守として平岡の山崎に創建された。その後廃絶したのを、建久元年（一一九〇）文覚《もんがく》が再興し、貞応元年（一二二二）弟子の浄覚が神殿を下壇に移した。これが今の社頭であるという。以後も興廃あって、文政九年（一八二六）仁孝天皇の命を請けて修復したのが現存の社殿である。

神殿の正面に八幡大菩薩像の軸を掛ける。法体に錫杖と数珠とを持ち、蓮華座に坐し、後光を負い、頭上に日輪が画かれている。図像の色彩鮮明、恐らくこれは模本であろう。

内陣の格天井に四十四枚の花の絵が嵌めてある。花の天井と称する。四季の花々のなかに素馨《そけい》すなわちジャスミンとか葡萄とか、舶来のものも見られる。文政十年に画工、綾戸鐘次郎藤原之信が画いた。これが特別公開される時は、新聞に取上げるのが例になっている。

なお本殿にはさまざまに絵画、彫刻の装飾が施されている。中でも、正面の梁の蟇股《かえるまた》に琴弾き弁財天の彫物を配しているのがおもしろい。

観るべきものは沢山あるのだが、ことに私の注意を惹いたのは、拝殿の楣間に絵馬のように掲げた砥石の原石である。こんなものを悦ぶ者はほかにないとみえて、私がカメラを向けていたら、宮司が

わざわざ寄って来て、説明をしてくれた。

鳴瀧、梅ケ畑、高雄にかけての山から、砥石が採掘された。鳴瀧砥といって名が高く、仕上げ砥として調法されたものである。『雍州府志』に云う、細礪石、俗にいう真礪《まと》は洛西鳴瀑《なるたき》山に出るものを良となす、然れども近世ほぼ掘り尽して、高雄の産をまま用いると。なるほど『毛吹草』の諸国名物には、「高雄砥」を挙げている。それも掘り尽したのか、今はどこも休山の状態にある。

梅ケ畑に因んで一つ。京の近郊から町に出て、頭に商品を載せて売り歩く婦人の姿は風物詩のように言われる。それも時代祭の行列に加るほどであるから、博物館入りも同然といってよい。

梅ケ畑から出る婦人を畑の姥《おば》という。黒木を販《ひさ》ぐ大原女《おはらめ》、花を販ぐ白川女《しらかわめ》の優雅なのに比して、こちらは梯子や鞍掛、牀几、張板などの大物を扱う。なかなか口が達者で、商売上手だったらしい。『東海道中膝栗毛』の弥次さん、喜多さんに梯子を売りつけたのが、これなる畑の姥であった。

55 建仁寺

建仁寺、山号東山、かつては京都五山の第三、いま臨済宗建仁寺派大本山といえばいかめしい。所在は東山区小松町、といってもぴんと来ないだろうが、北に祇園甲部の花街が地を接し、西に宮川町あり、絃歌、飲食、遊興の巷の包囲の中に存在する。最初は鴨川を挟んで都塵を隔てた立地であったのだが、後から四条河原の歓楽地が拡張して来たのだから致し方がない。緇素《しそ》相混り、これぞ和光同塵の実現と頷いてもよいのだが、時には呑み屋で、作務衣を着て髑頂《ろちょう》を手拭で裹んだなまぐさ坊主の忍びの姿に出くわすこともある。さればこそ、曹洞宗の開祖道元禅師は、王城聚樂に住する勿れと遺誡したのであろう。因みに京都市中に曹洞寺院は三箇寺を数えるのみ、臨済寺院は数えきれぬほどある。

建仁寺を京の人はケンネンジといった。誓願寺をセングワンジというのと同じく京訛りである。今どきさような訛りを耳にすることはないが。

ついでに言えば、姉小路はアネガコウジであるが、これをアネヤコウジと訛る。日本歴史地名大系『京都市の地名』（昭和五十七年、平凡社刊）や『京都大事典』（昭和五十九年、淡交社刊）などは、「あねやこうじどおり」の見出を立てる。また道路標示板に「Aneyakoji-dori」と記している。京都の訛りを他郷の人々にまで押しつけるのはあつかましく、いかがなものかと思う。

この伝でゆけば、七条はヒチジョウまたはヒッチョウとせねばならぬが、そんなのは見かけない。ところで近年、京都の市営バスの車内放送でナナジョウといっている。もとは一条から九条まで順番に名づけたものであるけれども、一旦固有名詞となったからには、勝手に読み換えてよいものではあるまい。四条をヨンジョウ、九条をキュウジョウとは言わぬ。七本松をナナホンマツと言っても通じまい。

ナナジョウに疑問をもった学生に、市の交通局に問い合せるようにいった。その報告に曰く、どちらでもよいでしょう、河原町はカワラマチでもカワラチョウでも同じじゃないですかと、けんもほろろにおこられましたと。全く度し難い役人ではないか。そんならてまえは、七里ヶ浜をナナリガハマ、深沢七郎をフカザワナナロウと呼ぶがよい。

閑話休題、ケンネンジに戻ろう。開山は栄西、一般にエイサイというが、寺伝では呉音でヨウサイと読むことになっている。再度入宋《にっそう》して臨済禅を学び、帰朝後、博多に聖福寺、鎌倉に寿福寺を開き、建仁二年（一二〇二）京都に建仁寺を開いた。竣工を見たのは元久二年（一二〇五）らしい。それには鎌倉二代将軍頼家の援護があり、また土御門天皇の勅願所とし官寺となった。年号をもって寺号とすることは破格の優遇といってよい。栄西は、権力を後楯にし利用する才覚に長けていたのであろうか。そこが権威を悪む道元とちがうところである。

建仁寺はあまたの寺宝を蔵する。中でも有名なのは、俵屋宗達画く風神雷神の国宝屛風であろう。小絵馬に画くところは、品格劣ること甚しいが風神の図である。それと何の関係もあるまいが、栄西が風神だと噂を立てられたことがあったらしい。

『沙石集』巻第十、慶長古活字十二行本にこんな話がある。栄西帰朝して、一寺建立を志していた時、天下に大風が吹いて損亡が発生した。「世間ノ人ノ申ケルハ、此風ハ、異国ノ様トテ大袈裟大衣キタル僧共世間ニ見エ候、彼衣ノ袖ノヒロク、袈裟ノオホキナルガ、風ハフカスルナリ、如ㇾ此ノ異体ノ仁、都ノ中ヲハラハルベキ也ト申ケルニツキテ」、遂に公卿僉議に及び、京中から退散するよう宣旨が下された。弟子ども困惑するのに、栄西は「今日ハ吉日也、吾願成就スベシ」とて、堀川へ材木を買いにやった。そして言うことには、「風ハ是天之気也。人ノナス所ニアラズ。栄西風神ニアラズ。

何ゾ風ヲフカシメン。若風神ニアラズシテ、風ヲ吹シムル徳アラバ、明王何ゾステ給ハント」。これが上聞に達して、子細のある僧だ、申すことがあらば聞き入れてやろうということになり、「寺建立ノ志ヲ申サレケルニヨリテ、建仁寺ヲ立ラレケリ」。つまり栄西の明晰な反論が功を奏したのである。

建仁寺は本朝禅院の最初とされるが、実際には万事好都合に運んだわけではない。京都に新しい宗旨の寺を創めようとすれば、延暦寺が黙っていようはずがない。旧仏教の反対勢力に対抗するのに、『興禅護国論』を著し、仏法は持戒によって保たれ、国家は仏法によって護持される、故に持戒を宗とする禅こそ国家を鎮護する所以であると論じた。

しかしながら、建仁寺建立にあたっては、真言院と天台の止観院とを設け、真言、天台、禅の三宗兼学とするという策を採った。すなわち、理想は理想として、実現のためには権力と結託することも、反対勢力と妥協することも辞せず、急湍激流を巧みに泳ぎ渡って行く機略と度量とを兼ねていたということになろうか。もっとも、栄西のそうしたところを俗禅として貶しめるむきもあるのだが。

『沙石集』に、「我滅後五十年ニ、禅門興スベシト記シヲキ給ヘリ。興禅護国論ト云文《モン》ヲ作リ給ヘル其中ニアリ」とある。栄西入寂は建保三年（一二一五）、正嘉二年（一二五八）十世円爾弁円《えんにべんねん》、文永二年（一二六五）十一世蘭溪道隆が住持するに至って禅宗専一の道場となった。預言にたがわず五十年。だが山門側は、後々までも建仁寺は天台別院だと言い張って止まなかった。

建仁寺は幾星霜を閲し、その間に変転盛衰あり、何度か火難に罹ってはいるものの、今に広大な寺域を占め、堂舎備わり、境内境外に多くの塔頭子院《たっちゅう》を擁している。

しかし『京都坊目誌』によれば、「境内は明治五年まで五万四千百七十九坪を有せしが、同年上地せられ、或は公共の事業に寄附する等、三万余を減し、二万三千四百七十七坪九合を有す。塔中は盛時六十四院ありしも、天保九年まて二十九院を減し、同年より明治五年まて十一院を廃す」とある。今日なお法堂《はっとう》は再建に至らず、塔頭子院は境内に九院、境外に四院が残るのみである。

現状は境内中央、南から北へ勅使門、三門、仏殿、方丈、書院が並び、東と西とに塔頭子院等が連なる。

東側の塔頭両足院は、貞和四年（一三四八）元から帰朝した徳見龍山が創し、初めは知足院と号し

た。本尊阿彌陀如来。

書院の池泉観賞式の庭園は近世中期の作庭で、竹心藪内《やぶのうち》紹《じょう》智《ち》が関っているらしい。『探訪日本の庭』五（昭和五十三年十二月、小学館刊）に、「小さい石と小さい刈込みとを多く用い、石組にも力なく、全体に弱々しい。松などの手入れが悪く、小さい木が生えすぎていることも印象を弱める結果となり、惜しまれる」と私が書いている。そして僧堂となっている霊洞院の庭を褒めている。三十数年昔の印象で、今はどうなっているのか知らない。

当院の鎮守に毘沙門天堂がある。縁起によれば、尊像は鞍馬寺の毘沙門天の胎内仏であった。織田信長の叡山焼討の際、元将軍家の茶家であった比喜多養清方に疎開させた。鞍馬寺は比喜多家からの借財がかさんで返済できず、尊像は同家に留め置かれることになった。黒田長政がこの像を内兜に収めて関ケ原へ出陣したとか。その後、筑前黒田家によって護持され、明治十年当院に寄せられたという。

毘沙門天のお使いは虎である。堂前に一対の虎の石像、虎の浮彫をつけた香爐が据えられている。今年は寅歳に当るというので、正月に寅市が立ち、狭い境内に手作りの店が並んで賑った。

境内の西南隅に塔頭禅居庵がある。もともとゼンキョアンといったのだが、この頃はゼンキョアンと読ませている。嘉暦元年（一三二六）来朝した福建省福州の人、清拙正澄が創建した。

鎮守の摩利支天《まりしてん》堂の尊像は清拙自作と伝える。縁起書には、「摩利支天の語源はサンスクリット語で、陽炎《かげろう》を意味するMarici（マリーチ）の音を漢字に写したものです。またそのルーツは威光、陽炎が神格化した古代インドの女神マーリーチで、創造神ブラフマー（梵天）の子と言われています」とある。陽炎だから実体がなく、捕えられ傷つけられることもない。そんなところから、戦国武将の間に摩利支天信仰が広がったという。今も開運を願う参詣者が多い。

猪の小絵馬もあるが平成十九年亥歳の残り物を捌いているわけではない。猪は摩利支天の眷属で、堂の前に猪の石像が据えられている。本尊は秘仏であるが、御前立ちの像は、放射状に並んだ七頭の猪の上に坐している。

56　神足《こうたり》神社・勝龍寺

神足神社

東海道本線の神足駅改め長岡京駅に降り、東口を出る。鉄道に併行する道路を近ごろガラシャ通と称している。その通を南へ、すなわち右へ往く。右側は日本輸送機の工場、左側は駐車場と長岡第九小学校。このあたりは神足遺跡と呼ばれ、旧石器時代から室町時代までの遺構遺物が見つかっている。

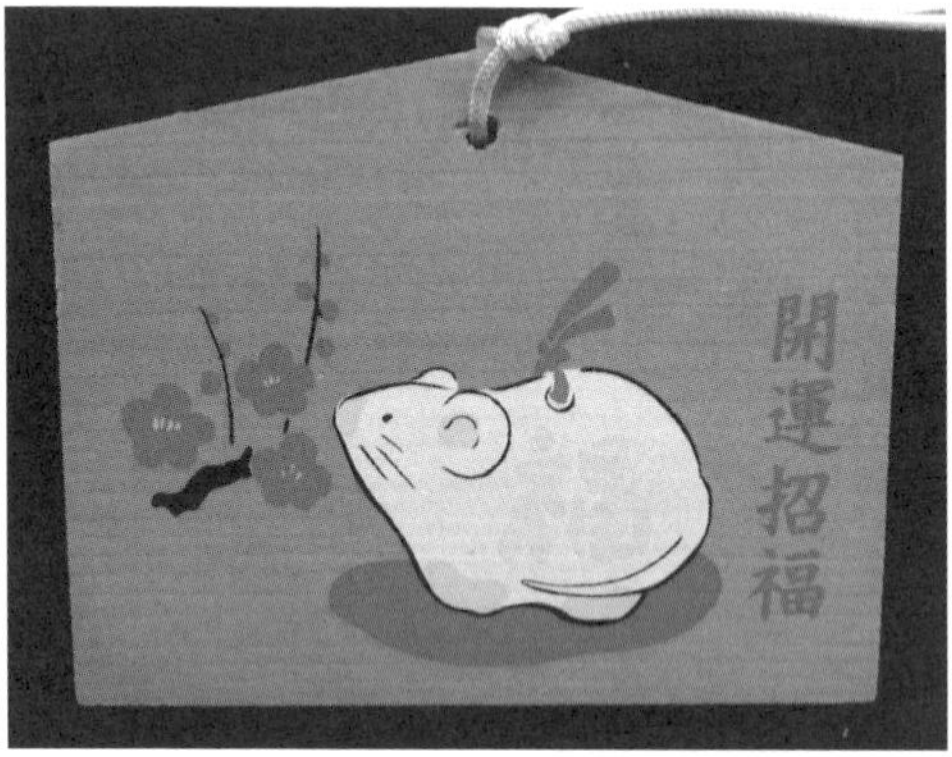

それを過ぎると左に鬱蒼とした杜が見え、神足神社の西参道がある。社殿は南面し、一間社流造、瓦葺。昭和十八年に建て替えられたそうである。

社前の駒札に曰く「当社には「桓武天皇の夢」として次のような伝説が残っている。〈田村（神足村の旧名）の池に天から神が降り立ち、宮中を南から襲おうとした悪霊を防いでおられた夢を見られたと言う。天皇は目覚められ、田村にこの神を祭る社を建てさせ、太刀と絹を秘蔵させた。〉以後、この社は「神足神社」と、田村は「神足村」と呼ばれるようになったと言われる」と。いつごろからの伝承か知らぬが、ここは長岡京の域内であるから桓武天皇に結びつけられるのももっともと思われる。しかし近世の『山州名跡志』には「鎮坐記ノ未タレ考」としている。『日本文徳天皇実録』仁寿四年（八五四年改元して斉衡元年）十月十七日「以二山城国神足神一列二於官社一」とある。また『延喜式』の神名帳には、乙訓《おとくに》郡の神足社が小社に列している。なお神足をカウダニ、あるいはカムタリと訓んでいる。

とにかく古い神社にはちがいないが、『拾遺都名所図会』に「祭神未考」とあり、明治初年まで祭神は不明とされていた。祭神については古来論争があったのに、いつどうなったのか、今は舎人《とねり》親王としている。天武天皇の第五皇子で、『日本書紀』編纂を主宰した人である。

そもそも全国の神社の祭神を、『古事記』、『日本書紀』に見える神、あるいは歴史上の有名人とすることが、不思議な話である。これは、神道が中央集権化し、国家の管理体制に組み入れられるようになって、神社を格づけせんがために言い出したことである。その土地や住民に縁もゆかりもない神が、どこでも祀られることの方が、むしろ不自然ではないか。

祭神がどなたであろうとかかわりなく、祈願の人々は多いと見えて、大中小の絵馬がたくさん上げられている。いずれも当歳の十二支を描いたもので、変りばえしない。全国高校女子駅伝大会の京都チームは、当社のお守をつけて走るそうだ。神足の漢字にあやかったらしい。そんな御利益の絵馬を作れば面白いのに。

境内の南側が小高く、竹と雑木の藪になっている。ここは勝龍寺城の土塁と空堀との遺構である。竹藪の中に菊一稲荷大明神を祀る祠がある。油揚を供えたのが生々しい。なるほど狐が出そうな藪だが、神社の周りは、住宅、学校、工場などに囲まれており、狐の本物にお目にかかることは無理であろう。

勝龍寺

ガラシャ通をさらに南下すると、城廓風の構えが見える。勝龍寺城公園である。長岡京市の事業として、勝龍寺城跡に二十二億円の金子と五年の歳月とを費して、平成四年に完成したとか。堀、門、塀、櫓などを再現し、管理展示棟も城をかたどって造ってある。

廻遊式の庭園は、池泉に清水を湛え、花木を植え、幽邃の趣はないが、今風に明るく造ってある。細川忠興《ただおき》、ガラシャ夫人の銅像を建てる。

天正六年（一五七八）城主細川藤孝、後に剃髪して幽斎の長男忠興のもとへ、明智光秀次女の玉が輿入れした。年は二八か憎くからぬというが、若いおない年夫婦ができたのである。ただしここに過したのはわずか二年、天正八年忠興が丹後の宮津に十二万石を与えられて、そちらに移ることになった。

勝龍寺城については確なことが判らない。北朝の暦応二年（一三三九）細川頼春が、男山八幡まで進出して来た南朝方に対抗すべくここに城を築いたということになっている。その後、畠山義就《よしなり》や細川氏がここを拠点としたが、城というほどのものが築かれていたのかどうか確めがたい。

本格的な城を築いたのは細川藤孝であろう。藤孝は、先祖の縁で織田信長からこの地を与えられ、元亀二年（一五七一）に築城の工事を興した。天正三年（一五七五）三条西実枝《さねき》から古今伝授を受けたのはこの城だといわれる。

忠興が宮津に移ると、藤孝も丹後に下り、今の舞鶴に田辺城を築いて住んだ。勝龍寺城は留守居役が預っていた。

天正十年（一五八二）本能寺の変起る。明智光秀は、細川氏の縁に頼るつもりだったのか、ここを占拠し、山崎の合戦に敗れるとここに逃げ込み、さらに脱出して、山科の小栗栖《おぐるす》で落命した。その後、城は破却され、石は淀城に運ばれたともいう。

城の名、あたりの地名のもととなった勝龍寺は、公園の南の道を曲ったところにある。

真言三宝宗の寺で、山号は恵解山《えげざん》。大同元年（八〇六）唐から帰朝した空海が、自分の修行した青龍寺の名をとって創建したとされる。

応和二年（九六二）、大旱魃に当り、住持の千観が祈禱して雨を降らせた。村上天皇は、龍神を呼び、龍神に勝ったと喜び、寺号を勝龍寺と改めさせたという。ここまでは、真偽のほど請け合えぬ話である。

城に接していたため、寺は度々兵火を蒙った。今は本堂、鐘楼、庫裡があるだけで、境内はがらんとしている。

本尊十一面観世音菩薩は鎌倉時代の優作で重要文化財。京都国立博物館に寄託されており、八月十八日と十一月第二日曜のガラシャ祭の時だけ里帰りをし、開帳されるそうである。ほかにも多くの仏像を蔵しているが、近年ぼけ封じ観音が安置されて人気があるらしい。

境内に勝龍寺村の氏神、春日神社が鎮座する。社殿には覆屋が掛けられている。鳥居、燈籠、狛犬、いずれも近世の作で重厚なたたずまいをみせている。

長岡京駅東口を出たところが広場になっている。そこに平和祈念碑と説明板とが建てられている。

昭和二十年七月十九日、当時新神足村といったこのあたりに工場が集っていた。午前十時半ごろ、米軍戦闘機Ｐ51二機が飛来し、低空から機銃掃射を繰返した。そのため、日本輸送機の女子従業員一名死亡、三菱製紙で二名、松風工業で一名、住民二名負傷という被害を生じた。これは明かに非戦闘員の威嚇殺傷を意図した攻撃である。

死亡した少女は、背中を抉られたが、即死ではなかった。平成十四年七月二十七日の「京都新聞」によれば、負傷者らをトラックに乗せて第一日本赤十字病院に運んだ。そこは海軍病院になっていて、痛い、痛いと叫ぶ少女に目もくれず、民間人は治療できぬとつき放す。已むをえず府立病院に搬送したが、やがて少女は息を引きとったという。米空軍といい、日本海軍といい、人の命を紙屑のように思っているのか、むごいしうちではないか。

日本輸送機の煙突に弾痕を留めていたが、年を経て倒壊の虞が生じたので、昭和六十二年に撤去された。煙突の基部二メートルほどを記念物として残し、その前に「禱りの碑」を建てている。

平成元年七月十九日付で、市は煙突の五分の一の模型を建てて「平和祈念碑」とした。その上部三分の二に大小の弾痕十箇所が数えられる。

長岡京市は、この日を「平和の日」とし、平成十二年に平和都市宣言を行った。

57　恵美須神社

えびすさんは到る処に祀られているが、比較的西日本で人気が高いようである。京都でのえびすさんの代表格は、東山区大和大路松原上ルに鎮座する恵美須神社であろう。近ごろ漢字に疎い人類が殖えたのに配慮したのか、「ゑびす神社」と平仮名書きにしている。

祭神は、八代言代主《やえことしろぬし》大神、大国主大神、少彦名《すくなひこな》神とする。いずれも出雲の神々で、言代主神は大国主神の子、少彦名神は大国主神の盟友、そして言代主神がえびす神ということになる。

だが、えびす神の正体はしかとは判らない。伊弉諾、伊弉冉の二神が国産みをした時、婚礼の手順をまちがえて、最初に生まれたのが蛭子《ひるこ》、三年たっても脚が立たず、葦船に乗せて流したという。この薄幸の子がえびす神だともいい、蛭子をえびすと読ませることもある。

また大和民族ならぬ異城の民をえびす、或はえみしと呼び、夷、戎の漢字を宛てる。すると、えびすは海外からの渡来神だとも考えられる。

正体がさだかでないままに、いつか、釣竿を握り、大鯛をかかえ、満面に笑みをたたえる神像が造られる。海洋にかかわりがあり、航海、漁撈の神と崇められ、さらにえびす、だいこく福の神といって、大国主神と仏教の大黒天とが習合した大黒さまとともに二福神としてもてはやされる。海の神が陸に上って、福徳円満、商売繁昌の神様となるのである。

正月十日は、十日えびすといって、各地のえびす神社が賑う。兵庫の西宮神社、大阪の今宮神社は言うに及ばず、京都の恵美須神社も例に漏れない。

十月二十日はえびす講といって、特に商家が祝う。また、当日は誓文払《せいもんばら》いと称して大売出しをする。その伝統を引いて、今もバーゲンセールを行うのが例となっている。

えびす講の催しは地方によって異なるが、私ども加賀では、一月遅れで十一月二十日に行った。昔の話になるが、わが家では、床の間におえびすさんの軸を掛け、大鯛と二股大根とを供えた。蒸籠《せいろ》を高く重ねて赤飯を蒸し、重箱に詰めて得意先に配る。当日は私の誕生日で、縁起がよいと慶ばれたものだが、当節のような誕生パーティーとかプレゼントとかいったたぐいは一切なく、赤飯配りの使いにやらされて、私には一年の中で特にいやな日であった。

おためというのか、駄賃というのか、空重に十銭銅貨を添えてくれる。なかには、私の使いだというので、五十銭銀貨をはりこんでくれる家もある。そうした金は家にさし出して、私へは返らない。ポケットに入れて知らん顔すればそれまでだが、子供が金に執着するのを恥としたものであった。今風にいえば、プライドが許さなかったのであろう。

さて、恵美須神社は、大和大路を挟んで建仁寺の西に在り、東面する。ここに鎮座するについて、元禄二年（一六八九）刊『京羽二重織留』に云う、「今建仁寺門前にえびすの社あり、いにしへ建仁寺の開基千光国師栄西入唐帰朝の時、舟中にて悪風吹あやうかりしに、いづくともなく蛭子《ひるこ》の像浪にしたがひてうかむ、栄西これをとり船の中にてまつり給ふに、悪風たちまちおさまり浪しづかにして帰朝の船別儀なかりしと、栄西奇異の思ひをなし寺にかへりて社を造営し蛭子の像を安置せり、今のえびすの宮これなり」と。

これは、貞享三年（一六八六）刊『雍州府志』に漢文で記すところを、和文に改めたにすぎない。今なら剽窃だと物議を醸すにちがいないが、近世の名所記ではさして珍しいことではない。

正徳四年（一七一四）の『都名所車』では、すこし話が変って、「栄西禅師入唐の時、舟中俄に波風あらく吹て舟中の人々おどろきさわぐ折ふし、禅師少もさわぎ給はず海上にむかひて拝し給へば、いづくともなくゑびすの神体あらはれ給ひ、舟のへさきに立給ふ、とたちまち波風しづまりければ、それより御すがたをうつしとどめて、帰朝の後当寺の鎮守となし給ふ」とある。

仏神の縁起に奇瑞を伴うのは常のことであるが、正徳元年刊『山州名跡志』は冷徹である。「社中ニ安ス二恵比寿像ヲ一。建仁ノ開基、栄西和尚ノ祖父、薩摩刺史貞政ノ所レ作ルナリ。故ニ和尚随身信仰セリ。入宋帰朝ノ時、悪風船ヲウツテ危シ。此像ニ祈テ其難ヲ脱ル。建仁寺建立ノ時、社ヲ寺内ニ造テ勧請ス。其後移ス二此ノ所ニ一ト云。霊応アリ。古来伝説多シ」。ただしこうした合理的解釈が真を伝えるものかどうかは判らない。神仏の信仰は、不可思議に包まれてこそ成り立つものだからである。

当社では、えびす像を祖父貞政作とする説をとっている。そうして、建仁寺の開山塔と当社とが相対する位置に建てられているのは、栄西の遺志によるものであり、神仏分離までは、建仁寺と当社とは一体の関係にあったという。建仁寺開山は建仁二年（一二〇二）、平成十四年（二〇〇二）に鎮座八百年奉祝祭を当社で挙行した。

年間最高の盛況は、なんといっても正月の初えびすである。何十年か前に参った時の人出を頭において、今年の十日えびすに出かけたところ、驚いたのなんの、往年の比ではない。大和大路通が人で埋っている。警官が出動して、道路中央に縄を張り、参る人と帰る人とを分けている。参る側が一向動きそうにない。参入を諦め、路上で手を拍って帰る人がある。私もその口であった。

昨今の不景気のせいばかりでもあるまい。自助の精神が忘れられ、神頼み、仏頼み、人頼みの心が蔓っている現象ではないか。力を貰う、元気を貰うというのを、このごろよく聞く。癒される、慰められるというのも同類であろう。受動的人間が急速に増加しているのは、憂うべき社会現象である。

当社では、十日えびすを中心に、八日招福祭、九日宵えびす、十一日のこり福、十二日撤福祭と、五日間にわたって祭が行われる。吉兆のお笹をはじめ、宝船、福鯛、福箕、熊手など、てんでに縁起物を求めて帰る姿は、えびす気分にふさわしい。小絵馬に花笠のような絵を描くのは

大人気《おおにんき》の縁起物で、径二尺もあろうか。家に吊しておくと、大いに人気を呼ぶのであろう。

宝恵駕籠《ほえかご》の社参もえびす気分を盛り上げる。小絵馬に描くところは福鯛を乗せているが、もとは宮川町のきれいどころが乗ったらしい。それが一旦絶えて、昭和五十三年に復活してからは、映画女優が芸妓姿に扮して乗るそうである。

二の鳥居を見ると、額の代りに福箕の中にえびすさんの顔が掛けてある。これに向って賽銭を投げ上げ、箕にうまくはいると願が叶うと、いつの間にか信ぜられるようになった。参拝者から自然発生的に始ったことであるけれど、やがて神社側が気をきかして、えびすの顔の下に金網をはった熊手を取りつけ、賽銭を受けやすいようにした。

もう一つ神社側の関知せぬ参拝法に、本殿左横の格子を敲くというのがある。永年敲かれて格子が傷んでしまい、今は丈夫な板に張り替え、ここをたたいてお参りしてくださいと貼り紙をしている。自然発生の信仰を神社が追認した形である。

この作法、実は当社だけのことではない。寛政十二年（一八〇〇）開板の『年中故事』に、大阪今宮の十日夷の「参詣人此神はつんぼなりと社の後の板を叩く、今参りましたと云、是祈願を訟る也、何ぞ聾にましまさんや、万民福貴のみ願の欲は聞かずとの神慮仰ぐべし」とある。

どのように敲くのか。私の観察したところでは、指先で軽くトントンと敲く。二三度敲いて、あっさり通り過ぎる人もある。長くしつこく敲き続ける人もある。拍手のようにいくつというきまりはないらしい。敲き方に、人それぞれの性格が表れておもしろい。

境内に、天満宮、白太夫社、八幡社、猿田彦社、岩本稲荷大明神などの末社がある。岩本社は、一の鳥居を潜った右手にあったはずだが、いつか境内の隅に押込められてしまった。その御影石の台座に文字が彫ってある。これも年を経て、風化がすすみ読みにくくなってしまった。

昭和五十年頃に私が写しとった控えによれば、正面に「このところ阿仏尼公のやしきあとにて業平の御やしろもたてをかれしといひつたふ　義正しるす」、側面に「明和七年庚寅十一月望　法師業廣書」と刻む。義正とは、明和安永ごろの歌人宮部義正であろう。冷泉為村に師事した縁により、同家の祖である阿仏のために筆を執ったものか。

当社の地が阿仏屋敷の跡というのではない。天明七年（一七八七）刊『拾遺都名所図会』に「阿仏の家　六波羅密寺《(ママ)》のひがし南側にあり世人阿仏屋敷といふ　前栽に小祠あり」と記す。その小祠が「業平の御やしろ」、すなわち岩本稲荷大明神であろう。明治二十七年刊『京華要誌』に、恵美須神社の末社五字あり、「其一は在五中将〈業平朝臣なり〉を祀る。其像は阿仏尼の作なりといふ」と記すから、それより早く阿仏屋敷から近所の当社に持ちこまれたのであろう。

阿仏の若き日にものした日記に『うたたね』、一名『うたたねの記』というのがある。前半は、思う人とのままならぬ仲に恨み苦しむ恋愛体験記、後半は義父平度繁《のりしげ》の誘いにまかせて遠州浜松に下り、乳母の病を聞いて京に戻る紀行にとなっている。ものを思いつめ、思いきった行動に出る、彼女の気性の激しさ、物狂おしさが如実に表現されている。憾むらくは、記述が舌足らずで、事の経過が判然としない。

「北山のふもとといふ所」、おそらくは彼女の仕える安嘉門院の御所で、一夜ひそかに髪を切って脱け出し、「西山のふもと」なる尼寺に尋ね入る。ここで法華三昧の境を得るはずであったのに、熱き血潮は鎮らない。「そのころここち例ならぬことありて、命もあやふきほどなるを、ここながらともかくもなりなばわづらはしかるべければ、思ひがけぬたよりにて、愛宕《おたぎ》の近き所にてはかなきやどりもとめ出でてうつろひなんとす」。

愛宕というのは、京の東北の広い地域の名であるが、また今の松原通大和大路東入のあたりにかつて愛宕寺があり、その附近の地を愛宕と呼んだ。そしてここは鳥辺野《とりべの》の無常所に通ずる道であった。彼女は、命も危ぶまれる病の身を寄せるのに、ことさらこの地を択んだのであろうか。衝動的行動派の彼女として、ありそうなことと思われる。

移ってみると、「かねて聞きつるよりも、あやしくはかなげなる所のさまなれば、いかにして堪へ忍ぶべくもあらず」、宵居に語る友もなければ、訪れる人もない。病が快方に向うと、またもとの住まいに立ち帰る。そして、物詣せんと都に上った義父の勧めにしたがい、遠江に下るのである。

愛宕の家はかりそめのはかなき宿りであった。何百年も後に、そこと確めることは到底できそうにない。後世阿仏の名声に牽かれて、阿仏屋敷などと言い出したことであろう。上賀茂神社の末社である岩本社を勧請して、在原業平の像を祀ったというのも、後人の作り話めく。

この日記の注釈書としては、次田香澄《つぎたかすみ》著『うたたね』（講談社学術文庫、昭和五十三年刊）が手ごろであろう。私にはいささか異論もあるが。

本文中に「ふるさと」という言葉が何度か出てくる。これを次田氏は、「北山の麓の屋敷」と解する。だがそれは違うと私は思う。故里は、安嘉門院の御所内に与えられた住まいでなく、自宅と解すべきである。義父度繁の所領であるか、実の父または母から譲られた家であるか、それは明かでないけれども、彼女の私宅であった。その所在地は、「思ひ出づるほどにも波はさわぎけり憂き瀬をわけて中川の水」と詠む歌から察するに、東京極大路と鴨川との間に流れる中川のほとりであろう。次田氏が中川を普通名詞と解するのにも同意しかねる。

彼女は北山の麓なる所から西山の尼寺へ往くにも、尼寺を出て愛宕に移るにも、その間に故里、すなわち自宅に立ち寄っている。愛宕の家を引揚げて「またふるさとにたちかへる」というのも、待つ人もなき浅茅生のわが宿である。「ふるさと」は、現に身を寄せている所でなく、以前に住んだ古巣でなければならない。

◎著者略歴◎

矢 野 貫 一（やの　かんいち）

昭和５（1930）年生まれ。

京都大学文学部卒業。京都市立堀川高等学校教諭、同定時制教諭、愛知県立女子短期大学教授兼愛知県立大学教授、京都外国語大学教授を歴任。平成30（2018）年逝去。

著書『京都歴史案内』（講談社、1974年）、『雲がくれ六帖』（和泉書院、1988年）、『京都文化および動植物の国文学的探究——矢野貫一著作集』（勉誠出版、2022年）、編著書『近代戦争文学事典』第１輯～第14輯（和泉書院、1992～2020年）、『角川古語大辞典』（共編著、角川書店、1982～1999年）、『日本文学史辞典』（共編著、京都書房、1982年）、『日本文学説林』（共編著、和泉書院、1986年）など。

小《こ》絵《え》馬《ま》順《じゅん》礼《れい》　夢《ゆめ》之《の》巻《まき》

2024（令和６）年７月31日発行

著　者　矢野貫一
制　作　Shibunkaku Works
販　売　株式会社　思文閣出版
〒605-0089 京都市東山区元町355
電話 075-533-6860

装　幀　尾崎閑也（鷺草デザイン事務所）
印　刷
製　本　株式会社 思文閣出版 印刷事業部

ISBN978-4-7842-2082-3　C0095